中華書局

聲色之城

市井江湖稗官野史

侯磊 著

序：察聲觀色，聲色之城

邱華棟

一

認識侯磊，最早是通過他的一本長篇歷史小說《還陽》，寫的是一個清宮太監的故事，其中已有對古代北京大場景的描寫。這類小說（可叫新歷史小說）不同於傳統的歷史小說那樣去寫帝王將相、才子佳人，它卻在寫某一歷史時期的某個市民，某個匠人，某個士兵，歷史上沒有留下過他們的名字，但有可能會孕育他們這樣的人。我們共同的興趣點是歷史的想像，甚至是對夢境、心理、意識流等的探討。

直至本書《聲色之城：市井江湖稗官野史》，則是他又一部厚厚的文史隨筆集。全書共有隨筆約五十篇，短者三五千字，長者萬餘字。範圍之廣，內容之雜，趣味之多，見識之新，着實難得。不少篇目是一次寫就，先發表於報刊或微信公號，再反覆修改，收入本書時已經比當初發表時更加豐富。

我主張作家除了要寫小說、散文、劇本以外，還要多寫這樣的隨筆，特別是當下的青年作家。現當代文學名家中如施蟄存、金克木、張中行、徐梵澄、黃裳等，晚年都寫了大量的文史隨筆，發在《讀書》《隨筆》《文史知識》等雜誌上。世界文學史上也有不少作家筆下的片段都是精彩的文史隨筆，如梭羅的散文，尤瑟納爾、翁貝托·艾柯的小說等。上世紀 80年代，三聯書店出版了一套《文化生活譯叢》，是小 32 開的那種平裝的小本本，收錄了不少世界級大作家的文史隨筆，總能持於掌中反覆玩味。這些既是文人趣味，又恰恰是作家看待世界不同角度、方法和觀點的體現。

二

每個生活在北京的人，都有自己與北京的經歷與記憶。

我出生於新疆，父母是支邊青年，1992 年大學畢業後到北京工作，在這裏生活了三十年。侯磊家是住在胡同裏的老北京，但他見了我，總問我九十年代北京的面貌，那時他還是個小孩，很多場景沒趕上。他的父親是知青，還有位姑媽在 1957 年支援邊疆建設去的內蒙。他也寫過知青、支邊、三線建設等當代歷史的小說，如《女司機》《紡織廠的女兒》等。他熱衷於研究過去生活的一切細節：怎麼用糧票換東西（某一時期糧票和生活物品可以兌換），過去的孩子玩什麼，老人有怎樣的觀念……體現出 80 後一代作家的歷史感和使命感。每一代人都是深處重大歷史事件之中，只是看你怎麼看待自己的位置，是否有所思所想，是否要發出自己的聲音。

侯磊筆下的北京的細節，有他多年的觀察和生活，足以豐富我們對北京認知的不足。這些細節不是做學術、寫小說之餘的下腳料，而是想像力、共情力的出發點。

古琴是中華雅樂。古琴的琴弦名是宮、商、角、徵、羽、文、武，是五音加上周文王、周武王的典故。傳說古琴最早只有五根弦，周文王思念其被商紂王害死的兒子伯邑考，加了一根文弦；武王伐紂加了一根武弦。五音所對的是五感，指形、聲、聞、味、觸，分別對應人的視覺、聽覺、嗅覺、味覺、觸覺。而對應本書的，就是城市中的聲、色、文、武及其他。

論其聲，古代的相書上講：「天有雷鳴之聲，地有風烈之聲；山有潤泉清流之聲，海有波濤浩瀚之聲；人亦有上、中、下丹田之聲也。」本書很多篇章都在寫聲音：戲曲、曲藝、評書、相聲、絲竹乃至人聲、貨聲、鑼鼓聲，講滑稽段子時的笑聲，乃至宮女、婢女的哭聲淚聲。

論其色，這些隨筆是多彩且陸離的，對小吃飲饌的饞涎之色，社火歌舞的服飾之色，從蒙古到雲南的壯秀之色，士大夫與閨秀的凜然之色，俠客的刀光劍影，乃至包含對古代女性文化探祕的春宮之色，都構成了古城之色。

論其文，有民國時舊文人的人格魅力，從史學家瞿宣穎、作家老舍、張恨水，再到合肥四姐妹、葉嘉瑩等閨秀，他們有對文化傳統的固守。

論其武，有俠氣沖天的武術家、摔跤家，乃至武俠小說家、職業革命家，他們有對為人處事，對自然公理的追求。

書中另講的天龍八部、雞、五大仙、巫術、宗族等，又很有些民俗學、文化人類學的功底，藉文學的手法，進行文化上的研究。

北京有市井和江湖的傳統，多是混街面兒的三教九流身上所保存的，這種傳統始終沒有湮滅，但往往不被知識分子所關注。如記載了各個行業春典、暗門的《江湖叢談》《海底》等。侯磊同樣浸潤於此，並能有所心得，與他熱衷於戲曲、武術、藏書有關，更與他生活中在這座古城的腹地有關。

可見，《聲色之城：市井江湖稗官野史》是作者對古城內部的一次「察聲觀色」，書中有他對北京市井街巷的描繪，充滿了一百年前都市人的所見所聞，遍佈着過去的片影與迴響。那個四合院、城門城牆時代的北京，沒有現代飯店、寫字樓、電影院的北京，仍舊在侯磊筆下生長着，使我們感到了一個年輕的「老北京」的思考。

三

2000 年以來，我三十多歲時，開始看大量的歷史典籍，也正是侯磊現在的年紀。三十多歲的人會對你的生活環境，有着由表及裏的觀察，也需要在對世間萬物保持新鮮感的同時，再追問一句為什麼。近些年來，我與藏書家陳守志合作寫了《〈紅樓夢〉版本圖說》等，又寫了《北京傳》。我不是北京人，但我覺得，要有更多的作家來寫北京。

從侯磊身上，我們感受到了北京慕古的傳統，這種傳統曾在歷史的發展中淡化了，但在 80 後年輕一代中漸漸興起。他們都在尋求接續上歷史的脈絡。——人活到一定歲數，就企圖追問萬物的由來。侯磊所關注的都是佈滿歷史塵埃的角落，並非野史，而是隱祕的信史（也可叫雜史），內

在有着千絲萬縷的聯繫，圍繞着北京這座古城，搭建了一個供人想像的時空，在滿足閱讀期待的同時，給予一些出乎意料的驚喜。

近些年來，侯磊在寫京味兒小說之餘，集中研究北京歷史文化，寫了大量京味兒隨筆，整理了舊京古籍，創作了《北京煙樹》《聲色野記》和《燕都怪談》等一系列作品。如果説《聲色野記》講述老北京，《北京煙樹》寫八十年代的北京，《燕都怪談》是講民間故事與傳説中的北京，這同樣是我期待的一本書。北京這座城市非常需要這樣的青年作者，他可以寫巴掌大的百字文、千字文，以更符合這個快速傳播的時代。他和熱衷於武俠文化、能説評書的林遙，熱衷於島嶼和海怪文化的盛文強，研究古琴佚史的嚴曉星，執筆寫四川的蔣藍等，都為文壇增添了不一樣的光彩。

希望侯磊能在前人的足印上蹚下去，走出一條自己的路；也期待他能早日寫出一本屬於他自己的《北京傳》。

（邱華棟，著名作家，中國作協書記處書記）

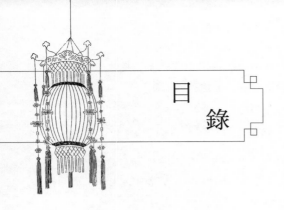

目錄

飲饌：北平味兒不只是流動的盛宴

　　書畫界有溥心畬、張大千、黃君璧為「渡海三家」之說，而京派掌故界，我以齊如山、唐魯孫、夏元瑜為「渡海三家」，其中談吃以唐魯孫最為耀眼。就小說界而言，張北海的《俠隱》改編成電影《邪不壓正》，原著中也寫盡了北平之美，和主人公李天然表面上隨意、從容，而內心裏掙扎扭曲的生活。「餓了就找個小館兒，叫上幾十個羊肉餃子，要不就豬肉包子、韭菜盒子。饞了就再找個地兒來碗豆汁兒、牛骨髓油茶。碰見路攤兒上有賣脆棗兒、驢打滾兒、豌豆黃兒、半空兒的，也買來吃吃。」半空兒是空了一半的花生米，吃着也就磨磨牙，這早就絕跡了。

　　唐魯孫與張北海，一位在中國台灣，一位在美國；一位寫隨筆，一位寫小說；但他們個人最深刻的記憶來源於童年和青年，他們筆下所割不斷的，都是過去濃烈的北平味兒。

一

　　過去每條胡同都有幾個大姓，唐家是他塔拉氏，印象中有處宅院位於中老胡同 32 號，那是個好幾進的大院子，為唐魯孫同族，後來成了北大宿舍。

　　唐魯孫的祖父志銳是清末的伊犁將軍，固守儒家君臣大義，辛亥年為革命黨所殺。唐魯孫本人也做過不少官，退休時是煙廠廠長。可世間並沒有一本詳細的唐魯孫傳流傳，他六十五歲後開始筆耕，給自己「規定了一個原則，就是只談飲食遊樂，不及其他」（《飲饌雜譚中國吃》的自序〈何

以遣有生之涯〉）。他將品食閱世全化作十幾本書，三分說掌故，七分談飲饌，卻故意隱藏了一生的宦海沉浮。唐魯孫先生有言：「世界上凡是講究飲饌、精於割烹的國家，溯諸以往必定是擁有高度文化背景的大國。」過去北平飲食之豐富，皆因北平為政治中心，各路軍閥走馬燈般登場，南北大菜也如流水席般進出。唐魯孫先生寫北平，寫滋味，更寫北平味兒，明寫飲食，暗寫讀史閱世；談論飲食，不是想着去哪兒打牙祭當「吃貨」，而是訴說對社會、對他人的愛。在唐魯孫等飲食掌故作家筆下，整座北平城是一場流動的盛宴，但又絕不止於盛宴。

　　唐魯孫先生寫作，是掌故中帶着吃，吃中帶着掌故，帶着名士知交們的回憶。他記性真好，幾十年前吃的食物、場景都歷歷在目。讀他的書，眼前會浮現清末的人把辮子盤在頭頂上，一腳踩着長條凳，把拿筷子的胳膊彎成弧形，一邊低頭往嘴裏使勁兒杆剛熟的炙子烤肉的情景。唐魯孫的舊學修養和文筆都強於很多同代的掌故名家，他字字句句的背後，都飽含着對北平、對童年的思念。

　　唐魯孫曾唸叨，東來順有道菜叫作「炸假羊尾兒（北京話尾兒唸yǐr）」，我在東來順中沒有見到。後來跟着崑曲家張衛東先生學曲時，常去台基廠的一條龍，看到這道菜居然還活着，就叫炸羊尾兒。端上來是一大餀盤（北京話，指大盤子，類似現在盛魚頭泡餅、大盤雞的那種大盤子），裏面放一個個淡黃色的點綴了青絲紅絲的「饅頭」——是用雞蛋白打出泡來，裹上細豆沙和麵炸出來的甜品，入口極為鮮嫩。據說最早是裹上羊尾巴油，因太過油膩而改用豆沙。這菜五個起做，一般是最後上桌，哪怕坐在單間裏，眾人把酒閒話，或壓笛唱曲，操三弦做戲，菜香味兒中混着崑笛聲和水磨調的悠揚；酒酣耳熱之際，耳邊都傳來後廚為這道炸羊尾兒嚓嚓嚓嚓的打雞蛋聲。

　　唐魯孫曾說，當年北平吃黃河鯉，「網上來的魚，一定要在清水裏養個三兩天，把土腥味吐淨」，咬春時春餅捲的合菜中的綠豆芽，為了口感要掐去頭尾。如今誰還這麼做呢？他大講名士與名菜，他講揚州大煮乾絲的種種名堂、佛教徒的素菜，連帶着月餅、元宵，泰國的啤酒、小吃，美

國的牡蠣，兼有梨園八卦、軍政祕聞。

能和唐魯孫先生聊聊的，是他寫的果子乾。他寫的果子乾只有杏乾、桃脯和柿餅，而現在做果子乾一般不用桃脯，會換成山楂，外加切成斜長的藕片。他寫秋天新下來的水果與夏日的河鮮兒，寫滿嘴是油的羊霜腸、甜滋滋的燻魚、炸麵筋、不多見的素鹹什、蝦醬，寫糜子麵麵茶、芝麻燒餅、炸油條，寫我最不愛吃的鹹菜大蒜臭豆腐和最愛吃的乳酪奶捲奶餑餑……

二

過去，北平地處塞北幽燕，只有棗栗之脥，物產並不豐饒，沒有海鮮，也不擅做魚類。過去海鮮多是乾的，講究怎麼發海參、魚翅（當然現在不能吃魚翅了）；魚多紅燒、侉燉或醬燉，會帶土腥味兒，與東北、江南的魚沒法兒比。北平菜擅長抓炒與焦溜，多是抓澱粉或勾芡，賣相差，涼了就凝結成一坨兒。這裏多風乾燥，不嗜辣椒，每逢冬天，大街上滿眼都是冬儲大白菜。大白菜一車車幾百斤地買回家，菜心涼拌，菜葉醋溜，菜幫兒剁了包包子。名館子「八大樓」多以山東菜為主，八大菜系也無北平菜，刨去涮肉、烤肉、烤鴨，傳說中的滿漢全席、清真大菜與各路小吃，乾炸丸子、京醬肉絲、地三鮮、燒二冬、爆兩樣，這便是家常的京味兒了。自家裏經常做一點兒清燉羊排、蔥爆羊肉、米粉肉、醬豆腐肉、蒸獅子頭，還能蒸雞蛋餃，全在肉上找，好像是在開二葷鋪。

北京人的生活經驗相對固定，所有的消費都認老字號，喝茶北城是吳裕泰，南城是張一元，點心是稻香村。吃飯請客，有美事了是致美樓，考試中了是泰豐樓（南方一般是狀元樓），開買賣是東興樓，拜師是鴻賓樓，生活中的一切都是有日常經驗的。民國至新中國成立以來，北平開滿了各省各地連帶西洋外藩的館子，1924 年開了賣江蘇菜和西餐的森隆飯莊（他家確實中西餐都有），二三十年代開了經營淮揚菜的玉華台飯莊和淮陽春、經營山東菜的豐澤園，1945 年有了大地西餐廳，1953 年有了馬凱，

1956 年更將上海的美味齋搬到了菜市口，在南城也能吃到響油鱔糊了。

總之，北平菜不是烈酒，而是香茶。好茶貴在回甘。

北平菜不一定好吃，北平菜可以不好吃，但北平糅合了各地的美味，北平不能沒有味兒。

寫好美食掌故類的文章，得是出身世家且通經通史的學者，外加能琴棋書畫、詩詞曲賦兼粉墨登場，幼年吃盡穿絕、老來落魄如張岱者，用大材小用的筆法，方能引人入味兒。這類稿子有的人堆材料，有的人掉書袋，有如朱家溍先生者則不屑於寫，只是口述，隨便聊聊。唐魯孫不掉書袋也不堆材料，直接堆菜碼。他晚年遠離家鄉後寫的這點兒北平夢華錄，只談風月，不談風雲，如《茶館》掌櫃王利發一樣。但他骨子裏不是詩家，而是史家，他如此之細緻、反覆地寫北平的吃食，乃至擴大到全國的吃食和北平往事，只仿佛要將他平生閱歷以春秋筆法留予後人，從那北平夢華的年代裏，力透紙背地帶來點兒舊滋味。

唐魯孫寫過舊王孫溥心畬，溥心畬留了十七首岔曲，我喜歡其中一曲《菜根長》：

> 酸辣魚湯，紅燜肥腸。半斤的螃蟹，高醋鮮薑。燒賣是脂油拌韭黃。【過板】糟煨鴿蛋，蒸熊掌，雪白官燕把雞湯放。【臥牛】寄言紈綺與膏粱，繁華轉眼變滄桑。山家風味真堪賞，雞豚不似菜根長。

唱罷溥心畬的曲，讀罷唐魯孫的文，生當作弘一法師，二十歲前吃遍人間花酒，中年時求盡學問藝術，晚年出世以求得生命境界。翻回頭來再品北平的滋味，不只是一派流動的盛宴，更融入那「繁華轉眼變滄桑」中了吧。

三

在小說《俠隱》裏，李天然在前門外果子市買了「一大堆沙果、蜜桃、石榴、葡萄、蘋果，害得他雇了兩部洋車回的家」。又寫了他去吃前門外鮮魚口的「都一處」，外橋頭的「一條龍」，還寫了他逛各種小攤，

看賣古董的、賣舊書的、賣毽子的、賣泥人的，甚至看相算卦、賣洋煙畫的。還寫他中秋時在南紙店買了兔爺，又去間壁兒（讀 jiè biěr）的糕餅鋪子，買了一盒自來紅，一盒自來白。還有玉泉山的啤酒，各種鹵肉、西餐……張北海仿佛在提醒我們，寫北平夢華錄的時候到了。

北平不是天津、武漢、重慶般的碼頭文明，也不是嶺南僑鄉的航海文明，更不是內蒙古的遊牧、東北的狩獵，而是如蘇州、揚州、杭州般的古城文明，它只是將人們聚在這裏生活。作為消費城市的古城並不出產，是靠京杭大運河運來其城市的供給。本地人的生活必然安逸穩定，封閉保守，慵懶驕傲，文化自足。古城文明是坊巷制，北平的胡同橫平豎直，胡同口攔上護欄，最容易執行宵禁。而關上院子門，你別進來，我也不出去。它的秩序感給人足夠的舒適和空間，讓你不用擔心太多，你想快走就快走，想慢走就慢走，不必着急、焦慮和不堪重負。你愛幹什麼就幹什麼，該幹什麼就幹什麼。《俠隱》小說原著中的一句話更為扎心：「如果城外沒有日本坦克的話，我的胃口會更好。」食物與生活並不是歷史的瑣屑，而是社會學、城市學的一個視角。

原著小說裏反覆出現的炙子烤肉，這本不是什麼高檔的東西，就是街邊吃的，在北平有烤肉宛、烤肉季等好幾家。多是好多人圍着一個巨大的炙子，炙子就是一個上面都是鐵條的大餅鐺，那鐵條之間是空油用的，羊油一滴滴落下去，香氣一層層頂上來。羊肉已經和葱絲、芫荽（香菜）餵好佐料，想吃多少直接就烤。在清末吃烤肉，人們多是把辮子盤在頭頂，一腳踩在一長條凳上，哈腰低頭，胳膊彎成半個圓弧，跟戲台上那樣似的，用筷子尖兒戳了肉，往嘴裏使勁兒杵。——這號稱叫「武吃」，一個老爺們兒一斤半肉加半斤酒，跟玩兒似的。

這才叫北人吃飯。可惜《邪不壓正》裏沒拍，20 世紀 90 年代有個叫《開天闢地》的革命電影裏拍了，是陳獨秀出獄後，李大釗趕着馬車帶着他，從南城的儒福里過街樓下路過。陳獨秀提鼻子一聞，聞見烤肉味兒。倆人下車一頓吃，吃完一摸身上，誰都沒帶錢。如今那個北京唯一的過街樓在 1998 年時拆了，也就從一些老電影裏找找回憶了。

《邪不壓正》拍得洋氣，拍到了李天然和他養父喝酒聊天，壁爐裏掛着兩隻烤鴨；還有的時候，是李天然吃着豌豆黃；或者乾脆從藍先生被軟禁的院子裏，搶來燒餅醬肉，到鐘樓上和關巧紅一起吃。不過，還是原著裏寫得詳細，叫馬蹄燒餅，還有果子、醬肉。

　　燒餅和火燒的差異，是燒餅有芝麻，火燒沒芝麻。正如豆汁與豆漿的區別，是豆汁用綠豆，豆漿用黃豆。而馬蹄燒餅是比一般燒餅瘦高一點，若說像驢蹄子也可以。關鍵，這燒餅是貼在爐子內壁上烤的，像新疆的烤饢，所以也叫吊爐燒餅。侯寶林說《八大改行》，講唱大鼓的劉寶全不讓唱了，改行賣早點去了。劉寶全唱道：「吊爐燒餅扁又圓，這油炸的麻花是脆又甜。粳米粥賤賣倆子兒一碗，煎餅大小您哪看看，賤賣三天不為是把錢賺，所為是傳名啊，我的名字是劉寶全——嗯啊——」還帶甩腔的。這馬蹄燒餅民國時在北京風行一時，如今只有在山東的幾個縣有賣了。如同當年的南府蘇造肉一樣，最後是在地安門附近有一家，後來不知所蹤了。

四

　　《俠隱》中，李天然兩個人幹掉三斤羊肉，一斤半白乾兒，才兩元。看《北平物價》，1927 年到 1937 年，是北平生活舒服的十年。這期間物價基本穩定，就月薪而言，「駱駝祥子」和普通巡警都是六塊大洋，可以養活家人。中小學教師是二十到四十塊，高級職員能拿六十塊，大學教授能上百塊。參看陳明遠的《文化人的經濟生活》，及《北平旅遊指南》，魯迅、蔡元培、胡適等在京的生活都很寬裕。山東館上等的魚翅宴 16 元，中等的 12 元，下等的 6 元，一塊銀圓能請十個人吃一大桌子菜，還是吃不了。包汽車比較貴，一天要五塊現洋。清華、燕京都位於海淀鎮，教授們最為舒適的生活，是周六下午由汽車從學校送到城裏，晚上在城裏看戲，第二天和朋友白天去逛琉璃廠，買上一堆書或古玩，中午找個好館子撮上一頓，下午繼續遊玩，晚上再乘車回去。

教會學校的學生們，會過着「穿蘇格蘭花格子絨布襯衣，騎鳳頭、漢牌自行車，抽英國三 B 煙斗，會吃西餐，能説一口流利英文」的生活。（趙珩：《我所瞭解的季黃先生》，收入《轂外譚屑：近五十年聞見摭憶》，三聯書店，2006 年）。那時騎一輛鳳頭或三槍，在王府井大街招搖而過，也像現在開輛好車一般。還有新潮的女士，騎車時把旗袍下擺往上一捲，兩條大白腿晃得四九城的老少爺們頭暈眼花。

北京真正變窮是抗戰後國民黨經濟政策的失敗以及平津戰役的爆發。因為圍了城很多行業無法展開，公園都關門了，大眾無法娛樂消費，使得北京百業俱廢。直到 1949 年以後，新生才真正開始，人民解放軍帶着大批的革命工作者進城，大批的國民黨卻扔下不少宅院逃走了。電影《邪不壓正》中試圖恢復北京的風物和城市格局，讓李天然在北京城的屋頂上隨意跑動跳躍，隨時提醒觀眾他是大俠，他是這座城市的主人。如今光陰似駿馬加鞭，日月如落花流水。北京從古代的「天棚魚缸石榴樹，先生肥狗胖丫頭」，到了民國的「電燈電話自來水」，更到了現在的「眼見他起高樓」，未來，則是一個與古城完全不同的、嶄新的文明開端。

五

收拾東西時，看到家裏舊時的戶籤是塊半尺長、畫着白格的藍漆鐵牌子，填着家中的戶主和人口。天頭上兩個字寫的是「北平」。

1929 年，家裏在中南海開過個酒樓，叫愛翠樓，現在只剩下幾把刻有「愛翠樓」的銅勺子。每次看那勺子，仿佛苔絲看到勺子後面的家徽。

小時候母親帶我出去吃飯，能回味着幾種入口的菜餚。北新橋十字路口東南角有家居德林，原先叫居士林，專營素菜，後來葷素搭配，擅長 . 紅扒鹿肉與金錢豆腐，西湖五彩魚味道的層次感很強；東四十二條森隆飯莊的八寶飯，味兒甜，嵌滿了葡萄乾，但有一次把香酥雞腿炸得像個手榴彈；東四過馬路有瑞珍厚，焦溜魚片賽過清蒸皖魚；全聚德的鴨舌猴頭菇，能從猴頭菇上的每根「猴毛」中喂出味兒；寬街白魁老號，屋裏燒着羊肉，

屋外賣着醬羊蹄；東四砂鍋居裏燉着酸菜白肉與砂鍋魚皮；鴻賓樓大盤子裏舉着撒滿芝麻的羊肉串；忘了是哪家能做炸魚肉豆沙捲，雪白的魚肉裏成捲，裏面填上豆沙餡炸，端上來的是個青花瓷碟子，那捲像炸春捲，但比春捲大，魚肉不鹹，很淡，還幾乎沒有刺……更多的記憶，是鼓樓下一天三過馬凱餐廳而不入，專到地安門小吃店吃冒着熱氣的素炒疙瘩；德勝門內東南角有家賣羊雜湯的會多給羊肝羊腸；寬街白魁老號漂着香菜與芝麻醬的豆麵丸子湯；仿膳的栗子麵小窩頭和豌豆黃；東安市場裏紅彤彤的廣味鹵雞腿，北門那裏還有一盤盤撒滿雪山般白糖的奶油炸糕……

百年世事變遷，胡同中不見過去的宅門，四合院裏各家分家後都搭小廚房。南方各地下酒多是用魚蝦海鮮，而北京人下酒則剩花生、毛豆、小鹹菜，再寒酸也講究形式，要把鹹菜切得跟頭髮絲一樣細，仍是鹹菜。曾經的那些八大堂、八大樓、八大碗、八大居，剩不下一兩家了。當走遍中國，想安心回味一下時，卻再也找不到兒時嚐過的北平味兒了。

·　　六

唐魯孫和張北海書中的故事，過去八十年了。北平菜的味兒以兒時的萃華樓為佳，是中通外直，不蔓不枝，其味道中庸，不鹹不淡，展現食材本身味道，那股味道沉穩地往下走，而不是水煮魚般地衝腦門子。

北平味兒再淡也還是有的，它不僅存在於早上炒肝、中午鹵煮、晚上爆肚的臊氣中，還存在於涮鍋子的腥膻中、烤鴨的油膩中，以及唐魯孫、張北海的書中。

不知如今北京一片月能映照着多少胡同人家，做出書中當年的味道。

不寫了，蒸我的獅子頭去吧。

小吃：做小吃是與人為善

讀舒國治先生的《台北小吃箚記》，發現他家裏能常年不開火、沒冰箱，一直吃小吃。寫盡台北某條街道的某家店的某種吃食。他還有本《窮中談吃》，談盡飲食中的平民氣與人情。現如今城裏的小吃街、大排檔等越來越少了，又想起關於舊京小吃的話題。

細究這些小吃的歷史文化脈絡，原來以前窮人家負擔不起精食細膾，為了果腹創造出不少花樣，有些流傳下來了，逐漸就演變成特色小吃，又反過來吸引了有頭有臉的覓食者。諸如炸咯吱、灌腸之類的下腳料，也有不乾淨、不衛生的問題難以根治。但更多時候，小吃代表了一份家傳手藝的傳承，一種經營者與老主顧之間的情誼，還有對商業化同一化的連鎖潮流的抵抗。

生活很多時候並不為自己所控，任何一個外力都可以改變你的生活細節，像是被一隻無形的大手左右撥弄。唯一能控制的，是下班後去哪吃小吃、吃大排檔。每一樣小吃都是一個回憶的符號，這些符號是北京這座棋盤上的交叉點，沿着街道吃完一座城，把這座城的溫度存於內心，冷暖自知。

街上賣小吃，構成了《清明上河圖》

有一首《都門竹枝詞》寫道：

> 涼果炸糕聒耳多，吊爐燒餅艾窩窩。
> 叉子火燒剛買得，又聽硬麵叫餑餑。

就這樣一首竹枝詞，寫了涼果、炸糕、吊爐燒餅、艾窩窩、叉子火燒和硬麵餑餑六種北京小吃。

在北京，賣大件的東西，都是分街區的。磁器口是賣磁器的、菜市口是賣菜的、前門外大柵欄「八大祥」都是賣布的、珠寶市街是賣珠寶的。買賣都集中在一起並不怕競爭，是為了讓顧客貨比三家，比的是價格和服務，不買也無所謂。飯館則到處都有，小吃更是街頭巷尾，推車的、挑擔的、擺攤兒的散佈四方。要是有門臉，頂多是一間屋，再大就是二葷鋪了。

住在胡同裏，一早上就能聽到吆喝：「喲豆汁哦，麻豆腐哦——」；臨近中午，是「切糕——切糕——」；晚上四五點鐘，是「牛頭肉羊頭肉，羊肝羊肚羊雜碎。」燻魚兒、鹵雞、湯麵餃子，還有餛飩、水蘿蔔、杏仁兒茶等，都是走街串巷來賣的。正所謂遊商不稅，這類引壺賣漿者之流，是從來都不上稅的。小吃不是自己家裏不能做，是做着忒麻煩。買羊雜碎回家，也難以做出小吃攤兒的味兒，洗得太乾淨就沒味兒了。在外面吃羊雜、鹵煮等，都把牙磣的東西剩下個碗底兒，人們認可它不必洗得太乾淨，而用調料、蒜等來找補。

晚清時，朝中大員上早朝來不及吃早飯。紫禁城東華門外到處都是小吃攤，再大的「大人」，也得下了轎子，坐在馬路邊上吃麵茶、燒餅。這是東華門夜市的由來。而一會兒進東華門的時候，守門人鑽在被子裏露個頭，躺在門兩邊，扭個頭向大人們喊一聲，以表明敬禮和迎接（參考齊如山先生的書）。

小吃是方便的。北京小吃俗稱叫「碰頭食」，走在大街上，看到什麼吃什麼，現吃現做，立等可取。從做法上分類，有油炸的、烙製的、蒸製的、熬製的等等。除了流食類，幾乎都是塊狀的，是要賣着方便，拿着方便，吃着方便。比如煎餅果子。果子是「餜子」的俗寫。「餜」指油炸物，在天津、山東、東北一帶指油條。油條又叫「油炸鬼」，據說是宋朝人恨秦檜，發明了小吃「油炸檜」，叫白了是油炸鬼。煎餅是夾果子的，而馬蹄燒餅也是加果子的，這種吃法已絕跡多年，是小時候在地安門小吃店，是聽一老太太詳細給我講的。那老人回憶起老北京的小吃，說得眼睛裏直閃光。

它不是人們選擇的生活方式，而就是生活本身。

正是推車的、挑擔的、擺攤的，販夫走卒、引壺賣漿者之流，一起構成了《清明上河圖》。

小吃是窮人給窮人解饞，也能雅俗共賞，不分階層

小吃就是早點、夜宵和不正式的吃飯，或者說它就是吃飯本身。

小吃的原料都不貴，必然賣得便宜。北京小吃一部分是清真傳統小吃，一部分是清宮流傳出來的，比如薩其馬、驢打滾、栗子麵小窩頭、豌豆黃等，還有乳酪、奶捲、奶乾等。更多的，是窮人的吃食，有不少原料都是祭祀後的內臟、下腳料，這也背上了「黑暗料理」的惡名。但窮人去吃個炒肝兒、鹵煮，起碼那是肉，能解饞了。

但凡挑着擔子賣小吃的，都會有很便宜的地方進貨。比如串胡同賣粳米粥的粥挑子，有作坊去批發。按五十年代的價格算，大約五六分錢一鍋，非常黏稠，要自己兌水。兌水後走街串巷，賣二分錢一碗，鍋多大，碗多大，一鍋能賣多少碗，都靠自己掌握。粳米養胃，能幫助消化，家裏有病人的很是歡迎。

小吃是技術活兒，得用心來做。有些看着容易，實則麻煩，火候稍微差點，客人有察覺，立馬就賣不動了。比如牛骨髓油茶——就是油炒麵。油炒麵既是地壇廟會上的小吃，也是家中的早點。近似的還有茶湯、藕粉、杏仁兒茶，都是麵狀，甜的，用開水沏着喝的。做油炒麵有一種「神物」可以替一切芝麻果料——點心渣兒。點心渣兒是很難得的，幾乎沒漲價的物品。六十年代時一塊錢一斤，因為不要糧票，一有了就搶。前些年才漲到三塊一斤，過去多是解餓，現在多是做油炒麵。油炒麵據說最好用牛骨髓油，但一般就用牛油，再不濟可用香油。把油在鍋裏化開，麵粉在鍋裏乾炒到微黃色，炒着炒着，香味便飄出了小廚房，彌散在整個小院子中。這時倒有七成熟了，倒進去點心渣兒，出鍋後找個搪瓷的大盆裝進去，每天早上沖的時候來兩勺。

廟會上類似油炒麵的「沖劑」有很多，招牌多寫的是「茶湯李」，統一叫茶湯了。沖茶湯的師傅一隻手裏起碼掐着兩個碗——有能掐四個碗的，一手拿起來離壺嘴很遠的地方，另一手去搬大銅壺，就用熱水嘩地一砸這個勁兒，把茶湯沖熟了。沖熟的茶湯還要放上紅糖、白糖和桂花，這點和臘八粥很像，齁兒甜。都是用一把大個兒的、龍頭嘴兒的大銅壺，壺肚子上刻着花紋，壺裏燒着滾熱的水，各種「沖劑」堆成了小山，白色的是杏仁兒茶，甘甜；淺黃色的是茶湯（這個詞很古老了），是高粱麵和糜子麵的混合，還會加上炒黃的芝麻、核桃仁，切碎的金糕條兒與葡萄乾，個別的還加上我並不愛吃的青絲紅絲；油炒麵只是其中的一種，有時油炒麵和茶湯，也說不上哪個顏色更深一點，更甜一點。

再比如蘸糖葫蘆，要洗山裏紅，摳出籽兒來，穿成串，還要熬冰糖、沾糖，那糖熬得和做拔絲類的菜不是一個火候。都做好了才吆喝着賣，弄不好還賠本賺吆喝。如果家裏好幾代都做小吃，現在孩子都上大學，確實也不願讓孩子繼承，接着賣小吃。

賣小吃，賣的是血汗。很多小吃是早上六點鐘開始，賣給上班趕路的當早點，那麼五點鐘做，四點鐘籠火，三點多就得起牀。大熱天兒的本身就四脖子汗流，還得圍着火爐、蒸鍋團團轉。

北京冬天酷寒，天黑得很早，沒有南方繽紛的宵夜文化。夜宵的小吃都是推車挑擔，串到胡同裏來賣的。一到晚上，都吆喝着「硬麵——餑餑哎——」「餛飩喂——開鍋啊——」「蘿蔔——賽梨啊——辣了換來！」這是賣心裏美蘿蔔的，不論切成絲撒上醋和糖還是涼拌蘿蔔皮，都極為爽口。再晚點，還能聽到賣夜壺的吆喝聲，為人考慮得十分周全，但那吆喝聲聽起來慘兮兮的。晚上出來做買賣的，得後半夜才能回家睡。

小吃得走量，要總有人排隊才能賺到點錢。更想起吹糖人兒、畫糖畫兒的，在冬天的時候，胡同裏挑着擔子來吹糖人兒，滿面塵灰煙火色，雙手都凍得通紅。一個糖人兒最早才幾分錢，這要如何才能養家餬口？筆者住的胡同中間，曾有個賣燒餅的人家，那家的孩子是個癟臉的胖墩兒，穿個大背心在家門口待着，眼瞅着他從十二歲起在胡同裏烙燒餅，天天瞅見

他，一直幹到十七八，長成一個又高又胖又黑，全身油芝麻花（北京話：形容到處是油不夠乾淨）的大小子。青春都是圍着案板和火爐子，在芝麻燒餅、豆餡兒火燒和椒鹽螺絲轉兒中度過的。

中國歷來充滿了底層人的上層想像，以及上層人的底層想像。小吃代表着草根和普羅大眾，但同樣也不分階層。過去再大的大戶人家，早點、夜宵多是買着吃，府裏不可能真支口鍋炸油餅，再弄個爐子攤煎餅。少爺小姐們上街吃小吃，也是人生一樂兒。據說道光皇帝想吃某某小吃，膳房的回稟：「膳房沒有相應的灶，要皇帝傳旨，撥款多少銀子成立個部門修個灶，等內府批了才能動工，並專門請相應廚師……」道光說：「能不能上前門外給我買去？」答曰：「關門了。」皇上一歎氣：「不吃了！」

是不是吃不起肉的人才吃鹵煮？有這個可能性，但不是這個理兒。同樣很多人都能好這口。很多京劇名伶，從譚富英到裘盛戎，再到文學界的巴金、丁玲，都愛吃爆肚；而梅蘭芳最愛喝豆汁兒。京城的炙子烤肉現在成了特色餐館，但本就是路邊攤兒的小吃。還記得電影《開天闢地》中，李大釗把陳獨秀從監獄裏保出來，親自趕着大車過市，陳獨秀看見路邊攤兒的烤肉就繃不住了，吃完一抹嘴兒，兜裏沒錢；李大釗把全身上下翻遍，也沒帶錢。二人相視大笑。

過去的人也一樣會面對一個問題：小吃的衛生。在民國，如果是坐商的話，同樣需要工商執照，也有衛生檢查的。擺攤兒的可能就管不了那麼多，吃壞了頂多是自己去解決了。1947 年時，時任北平市長的何思源曾發佈指令，要求凡是學校附近，禁止售賣不衛生的食品飲料，尤其是禁止有任何賭博行為的買賣。

就小吃自身，也會有一種正常的淘汰。早年間人們生活窮苦，顧不上衛生，有種小吃叫羊霜腸。是把羊血灌羊腸子裏，煮熟後切成塊，澆上羊湯、芝麻醬，撒上香菜等。因為羊油很容易凝結成一層白霜而得名，有的地方也叫羊雙腸。《天橋雜詠》中的竹枝詞云：「縱使葷腥勝苦髒，充飢何必飲灰泥，清貧難得肥甘味，莫笑口生程度低。」這種小吃直至 20 世紀八十年代還有，但隨着生活水準的提高，普遍被人們認為不衛生，就漸漸淘汰了。

鄉情與人情

　　我家在 1951 年 4 月以前，住在南鑼鼓巷旁的黑芝麻胡同西口的老宅，而拐個 S 型彎兒的街坊，就是一家開店賣小吃的回民，姓金。有一次我路過那家店，臨時想買吃的，店主是位年近九旬的老爺子。老爺子問我住哪，我就說了老宅。老爺子盯着我看了半天，愣是知道我家的姓氏，原來他舊時給我家送早點，與我祖輩人都認識。屈指算來，老爺子從十幾歲開始，做了近八十年的小吃，周圍的街坊多是三、四代人一大家子，都吃過他做的早點，還知道老爺子的小名兒叫二鐲子。不幾年，老爺子無常了，小吃店開了一輩子，關張了。傳統做小吃的人，做東西很講究，做人很厚道，因為大家都有這點講究。沒有了小吃，就少了鄉情，更少了人情味兒。

　　小吃分工細緻，賣哪樣就是賣哪樣，很多小吃如爆肚、艾窩窩等，都是清真小吃，只有回民來賣的。小吃還是一家一個味兒，門框胡同鹵煮、北新橋鹵煮、和小腸陳鹵煮都不是一個風格。即便是個字號，也都有各自的代表小吃。都是白魁老號，安定門內的那家是豆麵丸子湯好吃，寬街那家是燒羊肉不錯。而若是地安門小吃店，代表的是素炒疙瘩。因為很多小吃，都是祖傳父、父傳子的家庭經營，一連數代人，保持了手藝和味道。他們與顧客之間，除了賣家與買家以外，還有一種街里街坊，低頭不見抬頭見，熟人客情兒的關係。正是這一層的關係，以及流動性不大的北京市民，給他們提供了充足的客源。

　　過去的人生活都遵照節氣，吃什麼東西都有「時令」這個詞兒管着，能細緻到旬。夏天肯定沒羊肉，冬天肯定沒西瓜。北京人早已習慣於三月三吃豌豆黃，夏天喝豆汁兒──南城還有過「自助餐」式的豆汁店，涼豆汁一塊錢一位，用水舀子盛到大碗裏，喝飽了算。入秋以後吃糖炒栗子，而入冬以後，街邊肯定有烤白薯。但凡市民，就是有一定恆產，起碼有處房子來住的城市居民，因此日子一到，人們會季節性地消費，也保證了賣家的穩定。

在長期的買賣中，經營者和買家之間也多是半熟臉，彼此能有個照應，會在彼此信任的基礎上，結成一定的友情。經營者會照顧買家的口味：「給您鹹點或淡點？」或者用記賬的方式一起結算：「您月底再説吧。」買家也真正成為店裏的「照顧主兒」，光臨時坐會兒，説上兩句閒話，很有些老舍先生的《茶館》中，王掌櫃和常四爺、松二爺這些老茶客的關係了。

也有部分小吃的買賣，本身就是遊戲。過去有抽籤中彩得肥鹵雞的。賣家把有標記籤子都裝在一個布套子或竹筒子裏，他用手攥着，您來交錢抽籤，抽到了就得一隻鹵雞，但一般抽不到。或者是把籤子分成黑紅兩種顏色，您抽十支籤，兩種顏色的比例相差越大，得的東西越好。要是每種各五支，那就什麼獎也沒有，這種概率是最高的。此種「掛彩」的形式古已有之，在宋代叫「撲賣」，人們也就當個玩，因為花錢少，是否中獎不重要。消費者對賣家有一定的寬容度，也有這份閒錢和閒心，是能接受沒中獎白花錢的，就當買彩票了。

賣小吃好處多，他們豐富了市井，方便了大眾，也為自身賺了嚼穀。而小吃本是手工作坊，並不適合開連鎖店，不是公私合營的某某小吃店和某某飲食集團的概念。但若是成了飲食集團，商鋪房租高漲，小吃也只好跟着漲價。茶碗大的一碗杏仁兒豆腐賣到八塊一碗，已經很貴了。小吃要低價，要保持它的原味，否則就不是小吃，也失去它本身的意義。

引壺賣漿者之流，皆有舊京煙火氣。在回憶過去小吃的情景時，也感慨討生活的不易，以及檢討自己在寫作市井風物、平民消費和經濟生活的同時，反思北京這座城的體恤之心。

字號：北京夢華錄

想當年，北京城裏東單、西四、鼓樓前，前門、王府井、大柵欄，外加天橋、菜市口、花兒市，更有那一條條的舊貨街、皮貨街、繡花街、木器街、乾鮮果子街、玉器街、燈籠街、圖書文化街……那麼多鱗次櫛比的老字號，能排列出一部堪比《東京夢華錄》的北京版來。沿着街捋，挨着家逛，吃吧，買吧，玩吧，可着勁兒地造吧……一輩子也說不盡哪！

一

想起過去的那些老字號，多少有些心酸。

字號是有生命的，而要它們命的是歷史，要活命得先抵住社會變遷。美國人多少代都喝可口可樂，可樂能多少年不走樣，美國本土又不打仗，這字號如同鐵打的。可中國不行，站在北京前門大街四下裏望，以前的字號一家擠着一家，義和團一把火點了老德記洋貨鋪，火燒連營，那些字號全成灰了。

若論中國的老字號，足有上千家，然而盈利的不過十之二三。就如同被義和團一把火點了一樣，老字號如風般地退場。現在，只有個別厭惡速食並懷抱舊時光陰的人，才想着今天是什麼場合，要到哪個館子點哪個菜；想着逢年過節，給親戚提拉一份稻香村的點心匣子。

但在穿衣上，也絕少再有去瑞蚨祥、謙祥益買布現做的，也不在家穿千層底，冬天也沒人穿毛窩（棉鞋）；不舒服了去醫院，而不是去同仁堂找

坐堂大夫；能用資生堂，就不用蛤蜊油、雪花膏……西洋字號逐漸代替了中華字號，這不禁讓人想起常四爺的話：「咱們一個人身上有多少洋玩意兒啊！老劉，就看你身上吧：洋鼻煙，洋錶，洋鞋大衫，洋布褲褂……」

我對老字號是留戀的，不論是逛老街還是看老照片，我喜歡看那些字號，看字號上的幌子和廣告語。

每種行業都有個幌子，幌子也叫招幌。《清明上河圖》裏就有幌子．民國時期有個洋攝影家叫甘博，他狠狠地拍了一通前門大街，能從中看到許多老式幌子。最近見到街面上保存的老式幌子是在安陽老城區，一家過去的藥鋪，現在已成民居。

現有的幌子基本照舊，理髮館是用圓筒的三色轉燈，東來順還是用火鍋，而茶葉鋪吳裕泰立了個抹茶冰激凌道具當幌子。

過去，每種行業都有廣告語。那種用詞不上書本，只相當於民間俗語，典雅、內斂，模擬對聯或四六句，化自古人的思維方式。現代人能模擬文言，但難模仿過去字號的習慣用語。那些廣告語連帶字號名都是用書法字體雕刻在磚石上的，其中不乏民國時期書法家的手筆。舊京有位書法家叫張伯英，前門外的字號，大半出自他手。而天津的字號，則多出自華世奎之手。

各行廣告語和字號，都有自己的寫法。

比如一家藥鋪，在一間門面的上部有女兒牆，從右往左分別是：

自辦各省，地道藥材，照 × 批發

下一排，右起是「泉香橋井」，左起是「春滿杏林」，中間是字號：「同 × 堂」（中間的字看不清）。

又有一家雜貨店，上下聯分別為：

各種檳榔加工改造適口精良
奇品名煙批發各省與眾不同

橫批：「檳榔 × 批發」。

有一家叫福興居的飯館，來得乾淨利落：

福興居飯莊包辦南北酒席內設旅館

其中「飯」字寫的是「飰」，用了個很少見的異體字。興華園浴池的對聯為：

難比趵突敢比趵突
不是華清勝是華清

中間橫批：「潔淨盆塘」。

如今，很多字號和廣告詞都被鏟掉或抹平了。當一個字號手藝不是原來的、經營不是原來的、氛圍更不是原來的時，那也無從談承傳了。

．

二

自家稱呼自家的字號，習慣叫「櫃上」。我想起很多櫃上的故事，也有些其他字號的故事。

一年夏天我去過一趟福建，確切說去的是閩西的永定地區，特色建築是土樓。從土樓群中鑽出來，我們來到一個小村，村裏的文物叫虎豹別墅，是胡文虎、胡文豹家族的產業。

胡文虎是與陳嘉庚並稱的大慈善家，聽名字就很江湖氣。他出身江湖郎中家庭，文化水準不高，卻混跡江湖，仗義疏財。他有個殘疾兄弟叫胡文豹，兄弟感情頗深，他一直照顧兄弟，一向是虎豹並稱。他開創的品牌是萬金油、八卦丹等，在民國時期暢銷一時，什麼都治。「萬金油」成了一個詞，現在還在使用。他們 1920 年就進軍新聞業，在南洋一帶有四十家報紙，緬甸的《仰光日報》、香港的《星島日報》等，都是胡家的產業。

論規模，當時北京沒幾個字號能與之匹敵。但多少年後，胡家的產業傳到女兒胡仙手裏，破產了。

胡家在 1949 年後沒留在大陸，而是下了南洋。大陸的萬金油漸漸被清涼油代替，新產品開發得不夠好，賣萬金油還能衍生出什麼東西呢？頂多是跌打損傷膏。報業經營得不順，倒也還上了市。倒霉的是，20 世紀

80 年代胡家搞了房地產，1997 年又經歷了亞洲金融危機，挺慘的。

同樣是醫藥，還有個相對小成、一時爆款的東西：北京長春堂的避瘟散。

民國時期日本的祛暑藥仁丹一時流行。仁丹的包裝上是個留着日本鬍子的男人（有個詞叫「仁丹鬍」）。那正是人們在心裏抵制日貨，但又不得不用仁丹的階段。長春堂的老闆孫崇善（人稱「孫老道」）抓住時機，頂着仁丹發明了避瘟散。避瘟散的包裝上畫的是個打坐的年長道士，孫老道本身也是火居道士（指信奉道教而在家修行的人，屬道教正一派。）。避瘟散本着能治鬧過一時的虎烈拉（霍亂），也本着民族情緒，這產品風行一時，後來便完成使命，退出舞台了。

發家的字號各有各的不同，但敗家的字號大多相似，多是因為家庭內部紛爭，出了敗家子，也有遭遇戰亂、供應鏈的斷絕或資金短缺的，一言以蔽之，經營不善罷了。

但字號敗亡，有隱藏的原因。

三

老字號的制度與現在的不一樣，是夥東制和學徒制的混合體，浸透了中國家庭倫理。

夥東制是東家出錢請一位掌櫃的，也便是現在的職業經理人和 CEO。舊京山西人善於經營，東家多是請他們來做掌櫃。這制度講的是規矩、人情和倫理，沒有嚴格的考察。這等於一家企業裏沒有董事會和監事會，沒有對人的量化考核與監督，也沒分清大掌櫃與東家——CEO 和股東——的職權關係。東家沒分家時，整個大家庭都靠這樁買賣來吃飯，全家的錢便是櫃上的錢。幹活兒分錢時，便不易區分，這是傳統的大鍋飯，很容易滋養敗家子，更有扯不乾淨的近親繁殖和家族矛盾。

舊式的字號不介意任人唯親，都是自家的買賣，肯定要首先選用親友，用信得過的人，雇夥計也要找鋪保。一家字號經營的成敗，一半以上

倒要看這家幾方之間的關係。企業與家族不分，事業與家庭不分，事業敗亡了，家族也跟着分崩離析。

另一個與現在不一樣的制度是學徒制。學徒在字號裏幹活兒，用不着上學，多是十幾歲跟着學徒三年，三年中學成手藝便出徒，但多是留在櫃上繼續當夥計，一直幹到老。這樣二十年下來，即便是個夥計，也能在鄉下買房子置地了。

作為一家字號的夥計，在過去並不容易。我的祖父唸了幾年私塾，十二歲起，在前門外的鼎仁當鋪（這個字號得自家裏的説法）學徒三年，學成了便回來幹自家的買賣，跟着曾祖學習照相。問家裏人：「為什麼去當鋪？」答曰：「當鋪裏吃得好，不捱打，條件在各種鋪子中算好的。」

夥計肯定會為字號服務一生（也不會幹別的），但學徒的時候，多是受難受氣，伺候師傅一家，受盡委屈。老舍先生的《我這一輩子》裏，當巡警的主人公是裱糊匠學徒出身，開頭幾章寫盡了學徒之苦。「能挺過這麼三年，頂倔強的人也得軟了，頂軟和的人也得硬了……一個學徒的脾氣不是天生帶來的，而是被板子打出來的。」但對東家而言，徒弟太老實太笨的話，做事不靈光，太聰明的話，肯定會幹活兒偷手，保不齊就捲鋪蓋跳槽，所以制度森嚴也在所難免。

落後的經營方法會弄得土不土、洋不洋，新派和老派都不待見，難以迎合年輕人，也無法融入現代生活。這或許是老字號衰落的根兒上的原因。

再者，原先的老字號的消費群體很穩定，穩定到能不用現金，多是在年中、年關時才結賬，體現的是品牌忠誠度。熟識的買賣人，談事多是君子協定，不必簽合同，完全靠口頭，一說就這麼定了，就這麼執行。熟識的主顧上街買東西，能從東頭一直賒到西頭。現代社會則不一樣。過去是人情社會，是一個道德社會，現代是契約社會。契約可以撕毀，但道德與人情不能違背，就像中國的禮教。

老字號最終面對的是社會的變化和消費者的變化。以前阿膠是有錢人用的，而現在普通人也用得起。過去人活得好好的不會送人參，都是人

落了炕快不行了，送上人參熬湯，再硬撐一段；不像現在，有了西洋參，沒事嘴裏含着。過去沒有煉乳和巧克力，生孩子的婦人為了補營養才用阿膠。如今北京的字號，除了同仁堂和稻香村，幾乎都退化了。

中國的老字號絕不是產品不如人，而是經營理念、企業文化趕不上時代變遷。國貨不重包裝，更不重賣相，這是一大敗筆，要知道，普通人買個拿得出手的東西，不是為了自己，多是為了裝點給別人看的，更多是為了送禮，或為了情侶之間的點綴。馬應龍是眼藥和痔瘡藥都極為好用，它的產品被美國人奉為「聖物」。中國字號能賣，重要的是怎樣經營。

<h1 style="text-align:center">四</h1>

北京人習慣請客或收徒弟去鴻賓樓；做買賣開張去東興樓；考試中了去泰豐樓（在南方可去狀元樓）；而有好事了，去致美齋；純屬聚會雅集，到同春園或同和居……去哪個飯館、請誰、吃什麼，字號都與人的生活綁在一起。「頭頂馬聚源（帽子），腳踩內聯陞（鞋），身穿八大祥（八家大綢緞莊），腰纏四大恒（指四家銀號的銀票）。」

我們侯家經營過仨字號——德容、愛翠樓、松竹林，一個照相館、倆酒樓，又在一些字號裏有點兒股份。可不到一年，伯祖父和曾祖父先後賓天，家裏沒多久就賣了三進的小院，從南鑼鼓巷的黑芝麻胡同搬到現居的北新橋。原因是欠的債還不上，家裏沒人挑大樑。這仨字號起碼幹了四十年，公私合營也過去六十多年了。現在，我總是在腦補祖父、曾祖父、叔伯祖父們如何辛苦地管事，他們上上下下地忙碌着，而夥計們卻各種偷懶，最後都跑光了。我不忘家中的字號，它們養育了祖先，也養育了我，否則我不會來到這個世界上。我日日夜夜地想，為什麼我家的字號沒了，而香奈兒還活着？

我想念家中的字號，我不知怎麼弄得興旺，但知道它們是怎麼完敗的。我希望每家字號都前途光明。

江湖：生存之道

連闊如先生有本頗受爭議的《江湖叢談》，在他的筆下，算卦相面、挑方賣藥、雜技戲法、保鏢、賣藝、評書、相聲、大鼓、竹板⋯⋯連帶着坑蒙拐騙，都是江湖行業，分為「風（一群人騙）、馬（一個人騙）、雁（用美色騙）、雀（用官職騙）四大門，和金（看相）、皮（賣藥）、彩（戲法）、掛（打把式賣藝）、評（評書）、團（相聲）、調（賣戒大煙藥）、柳（唱大鼓）」八小門，每門都有各自的門道。江湖人士認為這本書說了太多不能說的東西，也有人說這書不準。

社會底層還有一個「平地摳餅，對面拿賊」的江湖。

一

網上很多人有這樣的誤解，認為唱戲、說相聲的應該是有文化的人，其實不然。過去，不識字的人照樣能唱戲、說相聲、說評書、唱大鼓，甚至能演得更好，幹這一行徹底不用讀書。我們總說相聲是一門語言藝術，實則不然，相聲應是一門表演藝術。語言藝術只是其中的一方面。劉寶瑞先生有段相聲把清朝帝王的順序講錯講亂了，但這不會影響到他的表演藝術，聽眾也不會較真。

唱戲、說相聲、說評書，戲曲、曲藝演員賣的是表演功夫，而不是本身的文化，那點兒對子的文化僅算常識，是現在的水準已退化到把戲詞、大鼓詞當回事的程度了。這並不是貶低他們，在電影《梅蘭芳》中，我始終感慨於王學圻扮演的十三燕的台詞：「咱們是下九流啊！」

古代，演員確實是與娼妓同屬的下九流。當年唐玄宗創梨園，整改教坊機構，樂籍中的人世世代代為倡優伶工，歐陽修在《新五代史·伶官傳序》中特意批評了寵信倡優亡國的道理。然而，士大夫們是離不開倡優的。士大夫對倡優「仁」，倡優對士大夫「忠」，不同的階層各安其位。

　　相聲是後來才進了茶館，進了小劇場，最終上了電台、電視台，最初就是撂地：站在北京天橋、天津南市那樣的「雜巴地」裏，先是一個人在路邊一邊白沙撒字，一邊唱太平歌詞，或用快板招攬顧客。用白沙在地面上畫個圈，就表示要在這裏賣藝了。表演群口相聲，一般是兩個人說話，第三個人上去插科打諢，三個人亂作一團，吸引好事者過去圍觀。這叫「圓粘子」，然後再「使活」把觀眾腕住，通過藝術感染力和表演後的打錢，讓觀眾自覺地把錢從兜裏掏出來。打錢是一門很大的學問，在讚歎演員技藝高超的同時也會感歎，相聲很江湖。

　　相聲演員要會說、學、逗、唱、耍、彈、變、練八項功課，要會開場小唱、會白沙撒字、會置杵（要錢）、擅口技、會數來寶、會太平歌詞、能說單口、能說群口、能逗、能捧、能怯口倒口（學方言）、能使柳活（學唱）、能說貫口十三項技能。雖然相聲的創始人朱紹文（「窮不怕」）是落地的秀才，他學識淵博，但相聲絕對是草根藝術。另有一門相聲，叫作清門相聲，是進宅門裏說的，相對文明些，據說是起源於八旗子弟自我娛樂的全堂八角鼓，但並不在相聲中佔主流，且在清末以來也無法逃離江湖。

　　早年間，數來寶比相聲更為底層，是跪着一條腿唱的，唱一些吉祥話討賞錢，後來經歷了「串街走唱」和「撂地演唱」的過程演化成快板。快板方便快捷，在戰場上上午用英雄事蹟編了詞，下午就能慰問傷患了，但確實是從古代的「丐幫」中分化出來的。而要飯的甚至會用自殘的方式，用刀子扎穿尺骨和橈骨中間，用鐵鏈穿過鎖骨，用磚砸自己的肩膀，那意思是說，都慘到這份兒上了，行行好給點兒錢吧。他們是有幫會的，有地盤，也有師徒，乞丐並不是所有人都能幹的行當。

　　相聲界是江湖，必然會常發生師徒反目的事；相聲若脫離了江湖，江

湖中就少了笑聲。社會上不可能沒有江湖，這種事不是文明與進步就能解決的。

二

大城市的白領、中產階層，沒接觸過社會的年輕人，大多不知道街頭賣藝、地下錢莊、流浪劇團、電話詐騙、網絡傳銷、販毒賣淫等從業者是怎麼生活的。社會上總歸是有不用考大學的人群混跡江湖。許多文藝作品和影視劇喜歡拿其中人士是否遵守江湖規矩來做文章，但江湖人的首要目標是生存，不是生活，哪怕經濟狀況已不懸於生存的邊緣。

江湖絕不浪漫，它是殘酷的，過去江湖藝人的生活號稱「颶風減半，下雨全完」，沒人颶風下雨還出來看街頭雜耍。據侯寶林先生的自述，他年輕時看到北京下黃土的天，就乾脆躺着不起牀。同行來了，問是怎麼回事。侯寶林說，起牀了也沒飯吃，更餓。

江湖中有行業暗語，被稱為「春典」，使用春典被稱為「調（diào）侃兒」，是江湖人的一套自我保護，以防止外人聽懂，也作為行業區分。在侃兒上說，說相聲的叫「團春」的，說評書的叫「團柴」的，資深的江湖人被稱為「老合」。若真調起侃兒來，全天的生活都用暗語來說。曾有個笑話，相聲表演藝術家郭啟儒被尊稱為老郭爺，他精通調侃兒，也曾被稱為「侃兒郭」。有人請教他：「這電視機調侃兒怎麼說？」老郭爺想了一會兒，說：「色（shǎi）糖望箱子。」「色糖」指外國，「望箱子」指洋片匣子，電視機就是外國產的拉洋片的匣子。時至今日，曲藝中的「調侃兒」已沒有過去普遍，但仍舊以術語的形式保存下來。隨着資訊的透明，也有年輕人會胡亂調侃兒，但現在少有人知道拉洋片是什麼了。

為了防止反叛與紛爭，江湖才有了規矩。所有的江湖道兒，都是歷代江湖人的鮮血積累而來的。江湖中人對於規矩十分曖昧，就像《古惑仔》中，陳浩南因被下藥而與兄弟山雞的女友相好，他的大哥B哥在關公像面前用點燃的香去燙陳浩南以示公開處罰，既捨不得，但又要這樣

做。而陳浩南認罪受罰也是一種表現，既維護了 B 哥，又企圖挽回個人顏面。

江湖規矩是個辯證的問題，江湖中人最忌諱偷藝，但很多人確實是靠「捋葉子」「摘桃」等「瞟學（xiáo）」而來的。拜師不過是允許你名正言順地偷學師傅，有名氣的師傅自己演出、社交還忙不過來，哪有時間教徒弟？能帶在身邊就不錯了。再者，藝人都知道要苦練真本領，技藝不好，觀眾肯定不會買賬。他們確實是因吃不上飯才去學藝說相聲的，演出是為了掙錢，所謂的藝術追求也是為了賣得錢。所以，演員一旦紅了，必然會拿架子耍大牌，偷懶，不賣力氣，人性便是如此，不賣力演也能上座，那費那個勁兒幹嗎？

真佩服江湖中人，把讀書人扔到江湖裏，被賣了還會幫人點錢，分分鐘就死掉了，連死都不知道怎麼死的。

三

江湖藝人的思維方式、價值取向與一般人不同。

江湖藝人是極為義氣的，以往的藝人見到同行來「告幫」，都會解難幫助，年底藝人行會都會通過演義務戲，用收入來救濟困難的同行。

江湖藝人大多不攢錢或攢不下錢，比如我今天受了很大的苦賺的錢，不花乾淨了就對不起自己。很多藝人都捱過餓，一旦能吃飽後，絕不會省着。

江湖藝人多是晝夜顛倒，因為飽吹餓唱，吃飽了沒法兒演，晚上演出後，要聚餐，連帶抽大煙和社交，肯定要折騰到後半夜。

江湖藝人從萬人矚目到窮困潦倒，甚至凍餓死於街頭，只在一夜之間。至今仍不鮮見，曾風光一時的港台明星晚景淒涼。

江湖藝人學藝就要捱打。演錯了捱打，那是被罰；演對了也要捱打，那是讓你記住以後就這麼演。對於打，人家有理有據，認為打着學得瓷實，現在叫肌肉記憶。手抬得低了，只有捱了打才能抬得高，演出時是不經大腦思索的，是肢體語言記憶的。不僅學說唱戲要捱打，學說相聲、練

雜技都要捱打，這叫鞭徒。打徒弟，外人是不能多言的，更不能攔着。

江湖藝人的師徒關係很是微妙。我們不能按照章太炎與黃侃、沈從文與汪曾祺，或者過去工廠車間裏的師徒關係，來推斷江湖藝人之間的師徒關係。拜師要簽合約，要「三年學藝，兩年效力」；學徒期間，死走逃亡各由天命，車踩馬踏打死勿論……其間的紛爭，遠不是外行人能想像的。

除了學藝的必要，出師或隨着年齡增長，江湖藝人不一定會堅持練功，因為藝人要大量地演出才能維持自己大量的開銷，在舞台上表演就是練功。演不上戲的藝人連飯都吃不上，更沒力氣練功，只會越來越墮落。

江湖藝人傳藝極為保守，俗話説「寧給十吊錢，不把藝來傳」「寧贈一錠金，不傳一句春」，教會徒弟確實餓死師傅，很多行當裏面都有口傳心授的技巧，不教就是不會，會了就能賺錢，都教會了也就不值錢了，個中門道如窗戶紙般一捅就破。比如相聲中捧逗語言的尺寸，捧哏的都説「啊」，發音的語氣、輕重、緩急、長短，再配上身段、眼神，對了包袱就響，不對就不響，這是必須手把手地教，印成書是看不出來的。

江湖藝人最應該愛惜自己的身體，可他們大多最不愛惜身體。藝人要戒煙、酒、辛辣等才能保護嗓子，保持形體。但藝人恰恰無法抗拒吃喝與社交，他們要仰仗權貴過活——叫你陪酒是看得起你，骯髒的酒桌文化是以喝不動或喝了傷身的情況下還喝為榮的，以致很多好演員被活生生地毀掉了，如劉寶全、梅蘭芳等先生那般自我節制，到晚年技藝爐火純青的人並不多。再説，在舊社會，吃喝嫖賭絕不算惡習，而是風俗。唱戲很累，很費嗓子，藝人必須抽大煙，不抽，嗓子、體力撐不住，嘎調就唱不上去，抽一口，立刻能唱得滿堂喝彩。抽大煙也表現了自己的身價。「十全大淨」金少山到了最後，都得用大煙來泡水喝才能過癮。

總之，江湖藝人會因為自己屬於「下九流」而自卑，也會因為自己有能耐能賺錢而自傲。這也是大多藝人不攢錢或攢不下錢的緣故，他們相信自己，只要上台或上街就能賺回當天的嚼穀，因此一旦發家，沾染惡習也在所難免了。

四

　　江湖文化，在學術上可以叫遊民文化，王學泰先生曾講過遊民文化。和普通人相比，江湖中人首先脫離了封建的宗法制，脫離了行政和法律的管理。唯一能約束他們的就是傳統的倫理與道德。而道德本身是隨時間、空間的變化而變化的。換個年代或地方，不道德的興許就變成道德的了。在生存危機下，道德可能是人最先放棄的東西。

　　中國古代是有賤民階層的，《清史稿》中說：

> 四民為良，奴僕及倡優為賤。凡衙署應役之皂隸、馬快、步快、小馬、禁卒、門子、弓兵、仵作、糧差及巡捕營番役，皆為賤役。長隨與奴僕等，其有冒籍、跨籍、跨邊、僑籍皆禁之。

　　這些人過着不同的生活，他們不能考科舉，也不一定識字，並不是他們執着於本行，而是他們世世代代只能從事這樣的職業。

　　過去，說相聲的、變戲法的、搞曲藝的、賣藥的、乞討的、耍猴兒的、打把勢賣藝的等等，都屬於所謂的「賤民」階層，都在底層掙扎求生。他們始終是邊緣的、流動的、隱蔽的，承傳了古代巫術、醫術、百戲等文化。為了求生，他們只能服務於大眾化的生活或娛樂所需，其實他們的職業可以說是演員，其本質上都是傳統藝人的師徒制度，這也是源自這個江湖的規矩。

　　實際上，江湖與廟堂並不遙遠，每種藝術也不是適合所有人的，現世是總有缺憾的。而廟堂與江湖並不是二元對立的關係，它們只是分別安置了自古以來不同背景的中國人，給了他們足夠的生存空間。

街民：那些混跡街面兒的人

街面兒，北京話，指大街地面以上。狹義也算上兩邊的房子，即整個「凵」型中間的空間，廣義是街道、社區、公共領域。街面兒人關係的總和，是在大街上活動的人構成了街面兒。中國自古沒有廣場和公園的概念，但有街面兒。

北京城謹按《周禮》，九經九緯、經塗九軌、左祖右社、前朝後市造出了這座八背哪吒城。城內街道平直寬闊，少部分是斜街，大部分是正南正北的通衢土道。無風三尺土，雨天一街泥。皇帝要去天壇、先農壇和清西陵，走永定門、廣安門的路才是兩條石路，後在東總布胡同修了第一條馬路。路上「車轂擊，人肩摩，連衽成帷，舉袂成幕，揮汗成雨」，這是兩千年前的臨淄，同是一百年前的北京。一大溜鋪面房的是商業街，街旁地下有地溝用來排水，分明溝和暗溝，一些河道穿插在胡同街巷之間，北京是件大褂，繡着層層的團龍與暗花。

夏日街頭洗浴的大象，冬日凍河上的冰車，遊賞春山的過客，穿過一個個牌樓、趕着去護城河或壇根兒喊嗓兒的票友，趕去上學的學生，搖着串鈴的遊方郎中……小女孩在賣花兒，老娘兒們在拉皮條，紈絝子弟在街面上賽馬，車把式在趕大車……在職的與致仕的大人，郵差解差，土匪災民，送水的淘糞的，雇驢的趕腳的，撿破爛的縫窮的，換取燈兒換肥子兒的，鏢師與趟子手，槓夫與窩脖兒，送餐夥計與小報記者，乞討的賣唱的，租書下棋、修腳剃頭、打狗賣油、王八戲子吹鼓手、夜裏用長杆點路燈的（路燈是煤油的）……茅房、糞廠、水井、街燈，估衣莊與冥衣鋪，人力的休息所與瞭望火警的警鐘台，乃至黃賭毒，跳神扶鸞，風水陰陽……

擦皮鞋的、洋車上坡時推車的、給人蹭油兒的、賣半空兒的（多是三毛那樣的流浪兒）……街面兒人奔忙於市場之上，活躍於市井之中，各有各的型兒，各掌各的範兒，沒重樣兒的。

如果你帶着一種介乎於雅俗之間的平民趣味兒，你會發現街面上的一切或悲或喜，多少都是有人情的。老北京的街面兒是一場《清明上河圖》，值得給它寫本《東京夢華錄》。

魚有魚的道，蝦米有蝦米的道。你方唱罷我登場，一起來趕這場活人大戲。

混街面兒的

街面上的人，學者王笛教授在著作中用作「街民」，北京就叫混街面兒的。

工商、服務、江湖等行業都是混街面兒。過去混街面兒的人，普遍大字識不了幾個。但他們嘴甜，能說會道，能辦事，眼觀六路；他們心思縝密，耳聽八方；眼力見十足，最善於察言觀色，能從一個微小的點上賺錢、坑錢、討賞錢。每個說相聲的、變戲法的、打把勢賣藝的、鋪子裏兒瞭高的、飯館裏跑堂的、打小鼓收舊貨的、當鋪裏的朝奉……都是街面上獨當一面的大將。

常在街面兒的人，他可能和各種小販、修理工匠、飯莊子的堂口、灶上、櫃上都自來熟，擅劃價或做中間人，即便使人損失了小利，也讓人看在他的分上，吃了他幾句順心話而少掙點錢。他知道一些行業的哨節兒、內幕和潛規則，表面上一團和氣，為人圓熟，虧不了你也欠不了我。我不坑你，你也休想佔我便宜。真急了也會耍混不吝，好似腳踏黑白兩道，殺七個宰八個不在話下，跟誰誰誰都認識。

他會算小賬，表面子上豪氣雲天，惹了他也得賠上六擺車的好話還不算完，讓你佔不了先手，還得給他賠着笑。他有他的精明，和讓你瞧不見的道行，與他過賬表面上是睹人品，實際上是猜賬頭。跟軍警憲特打

聯聯，跟車船店腳牙見風使舵，遇到掙陌生人錢於危難之際時，他也絕不會手軟，做黑道勾當幫兇，自己卻絕不濕鞋。心裏咬牙切齒：有錢不掙王八蛋。

混的人，說穿了無非一個「錢」字；但在錢字上，他信離地三尺有神明，當頭多少也得有一個「義」字。街面兒人表面上夾在這二者之間的拉鋸戰中徘徊，實際上是坑人的同時給自己找點心安，好像一個人一邊發誓，一邊悄悄在大腿根上寫：「不算，不算，不算！」

街面兒上彼此制約，人人都自以為是公權和法律，有着民間最大的「法」：「看法」。任何人在街面上混，都不能不服從民眾的看法。要顧及顏面，撐起場面，全鬚全尾兒，充滿禁忌。越是不夠主流的行業，越用忠孝仁義來標榜，要生怕被人看低了。因為這樣的人哪怕在行業內位尊權重，在主流社會仍是一介草民。落魄的富家弟子去當鋪，多是背着人。大凡婚喪嫁娶，紅白喜事，街面兒上的人也會多少看人隨點分子。

街面兒的人服飾、神態上都表明了身份與階層，人人以職業為身份，第一句就問你：「你是幹什麼的？」職業決定身份，身份決定功用，功用決定地位。不論高低都客氣有禮，但很難交心。北京人講規矩講禮儀，保守且愛擺譜兒，越是上不得枱面的人，越要有規矩。所謂禮儀，是不體面的人要維繫自己僅有的一點體面；所謂規矩是每個混街面兒的人最後的說辭，他們都想自己立規矩。

按古人的話，混街面兒的出身不淨，孩子不許考科舉。他們也不會讀什麼《四書》《五經》，表面上對讀書人點頭哈腰，實際上在心裏說了一萬遍：「我鄙視你」。四體不勤、五穀不分，有本事跟我上街面兒，看誰能讓人甘心把錢從自己兜掏出來，放你兜裏去。街面兒上，到處是職場，處處是戰場，拚得個你死我活，沒能耐就別賺錢，沒錢就餓着，餓死活該。自己豁命掙來的東西，一定要保住它，決不能讓孩子敗了去。

混街面兒的自卑，幹的多不是什麼正經營生。

混街面兒的自傲，我能掙錢，我幹的你來不了。

半熟人社會

《茶館》第一幕：「在街面上混飯吃，人緣兒頂要緊。」

街面上是半熟人社會。北京人能把公共空間過得家長里短，見誰都是圈套圈的親戚，跟誰都論街坊。街面上崇拜權力，嚮往皇家，賣小吃的一定是乾隆吃過、慈禧嚐過，給臨殯天的光緒爺續過命。甲貝勒、乙額附、丙王爺……都住在內城，不是親戚也是親戚，起碼是街坊。

香河人賣掃帚，三河縣（今河北三河市）出老媽子，大廠人賣烏豆；定興有條河，河東邊是開澡堂子帶修腳，河西邊的人搖煤球，滄州人打把勢賣藝，吳橋人耍猴兒，章丘人鋦碗，寶坻人負責剃頭；而天津宜興埠的賣蕎麥皮、武清的賣豆腐絲，山東人來挑水做飯，山西人來賣油鹽和開「大酒缸」，河南人收廢品，安徽人賣茶葉，鳳陽人負責打鐵，浙江人賣文具和舊書，青樓裏號稱是蘇州、揚州的姑娘，蒙古人到城北來販賣牛馬和皮貨，回民賣羊肉和切糕，練武術的幫着有糾紛時評理……北京人的街面兒，也是外省人的街面兒。他們各行其道，各安其分，不「在這裏祈禱在這裏迷惘」，也不「在這裏尋找在這裏失去」，而是在這裏掙到嚼穀，支應挑費；享受着掙錢與花錢，伺候與被伺候。

過去買菜可以「尋」（唸 xín），意思是要一點零散的、小件的東西。除了買的菜以外，還能尋兩棵香菜，尋根葱，好像飯館裏點了一桌子菜後，可以贈送個果盤。給赤裸裸的交易遮上禮儀、人性與情面的蓋布，讓交易不那麼像交易，倒像老友之間的禮尚往來——咱倆誰跟誰，甭算那麼清楚。

茶館裏貼着莫談國事，小店中貼着概不賒賬，因為有面兒的人逛街不帶錢，能從東頭賒到西頭，年關結賬。自謂曰：「都熟。」能賒的店鋪早把主顧摸得一清二楚，誰家有個馬高鐙短，年關時結不上賬了，來年就關了閘門，所有的店鋪都不賒給他。誰家走個人，誰家偷個人，誰家進去個人，都是了不得的事，哪能那麼悄麼聲地就死人、偷人、進局子呢？耳根子早就嚼爛。搞得人人都像管片民警。片兒警要三班倒，住宿舍，要下到胡同裏走訪，每周才回一次家。要對管片內的五保戶困難戶、混混兒、

頑主、酒膩子、取保候審者、監視居住者、刑滿釋放者、精神病人或地頭蛇⋯⋯還有那些三天兩頭進派出所，以及三天兩頭到派出所撈人的人加以管制。他們最熟知街道社區裏亂七八糟的事，各家打架糾紛的事，也最能看到世態炎涼。

交警

20 世紀 80 年代時，交警位於十字路口的安全島上指揮交通，或在街邊盤查車輛行人，在黃色、圓形的崗樓（老話叫「巡警閣子」）裏辦公。那年代車少，交警少，違章都由人來判。人與人之間的防備心比現在少。當時工人階級領導一切，北京街頭見人都叫師傅，也管員警叫師傅，仿佛人人都是相鄰的工種。職業司機對某路口的某員警，日久天長成了半熟臉，違章了不叫師傅，叫大哥，叫甜了會被高抬貴手。

「喲，大哥，是您啊。真對不起，您原諒我這一回，把我放了吧。」

交警努嘴甩臉：「趕緊走。」

下一輛車又犯事了，交警攔下一看，是位皮膚曬得黑中透紅、頭髮茬兒灰白的老司機。老司機眼見着員警師傅的制服從白制服紅領章變為軍裝綠、由軍裝綠變為藏藍，再由藏藍變為帶肩袢兒的。交警恨不得管司機叫哥：「老哥，您趕緊走。下回看着點，我不還在街面兒上呢嗎？」

後來，攝像頭當了法官，它能看清每個細節，違法與否它說了算。

吹

街面上混的人，與其說會裝，不如說會吹。吹是誇張，通過誇張來牟利，就成了騙。——那叫幹買賣，販賣人生捷徑。有吹的，還得有托兒；有逗的，還得有捧，便一起湊成了耍人兒的圈子。吹得讓你相信了，便成了。這種混街面兒的人給北京人落下個「京油子」的諢號。平地摳餅，對面拿賊。

雍和宮附近有賣「藏藥」的，潘家園附近賣「和田玉」、賣狼皮賣狗

皮的，新街口等地是賣打口兒和盜版盤的，到處都有碰瓷兒的，人人都是嘴巴開花，說出大天來。大凡賣藥的，都是先恨不得把人說死，這人全身都爛透了，馬上就涼了，然後用上他的藥，立刻就能參加奧運會去了。這種廣告公然在報紙上登，在電台裏播，用低級的騙術，儘快把最貪的人篩出來。你還不能說它是假藥，它保證吃不死你——混面兒的沒那麼傻，興許能有點藥效。總之依照傳統，大力丸是切糕做的（實際上是用藥渣和糖漿做的，無益無損，調侃為切糕做的），管飽還扛時候。只吹牛，不要命，就要錢，被坑了還不易取證打官司，還不招街面兒上的人同情——誰叫你沒眼力呢？

認栽吧。

通常，吹的方法是這樣：

「聽說沒，那某某文物是從宮裏頭流散出去的。先是被英國人搶了，又被法國人賣了，再然後流傳到某某爵士手中傳了四代，再後來流散到香港，現在準備拍賣，起步一個億，那是由我牽的線；慈禧太后，那是我們老祖的親戚……」

其實，他可能只是知道或圍觀。

看街的與「臭腳巡」

北京大街上巡邏的三人一組，一個持長棍，一個持防爆叉，一個持盾牌（天津的配狼牙棒），這不叫站崗的，叫街面兒彈壓的。

過去街面兒彈壓的，首先是甲長保長，鄉約地保，俗稱叫地方，而今在台灣地區依然存在。延續的是古代的保甲制，十戶為一甲，十甲為一保，保長、甲長多是義務的，原是德高望重的人來擔任，也有機會往仕途上運動，再後來發展成地痞無賴、地頭蛇來當了，要不壓不住街面兒。

這其中最底層的，是看街的。

看街的，清代是指官面上有差事的人，所謂堆房看街；民國後介乎於巡警之間，他們對本地面情況極為熟悉，有利於街面上的工作。往往一個

人負責一片街，俗話說：「看街的擺手——不管這一段。」

北京看街的由清代遺留下來，1917 年前後有些直隸保定人落在北京，便以保定人為主。他們當差時會有個坐堆的地方，叫堆房。平常多在堆房裏偎窩子。大凡有什麼在街面上涉及公共事務的雜事，多是要找他們。不同時代，看街的有不同的任務和待遇。冬天大街上有了倒臥，眼珠子都被老鼠吃掉了，第二天看街的拿蘆蓆一捲，埋到城外的亂葬崗子去。各個店鋪交錢成立水會（消防隊），水會雇人在街面兒上值班巡邏，也會指派看街的來當臨時工。他們相當於下等的安保，也沒有什麼正式工資，但可以魚肉鄰里。北京人受滿蒙等民族風氣影響不吃狗肉，但看街的不吝。街上的野狗瘋狗，成了看街的之牙祭。

更官面兒上的人，是巡警，頭兒叫巡長。明代北京街面兒上的治安歸都察院，叫巡城御史，俗諺云：「巡城御史鬼難纏。」清末歸步軍統領衙門管，後改為巡警廳。

北京城有了秩序，但巡警這碗飯不好吃。

《我這一輩子》中的主人公說：「是呀，我沒有什麼出眾的本事，但是論街面上的事，我敢說我比誰知道的也不少。」巡警身兼片兒警、交警、公安等多重身份，負責抓賊捕盜，監督「門前三包」，要熟悉街面兒上的一切。街面上有人暈倒要及時救治，拉洋車的跑得太快，巡警要勸止他們，防止跑快了猝死。巡警常在街面兒跑動，一身漆黑發硬的制服，鞋子特別捂，冬天他們進一家店鋪取暖，解開鞋帶鬆快一下連酸帶凍的腳，滿屋子人立刻燻倒，絕對靈驗。北京人熱衷於貶損一切，哪怕是巡警，當面叫「巡警老爺」，扭頭叫「馬路椿子」，進一步奚落為：「看街狗」「臭腳巡」。說這類話的人自己呢，不過是「吃馬路飯」的。

巡警不為抓差，而為了吃洋車夫們的「上供」；不為平事，只為避禍。有權有勢的太多，哪里敢管？當官的當兵的、東洋人西洋人、有權有勢的土豪，你不知他是哪方的勢力。員警大多是底層的旗人，工資跟駱駝祥子相差無幾，伙食不好，且會欠餉，有口飯吃就不易了。

巡警也幹不過江湖人，想活着便要明哲保身，想掙點錢，便要成為江

湖的一員。更管不了群體事件、公共暴行，所有人都在打砸搶，巡警只好跑了。

巡警活得不悲催，老舍就不必寫一部《我這一輩子》了。

有錢的捧個錢場，沒錢的捧個人場

九十年代的一個春節，在龍潭湖廟會中的一塊土地上，有四個人吆喝成了一圈，周邊圍滿了人。有個人在場子中間偏一點的位置滔滔不絕，而另一個站在場子正中，赤着上身表演。——這便是撂明地的捧哏和逗哏，而另兩個人在表演後負責撿錢或打下手。廟會正規的節目表演，都不是現場打錢。

那個一直在說的人拔點開活（根據圍觀者的情況來表演），他的身份像是表演者的師傅，像這四個人裏的頭兒，一口氣說到底——這叫鋪綱。說我們四個流落到此，生活艱難，在此有點玩意兒要演給大家。大家有錢的捧個錢場，沒錢捧個人場。他始終在說，口音雖重，但字字入耳；綱口瓷實，鏗鏘有力。而那個表演的人始終在演，一言不發。

表演者先輕鬆地把一個鋼球放在嘴裏，只比揉的鋼球小上一號。只看他喉嚨在動，舌頭在起伏，一動就吞下去了。在演說者的口音中，一條小蛇出現在表演者手中，蛇很小很短，湛清碧綠，拇指粗細，不過一乍來長。他跟蛇嘴對着嘴，仰頭舉起雙手，讓所有的人都看得真真的。演說者向觀眾要掌聲，四周叫好聲湧起。

「吃，全給我吃下去。」說的人怒喊，聲色俱厲，額頭上的青筋繃起多高，幾乎要把黃土地說得裂開道口子。

表演者人嘴着蛇嘴，把蛇一點點吸入口中，那蛇消失在黑洞裏，不見了。

「好，好……！」人群爆發出喊聲，鼓掌聲。

表演者在場子中來回走了幾步，開始要錢。人們掏錢包往地上給他們扔錢，我隨着扔了幾枚硬幣。他們繼續哭窮，說自己怎麼受苦，靠要的錢生活。

「我們四個人，今天一頓早點就吃了六十多。」一個打錢的人對觀眾説。

那兩個負責打錢的人一起兜起一塊紅布，表演者幾番乾嘔，將蛇連帶着的黏液哇地一口吐出在紅布上。圍觀者在擔心蛇的生命，紛紛伸頭看看，蛇還活着麼？

而表演者最先吞下的鐵球，一直沒有吐出來。

多少年後我看了史料，拜訪了江湖中人，瞭解一些他們的春典（春典：江湖行話）。明白江湖人的功夫不僅在表演，還在怎麼打錢，那套告幫的説辭也是表演的一部分。綱口硬實，捧逗適宜，方能圓粘子（招人圍觀）；能磨咕人，方能打下錢來。他們打錢的詞，和記載的一樣；一個套路，幾乎沒變。

老榮、小綹、佛爺

現在單説説小偷。

小偷，又叫老榮、小綹、佛爺，俗稱叫榮家門的。宅門裏丢了東西，三天內是可以通過員警或混混兒，給錢贖回來的，不追賊，不報官。正如匪徒遇到熟悉的鏢車並不會搶劫，他們進城還有鏢師保護一樣。街面兒是一種生態，它保持了小偷──員警──本主之間彼此和諧的關係。部分頑主令人唾棄，也是因為他們吃佛爺，保護佛爺並接受上供。有的頑主很看不慣，遇見別人手下的佛爺就給洗（劫）了。

舊京做小偷的，有登堂入室的絕技；能在綢緞莊裏偷布，金店裏偷首飾的，叫高買，更有身份。夜裏躡房偷大戶人家的飛賊，叫黑潛。有戴串鈴來偷的，意思是告訴你有賊，這次先不下手，快留下「買藝」錢。主人家往往會打賞，往房頂上扔點錢，而飛賊會給你鞠躬作揖，下次就不來了。到家換下夜行衣褲，第二天早晨起來一身長袍馬褂，喝茶遛鳥照樣不誤，如公子闊佬一般。飛賊不能讓人看見，被人看見就風緊扯乎，罷手不偷了。那時的賊原則上只偷不搶，「術業有專攻」。

八十年代社會秩序尚未恢復，小偷也猖獗，公車、菜市場上，都曾是民警反扒的戰場。小偷相面識人一絕，一眼就能看出肥瘦，特愛偷外地進京的幹部——就他們身上現金多還不方便追討。且多是團夥作案，掏到錢包後就傳走了，不會撒腿就跑，被抓了也沒證據，講究的會把證件扔進郵筒而只拿錢。小偷多帶刀子，普通人發現了也不敢管。

他們往往是有動手的，有望風的，兩隻手搭在一起放在身前身後，下面那隻手就已經在偷了。他們都有「行話」，上衣胸前口袋叫「天窗」；下面的口袋叫「平台」；褲子前面的叫「底兜」；褲子後面的叫「馬後」。怎麼用鑷子，怎麼用手；扣子怎麼開，手錶怎麼摘；上衣扣怎麼解，下衣扣怎麼解；外兜怎麼順，內兜怎麼掏……傳說還要練的功夫，要能割斷別人的辮子繩而不傷及頭髮，從翻滾的油鍋裏撈銅錢不燙手。北京站曾逮住過一個七十多的老賊，一輩子沒失過手，被同行點了炮（舉報）才折進去。

不過，北京人丟的最多的不是錢包，是自行車，丟過五六輛的大有人在。有專門偷自行車的，他們有個特製的掛鈎，一頭掛在自己皮帶上，另一頭往車座子上一拎，推着別人的車就走了。這號人對各種車都騎得很溜，更對大街小巷瞭若指掌，眨眼間車就出手了。有位親戚把自行車用鐵鏈子鎖在樓道裏的扶手上，綁在五樓與六樓之間，前後輪都上了鎖，不一會兒，連車帶鐵鏈子都沒了。

街面兒上對江湖人有百種洗白，千種說辭，萬種開脫。

一、讚美其高超的技術手段，仿佛小偷也是在賣藝。你被偷了，因為你得為小偷練就的「絕藝」付錢。

二、讚美其規矩和底線，如「七不搶、八不奪」：喜車、喪車；出家人、醫生、書生、妓女、郵差、車店、擺渡、賭徒、吹鼓手、賣棺材的、「挑八股繩的」不搶。

三、讚美偷富濟貧，代表人物：山東是梁山好漢中的時遷，北京是燕子李三。偷富濟貧，則為大俠。

我有一次擠公車，忽然覺得上衣左下兜一動，便往前擁擠過去，扭頭時，見一個賊眉的人在看我。我擠下車看，衣服被劃了一道口子，若不是

雙層就透了。

世風日下，小偷的手藝也衰落了。

窮家門

過去的乞丐，老北京話叫打閒的。有的在前臂的尺骨和橈骨之間插根匕首，或在鎖骨上穿着鐵鏈，也有擂磚叫街，冬天光着膀子，拿半塊磚頭往身上擂，嘶啞着嗓子喊：「老爺，我的太太喲，可憐可憐⋯⋯賞碗剩菜剩飯啵！」越是圍觀，擂得越歡。意思是我都這麼慘了，你還不給錢？不給錢，就鬧你。

江湖門派中，叫窮家門。《茶館》裏大傻楊打着兩塊牛哈拉巴（肩胛骨，源自滿語）唱着數來寶，便是窮家門，有師承，是真正的丐幫。

丐幫的頭領叫團頭，也叫杆頭，是某片街區的叫花子頭兒，乞丐便稱「槓兒上的」。京劇《豆汁記》講金玉奴幫打薄情郎。金玉奴用豆汁救了倒臥街邊的窮書生莫稽，她的父親金松是團頭。團頭沿街叫化幫助莫稽到京城趕考，使其高中。中舉的書生即是朝廷命官，授任江南德化縣知縣，他將金玉奴推落江心，並趕走金松獨自赴任。哪位縣長願意岳父老泰山是個叫花子頭呢？

杆頭的杆兒也叫大樑，即打狗棒，象徵着丐幫至高的權力。乞丐見到這根兒杆兒，便要下跪磕頭；犯了幫規，要用杆兒來責打。外來乞丐沒向當地的標名掛號，沒拜過杆子，不許在本地乞討的。「杆兒上的」有善要和惡要，善要還好說，惡要能在你買賣開張時真圍過來幾十號，拎着黃刺瓦罐，破衣拉撒。掌櫃的免不了花錢來打發，比平常打發要飯的費錢多了。

我見到過兩個十幾歲的失明的孩子在西單街頭拉二胡。他們身穿破衣，一人坐一把椅子，相聚不遠，每人面前有一個鐵皮罐頭筒用來放錢。他們用一樣的胡琴，一起合奏悲傷的曲子。路人為曲子，為他們的失明而祈禱而悲傷。

民國時北平便有乞丐收容所，能讓乞丐貸資營業，並幫助介紹工作，

資遣回籍，送入救濟院等。人們同情他們，也要治理他們，因為街面兒上假的比真的多多了。

經常見到有人假扮殘疾人行乞，特別是裝瘸。裝瘸的坐在地上或帶軲轆的平板上，如被打殘的孔乙己一般，用戴手套的手行走，實際上他的腿沒殘，是盤着蓋起來的。怎麼盤腿有技巧，也得練一陣子。還有在冬天光膀子要錢的，裝作身上凍成了深紅色，這也有「門子」，是抹了藥材。他們多少還有點「功夫」。但現在的乞丐「盤腿功」都沒傳授，懶得學，直接坐着裝殘，可隨時「下班」，站起來就走。

地鐵中曾有若干的職業乞丐，有的在換乘站的過道裏賣藝，雍和宮二號線換五號線處，曾有個落魄的體操運動員。這人個子不高，長得帥氣，一身肌肉，上寬下窄的身材，雙臂很是粗壯。地上放着他的姓名事蹟、得金牌時的照片和要錢的不鏽鋼盆。他先是自己原地拍巴掌，雙手上纏的布中間騰起塵土，發出砰砰聲，仿佛是他要上高低槓或吊環前，在雙手塗滿滑石粉後的架勢。一陣拍巴掌後，他便輕輕地打個倒立耗大頂，上衣滑落，露出了堅實的肚腹。不一會兒他下來，這對他不算什麼。他眼前都是急着趕地鐵換乘的人，他仿佛是岸邊飢餓的釣者，在看着匆匆游過的魚群。

沒有人停下來給他錢，好像所有人都提前在網上查到過他的負面新聞。他的金牌早賣了，很便宜。

也有乞丐是在地鐵車廂中穿梭着要錢，和找乘客掃二維碼的人、假裝聾啞高價賣指甲刀的人混在一起。五號線沿線裏曾有個要錢的小女孩，瘦瘦小小，散着頭髮戴着眼鏡，還缺了顆牙，臉上起着紅斑。她每次都在五號線沿線乞討，怯生生地怕人。她行動很快，到每個人面前點點，手舉在胸前抖抖，發出「呃呃」聲，沒等人做出反應就立刻找下一個了。她就這麼穿梭於人群中，跟她說話，她不回，總是嗯嗯啊啊的，好像不會說話。

以前乞丐只要飯，現在不要飯只要錢。我初中時在天橋上，給一個蓬頭垢面的乞丐前面的盆裏放了一塊烤白薯，走遠後扭身再看時，他直接把那塊我沒捨得吃的烤白薯扔下天橋。也見到三十多歲並不殘疾的男子跪地磕頭乞討，上去問為什麼不上班？答曰：「上班？上班能掙多少？」

最街面兒的地方

　　街面兒是集市也是江湖。本身是個暴力空間，天津、上海、武漢、重慶等碼頭文化盛行之處，街上更是五方雜陳，比戲園子裏還熱鬧。江湖人不完全遵守儒家社會的規則，游走於違法犯罪的邊緣，有的就是犯罪。頂可惡的三樣，是偷、搶、騙。最沒良心的還有《茶館》裏劉麻子那樣的人販子，其結局也如人所願——「當初，我爸爸就是由這兒綁出去的……綁出去，就在馬路中間，磕喳一刀！」（小劉麻子語）

　　北京最為街面兒的，在 20 世紀八九十年代，是天橋、前門、北京站。

　　天橋是街面兒上的撂地藝人的自留地。寶三兒的跤場、連闊如的評書一直持續到六十年代。父親自幼從北城的家中到天橋聽評書，兩毛錢一位，看門的看演出快結束了，再一看門口還有幾個孩子：「得啦，給五分錢都進去吧。」八十年代還有不少天橋老藝人活躍於舞台，他們是最珍貴的見證人，但人們不覺得。

　　前門樓子下最囂張的，是蹬三輪的板兒爺，以及專拉攬外地人的各種攤販、小旅館、野導遊。他們北京口音最不純正，說話最為江湖，罵人也最髒，最污染北京的形象。三輪平板兒車是運貨的，車板兒上往往用麻繩、自行車內胎等來捆貨物。他們任何買賣都帶着博弈，遍地是坑，人人都得精明，否則就吃虧上當。買賣上不明碼標價的，漫天要價，就地還錢；明碼標價的，暗中也有各種說辭。當地的野導遊帶旅遊團逛八大胡同時說：「你看，這就是當年的妓院。」再用手一指胡同裏的老太太：「那就是當年的妓女。」馬上有人從門裏衝出來：「我 × 你媽，那是我媽。別讓我看見你，見你一回打你一回……」

　　北京站是各種勢力盤踞之處，遍地是拉客的黑車、黑三輪和小公共，混雜着各地的乞丐、上訪者與流竄犯。夏天熱的時候，整個站前廣場上都睡滿了候車的人，和醫院的急診病房一樣，遠遠望去像一片難民營。這裏曾有個乞丐叫墩子，他很胖，但只有一隻胳膊而沒有腿，是小時候被火車壓的，有人給他做了個大皮褥子墊在身下。他的頭髮有一二尺長，每天靠

　　　　　　　　　　　聲色之城：市井江湖稗官野史

乞討為生，但那一隻手就那麼抱着孩子。他撿了兩個棄嬰，就這麼抱着漸漸養大了。

看客

街面兒上新鮮事多，閒人多。遍地是廣告、照片和新聞紙，那根本不夠看的，街面兒上但分有什麼響動，有軌電車的當當聲剛過，不一會兒又嗚裏哇啦——娶親接新娘子啦，打着響尺撒着紙錢啦，耍着獅子、踩着高蹺走會啦……「哎，這事怎麼茬兒？」——立刻圍了個裏三層外三層。街上有撞車的打架的，遊行的出殯的，即便是拉洋車的人跑得又快又穩當，也有閒人跟着喝彩。哪怕是一個賣爆米花、賣大掛山裏紅的，甚至旗人吃大餑餑，乾脆就是狗咬狗，都能讓十五個人圍着看半拉月。趕上菜市口砍人，那可算「過節」了。犯人喝了斷頭酒摔了豁牙瓷碗，高喊着二十年以後又是一條好漢，看客們就當在戲園子裏給楊小樓叫好。魯迅先生最痛恨的看客心理，卻包裹着人們在此生存了一代又一代。有個笑話講，有人在街面兒上抬頭望天，不一會兒身邊聚集起層層疊疊的人都在望天。

他問：「你們在望什麼？」

旁人説：「你在望什麼？」

他説：「流鼻血了。」

之所以在街面兒上圍觀，是因為有的可看，「相大了」。被看的人即便不新鮮，也是個西洋景兒。看的人帶着奚落與鄙視：有身份的人看不上混街面兒的，宅門子弟大門不出，二門不邁，不讓上街面，有身份的女眷不逛街，鋪子裏的掌櫃親自送到府上來；混街面兒的看不上混街面兒的，他們只當別人是自己眼中的嘻嘻哈兒。看客要麼滿足無知，要麼滿足精神，或許人家就是用來謪的，顯擺顯擺，告訴你我吃得起炸醬麵。《宮女談往錄》裏記載了正宗的旗人吃大餑餑，這是清末民初的京城奇景。旗人已經落魄的上頓不接下頓，餑餑是滿語，大餑餑是滿族的點心糕餅，酥皮沒餡。不僅要站在大街上迎着風吃，一定使用倆手指頭捏着，讓酥皮掉下

來，讓你看到。那意思告訴你，我可有餑餑吃了。你沒的，瞧着吧。

街面兒上撂地的。在地面上用白灰畫個圈，叫畫鍋，就站在裏面賣藝，向觀眾要錢。天橋時代有個說相聲的醜孫子，大街上扮孝子，表演摔盆打帆哭爸爸，號喪一般地哭他爸爸死了，當然是假裝表演，看客們圍着真叫好給錢。天橋「八大怪」有一怪是拐子頂磚：一個殘疾乞丐，行乞時頭頂兩米多高的一摞方磚跪在地上，也不説話，就跪着頂磚頭，藉此打錢謀生；大兵黃罵人，是個姓黃的藝人，曾當過辮帥張勛的兵，在天橋罵大街招生意，順帶着賣藥糖。他的罵是抨擊時弊，雖頗受歡迎，但真是祖宗奶奶的罵。

這也有人看！

街面上即是用來看、聽、接受的，也是用來當日子過的。街面兒上的萬事萬物，即是風景也是生活本身，你一出家門便生活在街面兒上。

街面兒上的人，最容易來改編一下卞之琳的兩句詩：

> 你在街面兒上看風景，
> 看風景的人在街面兒上看你。

掙一碗乾淨飯

《茶館》裏的王掌櫃有言：「都是久在街面兒上混的人，誰能看不起誰呢？」這句話是他作踐自己，也把別人拉下去了。

如此作踐自己，因為街面兒上有的行業一直由不乾淨的人來經營，比如寶局（賭場）、驢肉作坊。寶局自不必說，都要養打手；驢肉作坊裏，好驢不問出處，偷來的照收。只要偷驢賊將驢拉入作坊，賣給作坊，講定了價錢，不論失主來了如何追討，都與賊人無關，想再牽走得由失主高價贖回去。現在，寶局是非法，驢肉作坊也不這樣經營，不能像過去那樣混街面兒了。

混街面兒是前現代的活法，這裏暗含着一個例子，是《悲慘世界》中

偷麵包的冉・阿讓：一個人窮得只能幹點輕微犯罪或打法律擦邊球的事來餬口，這是社會的問題還是人的問題？狄更斯、雨果、巴爾扎克，筆下多寫混街面兒的，故事中含着大悲大喜。街面兒上的人不想這些，就是餓人聚在一起找飯轍，先有口嚼穀再說。

當你走出書房，也發現身邊混街面兒的真的越來越少。如今一切都要現代化，要從且無序進入有序，從舊秩序進入新秩序，從人治進入法制，從半熟人進入到全球化。我崇尚法制，但希望能保持一點過去的無序、舊秩序和半熟人社會，太整齊劃一的生活缺乏煙火氣，人會被機械化地管理，進化成半機器人。

此時街面兒上的人，越來越規矩，越來越整齊劃一。電影《老炮兒》裏面街面兒社會漸漸瓦解，員警抄了攤兒，六爺仍按照街面兒上的那一套，必遭淘汰。街面兒上的事，聽法律的，不會有老少爺們、在股在份兒、三老四少、六丁六甲、五方揭諦、四值功曹們了。

哪怕不是街面上混的人，也要聽《茶館》裏康順子一句話：「小夥子！掙一碗乾淨飯！」

我對街面兒百態，說不上是愛是恨，他們有樸實的一面，也有紛擾雜亂的一面，即會讓你心亂，也會讓你心安。他們還存在，但漸漸不上文字，被描摹的身影越來越淡。

有時候你喜歡它，有時候你想逃離它，但最後發現，你就是它。

平民：人民藝術家的平民本色

現代文學史上的著名作家老舍，是值得每個時代、每個年齡段的人來反覆閱讀的，不同的人、不同的年齡和心境，會讀出不同的感受。現在是二十一世紀二十年代，又到了重讀老舍的時代了。

和同時代的作家相比，老舍先生有好幾個奇特之處：出身窮、作品雅俗共賞、易搬上舞台，而他部分的戲劇、詩、曲藝類作品並不成功。

老舍的奇特之處

如果做個橫向比較的話，老舍幾乎是現代作家中出身最窮的人。魯迅的祖父是縣令，郭沫若、巴金、丁玲家都是地主，茅盾家是資本家，冰心的父親是海軍少將，是來遠艦二副、海圻艦大副，民國時的海軍少將。鄭振鐸的祖父是鹽官，許地山的父親是縣令，胡適的父親是台灣的總巡，曹禺的父親是黎元洪祕書，錢鍾書的父親是大學教授，張愛玲更不必說了，是李鴻章的曾外孫女和張佩綸的孫女，沈從文貌似很窮，他祖父也做過總兵。只有老舍的父親，是一個守衛東華門的清兵，是最底層，每月關餉三兩銀子，等着春秋兩季發下陳年老米的清兵。老舍的父親在庚子事變中陣亡，家裏幾個孩子靠着父親的撫恤金。家裏永遠在寅吃卯糧，靠賒賬和母親給人家洗衣服縫窮過日子。他九歲始得人資助入私塾，曾考入北京三中卻因經濟困難退學，這才考取了不收費的北京師範學校。

如果要再說母親，那恐怕會更慘了。張愛玲的母親出過洋留過學能畫油畫，而老舍的母親勞動了一生，幹了一輩子活，想必也不會認識多少

字，甚至靠縫窮來養活一家人。而就是在這樣的情況下，老舍成了還活在讀者心中的作家。

長期以來，我們以革命與否來劃分文學的通俗與嚴肅。老舍是嚴肅作家，但他的作品很通俗很好懂，其語言、文字的難易程度與張恨水差不多。要懂魯迅起碼要認識五六千個漢字，而懂老舍認識兩千個字足夠了。

老舍的讀者不分階層，不分左中右，但都能感受到他作品的深意。

老舍先生的作品看得見——到處都有；讀得懂——故事簡單；想不明——他為什麼寫這些？猜不透——他到底要說什麼？

老舍後期的創作以戲劇為主，一生寫了四十二個劇本，算上兩個廢稿，應該是四十四個。現成為保留劇目的有《茶館》《西望長安》《龍鬚溝》等，根據小說改編的話劇有《四世同堂》《駱駝祥子》《老舍五則》《我這一輩子》《正紅旗下》等，改編曲劇作品《正紅旗下》《茶館》《龍鬚溝》《駱駝祥子》《開市大吉》等，以上作品還有《方珍珠》《鼓書藝人》《納妾》《月牙兒》《黑白李》《離婚》《二馬》等，幾乎都改編成了電影電視劇。

老舍也有很多劇本已不再上演，當時排演也並不成功。他還有大量的曲藝作品，包括相聲、大鼓詞、單弦牌子曲、太平歌詞、快板詞等。在人民文學出版社版《老舍全集》第13卷曲藝卷中，一共收入老舍創作的相聲27篇、鼓詞10篇、快板12篇、太平鼓詞1篇、山東快書1篇、合作撰寫的單弦牌子曲1篇、唱詞6篇。

他生前最後的一個作品是快板《陳各莊上養豬多》。曲藝作品中包含着老舍複雜的文藝思想，如今也很少上演，且評價也並不高。看一段老舍根據傳統相聲《報菜名》改編的相聲《維生素》的選段：

> 甲二哥說啦：扁豆、豌豆、生菜、菠菜、番茄、胡蘿蔔，含有大量維生素甲，也叫維他命甲，可以不鬧眼病，抵抗傳染病。蘿蔔、大蔥、雞蛋、橘子水，內含維生素乙，也叫維他命乙，可以減少腳氣濕氣；婦女不孕，嬰兒瘦弱，服之更為有益。白菜、檸檬、芹菜、豌豆都有維生素丙，也叫維他命丙，治牙牀出血，骨軟筋疲，面色青白，

關節疼痛。魚肝油、蛋黃，內含維生素丁，也叫維他命丁，可以預防軟骨病，大便祕結，神經不安，肌肉鬆懈。牛肉、牛心、牛腰子、牛肝、瘦羊肉、羊肝、羊腰、牛奶、酒釀、蛋白、胡蘿蔔纓兒，有維生素庚，也叫維他命庚，吃了可免皮膚病。此之謂：養生有道，飲食當先，會吃的既省金錢，又合衛生；胡吃海塞的浪費金錢，病由口入。

乙那麼，您哥兒倆到底要了什麼菜呀？

甲我們？什麼也沒要，光開了個食品小座談會！

乙好傢伙！

——原載一九五○年二月二十二日《光明日報》

這段相聲的藝術手法有一定問題。為了宣傳講衛生，貫口段落不夠連貫，「底」的包袱也不夠響，這個段子有人演過，現已絕跡舞台很久了。老舍真心熱愛新中國和共產黨的，在藝術上，他還是堅持自己的主張，並為自己違心的修改和寫作，苦了他生命中最後的十七年。

老舍的思想變遷

老舍先生的一生都在寫作，他把每時每刻的想法，都浸潤在文字中，使得他的文字樸實中見了內涵。他的思想，大體經歷了四個階段，即四大主義：平民主義——民族主義——民粹主義——國家主義。

平民主義是老舍最打動人的地方。

老舍出生於北京西城區小楊家胡同 8 號（原門牌號小羊圈胡同 5 號），老舍在一些作品中描繪過這個地方。如：「院子東西長，南北窄，地勢很低，每逢下了大雨，院中便積滿了水。」（《小人物自述》）「每逢伏天夜裏下暴雨的時節，我們就都要坐到天明，以免屋頂忽然塌了下來，同歸於盡。」（《寶地》）

老舍是捱過餓的人，他是家中第一輩讀書識字、第一輩做官的人，更懂得謀生的艱難與窮人的疾苦。對捱過餓的人，「肚子餓是最大的真理」（《駱駝祥子》）。捱過餓即便以後衣食無憂，也會有飢餓的恐慌，其安全

感較低，更體恤大眾，也更悲觀。老舍反帝反封建，他「不能不感謝五四運動了」（《「五四」給了我什麼》）。他的作品通俗，貼近下層，筆下的人物也是最窮的。他期待城市平民是他的讀者，希望平民看他的書而變得更好，更愛國，國家也就變得更好。

看一段《龍鬚溝》裏的舞台提示：

> 北房是王家，門口擺着水缸和破木箱，一張長方桌放在從雲彩縫裏射出來的陽光下，上邊曬着大包袱。王大媽正在生着焊活和作飯兩用的小煤球爐子。東房，右邊一間是丁家，屋頂上因為漏雨，蓋着半領破葦蓆，用破磚壓着，繩子拴着，簷下掛着一條舊車胎；門上掛着補了補丁的破紅布門簾，門前除了一個火爐和幾件破碎三輪車零件外，幾乎是一無所有。左邊一間是程家，門上掛着下半截已經脫落了的破竹簾子；窗戶上糊着許多香煙畫片；門前有一棵發育不全的小棗樹，藉着棗樹搭起一個小小的喇叭花架子。架的下邊，靠左上角有一座泥砌的柴灶。

這一段所描寫的，是北京真正胡同平民的生活，至今有的人家仍然是這個樣子。老舍有三部作品的主人公都是大鼓藝人，中篇《鼓書藝人》──西河大鼓、話劇《方珍珠》──京韻大鼓、話劇《龍鬚溝》──單弦，可稱作「鼓書三部曲」。這三部都被拍成了電影，又都是遺憾之作。《方珍珠》和《龍鬚溝》受政治影響太大，基本是「一半一半」，前一半說舊社會怎麼苦，後一半說新社會怎麼改造。《方珍珠》裏有由侯寶林來出演一位相聲藝人，展現了那個時代的相聲藝人兼有江湖混混的樣子，並保存了相聲《買佛龕》的影像。《龍鬚溝》沒什麼故事情節，想演的出彩很不容易。《鼓書藝人》小說是老舍在美國寫成的，而中文稿不知所蹤，中文版是根據英文版翻譯的。老舍對《鼓書藝人》並不滿意，他要繼續為藝人們寫作，才有的《龍鬚溝》。

出生於中國昆明的美國學者本尼迪克特‧安德森在《想像的共同體：民族主義的起源與散佈》一書中認為，民族主義是一種想像的共同體。而民族主義在中國表現為最樸素最直接的愛國，沒有為什麼，只因

生是此國人而愛國，談不上政治理想。老舍是狂熱的愛國者，如他的小說《神拳》，他經常宣揚同歸於盡的抗戰思想。他所描寫的鬥爭，即是打不過就一起死，如錢仲石（《四世同堂》）與一卡車日寇共死，王得勝（《張自忠》）的成仁。他會一味地鼓動民眾愛國，會讚揚筆下人物的愛國動機。而他筆下的人想必會抵制或焚燒日貨，會把愛國演變成一場狂熱的運動。藉着《茶館》，老舍先生說：「我愛大清國，我怕它完了。」「我愛國，可誰愛我？」

另有一面，是老舍的民粹。民粹是民國時的風潮。老舍熱愛平民，進而相信平民。他詛咒世道的不公，國家改了民國，卻從頭到尾兒塞滿了戰亂和饑荒。世道不好，就要改變它。他那麼渴望改變世界，對官員、知識分子、國民黨反動派，都是批評與諷刺。他批判有錢人、批判讀書人的「教條、迂腐、猥瑣」與「墮落」。富人大都壞，窮人大都好。他與負面新聞眾多的馮玉祥關係不錯，因為欣賞馮玉祥的平民做派。由此展現出他對於窮人的矛盾，一方面他不信任富人和知識分子，另一方面，他諷刺一切醜惡，並帶有滑稽戲般展演的態度。他會寫一個老媽兒臉像掉在地上又踩了一腳的切糕（《牛天賜傳》），會寫一個茶房「眉毛擰得直往下落毛」（《馬褲先生》），也會寫某位少奶奶「吃得順着枕頭往下流油，被窩的深處能掃出一大碗什錦來」（《抱孫》）。

國家主義是國家對經濟和文化的管控，是展現國家的權威，它並不是完全正面的一個詞兒。老舍的此種思想來源甚早，在《國家至上》一文中，他開始提倡「文章入伍，文章下鄉。」「把自己變成一個鄉村讀書人。」作家是最為有獨立思想和獨立人格的人，老舍此時要求作家和知識分子都要帶頭來服從祖國。

老舍在《二馬》中寫：「連一丁點兒國家觀念都沒有。」「只有國家主義才能救中國。」在《八方風雨》中：「不會因為寫鼓詞和小曲兒而有失身份。」在《火葬》序：「為稍稍盡力於抗戰的宣傳，人家給我出什麼題，我便寫什麼，好壞不管，只求盡力。」

這四種主義在老舍這裏是混雜的，同時具備的。

如何講故事？

老舍先生是現代文學中少見，同時活在大學文學院裏和圖書市場上的長篇作家。他最把杆兒的（北京話：最擅長的）是寫北京小人物的小說，他散文也寫得好，但劇本毀譽參半，詩歌、曲藝幾乎團滅——他寫的大鼓、相聲現在都沒人演沒人看。他的長篇不論文本結構、佈局謀篇、語言表達的感覺、講故事的方式，都是英國小說的味。他是「北京的狄更斯」，或者說，狄更斯是「倫敦的老舍」。

老舍在創作上進行過大膽的嘗試，筆下有生活、有閱歷、有見識，缺少複雜的劇情，缺少大起大落和傳奇性，缺少曲折反轉的劇情，編起來有點愣，多是講一些小人物的一生，最後主人公即沒死也沒發財。如代表作《月牙兒》《陽光》《我這一輩子》，這三篇小說各用一句話就能概括。

《月牙兒》：母女二人先後做妓女的故事。

《陽光》：年輕聰明漂亮的女學生一心嫁入有錢人家，最終敗家的故事。

《我這一輩子》：一個巡警認真工作一輩子，最後老了無依無靠孤苦伶仃的故事。

因此，他作品有爭議的地方，是沒有達到讀者的期待，讀者可能想看主人公傍入豪門或者淒慘死去。如《月牙兒》，讀者會期待他寫母女兩代人如何被人欺負，如何在生活中苦難掙扎，中間的貧窮發生了多少具體的事，每件事的起因經過結果，但老舍可能會一筆帶過。就說母親結婚了，又被拋棄了。女兒被迫也去做了妓女，而母女二人在院中相會彼此對視，這時兩個人都明白了，再抬頭看天上的月牙兒。老舍用渲染的筆法寫出這一切，一篇萬字小說足以讓人盪氣迴腸。夏志清曾批評過《四世同堂》，認為結構散亂，但老舍在《四世同堂》裏，成功的是寫人與人之間不易拿捏的感情分寸，如冠曉荷做漢奸時的心態，和胡同裏人們對於冠曉荷態度的變化。

確實，老舍筆下缺乏虛構，大都從現實中取材，人必須有個原型，事兒必須有個影兒。而他最成功的作品大多劍走偏鋒，有神來之筆，不可複

製，如《駱駝祥子》《正紅旗下》《茶館》。

若論作品是集中展現人物、故事、主題、結構中的哪一方面，老舍的作品絕對是寫人物。那麼，老舍對他筆下各色人物的態度是怎樣的呢？

來看於 2018 年改編成同名電影的老舍短篇小説《不成問題的問題》中的人物。

《不成問題的問題》有四個主人公：丁務源、秦妙齋、尤大興、尤太太明霞，他們的故事仿佛缺乏邏輯，因為在生活中，這四種人在一起真的沒邏輯。他們分別是舊式的、浮誇的、海歸的和居家的四類人，都有點文化，都是社會中堅，卻都不成事。表面上是丁務源、秦妙齋和尤太太三個人荒廢了一個農場的故事。在作品中，利己者只顧精緻地謀利，藝術家從中挑事，大眾趨炎附勢，居家的只顧自己平安。得利者的圓滑、社會混混的無恥、正義者的軟弱、不勞動者的自私，連帶着民族性中的懶惰、狹隘、撒謊、虛偽與雞賊。他們是市面兒上很體面的四種人，卻是老舍最不待見的四種人。老舍誰的觀念也不站，他的身份與觀念都不同。他不是經理、文藝混混兒，更不是海歸博士、家庭主婦，但他管過事，是文藝活動家，在海外教過書，娶了家庭主婦。這四者他都不欣賞，但都貼邊。他成功塑造了丁務源、秦妙齋、與尤大興三個鮮血淋漓的人。

《不成問題的問題》的原著小説中，交代了一些電影中沒表現出來的人物前史，如秦妙齋曾經加入過抗戰藝術家的團體，後來覺得沒意思不玩了；尤太太叫明霞，家裏有錢，曾經失過戀，也想自殺過，而尤大興不大喜歡戀愛，他不曾請明霞吃過飯或給她買過鮮花，是為了結婚而結婚的。原著中明確寫出，「尤太太並不喜歡大興」，「明霞越來越看不起丈夫」，「她不能瞭解大興，又不能離婚，她只能時時地定眼發呆。」還有，尤大興要出去抗爭，是明霞把他反鎖在屋裏，自己出去交涉的。

這幾句話十分關鍵，因為只看電影的話，我們看不出尤太太是為了應付前任對她的拋棄而結婚的，她渴望愛情，但直男癌尤大興只顧工作，夫妻之間能生活但無愛情。這種關係一直是兩性關係的要衝。老舍先生寥寥幾筆直中靶心，更是他藝術的高妙。

原著讀多了，會發現故事不那麼愣了，老舍以人物帶着劇情的寫法，他給每個人如評書般「開臉」，提前寫明複雜的人物預設，這些人物都讓人膈應，但只是不那麼正直，並不大奸大惡，但又不吐槽不快。這正是老舍塑造人物的成功之處。我們如此解釋：丁務源為什麼放任秦妙齋？秦妙齋為什麼肆意妄為？尤大興夫婦為什麼不做反擊？因為他們都有人物設定，他們就是這樣的人。是這樣的人，才應該寫出來批評諷刺，以儆效尤。

　　老舍此篇的創作目的，如同他的三觀一樣，多層如千層餅，盤根錯節如麻花，盤旋如螺絲轉兒。通過《不成問題的問題》，能看出他的創作有三種目的：

　　一、賣文為生。他自比為文牛，為文藝戰線無名小卒。他真心熱愛文藝，他希望能像狄更斯一樣通過寫作過上好的生活。因此，他才會去以寫作為業；

　　二、國民性批判。同樣，老舍的國民性批判有受魯迅影響。對這樣的人物，對中國人的劣根性提出強烈的批判；

　　三、為了寫給城市市民。如果說趙樹理是農民作家，那麼老舍則是市民作家。

　　興許我們不大認同老舍先生主題先行的手法，但這正是老舍的目的所在。一個自我即認同藝術又認同宣傳的作家，做人是多麼分裂，寫作又是多麼的痛苦。正如同他試着將北京話與現代漢語和麵般揉到一起寫作一樣，老舍是最誠實的，也是最分裂的。

最誠實的分裂者

　　懂多大人情說多大書。老舍先生洞悉的是如何為人處世，如何在盛世或亂世做好本分的角色。他不是簡單地揭露社會、宣揚愛國、懲惡揚善，而是展現真實的人。一個人身兼如此多的身份，如此之多的創作態度，卻在筆下長久地大一統。我以為老舍先生是一位多重人格，且分裂成功的人。「分裂成功」的過程太多痛苦，也太不願示人。

人物是作者內心人格分裂出的人物，是作者的一個視角或生命的一部分。老舍是把自己的一種身份中的一部分分裂出來，或者在各種身份中穿梭。

從文學上講，他一個人身兼了這樣幾種身份：

- 一、傳統文人（舊學）：為自身修養，也是為生活方式；
- 二、知識分子（西學）：為學術藝術，也為精神信仰；他受五四運動的思潮和魯迅先生影響，對中國人的劣根性提出強烈的批判；
- 三、民間藝人（民族、地方）：他自比為文牛，為文藝戰線無名小卒。
- 四、文藝宣傳工作者（大眾）：為統治者，也為國家和民族服務。

在這幾種身份的交織下，老舍對知識分子和小市民到底是愛是恨？怕是老舍本人也難回答，他本身就是矛盾的。而不矛盾的地方，是他永遠都是一位胡同裏的老北京人，來看老舍先生的這段文字，能看出他是活生生的，生活在我們身邊的胡同人。他有着這樣一種鮮明的邏輯——民不行，由國來救民。並從「小我」到了「大我」，從「自我」到「無我」；從個人藝術創作到國家政治宣傳，並成為站在平民視角，讓大眾看得懂，為大眾寫作的嚴肅作家——人民藝術家。

> 家中不要電話，不要播音機，不要留聲機，不要麻將牌，不要風扇，不要保險櫃。缺乏的東西本來很多，不過這幾項是故意不要的，有人白送給我也不要。
>
> 院子必須很大，靠牆有幾株小果木樹。
>
> 除了一塊長方的土地，平坦無草，足夠打開太極拳的。其他的地方就都種着花草——沒有一種珍貴費事的，只求昌茂多花。
>
> 屋中至少有一隻花貓，院中至少也有一兩盆金魚；小樹上懸着小籠，二三綠蟈蟈隨意地鳴着。屋子不多，又不要僕人，人口自然不能很多：一妻和一兒一女就正合適。
>
> 先生管擦地板與玻璃，打掃院子，收拾花木，給魚換水，給蟈蟈一兩塊綠黃瓜或幾個毛豆；並管上街送信買書等事宜。
>
> 太太管做飯，女兒任助手——頂好是十二三歲，不准小也不准大，老是十二三歲。兒子頂好是三歲，既會講話，又胖胖的會淘氣。

母女做飯之外，就做點針線，看小弟弟。大件衣服拿到外邊去洗，小件的隨時自己涮一涮。

這一家子人，因為吃的簡單乾淨，而一天到晚不閒着，所以身體都很不壞。因為身體好，所以沒有肝火，大家都不愛鬧脾氣。除了為小貓上房，金魚甩子等事着急之外，誰也不急叱白臉的。

——老舍《我的理想家庭》

在老舍的眾多作品中，能看到老舍對中國人的民族性的批判。我想他是純真的理想主義者，他渴望改變世界。——我是窮人出身，假如窮人也不好，民不行，則由國來救民。由此「國家」是團結中國人的一種方式，他把個人的自由寄託於國家的自由上，他並沒有意識到的危險性。——人會在國家的群體中迷失自我，甚至喪失獨立思考。

都說老舍先生是英國狄更斯、康拉德式小說的中國傳人，但他同樣繼承了傳統小說不重故事劇情而講人情世故的文脈。古代世情小說，是讀書人寫市井；老舍是市井人變成讀書人來寫市井。國家民族對他有好處，他真心地感謝國家和民族。他旁觀者的身份，表現出對底層人的悲憫情懷。他秉着左派的精神理想，用平視的視角看市井人。長久以來，知識分子不必通過自身變成底層人，來體會和改變底層，但老舍出身底層，他先天懂平民，並傾向於改變平民的困境。

老舍先生罹難已經半個世紀了，有關老舍先生創作的研究也許才剛剛開始。

貨聲：叫賣似唱歌

只寫點我趕上的胡同貨聲吧。

北京老城區裏施工的噪音從未停息，害得我養成把屋子關死的習慣。以前從不關窗子，能聽到天上的鴿哨聲、遠處大街上 106 路電車的報站聲，還有每天胡同裏的吆喝聲。奶奶曾說：「要說過去街上那吆喝，還真跟唱歌似的。」「以前鼓樓下賣估衣，就那麼叫着賣的。」那是我最初面臨的世界，最先面對的生活。

胡同裏的叫賣聲每天都有，多是些小商品或上門修理類的服務。從早上起來，就會有各種不定時零散的叫賣隔空傳音。賣花兒的，賣小金魚兒的，這是吆喝的前奏。修理雨傘，修理鋼桶盆、修理鍋的，磨剪子、磨刀的，這是吆喝的主題曲。過了晌午是叫賣的間歇，就當是吆喝的間奏。

下午四五點鐘至晚飯當子中，是賣各種吃食、調味品的時候，這是吆喝的副歌。晚上，東華門內和東直門內大街（那時還不叫簋街）的嘈雜夜市，那是結尾。而那些賣估衣、賣雪花酪（冰激凌），賣水果、賣半空兒（花生）、賣硬麪餑餑（麪食小吃）的貨聲，我都沒趕上，只能當作傳說了。

一

早起的吆喝，有賣切糕的、賣花兒的和賣小金魚兒的。

賣小金魚兒的是個中年的大叔，騎着一輛破自行車，車筐裏、架子裏，大概是厚塑膠袋裝的水和魚，也不怕袋翻水灑、魚躍於淵。每次都是他騎車過去，在我看他背影時，那吆喝聲才傳來：「吆小金魚兒地來嘞，賣

小金魚兒地來嘞……」這時再找零錢追上他，來不及了。他那騎着破車，掛着魚筐的背影留在朝陽中，隨着太陽緩緩上升。我都在擔心他摔倒。

那時我一邊聽着相聲，一邊聽到胡同裏的叫賣，很為他們的不一樣而惋惜。為什麼那賣小金魚兒的，不吆喝「哎大小——小金魚兒嘞——」呢？太偷懶了，不敬業。據說後面還有一大套的詞：「蛤蟆骨朵——大田螺螄勒——」我沒見過賣大田螺螄的，那玩意兒哪裏用買？後海游泳，岸壁上一抓一大把。我也沒在胡同裏買過小金魚兒，北新橋信託商行前傍晚有擺攤的，那裏的魚更多更好。

很令人奇怪，為什麼胡同裏一天吆喝的主題曲，是上午傳來的修理工具類的吆喝，如破鑼嗓子般的「修理傘——」，好像大家都在未雨綢繆。「修」是個尖字，「理」很短促有力，「傘」是一聲怪叫，聽不出是哪的口音。傘壞的多是傘骨子，修傘者蹲在路邊上，用鉗子把壞的傘骨架卸下來再安上好的，約是五毛一根，再縫縫補補破損的地方，最後撐開一試，開收幾下，告訴你修好了。我曾一次修了六根傘骨子，一把傘不足十塊，修完了花三塊，太不值當。

與修理傘的吆喝味道近似的，是修理鍋的，過去叫「箍漏鍋」，我小時候聽那吆喝聲叫「給鋼桶鍋換底——」。其實二者不是一回事，「箍漏鍋」是熔化鐵水，給鍋底補上一塊大鐵疤瘌。而「給鋼桶鍋換底——」顧名思義，吆喝的斷句還有點難度：「給」，這是起瓢兒，告你要開始了；「鋼桶鍋」，短促有力，三字並作一字；「換」，再輕輕一頓；「底——」，又是一聲怪叫，怎樣換鍋底沒的可說。我每次都看着親戚家裏打着銅子的大魚缸，想像那銅盆銅碗銅大缸的手藝以及吆喝，比給鋼桶鍋換底有意思得多。

「磨剪子嘞戧菜刀」，也是出現在上午主題曲中的吆喝，用一個五塊鐵板連接成的響器，「嘩啦，嘩啦，嘩啦」地一響，隨後才傳來同樣破鑼嗓子的吆喝聲。據說吆喝的調子和響器，這一套吆喝在北方通用，只是改改鄉音。而讓這句吆喝傳遍大江南北的是《紅燈記》，吆喝者是與李玉和接頭接收密電碼的人，連名字都沒起，就叫「磨刀人」。戲裏的吆喝同時兼任暗語，被悠揚的京腔包裹，真想讓他的戲份兒再多一些。

我父親從小好滑冰會磨冰刀，磨完冰刀磨菜刀，手藝大有富餘。家中自備砂輪與油石，從不讓「磨剪子餲菜刀的」在我家開張。每每遇到磨刀人，我都會細心地觀看，看他身穿一身藍布工作服，腰裏繫上個大白圍裙，手掌粗糙得似打鐵師傅。他的小推車上放着一條油石，那油石兩頭高中間低，彎成了月牙兒。他說：「這油石原先這麼高──」他用手在油石上方比畫出一拃長，那意思，一拃厚的石頭都被他磨刀磨掉了。這時，我只盼着父親不在，攛掇奶奶拿她那把破得散架的大黑剪子去磨磨，人家成天價在窗戶根兒「嘩啦嘩啦」，不出去磨不合適。但奶奶的剪子只用來做活兒（針線活兒），從不用磨。終於，磨刀人走了，我盼着他路過便宜坊、全聚德，能磨上片鴨子的刀，那才是筆大買賣，他定像過了節般高興。

菜刀磨一把五毛，後來漲到兩塊，如今漲到五塊了。可磨刀人在胡同裏不易招到主顧，到社區樓群裏又有保安攔着，他們費着唱戲的力，賺着打醬油的錢，天天賠本賺吆喝。一天磨刀的錢，能吃得起半隻烤鴨嗎？不好說。

二

中午的胡同真是安靜，各種氣味都睡着了。兩三點是最熱的時候，幾乎沒什麼吃喝，陽光曬得胡同裏四處發白，我在家中的籐椅上吃冰棍兒，用腳揉着睡成一團的大老花貓貓，一會兒還要在魚缸前逗小金魚兒。直至下午過了三點半，四五點鐘，「吆豆汁兒嘍──麻豆腐哦──」「牛頭肉羊頭肉──羊肝羊肚兒羊雜碎！」……晚飯的煙火氣漸漸升起，各色貨聲波濤洶湧。而真正有味兒的貨聲，來自賣臭豆腐醬豆腐的，只有他們才推自行車。

臭豆腐是王致和的，不是長沙的，不用油炸，只用發酵。既臭且鹹且腥，就像鹵透了的鹹菜疙瘩抹上變了質的蝦醬。醬豆腐要搗碎，做成涮鍋子的調料。過去涮鍋不用醬油和鹽，韭菜花加醬豆腐足矣。賣臭豆腐的是一個人用自行車托兩個巨大的粗瓷圓罐子，上下一邊兒齊，一個裝臭豆腐一個裝醬豆腐，吆喝起來是：「醜剁窩──醬豆窩──（抹了你媽一屁股──）」前半句帶着低沉的粗氣，好似一個嗓音滄啞、白頭髮茬兒白

鬍子茬兒的老頭，用走跡（北京話：變形、變樣）得不能再走跡的音兒在吆喝。後半句括號中的詞，是我們小學同學編的，我們只在學校裏偷偷吆喝，從不出校門。

賣臭豆腐醬豆腐的罐子裏有長長的竹板筷子和長把勺兒，用來夾豆腐糵湯兒，常有人拿個空瓷碗過去，一樣買五塊、一樣買兩塊，還多要點臭豆腐湯兒。歷史經驗表明，臭豆腐和醬豆腐都是五分錢一塊兒，但臭豆腐比醬豆腐賣得快。

看北京琴書泰斗關學曾先生的回憶錄《歷史旮記》，書中說他小時候送過「門神」，賣過冰核兒、賣過西瓜，也賣過臭豆腐，還根據吆喝練就了一條唱北京琴書的好嗓子，但他不騎自行車。賣臭豆腐培養藝術家，此言極是。叫賣者不要嗓子好，但要嗓子衝，他們每天在唱不賣票的戲，把一幕幕生活劇推送到胡同人的眼前。而真能趕超演員的好嗓子，是我們這片兒的「大嗓門兒」。

大嗓門兒是位中年阿姨，四五點鐘，大嗓門兒來了。這時你可能在前院用公用水龍頭洗衣服，在後院給花培土，在街坊家搓麻將，在死胡同裏蹲廁所，都會聽到那既像唱戲又像民歌，還像歌劇詠歎調，比風存留得更久一些的吆喝聲：「啤酒──白酒──啊──，換醬油換──（此處偷着換口氣）醋啦啊──」這一嗓子清風般貫穿胡同，吆喝得波平浪穩，能在聲音上浮起鴨子。這時，街坊大媽會停下手中手裏擎着的那張提嘍兒（打麻將自摸兒，北京話叫提 dī 嘍 lou 一個），輕輕再空頓一下，說：「大嗓門兒來了。」然後打出：「白板！」接着說：「你們都落停（làotìng，差一張就和牌）了，我這還沒自摸兒上呢。」

大嗓門兒來的時候，會有大人去到她那裏換燕京啤酒、龍門米醋或金獅醬油。啤酒五毛，米醋兩毛八，醬油是三毛二。而今，米醋已漲到兩塊多不止，而醬油更是各種高檔品都有，燕京啤酒最不漲價，可它量少了，毫升數由 666、600，降到了 500。金獅醬油的廠子已改成蘋果社區。

經常在胡同裏見到大嗓門兒，那大嗓門兒燙着捲花的頭髮，穿深色衣服，夏天有時穿黑色長裙子，皮膚有點醬油色，但在夕陽的照耀下，離遠

了看顯得臉白。她有點粗糙，但不算土，我不知道她是哪里人。那時外來人口不多，或許是南城的，也可能是郊區縣的。不知道她有沒有組織，她就推着一平板兒車，裝滿了油、鹽、醬、醋、調料、吃食，還有孩子們的零嘴兒。買東西的阿姨和奶奶們（真奇怪，就不見男人來買東西）會和她閒聊上幾句，客氣地打招呼。大嗓門兒是胡同人給她的賀號，也是她的招牌。

車推得緩慢，好像每到一戶人家，大嗓門兒都衝着大街門或臨街的窗戶根兒吆喝，不把人從院子裏勾出來買點東西就是不走，好像是，先打了醋再說，否則晚上別想吃餃子。我對大嗓門兒賣的東西不感興趣，除非她改行賣冰棍。大嗓門兒隨着夕陽一起走向了胡同西口，她走了，太陽也漸漸落山。這時我要被迫回家，而不能在胡同裏野跑踢皮球，不能去看美人蕉的籽兒結在哪里，也不能站在門墩兒上往信報箱裏瞧。大嗓門兒走了，好像把陽光都帶走了。

大嗓門兒走後，偶爾也有其他客串的買賣人，是個中年的大叔在吆喝「換汽水換啤酒的來嘞——」不知怎麼，我記不清他是否推車，好像在騎車，但騎車又怎樣運來雜貨呢？但他走得很快。他吆喝得留不住人，想吧，若所有的貨聲都改成「換×××的來嘞」「賣×××的來嘞」，那賣東西必是招人厭煩的事。

三

從前一日的貨聲就此結束。

而現在，大街上的貨聲，都是「兩塊八塊」和「大清倉大處理」。

更無趣的是這樣的吆喝：「告訴大家一個好消息，本店因經營不善全部清倉……」都賠了還是好消息，這店家的心態真是可以。

不過某些吆喝若不消失才算見怪，比如修理傘。雨傘除了名牌好似沒有降價，其他雜牌都便宜得可隨處買來，用完丟棄，也談不上修理了。

那些消失的叫賣，恐怕只能在相聲裏聽「加強版」了——相聲中的學叫賣大都過於誇張，真那麼叫賣要多累多難，哪有幾個小販能有侯寶林、郭德綱那嗓子呢？

相聲裏有段叫賣是這樣的：「香菜、辣青椒喂，嫩芹菜來，扁豆、茄子、黃瓜、架冬瓜，賣大海茄（此處偷着換口氣）賣蘿蔔、胡蘿蔔、卞蘿蔔、嫩了芽的香椿兒咧，蒜兒咧，好韭菜——」

　　這吆喝有點小問題：「嫩了芽的香椿兒」是三月下旬到五月上旬的事，我們這裏一般是清明前後興之所至，小攤兒上買來，或藉着到十三陵、永定河灘踏春時採回家，吃香椿炒雞蛋；而冬瓜，秋天才有的，哪可能同時一擔子都挑來？

　　相聲是相聲，吆喝是吆喝，不必較真。但聽年輕演員們在電視裏扯着勁兒地吆喝，既不是相聲味兒，也不是吆喝味兒；他們沒學好相聲，也沒聽過吆喝。

　　二〇〇〇年，我住的胡同被縱着劈了，北面拆光光了。整條胡同像是被推子剃了陰陽頭。於我而言，仿佛一夜間，北京變成了噪音之都，仿佛腳下隱藏着巨鯨或湧動的熔巖，在任何一個喧鬧處都會爆發。那噪音爆發在地面上、地表下，也在人的內心。我想變成一條垂耳狗或折耳兔，一出門就自動把耳朵閉起來。聽不到昔日胡同裏的吆喝聲，北京吵鬧如村鎮趕集，但村鎮趕集也不會這樣，這裏已成了一片大工地，爆土揚煙兒。

　　我記不清曾經胡同裏的大嗓門兒是什麼時候消失的，不知她住哪里，是否還在世。若在世，她也不會推着車，繼續她的大嗓門兒了。人聲的吆喝與響器，在胡同裏成了廣陵散。吆喝變成了咚咚捶打人心的迪曲，響器變成了跳廣場舞的迪曲加紅歌。偶爾早上見到挑着擔子賣水仙花兒的山東人，但他就那麼停着，不吆喝。

　　書店擺上了蔡省吾編纂、周作人在過五十歲生日前後手抄版的《一歲貨聲》（也叫《燕市貨聲》），買回家，每當夜深時捧出來。清末民國時北京的吆喝會從紙中飄出來，散發出那種貨物獨有的氣息。你不會去細讀什麼，思考什麼，只會把周作人雅正的字隨意地翻閱。周作人思想獨特，他會戴着有色眼鏡來看北京的傳統，但他畢竟是聽過吆喝，且深愛這種氣息的。我寫不來舊京的《一歲貨聲》，只能寫點《一日貨聲》，記點二十世紀八九十年代，北京胡同中最後的吆喝。

　　那吆喝，有味兒。

浮光：水面上的浮光

前些年有朋友來家串門，看我這破瓦寒窰般的胡同平房，雖知道我故土難離，還會勸我把平房賣了，搬到郊區住樓房。「要不然冬天怎麼洗澡？」他們總會問。那時，我就會打開家裏那間用過道改造升級成的水房，說：「夏天太陽能洗澡。冬天出去泡澡堂子。」聊天中，有位女博士問我：「現在還有大池子可以泡？」

我還得解釋一番。我家住在北新橋附近，這裏曾是龍虎之地，有王府宅門，也有下九流貧民窟。在北新橋十字路口往西路南，從前是一拉溜兒的大車店。有條明亮胡同，進去是一條彎道，側面有幾個門，過去是幾家挨着的澡堂子。那澡堂子裏能抽大煙。我有位姑父，從小就跟着他父親去那裏泡澡。泡完澡，他父親就躺那裏抽大煙。後來，他父親犯煙癮死在後門橋上了。那才是老北京的澡堂子，洗了睡，睡了洗，或說吃了睡，醒了洗，不泡夠半天算不及格。那時的澡堂子能保媒拉纖，叫飯叫菜，唱戲躲債，就差叫條子了。臨了夥計用帶定興口音的北京話高喊：「靜堂啦，您明兒再來。」澡客們在池子裏還「勸千歲」呢。民國時還有新聞稱，有姑奶奶女扮男裝非要來澡堂子裏瞧新鮮的。前陣子好像有一電視劇就這麼拍的：一「女俠」裹着毛巾露着肩膀，跟澡堂子裏的爺們動手過招。——這些我是沒趕上了。

一

北新橋澡堂子，給我的第一印象，是女部。

那還是我穿開襠褲的歲數，但已有了點記性。母親帶我去了澡堂子

的女部，滿眼的水汽使得我看不清面前的水池肉林。就記得，有大媽捏過我，說我嫩，長大了準娶漂亮媳婦。再記得，是人生中的恐懼。大凡與母親歲數相仿的人，每人的肚子上都縱着一條疤痕，猶如趴着一條大活蚯蚓，隨着她們的肚子一起一浮；更像一個拉鎖兒，能隨時打開取東西。那疤痕一拃長，平均一點五厘米寬，有寬有窄。母親説，她的疤痕是生我留下的。我對人生覺得後怕。仿佛女人是待宰的羔羊，生下來就等着肚子上挨一刀。後來聽到老話説，剖宮產生孩子不疼。生的時候不疼，當媽的就不疼孩子；當媽的不疼孩子，孩子就不孝順。從此我知道了女人的不幸，也知道母親所承受的痛苦。女人不僅逃不掉一刀，還被説「不疼」。

當我再長大一點，知道泡澡時，我終於要回歸本性別，去男部了。我會一個人去澡堂子。進門買票，拿了鑰匙牌，走到男部的門口，裏面散發出一股水汽，仿佛到了溫泉。進去後是一片帶牀的木頭櫃子，這裏算是更衣區和休息區。休息區有修腳的、刮痧的、拔罐兒的。有人拔罐兒拔了一後背的「金錢餅」，整個人像一隻大瓢蟲，拔完接着泡去了。我看那拔罐兒的，用鑷子夾着酒精棉點燃，又在空罐頭瓶裏一轉，扣上，嗝住。腦袋裏自然冒出一句北京歇後語：「×× 拔罐子——嗝（作）死！」

那櫃子分上中下，上放鞋帽，中放衣服，下放你自己。櫃子下部是張有枕頭、褥子和被單的牀，但頂多算張牀板兒。每兩個櫃子擠在一起算一組，組與組之間還有個小木平台，放着茶杯。在這裏，拖鞋沒固定的，澡堂子的拖鞋，沒對兒。也沒人自己帶拖鞋，管不得腳氣。不少人洗完了澡，趴在牀板兒上，光着身子披着毛巾被，鑽在枕頭裏蒙頭大睡；也有的奓拉着肚子，臥看巧雲式，把自己睡成一尊臥佛。更有人邊看報紙，邊用白瓷的茶杯泡茉莉花茶喝，茶香味兒在蒸騰的水汽、鞋中的腳氣和如雷如震的鼾聲中，消散了。

浴池的門掩映在雲霧繚繞中，遠看霧氣朝朝，近看飄飄搖搖，好像到了南天門。抬頭觀瞧，白瓷磚的牆上用紅字寫着：禁止患皮膚病、性病、愛滋病、腳氣者進入。進去後，才發現南天門變成了水簾洞，滿池子蹦跶着比猴兒還淘的小孩兒，啪嘰一下摔個馬趴，「哇」一下就哭了。很多孩

子都是爸爸帶來洗澡，趕鴨子一樣轟到池子裏，儘管去鬧。

進門是兩個大池子，一池子熱，另一池子更熱。那池子角是最熱的，供個別老頭兒燙腳。燙完了，腳丫子像蒸熟的螃蟹、過油的小龍蝦，最像加了紅麴的醬豬蹄。池子四面環繞着沒噴頭的淋浴，嘩嘩地砸在身上十分過癮。人多時，一個噴頭下面總有三四個人簇着。這時人們彼此謙讓，縱使洗髮水燒了眼睫毛，也説：「您請，您請，您先請。」

池子裏人們搓泥閒扯，池子外的人滿身肥皂，噴頭裏的人閉眼撓頭，噴頭外的人「蘇秦背劍」，右手上左手下，將毛巾抻直了斜上斜下地「拉大鋸扯大鋸」。另有幾個長形的牀板，有人趴在上面，有人咔嚓咔嚓、吭哧吭哧地搓澡。咔嚓咔嚓是搓澡的聲音，吭哧吭哧是搓澡的狀態。每當搓完一個，搓澡牀上滿是灰白色的油泥，搓澡的就拿個皺皺巴巴的大鋁盆，從池子上面舀上一盆水，連同池水上層細絨般漂浮的泥垢，連同最浮頭兒上游離着的，比一鍋着實的元寶肉還足興（北京話，充足之意）的油花兒，嘩的一下潑在搓澡牀上。

池子內的浮油泥和河水中的浮游生物一樣，是無法撇乾淨的。人們早已熟視無睹，孩子們照樣在池子中戲水。老人們照樣泡上幾個鐘頭。老人泡澡最為安靜，像一尊尊沉穩的佛，偶爾只是動動手搓搓脖子。池子裏泡久了十分憋悶，我會抬頭看澡堂子的天花板。哪里有天花板，是幾扇排列的玻璃，被蒸汽緊緊糊住，阻擋了陽光。我想那玻璃上的蒸汽終年不化，如同珠穆朗瑪的積雪。男人會爬上玻璃頂去偷窺女澡堂，據說也有不幸墜落的。

二

偶有一次，澡堂子頂上的玻璃窗竟然開了一道縫，會有涼颼颼的風吹進來，把我吹到池子裏不想上來。正有一道浮光從縫隙中射到池水上，澡堂子裏罕見的明亮且有陽光進來。我才發現，這澡堂子真高啊，上方直接是人字形的房頂，高得像一座教堂。人們密密麻麻地簇擁在教堂裏，洗淨

全身的泥垢。

對北新橋澡堂子印象最為深刻的，是認識一個留着鬍子、頭髮稀疏且捲曲的洋人。那時候在北京工作或居留的外國人並不多，常年泡澡堂子的更沒有。若不是他個子高且不駝背，我會把他認成愛因斯坦。除了微微有些鼻音，洋人的普通話僅次於新聞聯播的播音員，襯得其他洗澡的街坊鄰居滿嘴北京土音兒，上不得枱面。

那洋人在池子裏泡着，也似一尊西洋佛像；西洋不能是佛像，是耶穌大爺和他門徒的樣子。我問他是哪國人？他讓我猜。美國？不是，美國算個國家嗎？英國？對了！你真聰明，第二次就猜對了。興許是池子裏就我歲數小，他鄭重地表揚了我並開始與我聊天。他說他是個翻譯，最近在翻譯一本佛教的書，覺得十分好玩。我們聊了一些有關佛祖的陳芝麻爛穀子，也有泡澡的人來搭茬兒。一個小夥子說：「您說，就這英國話裏，它也有罵人的話吧？就跟他媽的似的。」「有的，有的。」他一本正經地說，佛祖的掌故中斷了，他開始教那小夥子用八國聯軍的話罵人。

仿佛每次泡澡都能遇見他，可我從來沒問過他叫什麼，也沒留過電話。若是現在，早掃碼加微信了。

另有一次，是和一個油膩的中年變態大叔無意間聊開了。我說我喜歡集郵。他說，他沒結婚，所以去了歐洲，在國外見到一家舊貨店，賣一批少見的中國解放區郵票，價格就相當於幾毛錢。他讓賣家把所有的郵票都給他。他說能送給我一些複品（重複的，古玩業術語），而且他家也能洗澡。這是什麼邏輯！這人有點不正常。果然，他摸我。我氣壞了，又好氣又好笑。好笑的是，前兩天剛聽說有男的喜歡男的，這麼快就遇到了。氣的是，油膩大叔這麼沒眼光，連我都看得上。

在池子裏，我使出踢足球大腳悶的勁兒，狠狠給了他一丫子，轉身就顛兒跑了。

澡堂子裏的工作人員是一身白衣，有的戴着藍布套袖，像食堂裏的大師傅。每個人都是四季常青沒有春夏的表情，估計是水泡的。他們雖能免費洗澡，但每天都浸泡在容易得類風濕關節炎的濕氣裏，想必也不夠開

心。他們會利索地換牀單枕巾，用一根長棍鐵鈎子不彎腰地整理拖鞋，更會在幹活中順便聊天，如吃飯勸菜般自然：「剛才女部那邊，倆女的打起來了。一個說要沖沖，另一個就罵她。」他頓了一下，把浴巾疊起來擺好，又勾起雙拖鞋，「倆人光着屁股揪住了死打，啪地都摔躺下，爬起來，還光着屁股打。」

又有某天，在池子裏多玩了會兒水，有個老頭兒就過來說：「年輕人不能多泡池子，會影響你以後幸福的。懂嗎？」我不懂，也沒法問。他接着絮叨：「這池子，女人不能泡，小孩不能泡。」我想起女人真苦，既不能對着茶壺嘴喝茶（北京舊俗，男人可以有一個自己的小茶壺對嘴兒喝），也不能泡澡堂子。我又想起小時候被母親帶着去女澡堂子的事來。

泡澡堂子影響男人生育，有無道理，不知。至於澡堂子有沒有啤酒烤串，拱豬升級敲三家兒，外加下象棋的，印象不深了。

三

北新橋澡堂子關張後，離家近的就剩下東四六條澡堂子了。那澡堂子還挺了幾年。聽吾師張衞東先生說，惢小時候，由楚辭專家王泗原先生，帶着上東四八條葉聖陶先生家。葉先生剛八十出頭，身子骨硬朗，連枴棍都不用拄。聊完天一起上六條的澡堂子。澡堂子裏櫃子滿了，是一個個竹筐，脫了衣服放筐裏，上面蓋上層毛巾，竹筐還擺起來放着。謂之曰：「脫筐。」那麼偉大的葉聖陶，到了也是「脫筐」。池子裏，身邊沒人知道他是葉聖陶，我們爺爺輩兒的語文課本都是他編的；更沒人知道，老爺子宣揚了一輩子白話文，自己卻是作詩詞、好崑曲、嗜文言、修書法。

大街上的澡堂子如此，而工廠的澡堂子相對彪悍。我曾去一家工廠洗澡，那澡堂子上寫着：池塘。以前澡堂子對聯叫：金雞未叫湯先熱，紅日初升客滿堂。這池塘，想拿古詩給它湊個對聯：林鶯啼到無聲處，青草池

塘獨聽蛙。橫批：先交澡票。不夠工整，湊合了。後來才知道，澡堂子有「池塘」這一說法，還有高等的叫官堂、盆堂等。而工廠內的澡堂子，連散座都算不上。有的工廠男女平等，男澡堂子裏也沒池浴，水裏充滿了硫黃味兒。噴頭十分簡單，不是擰開關，是腳下要老得踩着一圓鐵片一樣的機關才能放水。那機關的原理簡單，但洗澡總釘死一隻腳，成了十字架上的半扇耶穌。有人忍不住了，乾脆拿半塊磚頭來壓着，弄得澡堂子裏處處磚頭，踩着走能不濕腳了。

北京的澡堂子，真仿佛過了一個夏天，入冬要泡澡時才發現都沒了。只在城南的胡同裏，還有一座過街的拱門，從右往左寫着「一品香澡堂」，是漢隸的字體，書法家陳敷民題寫，算是留了個字號。

從那時起，我和故宮的青年學者楊曉晨兄一起，到處找老澡堂的遺址看。聽說在長辛店有一座鐵路工人浴池，便急匆匆開車趕過去。一路上見北京的舊景時斷時續，南城幾乎拆光，長辛店也要動土。而當我們到了那老澡堂時，只剩下一點民國時的青磚。

澡堂子的門臉兒還在，門臉兒上還有女兒牆，對開着兩扇雕花鑄鐵的大門。用現在話說叫鐵藝，圖案似一株株麥苗。門臉兒後還剩幾堵拐彎兒的短牆，當作澡堂子的影壁，牆上還有個月亮門。其他的幾乎是平地，再想泡澡無異於裸奔。我們有些悵然，仿佛北京人從來沒有泡澡的習俗，那種泡澡的生活，從來就沒有過。

在臨走時，我們看到了殘垣上的銘文，是座隨牆碑，嵌在牆裏還沒被拆出來。上面寫着：「長辛店平漢鐵路員工浴池建築紀略」。原來，這澡堂子由平漢鐵路的員工工會籌辦，有詳細的錢數、房間明細，還有名言曰：「沐浴一項而言乃潔身所必要，亦衛生之初基本。」這地方存在八十多年了，也算是二七鐵路工人大罷工遺址。我與楊曉晨兄相對蹙眉，革命文物都拆，要反革命了？回家後又看老照片，那女兒牆上曾經還有過三個西洋門樓，門柱上還有四個小獅子，精美如牌坊。

反正，這就是北京的澡堂子，不拘小節，粗放，無所謂。

四

北京城沒澡堂子，都改洗浴中心了，侃大山的地方又少了。興許這是社會進步呢，長此以往，北京城沒侃爺了，都悶頭掙錢去了。多少年後，我無意中翻起周作人先生翻譯的《浮世澡堂》，才覺得日本的江戶時期市井生活的可愛。為什麼非得泡澡堂子？暖和，若在家洗個囫圇個兒的澡，開着電暖氣還冷，忒不舒服。再者，澡堂子是市井中的一項，這項抹了，那項也消了，那日子就沒得過了。

多少年後，我又想起自己最幼小時小猴兒一樣被母親帶進女澡堂，而那時若有小女孩會怎麼想？「呀！你怎麼進來了？」她們會噘起小嘴，生氣地跑開，會有雙眼睛羞澀地閉上，有多少張美麗的臉扭過頭去。她們會在心底升起怨恨，會質問為什麼社會不文明風俗的羞辱會落在自己眼前。她們會在心裏羞我，而我不知道。

我只能猜到一點兒，但她們不會說。

德容：在民國，如何開一家照相館

一

我童年時的玩具中，有一個木製手推的小碾子，是一個細小的碾身加上一個柄。小時候集郵，將郵票洗下來，正面貼到玻璃上，用碾子在郵票背上碾過，與過去給照片上光一樣。還有個放五金雜物的鐵盒子，據說是洗相片的。另有小型鋁製的膠捲筒，大個兒的相紙桶，裁花邊的相紙刀，還有一大遝三十年代的《柯達雜誌》，被我胡亂畫上了小王八大鯨魚，變得似麻袋中的廢紙。這些都是民國時的攝影器材。攝影是光與影的藝術，照相是藝術、技術和商業的三結合，我家算不上是搞哪一行的，就是曾經在北平開照相館的。

照相館的故事，一切要從曾祖父說起。他的名諱侯興，字建庭，生於一八八六或一八八七年，於一九四八年八月殞天。他曾於庚子年間在日本待過幾年，不知道做什麼，反正說得一口流利的日本話，還學會了洗相片。他的職業是商人，回國後便開設買賣店鋪。而他開的買賣，是照相館；買賣的字號，叫德容（TE YUNG）。

二

德容一看就是照相館的字號。德容，有品德的容貌。天地之間德為根本，人但凡有品德之心，必有德高望重之容。傳統社會以德為美，容貌之美在於端莊正派，絕不是皮肉表面的漂亮好看，更不是對肉體的尺寸衡量。

照相館的分佈，就琉璃廠一帶，土地祠內有豐泰，火神廟內有守真，門框胡同的叫榮升，東安市場內的叫恒昌等，多以容、昌、泰、光等來起字號，也有的就叫某記照相。早先的照相館多在南城，後來發展到了北城，也有走街串巷照相的，但不成氣候。

20 世紀三十年代時北平經濟發達，照相業最為紅火，全市有幾百家，單是一個簡單的北新橋十字路口一帶，就有四家之多。知名的有前門外的「大北照相館」，擅長拍劇裝照，是為妓女和梨園人士服務的。我家會到大北去批發相紙和藥水（顯影液等）。民國時流行互相贈送肖像照片，還伴隨着題詞題詩，照相自然是一件重大的事。有私人相機的很少，凡是親友聚會合影，都去照相館，要穿上最好的衣服，梳妝打扮好嚴陣以待。

德容照相館起先位於北平中南海公園中。查《北京檔案史料》二〇〇〇年第一、二輯中的《中南海公園史料》，得知中南海一九二九年闢為公園，在一九三〇年將一些亭台殿宇出租，有了點現代公園的意味，但環境始終是古典園林。中南海的一個景點叫愛翠樓，在豐澤園的西邊，離春藕齋不遠。樓高二層，有不少畫棟雕樑。曾祖父租下愛翠樓，以此名開了酒樓，經營些京味兒的酒食，生意算是興旺，照相館就開在愛翠樓旁邊。

曾祖父為人踏實肯幹。他從某個意義上說是時代的開創者，比如他是中國棉花糖的引進者。在他以前，中國沒有拉絲棉花糖機，這是他從日本引進來的。時至今日，棉花糖始終沒什麼進化，可見他引進時一步到位。「生活可以沒有原子彈，但不能沒有棉花糖」。他為孩子增添了福祉，這是他能幹、有趣的一面，某種意義的偉大，也是值得上「史書」的。他娶了夫人田氏。曾祖母算不上漂亮，但治家很嚴格。不幸的是，她在四五十歲時去世。他們生了四子一女，四個兒子生了十七個孫輩，活了十四人。小院中每個兒子一間房，一時人來人往，孩子哭大人忙，很是熱鬧。兩個孫女以愛、翠取名，不忘中南海的愛翠樓。所有子輩名中有一德字，孫輩名中有一榮字（與容同音），令子孫不忘德容。

舊時代時期德容留下的照片不算多。北平解放後，德容搬家到了北新橋，地址叫北平東四牌樓北大街（或北平北新橋南路西，北京東四牌樓北

府學胡同口路西），電話是四一一八三，具體位於今天東四十三條（原來叫船板胡同）西口馬路對過，有兩間房的大小。曾祖父之後，這裏由祖父侯瑞麟先生坐鎮，一直到一九五七年公私合營才改作他用。

德容不大，房子不是大瓦房，而是平頂的，屋頂有一部分是塊玻璃，還有一面牆也是塊磨砂玻璃，以增加攝影時的光線。一進門是個櫃枱，有夥計介紹項目和價格，給客人填單子開票。客人拿着票找祖父拍照。影棚中有各種的佈景，是一個個有整面牆大的捲軸，是厚帆布做的，有山水田園、北海白塔、頤和園石舫或洋房花園，典雅如古畫，摩登如月份牌兒，是請人用水粉來畫的。用那個就一拽捲軸的繩子，捲開鋪好，再調試燈光。早先是燃爆鎂粉當作閃光燈，但很早不用，改用燈泡照明，有立着的大燈，也有地燈，與戲劇舞台相仿。還有些汽車和摩托車的範本，人到後面假裝坐汽車或開車，拍出來跟真在開車一樣，車燈都在閃光，十分的傻，可當時很流行。影棚中實景也是有的。一般是老式桌椅或花盆架子。花盆架子上放上盆花，人手扶着花，拍出來很是雅緻，似擺滿清供的文人書房。佈景的打造反映了人們的審美，民國時不論多麼新潮，古典尚能保留一分的。

那時，收音機叫話匣子，攝影機叫影匣子，照相機叫相匣子，也叫快影子。

家中的相機是一個巨大的座機，機身是一個大方盒子，俗稱叫扁匣子，人蒙上布來看鏡頭拍來照，德國造，已叫不出是什麼牌子。相機下有軲轆，測光全憑經驗，變焦全靠人推。

臨拍時，先根據客人要幾寸的，即在扁匣子中插入同等大小塗有藥水的玻璃底片。這在攝影史上要分乾版法和濕版法，大約是濕版法臨拍攝時現塗藥水，而乾版法藥水自帶。玻璃底片也分正片和負片，普通照相館用負片，分薄厚兩種，越厚的越貴，有按尺寸提前買來的，也有整個兒的大版，現用尺子比着裁切。每一幅玻璃底片都儲存好並有編號，並不用客人帶走。若再來沖洗只需報出編號就找到底片，比現在的照相麻煩了數倍，卻又細膩了幾分。

20 世紀五六十年代以後，玻璃底片漸漸換為膠片底片（也叫軟片，那時還沒有膠捲）。一張大底片能拍好幾張小照片，早已被祖父劃分好如

何使用，宛如劃分田地一般。扁匣子上有刻度和一個隔板，能只露出膠片用於曝光的尺寸，下次移動一下，再用下一部分拍照。底片最後剩下個犄角兒，沒有客人照了，祖父就給家裏孩子照着玩。家中照片有不少只有半寸大，還有些奇怪的尺寸，多是這樣留下的。拍好後的底版取出拿進暗房。那才是祖父最喜歡的地方。

暗房很小，只有一個紅色的燈泡，但那是祖父的樂園與王國。洗相片的過程和膠片近似，只是沒有放大這一項，櫃上始終也沒有放大機。照多大的照片就用多大的玻璃底版，洗出來高清得毫髮畢現。祖父最高超的手藝，是修版。

據父親講，常年見祖父在一盞小燈下，那細小的毛筆尖部往上勾起，如同一把縮微的鐮刀。一個如篆刻磨具的小盒子上固定着玻璃底版，那盒子裏帶燈泡，他用這「鐮刀」在昏光的燈光下一筆一畫地修版，如在繪製一枚枚精巧的鼻煙壺。他只要略微點濃一點頭髮，描一下眉毛，那人立刻精神許多。他手藝高得能給人換件襯衫。同時會給底版中人像的臉部和手部上色，洗出來顯得白淨。後來有了軟片，也可以用松節油和 HB 的中華鉛筆修版，去修掉那些光不勻的地方。軟片用柯達的，相紙用愛克發的。

再有的，是給照片上色、上光。上色先分相紙，相紙分為紋紙和光紙兩種，上色方法不同。紋紙上色先擦一遍凡士林後再抹掉，有一個墨盤，裏面有十二種顏色，用毛衣針頂着一小塊棉花，蘸了顏色在相片上慢慢地蹭，要在人的臉上上出有柔和光線的效果，比畫畫更看重光線的運用。上光是找來一大塊厚玻璃，洗淨擦乾後抹上滑石粉，將照片面朝玻璃貼上去，用碾子來上光，等照片全乾後會自動脫落，畫面上就熒熒泛光。

每張洗好的相片都會附帶一張硬紙板做襯板。那襯板都有特製花邊刀裁出的花邊，右下角印有家中的 Logo（商標），是德容的字號、地址和電話。每換一批相紙就會換一個 Logo，現在能發現近十種，字是民國時的美術字，顏色和風格各異，不知是哪兒的設計。照相館的業務，後來俗稱叫「洗印修放」，還代賣風景照片和明信片，有些風景照片是祖父拍了來賣，也有的是進貨批發。這買賣還算是掙錢，除了費水沒什麼成本，底版

和相紙成批進貨，相對便宜。

靠着中南海愛翠樓酒樓的買賣，和北新橋德容照相館的經營，外加在一些飯館店鋪中的股份，全家在黑芝麻胡同住着一個三進四合院，維持着二十多口人小康人家的生活。買賣最興隆的一陣，是政府要求辦各種證件時，拍證件照的人從早上排到晚上，每天的錢論口袋往家裏揣，家裏把妯娌們叫過去，數錢都數不完，不過多是零錢。此時的家中一派老舊家庭的陳設，正房裏一明兩暗，一進屋正對着是太爺爺太奶奶的方形大照片，二十四寸，掛在牆上很引人注目。屋中是一個通屋的硬木大條案，正中間擺着一個大座鐘，兩旁一邊一個膽瓶和瓷質白底的帽筒。條案前是一張八仙桌，一邊一把太師椅。其他屋子有貼檀皮的多寶閣，後院有佛堂。院子裏是兩個大魚缸，兩排綠色大木盆的石榴和夾竹桃。堂屋裏有一米半高的神龕，出了堂屋左手有個龕，叫天地爺；廚房裏有個龕，叫灶王爺；忘了在哪還有個龕，叫財神爺。

德容與愛翠樓都有夥計和徒弟，最多時曾有二十多個，留在櫃上睡鋪板。有個徒弟大名叫徐義，外號叫鑿子，家在十三陵那邊，大家都「鑿子」「鑿子」地叫着。我從小就看他的照片，只覺得不怎麼聰明。後來也得知，新中國成立後不叫徒弟叫工人，感情關係變了，他們也不勤勤（北京話：第二個勤唸輕聲，勤奮勤勞、手腳麻利）了。再後來，徒弟們都跑了，早就聯繫不到了。

還有幾個叫東貴、志和、夏印來（音）等，奶奶在世時都唸叨過，可我都沒記住。家裏徒弟多，孩子也多，一個徒弟猴兒摟着（小孩騎大人脖子上）一個孩子，排成一長隊從黑芝麻胡同出地安門到北海中南海，曾是北平街頭的一景。

三

在一九四八年八月的一天，曾祖父打坐在黑芝麻胡同老宅的正房中，他正承受着喪子之痛，思量着當下的時局。就在不到一年前，同樣精明能

幹的長子三十多歲便英年早逝。抗戰勝利以後的解放戰爭，戰事漸漸燒到了城外，連一向穩如泰山的北平城也不安生了。傅作義去青塔一帶視察，剛走十分鐘共產黨就打來了，嚇得傅作義一改當初的死扛。城外咚咚地打炮，北平百業蕭條，沒人逛公園了，街頭上很多買賣都關張了。通貨膨脹，金圓券只能在家裏籠火使，還不愛着。外放的錢收不回來，欠的債務堵不上窟窿。內憂外患，使得全家的生計仍壓在年過六旬的曾祖父身上。

而他最大的心結，還在於糾結自己並非讀書人的身份。他留話說要子孫們必須讀書，萬不得已再經商，萬萬不得已也不許做官。他着重培養家中的長孫（祖父侯瑞麟的長子），給他從小就做了一身小西服，花錢上幼兒園，在幼兒園時就請先生教寫毛筆字，帶出門去參與婚喪嫁娶……就在他思量時，就在電光石火之間，仿彿北平的空中打了靂閃，我想他的大腦中一定唰的一下，猶如聽到頭腦中血管破裂的聲音——曾祖父突然不行了，話都説不了了。

家中求醫問藥毫無結果，最後請來了位道士，問卜作法一番。道士爺推算後，留下了這樣一句：

祈盼安康增佳月，

靜等天倫度天年。

道士爺飄然而去，讖語八十年未解。

這事是祖父告訴父親，又由父親傳給我的，是我對詩歌最初的理解，也是家族最後的斷言。字面很白：若盼着身體好能長壽的話，就要求子孫等待天倫之樂以安享晚年。——但再細緻琢磨，「佳月」「靜等」「天倫」「天年」，預示着時代運勢的逆轉和氣場的變化，又可能暗示着天崩地裂、政權更迭、城牆倒塌、世道人心的巨變。這句斷言我遍翻書本查訪不到，興許是道士爺自己編的，狀若《紅樓夢》中的判詞。時至今日，我讀古書學詩文的目的，無外乎為了解這句讖語。

而這句讖語狹義的意思是：治不了了，準備裝槨吧。

三天後，德容照相館的第一代創始人，曾祖父建庭公歿了。他把自己的生命和心願，留在了民國時的北平。

一連三天，家中高搭靈棚，弔唁的人不絕。隨後，在鐘鼓樓之間的小廣場上燒了大量的紙活，紙人紙馬化作破碎的黑蝶。這幾乎是北平城新中國成立前的最後一次大殯，請了和尚老道唸經，雪柳兒打幡兒一應俱全，家人披麻戴孝都跟着。家中雇了一輛馬車，年幼的孩子們都坐着馬車，慢慢地出了德勝門，沿着現在八達嶺高速的路線，一直向祖墳去了。

祖墳位於今天四環外五環內的窪里村，一共有三四畝地的樣子。周圍有一圈一米多高的磚石院牆，形成一個巨大的墳圈子。墳圈子正中是一個高高的塔型雪松，離得老遠都能看到，又有幾十棵松柏。四周都有界椿，上刻着「侯宅塋地」。正中間有個最大的祖墳，往下是一排排的墳頭，按輩分橫排好了列祖列宗，沒有按照左昭右穆的格局。我們家收留了一戶逃荒要飯的人家，姓趙，收留他做了看墳戶。就在祖墳處蓋了幾間房，讓他種祖墳的地來謀生，沒有什麼地租之分，只要上墳時幫着張羅張羅即可。每年他都會給我家裏送點新打的糧食。在離祖墳很近的地方，有一座龍王廟。窪里按地名來看是一片窪地，必然歸龍王爺管轄。

據說，曾祖父下葬那天，送葬隊伍快到祖墳時漫天狂風，仿佛大地裂開，周遭所有的鬼族全部迸出，家裏的孩子們一進了龍王廟休息，外面風就小了；再一出來，又大了，反覆幾次風才漸小。之後曾祖父與曾祖母並骨，長眠於這片土地之下。

從祖墳回到家中，在家門口會放一個水盆，水盆中有一把菜刀，每個人從盆上邁過去後，轉身把菜刀翻個面，一連翻了十幾回才收好，為的是以防帶回那過路無家的野鬼孤魂。

四

曾祖父去世起，家中沒了主心骨，家道立刻與先前判若雲泥。終因還不上債務，在一九五〇年四月敗家賣了房子，從黑芝麻胡同往東搬家到香餌胡同，一座僅一進七八間房的小院中。門洞尚有個「二起樓子」，供奉着曾祖父建庭公和曾祖母田氏夫人各二十四寸的大照片。照片中的曾祖父

刮了個光頭，雙目有神。

　　曾祖去世後家裏分了家。德容照相館算在祖父名下。祖父的兩個弟弟也會攝影，但頂了家中其他的買賣。自此，祖父全心都放在櫃上，家中的孩子也多有幫忙，但德容仍是風雨飄搖，勉強維持。五十年代經營環境惡劣，人人都要適應新時代的生活。街道說不讓養狗，連家裏多年看家護院的大狼狗都被架上槓子抓走了，從此音信皆無，家人至今還在唸叨。

　　照相館客人時多時少，若趕上外出給單位、學校拍證件照能收入一些。很多時候，都要先收了客人的錢，告訴客人沒底版了，請您明天再來。緊跟着拿客人的這點錢去進貨，買了底版、劈柴和白菜，以供當天晚上的嚼穀，這樣才能在第二天給客人照相。最小的照片能拍到半寸照，僅六分錢，雖然經營慘淡，但對於熟客或街坊鄰居卻從來不要錢。

　　一九五六年，中國照相館從上海遷到北京的王府井大街，一舉壓倒了群芳。很多私營照相館還要到那裏去進貨相紙和藥水。一九五七年，德容照相館公私合營，家中的相機等貴重器材一律歸公，連暗房裏的椅子、煤球爐子都沒放過。在合營的前一天，祖父看到扁匣子裏的底版還有一小塊富裕，叫家族中最小的兩個男孩（我的父親和伯父）合了張影，這便是德容最後的一張照片。

　　照相館的賬目整整齊齊，曾有幾大抽屜民國時開的票，後來都扔了。還曾有幾塊老匾，當劈柴燒了。傢什都賣給打小鼓兒的（走街串巷收舊貨的）了，二起樓子沒了，二十四寸的照片也沒了。

　　祖父被安排到永定門外木樨園商場照相館去上班，算是有了公家的工資，每月七十元上下，他給家裏分一半。再後來被調往北京豐台區雲崗照相館。那時的雲崗只有一條破舊的黃土街道。他始終是第一個到，最後一個走，永遠閒不下來，不是記賬，就是不停地擦抹桌案，對公家的買賣比自家時還上心。他在路上要倒三趟公共汽車，花費上三個鐘頭。他不管家，寧願把時間都費在去照相館的路上。

　　「文革」中紅衛兵來到家裏，看家中已窮得一無所有，用不着再抄一遍了。可就在臨走時，有個人隨手拿起個信封，打開一看，是一紙證明：

德容照相館公私合營時的證明。紅衛兵組織立刻找到祖父的單位——雲崗照相館。祖父因為捨不得扔這張證明而一禮拜沒回家，被單位辦了學習班，被批評為革命不徹底，總是想着自家的買賣。侯家的長孫曾報考北京電影學院攝影系以圖繼承家業，卻因家庭成分而未能錄取。

「文革」後祖父退了休。一九八四年，他因肺氣腫去世了。他終身是位照相館裏洗相片的老師傅。他為人和氣，喜歡吃祖母做的芝麻醬糖餅，喜歡看兩分錢一張的《北京晚報》。晚報每天都有謎語，他認真看認真猜，等第二天的報紙看謎底。他把每天的謎語剪下來貼在本子上，旁邊用圓珠筆標注上謎底，像是重複當年照相館的記賬。他也曾熱衷於買彩票盼着得彩，但從來沒中上過。

父親成了知青，去內蒙古生產建設兵團一待近十年，回來後家如敝屣，待我出生時，家中已無錢買糊窗戶紙，天花板上能跑耗子，已接近房倒屋塌。父親回來後還去了趟祖墳，凋敝如荒野，看墳戶還在。而祖墳、陽宅連帶松柏在一九九〇年亞運會以前被掃平，現已開闢成奧林匹克公園，除了那座龍王廟，連界椿都沒留下。黑芝麻胡同的老宅幾經易手，已不見原貌。後庭曾有棵大棗樹，家興之年所手植也，今已不可辨認矣。

德容的斜對面的照相館叫久光，公私合營後成了北京照相館，至今還在。我看到家中殘存的一點老照片，看到公園裏賣棉花糖的小攤，我都會腦補出傳說中的曾祖父帶着祖父洗相片時的情景，儘管它們已無法湊成我家成員的編年史。百年來照相技術蹦着高兒般地發展，民國時沒有上光機、放大機，也沒有幻燈佈景，而今這些都已不再使用。從曾祖父至我已四代，而玻璃底片在「文革」後徹底退出歷史，連膠片都少有人用，而修版這手藝已絕了。

在一個陰雨天，天將傍晚，我悄悄溜到當年祖塋的地點，躲開奧林匹克公園裏的保安，在地上抓了一大抔濕土帶走，改天又去八寶山請了個骨灰盒把土封好存在家中。這就是我的祖宗，我不會忘記他們。

而曾祖父從事攝影的一生，為人們留下了照片；而他自己的照片，卻沒有留下一張。

武術：當傳統武術不再用於實戰

　　我少年時上的武術班，地處北京景山壽皇殿靠邊的一片空場上，周圍是蒼松翠柏，綠樹紅牆，每周兩次課，學校裏上完兩節課向老師請假才能去。上來先學抻筋壓腿、扎馬步，劈豎叉、橫叉，幾乎每次都有孩子被壓哭。

　　如今，中國傳統武術飽受質疑，武術的基本功都快被認為是「說、學、逗、唱」了。武術源自與世間萬物的搏鬥，當搏鬥退潮時，武術必然衰退。

　　法國哲學家丹納在代表作《藝術哲學》中，認為藝術受「種族、時代、環境」三大因素的影響。類比武術的興衰起伏，也難以逃離這三大因素，是習武者的種族、所處年代、實戰環境造就了各種武術，這三樣變了，武術也就變了。

　　拳腳無眼，血濺五步，以命搏命，這是武術的初心。今天，我們練功，不談文化。

有了槍，武術沒用了，就失傳了

　　中國武術是農耕文明時期在平原生活的防身健身之術，蒙古摔跤是草原戰場上的斃敵之術，泰拳是古代暹羅軍隊熱帶作戰的拳術和諸侯豢養的武士比武格鬥之術等。韓國跆拳道中的 ITF（ITF：國際跆拳道聯盟。1966年 3 月 22 日由韓國陸軍二星少將崔泓熙將軍在韓國首爾創立，比賽分為特爾（套路）、對打、特技、威力、護身術五大部分。），因為其創始人崔泓熙將軍在船上感受到大海的起伏，由此更注重習武中腳下起伏流動帶出力

量。日本空手道中的松濤館流為上層武士所習，講究一擊必殺，注重對自身的保護和對對手的控制，並不癡迷於纏鬥。武士多帶刀，長刀、短刀各一，不能一擊必殺，則對方必拔刀反擊，摟抱纏鬥時，對方掏短刀就麻煩了。而空手道剛柔流受中國南拳的影響，多為碼頭工人所習練，似坦克戰術般的廝打，打起來也不好看。每種武術都有其高明之處，都有厲害的大師，但問題在於，習武的環境變了，「大師」也就不靈光了。

清末有了手槍，鏢師表面上都標榜不用手槍，實際上都將手槍帶在身上以防萬一，因為誰都不傻。

老舍先生的小說《斷魂槍》中寫道：

> 夜靜人稀，沙子龍關好了小門，一氣把六十四槍刺下來；而後，拄着槍，望着天上的群星，想起當年在野店荒林的威風。歎一口氣，用手指慢慢摸着涼滑的槍身，又微微一笑：「不傳！不傳！」

很多武術就這樣被老輩人帶走了。帶走的「五虎斷魂槍」到底能不能打？可能大家永遠都不知道。

另一方面，習武者的保守與封閉影響了武術的傳承，真功夫千金不傳，開武館傳男不傳女，傳裏不傳外，甚至不傳外教門的人。要麼為了賺錢，怕教會徒弟餓死師傅，這便使得許多好功夫既脫離了實戰，又難以傳承，即便傳下來了也沒多大用處，更讓人懷疑到底有沒有真功夫。徐皓峰的電影《師父》便反映了民國時武行的一些現象，都不教真東西，必然失傳。

產業崩盤了，練武沒飯吃

武術的衰落緣於古代社會的瓦解，導致整個武術產業鏈的瓦解。

過去，如果想傳播一種武術，不是要宣揚其戰績，而是要尋找一位偶像當祖師爺。于志鈞先生的《中國傳統武術史》講：「崇拜偶像，是越『神』越好，不怕『神』而怕不『神』。」「偶像要有四個條件：第一要有

傳奇性，第二要有足夠的眾體支持，第三要有實質性的內容，第四要有文化內涵。」每種武術都能追溯其功勳卓著甚至具有神話色彩的祖先。有説法稱，八極拳起源於長槍兵，太極拳起源於一手持刀、一手持盾牌的刀盾兵，而八卦掌起源於雙刀兵等。但武術又有神話託名之説，説長拳源於宋太祖趙匡胤，太極拳源於張三豐，少林拳源於達摩老祖。每種武術都需要崇拜一個偶像。武林的眾多門派拳術，多是明清以來創立並發展的，所謂拳法開創者之説多為附會。

從清代中後期開始，中國武術的門派越來越多，拳法越來越多，套路越來越精熟，武術行業的規矩越來越完善，圈子也越來越小，這意味着古代武術的產業鏈日漸完善，所有練武術的人都認識，都是師兄弟，形成了圈子內的互相扶持。

每個人都注重面子，比武格鬥越來越不真打。比武漸漸點到為止，甚至演化成每個人各練一趟拳腳，行家伸伸手就知有沒有。再往後發展，練都不用練，彼此直接乾聊，這一聊便知這人武術真高，佩服佩服，立刻分了勝負。清末的鏢局也是如此，走鏢的鏢師多是見多識廣的綠林中人，很多時候都是彼此賣面子，插上某個鏢局的旗子就保障沒人來劫，更用不着動武。

古人云「窮文富武」，窮書生通過讀書考科舉能光宗耀祖，而習武者要學有所成則需要花費更大的成本。拜師，必然需要財力的支持。習武之人多不事生產且不管家，習慣上會大男子主義，每天早起都要練功，教徒弟，與同行切磋。古代的習武者的職業有開館授徒、做保鏢、考武舉做武將、從軍、出家等，較多的是做地主，各自的經濟體系都能正常運轉。近現代以來，前述的習武者職業都逐漸走向邊緣或消失，洋務運動以來操練新軍，槍械日趨重要。傳統地主經營的破產，使得偏向傳統職業的人越來越窮，而很多習武者都出身貧苦。

武術家大多開武館授徒為生，甚至從事普通的職業。八卦掌宗師程廷華人稱「眼鏡程」，是做眼鏡的，那時候做眼鏡賺錢。而有些習武者比較慘，全無生計，落魄江湖。

傳統武術的產業模式太成熟了，各大門派把武術愛好者這塊蛋糕瓜分得太均勻了，能不能打不重要了。

不練實戰，毀了武術

武術起源於戰場。當戰場殺敵變成了日常的比武，不再以殺人為第一目標時，武術的實戰功能立刻發生了變化。北拳的很多拳術練的是一招斃命，這在現代化社會有點兒尷尬——

一、練武不為打死人也不能打死人；

二、部分武術一出手就會打死人；

三、這功夫沒法兒實戰也沒法兒承傳。

總之，學了沒用。

幸好，世界上還有擂台，還有各種無限制的格鬥比賽。

人身上最硬的地方是胳膊肘，軟的地方到處都是，如腮部的神經區，一拳就倒，鼻樑、喉頭、後腦、腿窩、關節等要害處處怕打。武術是研究如何護住自己、如何打別人的實踐過程。

一個人不論是練套路還是劈磚頭，是某某傳人還是某某保鏢，都不能證明其武功多高。實戰是檢驗武術的唯一方式。

中國傳統武術有練法、演法和打法之分。所有基本功的練習、套路的演練和實戰中的拆招都不是一回事。人人都會做弓步衝拳，但不知弓步衝拳在實戰中的運用是快速衝到敵人面前，同時用腰勁兒出拳擊倒對手。掌法的要點是用手掌的下半部打人，而不是做個立掌的姿勢亮相。武術比賽多是比套路，但我們看 1954 年澳門白鶴拳名家與太極拳名家的比武，兩位名家照樣使用現代搏擊術格鬥。對古代傳統武術的比武做個猜測，很可能近似現代武術的格鬥方式，不是我們看到的雲手和套路，更不是電影裏的飛簷走壁。

武術一講一練就明白，但真正理解並能運用於實戰則是另一回事。女子防身術中教空手奪刀，假定女生遇到持刀歹徒，用雙手手腕十字交叉

架住對方持刀的手腕，含胸縮身躲開刀尖，然後上步雙手撐對方的手腕奪刀。問題是，一般情況下女生敢這麼做嗎？要多強的身體素質和多充足的實戰經驗，又有多大的力氣，才能一下子空手奪刀呢？習武中練的旋風踢之類轉一圈再踢一腳的功夫，在實戰中很難用上，沒有人會在空中轉一圈把後背對着對方。

很多人會談內家拳，比如打大沙袋，一拳把沙袋打飛是外家拳功夫，沙袋飛得不厲害，但這邊打進去一個坑，另一邊鼓出來一個包，這是內家拳功夫，即打在人身上，不是打折肋骨，而是震傷內臟。但問題的關鍵不在於比賽時戴了拳套不能發揮內家拳，而在於先能打中人，否則都白搭。練傳統武術不是練哪種拳的問題，而是能打人並扛打的問題。正如學唱戲不在於學生、旦、淨、丑哪個行當，而在於嗓子音量先讓人聽見。武術重在練、重在比，最重要的是實戰中能用。

新中國成立以來，由於五六十年代曾經不鼓勵發展武術格鬥，我們便把武術作為一項健身運動，而不是格鬥運動，這使得武術離擂台越來越遠。

當體育課上不再練體能而是學第 N 套廣播體操時，當太極拳成為「一個西瓜切成兩半，一半給你，一半給他」的老頭兒老太太的健身運動時，當越來越多的男人與「小鮮肉」比美白時……當種族、時代與環境都發生變化時而不應變，武術就越發衰落了。

每種武術的緣起和創立，都受制於格鬥時的環境，和對自己、對對方的預測和假想。明清時期武術的思維方式是「重術輕力、重智輕勇、用意不用力、以練保戰、重視手法、上輕下實、順勢借力、以氣催力、以氣護身、息力生氣」，注重以弱勝強。例如，太極拳會預設對方先來進攻，然後以彼之道還彼之身；李小龍截拳道中的截腿，根據跆拳道正面直接起腿，空手道側面橫掄起腿等，在對方未出擊時出腿截擊。

傳統拳術分南北，北方拳多借用腰部的力量，南拳如詠春，是練後背兩片肌肉，以半身法力為主，預設的環境是在南方的舟船街巷中，人的胳膊在兩邊，拳打正中間，等於在走斜線。而詠春起勢即佔據中線，以立拳代替橫拳，以快和連續取勝，多是近身鎖脖子，用腳踢對手下巴的招數，

能街鬥，能速成，適用於狹小地帶，上擂台並不能發揮全部威力。

　　幸好 20 世紀 80 年代，中國人參考拳擊、現代博擊和摔跤發明了現代散打，能利用其他武道不善摔跤而取得勝利。否則放眼世界，「九九八十一門」（舊小説中語）中的武術則落得無拳可打。

　　然而，一作為體育比賽，每種武術就有了各自的規則，每種規則都是傳統武術中的環境預設，預設越複雜，越容易脱離實戰。打比賽就是打規則。按照規則訓練，導致選手功夫存在短板，也導致了武術的進一步衰落。擂台上的冠軍，並不一定是實戰中的高手。

　　如今奧運會中穩坐江山的跆拳道比賽都要求踢腰帶以上且沒有摔法，練久了很容易不會踢低腿，不會摔跤。跆拳道 WTF（WTF：世界跆拳道聯盟的簡稱，奧運會採用的是 WTF 體系）連像樣的拳法都沒有。有的跆拳道比賽用上了電子護具，輕輕一點就能得分，更無實戰性可言；有的空手道比賽禁止連續擊打，選手一擊而中後，裁判就會分開二人，令其重新開始。再以擊劍為例，比賽中同時進攻並先刺中者為勝，後零點幾秒刺中者得分無效，但實戰中雙方不可能同歸於盡。

　　真正在實戰中立刻斃敵的，都是特種兵或諜報員防身術那類的武功，若真的想學以致用，還是得多學學如何閃電般撳下對方指着你的手槍。用武俠小説《多情劍客無情劍》中李尋歡評價阿飛和荊無命的話來説，是「他們不會武術，會殺人」。

只有現代化才能救武術

　　武術不是宗教、文言文和傳統文化，要抱殘守缺、慎終追遠。武術是術，是攻與守的技術和方法，是要變革的。傳統武術要強大，必須現代化、科學化、市場化與職業化，不能只坐而論道，談得玄之又玄。武術也是一樣，不打出千萬次的血汗，不能談武術。

　　傳統功夫有很多觀念與現代不合。我們看古人的畫像，看寺廟裏的金剛塑像和醫術上的針灸銅人便得知，古人認為人的氣集中在腰部，腰越

粗，人越強壯，是不練肌肉的，認為死板的肌肉會把人的力氣鎖住。而現代比賽中的肥胖臃腫有損體力；傳統武術注重下盤的穩當和抻筋壓腿，不夠注重保護頭部、力量對抗等。比如拳擊是膝蓋指着哪里，拳打向哪里，而中國功夫不注重這些。打贏雷公太極的徐曉冬因練過拳擊而佔了上風，各種武道中的拳法在拳擊面前都很小兒科。

過去部分武術的招數越來越花哨，意在我不跟你死磕，我的招數你沒見過，可以出其不意攻其不備，在電光石火的一剎那使出花招，利用對方想不到將其擊倒。問題是，你的招數別人沒見過，別人的招數你也沒見過，興許比你還狠。古代中原的拳師沒見過以透支身體來搏命、天天踢椰子樹練出來的泰拳手，也少有在泰國看拳賽被血濺到身上的經歷。這就好比你練成了太極宗師後遇到了泰森，他身高臂展 180，體重 200 斤，不跟你玩推手，只用左勾拳加右直拳打你的腮幫子。你設想對方應該躲，但對方就是跟你死磕。你原想把在預想環境中練出來的功夫應用在實戰中，可實戰中的敵人變了、環境變了、遊戲規則變了，招數也就不靈了。

我們沒有建立起國外職業拳擊運動那樣的比賽與經紀人體系，選手沒有科學的訓練體系和良性循環的運作模式。國外拳擊選手能在大的訓練場所中，在一個器械前，接受相應的教練指導練哪塊肌肉，練完再換下一個器械和教練，選手練到一定程度，參加比賽即可謀生。而練習傳統武術的師傅和徒弟都要工作，閒時就到公園樹林裏玩會兒得了。

中國武術落後於世界搏擊術，還因為中國人整體尚武精神的缺失。中華民族自古以來是戰鬥的民族，習武是中國人的基本素養。從周朝將射箭作為貴族階層必學的六藝之一，到民國時期宣揚的「國術救國」，再到我們從小體育課上所學的武術，都使我們不忘我們有一套自己的格鬥之術。武術是中國古代的自然科學。武就一個字：打！民國時期內憂外患，提倡國術救國。學生們的體育課開為武術課；二十九軍的大刀隊請了傳統武術家做教師，以專門應對日本人的刺刀；作家們創作出大批的武俠小說，中國人要靠編造「打敗俄國大力士」來尋找自信。這些作為使得傳統武術產業復興了一陣，武術不行也得行了。

不論是「捧殺」還是「棒殺」，都為國人清醒認識武術蒙上了迷霧。而習武者所做的是，是每天都進行實戰性的練習，如用啤酒瓶子擗迎面骨，用腳死磕椰子樹。不論什麼時代，尚武的精神是不能變的。

　　我鬻文為業，業餘習武，練功時斷時續，比賽負多勝少，但寫作十年來，經常站在各種武道擂台上，打贏了走下去，或打輸了被抬下去。格鬥的快樂遠甚過輸贏，正如寫作的快樂大於發表。只有不惜鮮血和生命地攻向每個比你強大的對手，才是我們每個中國武術家真正的本分。

［北京中幡：「子弟玩藝兒」的承傳與新生］

　　每逢北京有廟會的時候，總有打扮齊全的各路隊伍在去上香的路上遊行，他們舉着旗幟，耍飛叉，踩高蹺，或敲鑼打鼓，邊走邊進行種種表演，這叫走香會，源自「社火」。古來民間以村、堡為「社」，在節日會敲打着鼓樂，扮演的各種雜戲來敬神與自娛，叫社火。而香會是有組織地朝拜某處寺廟以表達信仰的虔誠，可看成社火的一種形式。

　　香會分「文會」與「武會」。「文會」負責廟會上的飲、食、住、行，「武會」就是各路表演。每一種表演叫作一檔，人稱「幡鼓齊動十三檔」，其中的第四檔，便是中幡。

　　「幡鼓齊動十三檔」是哪些檔？

　　按照廟會走會的順序，包括：

　　開路——耍飛叉，能耍單頭叉、雙頭叉、火叉；

　　五虎——五虎棍，都勾臉，表演趙匡胤打董家五虎的故事；

　　俠客木——走高蹺；

　　中幡——又叫大執事；

　　獅子——北派舞獅；

　　雙石——近似槓鈴；

　　擲子——扔石鎖；

　　槓子——近似單槓表演，由人在兩邊舉着；

　　花壇——耍壇子，又叫小執事；

　　吵子——鑼鼓等 12 種樂器組成，能吹打各種曲牌子；

　　槓箱——兩個人用長槓子抬着一隻箱子表演；

天平——演唱十不閒蓮花落（十不閒那個架子叫天平架子）；

神膽——挎鼓，挎在身上行進中敲打的大鼓。

最初扭秧歌、跑旱船，並不是十三檔香會裏的，民國時期又補上三檔：踏車會（自行車）、小車會、旱船會，傳統上還叫「十三檔」。

中幡又叫「禮部大執事」，簡稱「大執事」，早年叫「大督旗」，正字為「大纛（dào）旗」。因口語唸「大 dū」，就寫作「大督」了。可見「中幡」原本是一種旗，一種行軍、打獵、祭祀出巡時用的儀仗旗杆。中幡界如今還保存着能追溯得到的最早的中幡，已經一百多年了。

中幡是竹子做的，分大、中、小三種，演練時會出現若干中幡，不可能只有一根。最大的中幡能有 20 米高，重三十多到六十多斤，是鎮場子的，往往立着不動，叫主幡或樣幡。一般很難找到這麼大的竹子，找到了也沒法耍。

從中幡的竿頂懸掛一面寬半米、長幾米的長條錦旗，叫「標旗」。正面繡有祝福語，過去多是「晃動乾坤定太平」，現在多是「中幡舞動中國夢」。頂上還設纓絡寶蓋，有彩釉、錦緞、響鈴、小旗、流蘇等，是從皇家儀仗的旗羅傘蓋裏學來的，既能裝飾，扔起來又能有點空氣阻力，讓幡慢點下來，容易接。中等的中幡 15 米高，一般在場地中表演都耍這種；小的中幡高 4 米，走會時一邊走一邊耍，鏢旗按比例縮小，這樣通過城門和牌樓時，也可以不中斷。

八旗子弟的玩藝兒

中幡最早是行軍打仗時的旗幟，除此之外，可以在休息時耍着玩兒，給皇帝解悶兒。這叫「子弟玩藝兒」——八旗子弟的玩藝兒。

耍中幡要扔得高，接得穩，有各種術語：從左手拋到右手並轉換手腕，叫「擰幡」；沒接住中幡，幡從頭頂滑向後背，叫「溜幡」；把中幡舉起來用牙叼着，叫「牙劍」，扔起來用下牙接住，叫「虎口拔牙」，練不好就把牙砸掉了。

「劍」可寫作「劍」「健」「箭」等，正字是「接」，都叫「X 接」，叫白了就叫「劍」。

用頭接中幡，叫「腦劍」，這個得練「糙頂」——把腦門兒上練出厚厚的繭子，否則接不住，也容易被中幡劃破。

如何練「糙頂」呢？要用藤子棍兒在腦門兒上反覆敲打，直至發木、腫起大包，然後消腫了接着練。就像格鬥中練腿功要用擀麵杖或啤酒瓶子擀小腿的迎面骨並反覆敲打，讓腿變硬，是一個道理。現在中幡底部有保護措施，一般用不着「糙頂」了。

放在鼻子上頂着中幡叫「斷樑」，用鼻子來接中幡叫「砸斷樑」。更有各種練法說詞：將中幡拋起，用腦門立住，為「霸王舉鼎」；單腿支地，單手大拇指肚托中幡，為「金雞獨立」；用雙掌夾着幡端在胸前做燒香狀，叫「童子拜佛」，這一招，可真得有把子臂力。練成高手以後，還得自己琢磨、發明驚險動作，比如，用後腳跟將中幡踢起來。

中幡的耍法真是五花八門，比如還有「龍抬頭」「老虎擷尾」「封侯掛印」「蘇秦揹劍」「太公釣魚」「擎一柱」等等。

舊京有一首俗曲《大過年》，詳細地唱出了當時中幡的驚險：

> 二檔中幡逞英豪，頭手先要一個懷中抱，舉三舉、落三落，托塔轉雲幡，愣往腦袋上掉……別的故事全好了，唯有壓肩最難學：勁頭不許大，勁頭不許小，要一小，砸腦勺；勁兒大，一出溜可怎麼好？眼睛、鼻子全平了。

清時，皇家自己組織的香會，或受過皇封的香會都叫皇會，皇會一共八檔，俗稱「內八檔」。分別是：兵部的槓箱，刑部的棍，戶部的秧歌，工部的石鎖，吏部的雙石，禮部的中幡，掌儀司的太獅和老太府的花壇，再加上學祠的棍和翰林院的棍，湊夠十檔，就叫「十堂官會」。

內八檔由內務府出資舉辦，一般不出宮表演，為皇宮大典時專用。每年臘月二十三，過小年時，皇帝也都固定要看摔跤、耍中幡。

內八檔在乾隆年間由鑲黃旗佐領領屬，歸內務府升平署管理，走會時先是皇宮傳升平署，由升平署傳掌儀司，再由掌儀司傳內八檔各會。據說

內務府有兩位太監，一位姓盧，管民間香會；一位姓佟，管皇會。還有傳說，雍正爺的兄弟十三爺胤祥守皇陵時，閒得無聊，看當地村民玩雜耍，於是就發明了走會，再帶到了宮裏，這個就無考了。

演練皇會和中幡不是為了賣藝，文場（樂手）也不出去應紅白事。1938 年，內八檔皇會在北海舉行了最後的義演，從此不知去向，天各一方。

跤幡不分家：摔跤的練中幡

宮廷裏走會耍中幡要有組織有紀律，耍的人也不是平頭百姓，而是八旗子弟。他們有「鐵桿莊稼」——每月領着八旗兵丁固定的軍餉。中幡技術難度大，不是「票友」能玩兒的，那麼，宮裏頭哪部分人練中幡呢？內衛部隊——善撲營裏摔跤的。

摔跤，行話叫「膘子」，其實就是摔跤。北京秉承滿蒙之風，有摔跤的傳統。摔跤常常在毯子上摔，又叫「摔毯子」，也叫「腿子」，分為「官腿子」和「私腿子」，即官跤和私跤。

摔跤源於戰場。戰場上人人都穿着甲冑，掉了兵器打拳踢腿根本沒用，只有摔跤保命，是一種兇狠實用的格鬥術，能把人大頭朝下，腦袋摔到腔子裏去，也常用來比武健身。比跤，要光膀子穿褡褳。褡褳短袖褂子，是用小五福布納的，沒領子沒扣，能禁得住抓，要是普通衣服，一抓就破了。穿上褡褳後左右相疊，在下擺用繩子繞兩圈繫上，俗稱叫褡褳扣。一看繫褡褳扣的樣子，就知道是不是內行。北京人講話：「給他件褡褳，甭說咱爺們兒欺負他。」古代穿褡褳比跤，摔死了白摔。

清宮中，聖祖爺康熙帝創善撲營，組長稱「葛兒達」（蒙古語），跤手稱「撲戶」，分為頭、二、三等，本職是皇帝的貼身保鏢，也陪着皇帝摔跤、練功。每逢蒙古王公觀見時，會組織善撲營與草原上的蒙古摔跤手比跤。康熙擒鰲拜時，便訓練了眾多少年練習摔跤，仗着人多，一下子拿下了有「滿洲第一勇士」之稱的鰲拜。

摔跤沒有套路，每一個技法都要有深厚的基本功，每一個基本功都需

有器械來練，比如棒子、大杆、石鎖、天秤、地秤、石擔子、擲子（用青石或鑄鐵做成銅鎖形狀，你扔我接）、大撐子（把舊城磚兩端一邊按一個把兒，把城磚撐來撐去來練功）等。中幡的手上功夫包括「挑、端、雲、開、垂」，腿法包括「踢、抽、盤、跪、過」，使的都是種巧勁兒。這種勁兒叫圓力，不是蠻力，和摔跤的勁頭兒一樣，所以摔跤的高手往往能摔倒比自己力大體沉的人。

要中幡要用手中、肩上、腦門、下巴、項背接住中幡，更有用胳膊肘的肘彎，將幡竿豎於肘彎處，再顛到另一個肘彎接住，更要練反轉手腕。這跟摔跤的技法、基本功十分近似。因此，中幡可說是善撲營摔跤的一種訓練器械。就好比，牛街回民練摔跤，基本功有一項是練擲子；白紙坊走會練挎鼓的，多練通背拳，因為挎鼓行進步伐與通背拳的步法近似。功夫不同，原理相通，萬變不離其宗。

另一種解釋，是將摔跤的功法和技法藏於中幡之中。古代一方面上陣殺敵需要武術，另一方面，為了維護社會穩定，又需要禁武。民間不許私藏兵器，但習武者又要將武術傳下去，怎麼辦呢？在不方便練武時，就把冷兵器轉化為拳腳，保留在各個拳種之中。有的武術，外行看不明白，為什麼那個架勢拉得空當那麼大，因為戰場上的武士可能是一手持盾牌，一手持着刀，功架當然得大。

中幡走會規矩大

京城香會組織嚴密，香會凡是過了百年的叫「老會」，不夠百年的叫「聖會」，又分「井子裏」（城牆以裏，西直門外等海淀區北部的部分地區的香會也自稱「井子裏」。）和「井子外」（城牆以外）。中幡是井子裏的香會，十三檔中的每一檔會，都有公認的祖師爺。民間傳說，北方真武大帝是玉皇大帝的掌旗官，真武大帝曾在武當山修煉了四十二年，白日飛升，玉帝封他為玄天上帝。中幡會便認了真武大帝為祖師爺，加以供奉。

走香會的由頭分成三種：朝拜寺廟，慶祝年節，賑濟災民或社會公益。

在舊時的北京，朝拜寺廟是朝拜「三山五頂」，即門頭溝的妙峰山、平谷的丫髻山、石景山區的天台山，和東、西、南、北、中五處娘娘廟。全國各地都走會，北京走會最大的特點，還是「子弟玩藝兒」。即便辛亥革命以後大家都沒了進項，還會自己花錢來走，講究「毫厘不要，茶水不擾」，簡稱一個詞——玩兒！「玩兒」在北京話含義深廣，任何自娛自樂都能叫「玩兒」。

走會走的是禮儀，正式學習走香會這一套要拜師。會首俗稱「老都管」，也叫「把兒頭」，都得有錢，懂禮儀，有能力組織張羅，人們之間的問候語，是互道「您虔誠！」或者請人勞駕借光，也說「您虔誠！」

走會要舉着中幡去朝頂妙峰山娘娘廟、丫髻山娘娘廟。在行進中，中幡要把標旗摘下來，由人扛着走，等到了演練的地方，再把標旗裝上。朝山時誰先登山？按照規矩，中幡會第一，獅子會第二，吵子會（見上文鏈接）第三，槓子會第四。這個規矩怎麼來的？中幡相當於廟的旗杆，獅子會為廟前石獅，吵子會為寺廟山門的門環，槓子會為門閂。

京郊房山、門頭溝、豐台等地都有中幡，走會時都耍中幡。門頭溝千軍台、莊戶兩村每年正月十五、十六都耍中幡走會，正月十五下午是莊戶村向千軍台村走會，十六下午是千軍台村向莊戶村走會。

從宮廷到民間

大清倒了，八旗破產了，八旗子弟無以為生計。善撲營裏的跤手就都去天橋穿上褡褳，下身兜襠滾褲，紮着腿帶子，表演每場三局兩勝制的摔跤，來賣藝糊口。甚至像《茶館》裏所說，去給人家當打手。宮廷裏的香會、摔跤和中幡一起，就此都走向了民間。

清代小說集《夜談隨錄》寫道：「京城有三官保，率青年子弟在地安門外關帝廟演練中幡、盤槓子、豎蜻蜓，觀者如潮。」「三官保」說的是京城摔跤、中幡的名家寶善林。寶善林排行第三，人稱「寶三」，曾拜善撲營總教習宛八老爺（宛永順）為師，在天橋開跤場表演摔跤，順帶着賣大力丸。

寶三的把式是又說又練，有「量活」的（相聲裏捧哏也叫量活），能

抖包袱，砸「現卦」。因此天橋摔跤又稱「武相聲」，當然這是其他行業人說的，摔跤的自己不這麼說。寶三的跤與眾不同，別人練的他會練，他會練的別人不一定會練。往往都是別人先出場，他最後出場摔上幾跤，觀者如雲。他的跤場一直持續到 20 世紀六十年代。

寶三在天橋認識了承傳宮廷中幡技藝的王小辮兒。王小辮兒的絕活，是把辮子在腦袋頂上梳個揪兒，把中幡扔起來，幡的竹子筒底正好套在他頭頂的揪兒上。他有時練完了要不着錢，寶三就給他幫忙，剛開始是偷學，漸漸的師從王小辮兒，並有了傳人陳金權、馬貴保、傅順祿、徐茂等。他把中幡融入了摔跤的技法，豐富了中幡的動作，人幡合一。據說有一年走會朝妙峰山，寶三遇到一個臨時搭建的、三四米高的彩牌樓，他一把就將中幡扔過了彩牌樓，走過去再接上，功夫了得。

20 世紀五十年代，北京還保持着摔跤和練中幡的風氣，中幡到中南海、人民大會堂都演出過。練中幡雖然難度大，要練武，練摔跤，但成本低，只要買竹子和布，做個簡易的中幡就行了，甚至乾脆綁個高粱稈來練。

八十年代以來，走會風俗漸漸恢復，先後成立了「眾友同心中幡盛會」「眾人聚義中幡聖會」等。按規矩，新香會成立，要請老少爺們兒來「賀會」——宴請名會的會首，公開表演，並得到認可。在現場，有老會首把擋在中幡上的黃紙揭開，露出會萬兒（會名）字樣，這叫「開臉兒」。上香要說一套詞，叫「叫香」。表演時要「披紅」，表演者將會首簽字的三尺紅綢布披在身上，以告訴四方聖會成立了，從此才能正式走會。

寶三的傳人傅順祿，將中幡給了兒子傅文友和傅文剛兩兄弟。1986年，首屆龍潭湖民間花會大賽上，傅文剛在一張八仙桌上表演了中幡。從王小辮兒那裏算第一代的話，至今已到了第五到第七代傳人。甚至在郊區，還有了女子中幡（過去走會沒有女的），使用的幡比男子的小一些。

從「內八檔」到「幡鼓齊動十三檔」，京城香會承傳數百年延綿不絕；如今在政府扶持下，京城香會仍有不少人在「玩兒」。直至今日，每年四月初一至十五，人們還會去妙峰山趕會。

中幡還在，只是如今走會，若把京城十三檔香會都湊全，是不容易了。

半神：天龍八部的東土化之路

> 天龍八部這八種神道精怪，各有奇特個性和神通，雖是人間之外的眾生，卻也有塵世的歡喜和悲苦。這部小說裏沒有神道精怪，只是借用這個佛經名詞，以象徵一些現世人物。
>
> ——金庸《天龍八部·釋名》

不知為何起，我不懼漆黑、午夜、野外、墳地與孤單，在住鄉下的農家院時，專愛在那漆黑的午夜，一個人到村落墳場中閒逛，想那累累的屍骨與我只一抔淨土之隔，抬頭夜觀星月之光，品天地之靈氣，思宇宙之無窮，要不就是鑽溶洞、探鬼樓、夜爬香山，只幹那不靠譜的事，且自幼專門收集神佛妖魔鬼怪的故事，對人間生活不屑一顧，神佛妖魔鬼怪的逸事，於我而言，似乎比人間生活帶勁多了。

舊京有個傳說，每逢正月十九白雲觀邱祖誕辰之日，邱處機祖師會化成一個逛白雲觀的普通香客混跡人群之中，你不知哪一位就是邱祖的真人，而必然與他擦肩而過。在讀金庸大師《天龍八部》時，我悟到，大凡三界六道，人即是魔，魔即是佛，人即是妖，妖即是鬼，人即是神，神即是怪，人即是身，身即是屍，以上非人，皆存世間，他們和人同為一體，懂了人也就懂了他們。金庸先生說，他只是借用佛經名詞，以象徵現世人物。而「天龍八部」本是西來的護法神，他們有人的基本相貌，卻不是人間的眾生。

佛教認為世事無常，宇宙間有三界六道，三界為欲界、色界、無色界，是眾生所居住的地方；六道為天、人、阿修羅、畜生、餓鬼、地獄，是眾生受到業報的六種去處。天道為六道之首，天道眾生遍及三界，而其他五道僅在欲界。宇宙萬物，包括天龍八部，都有生死與六道輪迴。而人修煉的境界，包括阿羅漢、菩薩、佛三個層次。若非修成「阿羅漢」境界，心中都會有「貪、嗔、癡」三毒，而佛的境界就更高了。

天龍八部是八種佛教護法神的總稱，經常出現在佛祖說法的時候，既不能稱其為神，也不能稱其為妖魔，可稱其為「半神」。這八部是一天眾、二龍眾、三夜叉、四乾達婆、五阿修羅、六迦樓羅、七緊那羅、八摩睺羅迦，以天眾、龍眾為首，因此叫「天龍八部」，又稱「龍神八部」「八部龍眾」「八部眾」。他們有人的基本相貌，卻不是人間的眾生。

天眾：天並不指天界這一生活場域，而指天神。佛教中的天神主要為二十諸天。天眾的主神叫帝釋天。

龍眾：龍本是中華民族的圖騰，並非印度民族的圖騰，此龍眾指眾多種龍，不是指被孫悟空打得團團轉的四海龍王等。佛經中有五龍王、七龍王、八龍王等名稱。印度的龍沒有腳，似巨蟒，有劇毒。古印度人對龍很尊敬，認為水裏的動物以龍的力氣最大，陸上的動物以象的力氣最大，因此對德行很高的人尊稱為「龍象」。金庸在《神雕俠侶》中，為金輪法王創造了「龍象般若功」。

夜叉：梵文 Yakṣa 的譯音，還被譯成「藥叉」「閱叉」「悅叉」「野叉」「夜乞叉」等，大意是「捷疾鬼」「能咬鬼」「輕捷」「勇健」，十分兇惡。

乾闥婆：梵名 Gandlmva，意即「尋香」，最早是印度婆羅門教崇奉的半神半人的天界樂師。佛典中，他與緊那羅一樣善於彈琴，同時擔任「香神」的角色。佛事離不開香，作為佛教護法，乾闥婆有不食五穀、以呼吸香氣為食的神力。

阿修羅：梵名 Asura，來自印度神話，直譯為「非天」，是半人半神，

一般認為是多頭、多手、多腳、幾千隻眼睛，能口中吐火，男身者醜陋兇惡，女身者端莊美麗。阿修羅有美女而無美食，帝釋天有美食而無美女，雙方經常爭戰，戰場被稱為「修羅場」。六道中有阿修羅一道。

迦樓羅：是梵文 Garuda 的音譯，又稱「迦陵頻伽」，即妙音鳥，中國人習慣叫「大鵬金翅鳥」，一種叫聲悲苦、以龍為食物的大鳥。它的翅膀上有種種莊嚴寶色，頭上有一個叫如意珠的大瘤。

緊那羅：梵語 Kinnara，本是印度神話裏的神，後被引入佛教。佛經中說它是天神帝釋天的屬下，長得像人，但頭上有角。敦煌壁畫中的飛天，被認為是乾闥婆與緊那羅合二為一創造的。

摩睺羅伽：印度的蟒蛇神，無足腹行神，又叫作雲地龍。它的形象是蛇首人身，貪得無厭，什麼都吃，後來得道成為神祇。到了中國，摩睺羅伽變成為七夕節那天宋朝人的「座上賓」。老百姓將其捏塑成泥作的小孩狀，一供一桌子，據說能保佑婦女並求子，俗稱「磨喝樂」。《東京夢華錄》載：「七月七夕，潘樓街東宋門外瓦子、州西梁門外瓦子、北門外、南朱雀門外街及馬行街內，皆賣磨喝樂，乃小塑土偶耳。悉以雕木彩裝欄座，或用紅紗碧籠，或飾以金珠牙翠，有一對直數千者，禁中及貴家與士庶為時物追陪。」

小說《天龍八部》中，天龍八部總體指代芸芸眾生，每種都針對幾種人物，是按照佛教神魔的性格來塑造人物，這是金庸先生的高明之處。藉佛教東傳之機，這些來自印度的身世各異的護法神，也漂洋過海，在東土落地生根。拗口的名號不曾成為他們散播神跡時的障礙，中國人在聽聲辯義方面頗有天賦，給他們換上了中國名，總有辦法讓這些外來的神仙平易近人。

二

天眾裏有二十諸天，指的是二十種天神。有五種我們十分熟悉：持國天王、增長天王、廣目天王、多聞天王與韋陀天神，即在寺廟中常見的四

大天王與韋陀。相傳，唐玄宗李隆基得到過多聞天王的幫助，因此供奉天王是從唐代開始的，四大天王的形象不斷變化。

在明代小說《封神演義》中，四大天王成了佳夢關魔家四將——持國天王魔禮海、增長天王魔禮青、廣目天王魔禮壽、多聞天王魔禮紅，各自的形象都有所改變，每個人都增添了神功：琵琶的弦一彈撥起來，會風火齊發；寶劍一砍就是一陣風，被這陣風颳到則化為齏粉；而寶傘的能量最大，它能遮天蔽日，一撐開日月無光，轉動一下天地都隨之晃動，傘上有「祖母綠、祖母印、祖母碧、夜明珠、辟塵珠、辟火珠、辟水珠、消涼珠、九曲珠、定顏珠、定風珠」等寶物。更大的創意是多聞天王覺得廣目天王的龍或蛇作武器不方便，把銀鼠給了他，名曰「紫金花狐貂」。這貂放在空中，肋生翅膀身似白象，能大能小，能撲能咬，而他自己使寶傘就夠了。寶劍、琵琶、雨傘、貂，寓意為「風」「調」「雨」「順」四字，腳下踩着的小鬼代表酒、色、財、氣，使得供奉四大天王更有了吉祥的寓意。如今寺廟中四大天王都是經過中國化的造型，穿戴了中國式的頭盔和鎧甲，少有印度風格了。

北方多聞天王又稱毗沙門王，原本在印度文化中身兼福神和財神，在藏傳佛教中叫財寶天王。它屬下有最勝、獨健、那吒、常見、禪膩師五位太子，還有二十八位使者和五大鬼神。而在中國文化洗禮下，又分化出了另一種形象：頭戴寶冠，左手托着寶塔，右手持着寶棒，腳下踏着兩個小鬼，成了托塔李天王李靖，並融入哪吒的神話系統，拓展為李天王的金吒、木吒、哪吒三個兒子，演繹出《西遊記》《封神榜》中的故事。《西遊記》中，四大天王同時成為守護天界四方天門的神，被孫悟空在大鬧天宮時打得大敗。還是托塔天王李靖用萬能的寶塔把孫悟空收服了，放入太上老君的煉丹爐，孫悟空卻藉機煉得火眼金睛。《封神演義》中，魔家四將被楊戩和哪吒聯手打敗，電視劇《封神榜》中改編得更多，越改越走樣了。

韋陀天王是印度婆羅門教中的神，後被佛教吸收為護法神。在中國文化中，他成了韋陀將軍或韋陀菩薩，姓韋名琨，原是南方增長天王手下的大將，在佛陀圓寂時得到囑託，哪里有了叛亂，韋陀必然親自前往平定叛

亂。據說佛祖涅槃時有捷疾鬼盜走了一雙佛牙，韋陀將其追回，因此十分受尊敬。他的造型是身穿甲冑，雙手捧着寶劍或金剛杵。在漢傳寺廟中一般有兩種造型：雙手合十橫擔着寶劍，雙腳平分，意思是本寺可以接納十方各地的僧人掛單；左手持寶劍杵地，右手叉腰，右腳前立着，意思是本寺限於人力財力，不能接待遊方僧人了。

中國很多寺廟大殿進門的拱圈正中，都雕刻着迦陵頻伽的正面雕像，是大翅膀的尖嘴鳥，同時有個凸起的肚子。這是天龍八部中的迦樓羅。佛教中說，迦樓羅每天要吃一條大龍及五百條小龍，積攢了太多的毒氣，臨終時上下翻飛七次，飛到金剛輪山上毒發焚身而死。也有很多迦樓羅吃龍而不得的故事。傳說有一次，迦樓羅捉住一條龍帶到它居住的樹上，那龍越變越大，直到把它的居所毀壞了，不得已放棄了龍。迦樓羅悶悶不樂，而龍王變成一個童子前來安慰它。童子說：「龍毀了你的居所，你十分生氣，但你吃掉那麼多龍，有沒有想過龍的感受？」另有一次，迦樓羅把龍掛在樹上，要從龍的尾巴吃起。而這條龍非常長，長得無法找到它的尾巴，直至第二天龍才露出尾巴說：「我的法力比你大，如果我持了八齋法，你立刻就成灰燼了。」於是迦樓羅十分懊悔，決定不吃龍了。在《天龍八部》中，迦樓羅指鳩摩智，而段譽身為大理皇族，自然是龍眾，因此鳩摩智挾持他到了江南。而鳩摩智因貪戀武功而走火入魔，使得武功全失而成為一代高僧，猶如迦樓羅吃龍過多，毒發焚身而死。

中國文化中也有大鵬鳥，《莊子·逍遙遊》云：「化而為鳥，其名為鵬，鵬之背，不知其幾千里也；怒而飛，其翼若垂天之雲……鵬之徙於南溟也，水擊三千里，摶扶搖而上者九萬里。」佛教迦樓羅這隻大鳥的意象進入中國後，很容易與大鵬鳥的形象合二為一，俗稱金翅大鵬。《水滸傳》中歐鵬的外號叫摩雲金翅，即指大鵬鳥。有趣的是，岳飛被認為是大鵬鳥轉世，古本的《說岳全傳》記載，如來佛說法，大鵬鳥啄死女土蝠，啄瞎了「鐵背虬王」的左眼，啄死了團魚精，大鵬鳥、「鐵背虬王」、女土蝠、團魚精分別轉世為岳飛、秦檜、秦檜之妻王氏、奸臣万俟卨。宋徽宗上天寫表把「玉皇大帝」錯寫為「王皇犬帝」，玉帝大怒，命赤龍下界，

轉世為女真國金兀朮。岳飛字鵬舉，天生有神力，大鵬鳥吃龍，因此岳飛天生克金兀朮，打了多少次仗，金兀朮全敗了。

在《西遊記》中，金翅大鵬在獅駝嶺一章，以反派妖怪的身份出現了，與青獅白象一起作惡，隨身還攜帶一個寶瓶，孫悟空自然打不過他。孫悟空上了天求如來佛，而據如來佛祖所說：「……孔雀出世之時最惡，能吃人，四十五里路把人一口吸之。我在雪山頂上，修成丈六金身，早被他也把我吸下肚去。我欲從他便門而出，恐污真身；是我剖開他脊背，跨上靈山。欲傷他命，當被諸佛勸解，傷孔雀如傷我母，故此留他在靈山會上，封他做佛母孔雀大明王菩薩。大鵬與他是一母所生，故此有些親處。」這樣一算，大鵬鳥居然成了佛祖的舅舅。這是作者的加工，典籍上沒有記載。按照國人對《西遊記》的解讀，凡是沒背景的妖怪都被打死了，有背景的妖怪最後都重新上了天。大鵬鳥的背景最是雄厚，看來取經不過就是西天佛祖菩薩與上天玉帝眾仙聯手導演的一場好戲。

三

查台灣《佛光大辭典》，得知四大天王中的北方多聞天王（毗沙門天王）負責統領夜叉，守護忉利天等諸天，得受種種歡樂。「夜叉」這詞常用，但容易一時想不清它的形象。《紅樓夢》的第五回《賈寶玉神遊太虛境，警幻仙曲演紅樓夢》，是中國式的文學幻想。那第五回中云：「只聽迷津內響如雷聲，有許多夜叉海鬼，將寶玉拖將下去。」不僅令人遐想，夜叉鬼們拿着大叉子，把寶玉像下油鍋一樣往下按。往哪里按？大約是虛空罷了。

佛教中除了佛，還有神、魔、妖等截然不同的概念，夜叉有一點兒身兼這三種角色的架勢。在印度神話中，夜叉族的父親為補羅娑底耶，或迦葉波，或補羅訶（梵文 Pulaha），母親是財神俱毗羅的隨從，或為大神毗濕奴的隨從，還有說法是夜叉和羅刹鬼都是由大神梵天腳中生出的。夜叉不是一個，也不止一種，而是一大族群，戰鬥力強，常作為軍隊出征。

《大智度論》卷十二舉出三種夜叉：

　　地行夜叉：前世只有財施的功德，能得到種種的歡樂、音樂、飲食，但不能飛行。

　　虛空夜叉：力大無窮，行走如風。

　　宮殿飛行夜叉：前世佈施車馬而能飛行，有種種娛樂及隨身攜帶的物件。往往認為此種夜叉為女性，稱夜叉女。至今「母夜叉」仍是俗語，仍在使用。

　　與神的格調矛盾的是，夜叉喜歡吃人血肉。據《大吉義神咒經》卷三載，諸夜叉、羅剎鬼等，常作獅、象、虎、鹿、馬、牛、驢、駝、羊等形象，或頭大而身小，或赤腹而一頭兩面、三面等，手持刀、劍、戟等，相狀可怖，令人生畏，能使見者錯亂迷醉，進而飲啜其精氣。中國佛教和民間傳說中的夜叉形象不盡相同，都是相貌兇惡、能吃人的妖怪，有時是腹部下垂的侏儒，但對人類態度友善，不輕易傷人。此處矛盾顯現，夜叉究竟是善是惡？

　　佛經中對夜叉有個定義，即住於地上或空中，以威勢惱害人，或守護正法之鬼類。「威勢」一詞十分關鍵，在漢語中指威力與權勢，在佛教中指佛天生具有的威力。如來佛有四種威勢和四種法，如有「於空處或障礙處，皆可速行極遠；無論小如芥子，大如須彌，皆有相入自在之威勢」。四種法相對好理解：

　　（一）難化必能化；

　　（二）答難必決疑；

　　（三）立教所化之有情必出難；

　　（四）惡魔、外道等必能降服。

　　因此，夜叉的兇惡是它與天俱來的，並非它的善惡之分。兇惡在於天性，但並不主動害人，即「惡非惡」。在印度和佛教中更強調它神的一面；而中國文化中多強調其魔的一面。

　　印度曾稱夜叉為祭祠鬼，民間常祭祀夜叉以求福。在中國，夜叉是妖怪的代稱。唐代佛教興盛，夜叉的故事被記載到各種筆記中。《宣室志》

記載夜叉「赤髮蓬然，兩目如電，四牙若鋒刃之狀」；《河東記》記載夜叉「鋸牙植髮，長比巨人」。中國人喜歡祥瑞之兆，古人認為夜叉出現預示着主人家的政治前途出現轉機。

把人叫作夜叉，那自然不是好詞，人也不是好人。唐代張鷟的筆記《朝野僉載》中云：「監察御史李全交素以羅織酷虐為業，台中號為『人頭羅剎』，殿中王旭號為『鬼面夜叉』。」他們是唐代知名的酷吏，每每審問犯人，「必鋪棘臥體，削竹籤指，方梁壓踝，碎瓦搘膝……」，這是被稱為夜叉的人所做的事。《天龍八部》中有兩個人的外號叫夜叉（原著用「藥叉」）：「俏藥叉」甘寶寶和「香藥叉」木婉清。甘寶寶始終對段正淳飽含深情，尚不算狠，木婉清因母親秦紅棉被段正淳拋棄而心懷怨恨，發毒誓要殺人復仇。她在逼問段譽是否答應做她丈夫時，「手指本已扣住袖中發射毒箭的機栝」，若段譽拒絕，怕是立顯夜叉本性了。而這部書中，夜叉的代表還要首推「四大惡人」：「惡貫滿盈」段延慶，「無惡不作」葉二娘，「兇神惡煞」南海鱷神岳老三，「窮兇極惡」雲中鶴。段延慶原為大理國太子，後因涉及奸臣楊義貞的謀反，他身受重傷，雙腿殘廢，喉頭損壞，無法走路和說話，用雙杖行走和腹語術講話。葉二娘相貌美麗，但因自己與玄慈方丈的兒子虛竹被奪走，愛子成狂而步入邪路。南海鱷神一生都在跟葉二娘爭老二老三的位置，雖然幹壞事，但愚頑中又有幾分厚道，拜段譽為師後棄惡從善，因要救段譽而被段延慶所殺，令人唏噓。雲中鶴筆墨不多，是好色之徒，相對可惡。四大惡人皆惡出有因。包括逍遙派的李秋水、天山童姥等都有夜叉的味兒，天山童姥一生愛無崖子而不得，與李秋水纏鬥一生，發明生死符種在江湖人的身上以號令群雄，可謂愛之愈深，恨之愈切。但二人在發現無崖子另有所愛後便相繼而逝，可謂殘忍中飽含深情。書中每個人的外表和內心、志向和結局、命理和運勢反差極大，充滿了禪意。

另有《水滸傳》中的「母夜叉」孫二娘（父親叫「山夜叉」孫元），她的外貌是：「下面繫一條鮮紅生絹裙，搽一臉胭脂鉛粉，敞開胸脯，露出桃紅紗主腰，上面一色金鈕。見那婦人如何？眉橫殺氣，眼露兇光。轆

軸般蠢坌腰肢，棒槌似桑皮手腳。厚鋪着一層膩粉，遮掩頑皮；濃搽就兩暈胭脂，直侵亂髮……釧鐲牢籠魔女臂，紅衫照映夜叉精。」「母夜叉」孫二娘與丈夫「菜園子」張青之間關係顛倒，丈夫看菜園子，妻子是女魔頭。孫二娘的性格塑造相對扁平，於她而言，傳統的正義觀不再適用，黑店是祖傳的，不姓張而姓孫，張青是上門女婿，武功和江湖地位都沒孫二娘高。所以她天生就能蒸出噴香的人肉包子，書中從來沒有寫她正義與犯罪之間的糾結，而一再強調她的江湖義氣與好交朋友。

《閱微草堂筆記》有一篇《海夜叉》，説海裏有個夜叉，有一天跑到捕魚的船上喝多了，被人逮住，打死了。《聊齋志異》中的《夜叉國》有點兒污，説廣東有位徐姓商人出海到了異地，被一母夜叉劫了成親，還有其他母夜叉來搶，都被那隻夜叉打敗。徐商人在夜叉國生活數年，帶着母夜叉和兩個兒子回到中原。兒子長大後中了武舉從了軍，母夜叉還幫兒子披掛上陣打仗。在這兩部著名的故事集中，夜叉始終是負面的形象，從來沒人求夜叉保佑。

四

中國文化自古講究正邪勢不兩立，而儒家所謂「身心合一」，某種程度上也可理解為讀其心要觀其行、觀其身、觀其臉。神佛們各個方面大耳，慈眉善目，兇巴巴的夜叉被當成妖怪，踢出神界，就不難理解了。就論邪惡之神如夜叉，他們的惡是一種戰鬥的能力，並不是作惡，而沒有戰鬥力的人為了私慾，刻意練就了夜叉般的戰鬥力作惡。

因此八部龍眾最好不被定義為「半神」，而被定義為「非人」。此種「非人」在各種文化中傳播，從人們對其的態度中，能看出文化的此消彼長是一件有趣的事。

司晨：雞的污化之路

雞翁一，值錢五，雞母一，值錢三，雞雛三，值錢一。百錢買百雞，問雞翁、雞母、雞雛各幾何？

——《張丘建算經》

外面鞭炮隆隆，家人們一起包餃子，無意中說了句「殺雞問客（qiě）」這句絕跡江湖的北京話來，意思是，招待客人不實誠，拎着雞問客人吃不吃，待客人說吃再殺，說不吃就不殺了。它透露的意思是，雞是用來吃的，不是用來拜的。

漢代韓嬰所著的《韓詩外傳》歸納了雞有「五德」：文、武、勇、仁、信。文：頭上戴冠，寓意加官晉爵，封侯拜相。武：足搏距者，雞爪子是武器，能打善戰。勇：敵在前敢鬥，鬥雞走犬過一生，天地安危兩不知。仁：見食相呼，勤勞、互愛、護雛。信：守夜不失，雄雞一唱天下白。在這五方面，雞都是吉祥的象徵。母雞撫養小雞，還代表着撫育與教養。竇燕山的五個兒子都考中科舉，反映五子登科的畫多是畫一隻母雞帶着五隻小雞。又有傳統的吉祥畫，畫四隻柿子和三隻公雞，寓意「四世三公」，四代人有三代都位列王公，這與「滿牀笏」一樣，是美好的寓意。可雞在古代始終貴不起來，據說 5 到 10 文錢一隻，《射雕英雄傳》裏，楊過童年時流落市井見郭靖與黃蓉，手裏還提溜着一隻公雞。我們還是先來看看鐘錶出現以前的雞。那時候，它的內涵更有意思。

中國文化最善於使用事物的引申義。雞司晨報曉迎來光明,在神話中,自然會認為,人間有雞,天上也有雞。南朝梁的任昉在《述異記》中記載,有一座桃都山,上面有棵大樹叫「桃都」,樹枝間廣袤得能相去三千里。樹上有隻天雞,每當日出照到這棵樹時,天雞則鳴,天下雞皆隨之鳴。李太白詩云:「半壁見海日,空中聞天雞。」佛教中有種神鳥名叫迦陵頻伽,又稱妙音鳥,是人首鳥身,但更像人身鳥翅雞足。太陽中有三足烏,因此太陽也叫金烏。這些都是與廣義的雞有關的神話。

在神話中,天上有一位昴日星官。在《西遊記》琵琶洞一回中,孫悟空遇到了號稱最強女妖的蠍子精。原著中寫,悟空與八戒聯手,僅三五回合就被蠍子精打得大敗。後經過觀音菩薩的指點,孫悟空上天來請尖鼻子的昴日星官下界,先是吹仙氣治好了悟空和八戒的蜇傷,再請悟空引蠍子精出洞,星官現出本相,長鳴一聲,蠍子精毫無武力,再叫一聲,現出了原形。而這星官的本相原來是隻六七尺高的雙冠大公雞。

雞何以是神仙而不是妖精?這與二十八宿有關,二十八宿是天上的星宿,被分為二十八個星區,每個星區名字都是仨字,首字是星宿名,中間字是七曜(日、月、金、木、水、火、土)之一,末字是動物名。這裏與雞有關的是三樣:胃土雉、昴日雞、畢月烏,即野雞、雞、烏鴉,它們都被算作雞。昴日星官就是上述的昴日雞,當然是蟲子的剋星,能吃蟲子能解毒,降服蠍子精天經地義。在盤絲洞一回中,孫悟空又打不過蜈蚣精了(就沒幾個能打過的),還是被黎山老母化作的村婦指點,去紫雲山千花洞請毗藍婆菩薩,她是昴日星官的母親,用星官眼睛裏煉出的一枚神針戰勝了蜈蚣精。孫悟空還特意說,那昴日星官是隻大公雞,這毗藍婆菩薩一定是隻老母雞了。而佛教中沒有這位菩薩的記載,只說毗藍婆是十位羅剎女之一,如何成了大公雞的母親還不可考。

雞與蜈蚣的恩怨之說不止於此。《射雕英雄傳》中洪七公要吃蜈蚣,在華山之巔山峰絕頂的雪地裏埋了一隻死去的大公雞,待將其挖出來時,

雞身上咬滿了百來條七八寸長的蜈蚣，接下來是一大段吃蜈蚣的經典描寫。

歷史上沒有記載多少隻雞修道成仙，倒是記載不少雞沒修成仙反成妖的。劉義慶的《幽明錄》記載了一個故事：晉兗州刺史沛國宋處宗買了隻長鳴雞養在書房的窗戶下，那隻雞居然學會說人話了，宋處宗沒事就和雞練口語，練得口才暴漲，學問增進。於是書齋有了個別名：雞窗。「雞窗夜開卷」「三更燈火五更雞」，雞與讀書聯繫在了一起。還有一個故事說，有個人喜歡吃雞，每次都把活雞的雙腳砍掉放血，說這樣方能去除腥氣。後來此人身染重病，雙腿潰爛，一碰就流血，連日不好，痛苦了很久才死去。又有故事說書生夜裏遇鬼，鬼用一隻手吹笛子，書生問：「你手指頭夠嗎？」鬼說：「夠啊。」一下子變出好多手指頭，書生拔寶劍把鬼砍了，發現它是一隻大雞。

在歷史上，雞更重要的神功是用於祭祀、占卜、辟邪之類。在十二生肖中，只有老虎與雞能辟邪。老虎能辟邪是因其威嚴、兇惡，雞能辟邪是因為妖魔鬼怪都在夜間行動，雞鳴預示着天亮，妖鬼無處藏身。雞還被認為是純陽之物，以陽勝陰。古代凡是歃血為盟，新建了戲台舉行「破台」儀式，都是殺雞用雞血，古人以為雞的血具有某種神力，以告神明。也有的地方出殯時將一隻白公雞帶到墓地殺了，把雞血圍着墓坑灑一圈，以防止邪鬼入侵。

用雞占卜的方法比較有趣，有一種卜法是找來一隻雞、一隻狗，一起祈禱，把雞和狗都殺掉，煮成一鍋，單獨取雞眼睛部位的骨頭，看那骨頭的裂紋。裂紋像人的形狀就主吉祥，否則主凶。宋代有一本講地方風物的書叫《嶺外代答》，其中記載，嶺南人用小公雞占卜，焚香祈禱後將其殺掉，取雞的兩根腿骨和一根竹棍綁在一起繼續祈禱，左邊的腿骨主自己，右邊的主別人，「乃視兩骨之側所有細竅，以細竹梃長寸餘者偏插之，或斜或直，或正或偏，各隨其斜直正偏而定吉凶。其法有一十八變。大抵直而正或附骨者多吉，曲而斜或遠骨者多凶」。有興趣的話可以一試。

二

上古時期，祭祀與飲食同等要緊，人們把生死看得十分神祕，雞被看成具有神力，可與天地溝通。而近一千年以來，隨着世俗社會的發展，雞變得生活化了許多。雞個頭不大，價格不高，太常見，甚至有些土氣，漸漸地被視為俗物，成為漢語中「小」的、「碎」的、不起眼的形容詞，還常常與犬並稱。與雞有關的成語中好詞不多，呆若木雞、殺雞儆猴、殺雞取卵、雞犬不寧、雞飛蛋打……雞能司晨是好事，但也因此被認為是小臣或小人物，只能管報時這類的小事，上不得枱面。此外，牝雞司晨，女人當國，要天下大亂，被視為「雞禍」。

歷史上，雞鳴時，把守城門阻攔孟嘗君的看守打開了城門，祖逖和劉琨起來舞劍，而周扒皮則忽悠佃戶們下地幹活兒。《鬼吹燈》中云「雞鳴燈滅不摸金」，足見雞司晨打鳴被視為一種契約。《詩經》中有首鄭國民歌叫《女曰雞鳴》：「女曰雞鳴，士曰昧旦。子興視夜，明星有爛。將翱將翔，弋鳧與雁。」雞叫了，天快亮了，丈夫要去打獵射雁。而男女相會，春宵一刻，若聽到雞鳴就是天亮，預示着要「拜拜」了。馬王堆漢墓出土的漢簡中也多記載為了夫妻和好而施行的巫術。其中一種是用雄雞或其他雄性鳥的左爪四隻、年輕女子的左指甲四枚在一起熬治，塗在對方衣服上，可使夫妻和好。雞和鳥類的大腦也有此類功效，把鵲腦燒成灰，放入酒中，飲此酒之人會相思。可見雞可以使得男女相好，而它的鳴叫又使得男女分別，寸斷肝腸。南朝時有首《讀曲歌》：「打殺長鳴雞，彈去烏臼鳥。願得連暝不復曙，一年都一曉。」大意是，想把能打鳴的雞都掐死，能報時的鳥都轟走，願情人永息溫柔鄉，長夜漫漫，終年不天亮。從這時起，雞開始不招人待見了。

歐陽修《玉樓春》中云：「百年心事一宵同，愁聽雞聲窗外度。」宋詞中的雞大多被賦予了這樣的意象，若就閨怨一題延伸，對於雞，人有了「白髮」「黃雞」的感歎。「黃雞」「白髮」引自蘇軾的《浣溪沙·山下蘭芽短浸溪》中的「休將白髮唱黃雞」。而原典出白居易的詩《醉歌示妓人商玲瓏》：

罷胡琴，掩秦瑟，玲瓏再拜歌初畢。

誰道使君不解歌？聽唱黃雞與白日。

黃雞催曉丑時鳴，白日催年酉前沒。

腰間紅綬繫未穩，鏡裏朱顏看已失。

玲瓏玲瓏奈老何？使君歌了汝更歌。

　　人總有些美夢，而雞鳴必然會將美夢打破，使人回歸現世的慘淡人生。「腸斷一聲雞，殘月懸朝鏡」（呂渭老《生查子》），不由得令人感歎人生無常。對於羈旅之人來說，天明了就要登程上路，繼續飢餐渴飲、曉行夜住的生活。溫庭筠有詩云「雞聲茅店月，人跡板橋霜」。雞鳴被賦予了閨怨與羈旅的意象。雞的文化意蘊暗中漸變。從這些變化中，能看出不同朝代的古人取哪些捨哪些，能看出中國式的思維。

　　人在黃雞一天天的鳴叫中朱顏辭鏡，看一年年花紅花落，鬢添秋絲，這一切大悲苦又無法有絲毫的改變。生命如逝水東流，如晝夜交替，雞鳴不會打破鐵幕般寒冷的長夜，而只會催促日月更迭。

三

　　雞形象的世俗化，是元、明、清以來社會世俗化的一種反映。隨着明代雕版印刷的發展，長篇小説、戲曲唱本可以大肆印行，這使得前朝一切高大上的東西，所謂的仁義禮教的管束，多少有些消解，士大夫社會逐漸變成了市民社會，而市民社會首先想到的不是道理，而是生活。而雞這種動物也開始被污名化。早已被林語堂等人讚揚過的中國豐富偉大的罵人藝術中，雞是每罵必提之物。若真是背後説誰誰就打噴嚏的話，那麼雞肯定一天到晚不停地打噴嚏。

　　雞指代妓女並不是自古以來的用法，而是來源於當下的生活。以北京為例，民國時期管妓女叫「妓女兒」，也稱「窰姐兒」「姑娘」，當紅姑娘的穿戴遠超過富家小姐，並不叫「雞」。查《性文化詞語匯釋》，雞指妓來源於香港，「雞竇」指妓院，「雞頭」指拉皮條的人或接送妓女的人，「北

姑雞」指從內地到沿海一帶的性工作者，「飛雞」指暗中「兼職」的空姐。如今這些用法流行於全國了。

在古書中，是先有了「野雞」，後有了「雞」。現今「野雞」用來指代私下裏不在勾欄不掛牌的性工作者，即私娼，特指她們的「野生」。從《九尾龜》到《海上花列傳》，再到各地生活中，都有這個詞。這也會讓人推測，興許是先有了「野雞」再造出「雞」這個詞。雞與妓音近，被用作代稱再合適不過。除了雞以外，兔子、貓、馬、黃魚都曾在不同時代和地區代指妓女，而「鴇母」之稱多少也與此有關。鴇是一種水鳥，據說這種鳥生性最亂，能與任何鳥類交配，因此被用在開妓院者身上，因為老鴇多是老妓出身，姐兒愛俏，鴇兒愛鈔。

雞被捲入中國古代的生殖崇拜，從此便走了下三路。太陽每天東升西落，互古不變，古代的先民也希望子嗣如同太陽般連綿不絕，由此引發對太陽和鳥類的崇拜。郭沫若在《青銅時代》裏說「玄鳥生商」的神話時認為，「玄鳥舊說以為燕子」，「玄鳥就是鳳凰」，「但無論是鳳或燕子，我相信這傳說是生殖器的象徵，鳥直到現在都是（男性）生殖器的別名，卵是睾丸的別名」。過去北京城裏多「老公」（「公」為輕音），即太監。老北京管雞蛋叫木須，攤雞蛋叫攤黃菜，雞蛋肉片叫木須肉，用醋溜的做法叫醋溜木須。木須是訛誤，原本作木樨，就是桂花，攪碎的雞蛋色如桂花，即木須＝木樨＝桂花＝雞蛋。為了尊重早已雞飛蛋打的公公們，特意繞了這麼一大圈來避諱。久而久之，這種稱法就成約定俗成的了。雞即是鳥，鳥即是屌。雞、蛋是男性生殖器的俗稱，雞頭與那話兒部分相似，雞蛋與睾丸相似，蛋白與精液相似，雞站立前傾則與那話兒整個兒相似，等等。至今在吳語、閩南語等方言，鳥與屌發音一致，都指男性生殖器。屌字源於吊，其物下垂也。從《水滸傳》中開始，李逵滿嘴罵着「鳥人」，俗話中有「吊兒郎當」，這些解釋起來都不好聽，即鳥＝屌＝吊＝雞＝男性生殖器，蛋＝卵＝球＝毬＝睾丸。

這類詞語在古代俗之又俗，難以啟齒，唐宋以來沒人寫進詩文，我們不知當時是否這樣稱呼。目前較早的與之相關的文獻是元代楊景賢所作雜

劇《西遊記》，第五本第十七齣《女王逼配》中，師徒四人到了女兒國，唐僧差點兒被女兒國王拿下，幸好在韋陀尊者幫助下才脫身。行者云：

> 師父，聽行者告訴一遍：小行被一個婆娘按倒，凡心卻待起。不想頭上金箍兒緊將起來，身上下骨節疼痛，疼出幾般兒蔬菜名來：頭疼得髮蓬如韭菜，面色青似蓼牙，汗珠一似醬透的茄子，×× 一似醃軟的黃瓜⋯⋯

描寫雖粗俗卻生動，此處非寫不可，不必避諱。之前的猴戲中提到孫悟空的形象最早是妖猴，以後才漸漸變成了美猴王。這段描寫說明元代孫猴兒尚未斷絕人慾，只是被頭上多功能的金箍兒毀了好事。興許此般報菜名的孫猴兒更惹人喜愛。

在《紅樓夢》裏頭，雞被寫作「扎」，作為髒話共現身過三回，分別由呆霸王薛蟠、寶玉的小廝茗煙，還有一個取笑陪邢大舅與賈珍喝酒的兩個小麼的人口中說出，都是千古金句，值得玩味。書裏頭有身份的人不說雞也不說蛋，說「囚攮的」，有解釋其意指罵對方為囚犯的子女。其實沒這麼文明。《水滸傳》《金瓶梅》《紅樓夢》《醒世姻緣傳》中，哪個不是滿紙「鳥人鳥事」，談及臍下三寸之處，絕不似今天這般遮遮掩掩、欲言又止。

元、明、清三朝的戲曲小說已在化俗為雅。民國時期報業發達，小報裏同樣是滿版「雞」「鳥」「屌」亂飛。著名報人林白水被殺，是因為他在報紙上罵潘復攀附張宗昌，他們的關係是「腎囊之於睪丸」。那時生活中人們不避諱。有位搭荀慧生班的京劇老生演員一上台就一副病懨懨的樣子，觀眾一瞅他出來就起堂上廁所，上廁所必然會低頭瞧自己的那話兒。這位演員被人送綽號曰「×× 老生」。國民黨元老吳稚暉一向崇尚科學，鄙視文學，他把科學比成雞腿，把文學比成 ××，罵人愛文學不愛科學，是「咬住 ×× 不放，（給個）雞腿都換不過」。有些地方養父、乾爹被稱為「寄爸」，無良之輩拿此找女士開下流的玩笑，對不起人，更對不起雞。

猴戲：《安天會》變《鬧天宮》

　　猴戲是戲曲中一大劇種，是以孫悟空為主角的戲。猴戲不僅熱鬧好看，更重要的是能從中看出歷史的變遷。通過猴戲的變化、孫悟空形象的變化，能看出百年來中國政治、審美等多方面的變遷。

一

　　西天取經的故事唐代早已流傳，最早出現在變文和俗講中，裏面沒有豬八戒和沙僧等人物，故事也很簡單。首個成形的作品是宋代的《大唐三藏取經詩話》，金代院本裏頭有《唐三藏》《蟠桃會》等，元雜劇中有楊訥所著六本二十四齣的《西遊記》，已殘存不全。其中《認子》《借扇》《胖姑學舌》等摺仍在舞台上演出。雜劇是崑曲的重要底本，八百年前的劇本，現在拿起來就能唱，這才是文明的體現。

　　古代演戲是用戲劇來興教化，猴戲是重頭的吉祥戲，演繹降妖除魔的故事。清代帝王嫌前朝《西遊記》的本子殘缺不全或俗氣，命張照編寫新的《西遊記》劇本：《升平寶筏》。《升平寶筏》共十本二百四十齣，要連演十天，文辭華美，用崑山腔與弋陽腔混合演唱。明代南戲有餘姚腔、海鹽腔、弋陽腔、崑山腔四大聲腔，弋陽腔又叫高腔，曾在北京廣為流傳，演唱時只用鑼鼓伴奏，不用笛子，聲音高亢，古樸而蒼涼。每逢乾隆或他母親的壽誕之日要演《升平寶筏》，其中就有唐僧父親被水賊所害，自己被僧人收養，長大後認母親的情節，以彰顯孝道。而在無底洞的故事中，加入了貂鼠精、灰鼠精、銀鼠精、黃鼠精……各種老鼠精為地湧夫人上壽的

情節。全劇各路角色加上天兵天將達上百人，規模宏大。這部戲在道光年間還演過，還有兩冊《升平寶筏提綱》，為戲的演出做注解，到清末演得就不多了。電影《垂簾聽政》中有一段在暢音閣三層的大戲台演《升平寶筏》的片段，是孫悟空身上吊着古代的威亞從三層台上下來開打，細節上有點兒問題，但聊勝於無（詳細可參見朱家溍先生《故宮退食錄》中的相關訪談錄）。

到了民國中後期，猴戲不再用於宣傳教化，純粹用於娛樂。猴戲最容易改編成彩頭戲，出么蛾子。那時天津有個以出彩頭知名的戲班叫稽古社，請了位高明的編劇叫陳俊卿。他編的稽古社版《西遊記》是二十四本，有《石猴出世》《唐僧出世》等劇情。演孫悟空變出很多小猴兒時，先用鎂粉做出煙霧效果，隨後眾多小猴兒上台，還有西洋樂器來伴奏。再有張翼鵬版的《西遊記》，共三十四本。張翼鵬是江南名武生蓋叫天的長子，他的《西遊記》有《真假美猴王》一齣，他演真悟空，弟弟張二鵬演假悟空，幾可亂真。傳功的把子（兵器道具）是木頭做的，張翼鵬的把子是化學的（北京話，指用塑膠、化學用品製造的東西。），別出心裁。而厲家班也編演過《西遊記》十四本，由厲慧良導演並演孫悟空，從 1946 年演到 1950 年，紅遍重慶，演到哮天犬時，真找了一條大狗上台，衝着孫猴兒就咬，關鍵時刻還能叫上兩聲。

彩頭戲舞台上有很多佈景機關，會用燈彩、火彩、魔術、幻術、特技等，和當下一樣風行。演《白蛇傳》能用條真蟒蛇上台，演《長阪坡》糜夫人跳井能把台上挖個大洞，演員「咚」地一下跳進去。還能編京劇《俠盜羅賓漢》，舞台上用真刀，演員要學擊劍。而在台上灑狗血、唱流行歌曲或說外文更不鮮見。一齣戲能唱上數天，注重武打和特技，輕視唱腔，叫連台本戲，跟電視劇差不多。傳統人士認為這是胡鬧，但不論哪家的猴戲上演，凡演必火。

二

真正興於清末民國的經典猴戲，是崑曲《安天會》，在《大戰擒猴》

一場中，天王派一位天將唱一大段曲牌，天將跟猴王一場大戰，打完一個再打一個，俗稱「唱死天王累死猴」。《安天會》根據《西遊記》前幾回編演，從大鬧天宮演到孫悟空被捉拿，主旨是收服妖猴，安定天庭，猴兒是反派人物。《安天會》保存了《升平寶筏》的不少內容，裏頭《北餞》《偷桃》《盜丹》《大戰》等段落現在仍在演出。清末醇親王府養着崑曲戲班，這戲是從宮廷裏傳出來的。《安天會》有名的表演者是「楊猴子」楊月樓（1844—1889）、楊小樓（1878—1938）父子。楊月樓演猴戲表演細膩，又不失靈氣，很受慈禧太后的喜愛，也受大老闆程長庚的賞識，三十多歲就是三慶班的班主並成為精忠廟廟首，只可惜英年早逝。楊小樓身材高大，演配角時比別人甚至比主角都高，很多戲都沒法兒用他。為了沾光，他開始演戲時貼的名字叫「小楊猴子」，但當時他並不會《安天會》。慈禧太后特指派名武生張淇林把《安天會》傳授給楊小樓和濤貝勒（載濤）。

譚鑫培特意囑咐楊小樓，《安天會》要演「猴學人」，不能是「人學猴」。孫猴兒是神話裏的猴，絕不是生活中的真猴，演成真猴，藝術性就差了。楊小樓把孫悟空的臉譜美化了，外面一圈白，紅色的部分像個「古鐘」，稱為「一口鐘」。他在武術上也頗有造詣，會八卦、形意和通臂等多種拳法。通臂拳用猿猴的背和手臂取勢，俗稱猴拳。他把武術精華劃入京劇，開創了楊派武生。楊小樓能戲在四百齣以上，他還排演過二本《安天會》，因效果不佳就不演了，還有猴戲《水簾洞》，早已少見了。

而真正轟動北京劇壇的猴戲是 1917 年冬天郝振基（1870—1942）演的《安天會》，他有着「鐵嗓子活猴」的美譽。他扮演的孫悟空更古，保存了弋陽腔的扮相。他養了一隻猴兒，朝夕觀摩。從老照片上看，他不是把人扮成猴兒，而是扮成本身為神猴的武將。他在演吃桃時，眼珠、嘴角、耳朵都能動，不論表演多繁重，都不喘粗氣不流汗。他演《安天會》，由崑曲名家陶顯庭唱天王。郝振基的嗓音洪亮，能蓋着人，陶顯庭的嗓音賽銅鐘，號稱「一台雙絕」。在郝振基逝世時，《申報》上登的是《猴兒戲聖手郝振基逝世》。在張衛東先生的《清末以來北方崑弋老生瑣

談》一文中，談及陶顯庭之子陶小庭對郝振基的回憶：「郝大叔兩隻眼睛沒有多大，瞪起來比誰都大，眉毛的眉棱骨特別高，能蓋上眼睛，做戲、看人時，要是仰頭看人，這眼睛特大；低頭看人時，眼珠能到眉毛底下。」從郝振基的唱片中能聽出，他的演唱極重氣勢，不大重咬字，嗓音微微有些嘶啞，但穿透力極強，調門高得年輕人都跟不上，有一種蒼涼大氣之美，這種味道的猴戲如今已經絕跡了。

郝振基瘦，再加上演技超群，在表演和氣勢上更像猴子。郝振基一來，楊小樓再不願唱《安天會》了。當時報紙上評論說，此劇楊小樓是人學猴，郝振基是猴學人。有不少人說郝振基演得更好，但楊小樓的粉絲絕不答應，為此還開過筆戰，說，如果比像猴子，那去動物園看真猴子不是更好？民國時期，人們對猴戲的不同認識。「人學猴」還是「猴學人」並無高下，只是個人表演風格的差別。不論如何，這兩位大師的嗓音到晚年都依然高亢有力。他們所演的《安天會》片段的老唱片都保留下來了，都是 1929 年錄製的，今人能從中欣賞到他們各自的風格。

另外，川劇、徽劇、秦腔中都有這個劇碼。小孩子剛開始看猴戲，喜歡的肯定是翻跟頭和耍兵器，但久而久之，真正喜歡戲的更愛聽猴戲裏的唱唸。《安天會》戲詞很雅，如《偷桃》一摺中的曲牌〔喜遷鶯〕：「望瑤池祥雲籠罩，見蒼松翠柏蔭交。擺列佳餚，盡都是山珍海味，怎看那雪藕焦梨並火棗。俺可也緣不小。且飼餐赤麟蹄龍肝鳳腦。好有酒在此，飲瓊漿玉液香醪。」

民國時期崇尚維新，《安天會》漸漸少有人欣賞了，觀眾都着眼於猴戲的武打與熱鬧。

三

1949 年以後，人們對戲曲的定位變了，猴戲和孫悟空的形象也變了。北平軍事管理委員會曾禁演眾多神怪戲，李萬春編演的《真假美猴王》不幸躺槍，直至刪除了扔火彩和一些特技表演後才逐漸得以演出。

為了適應時代的需要，李少春（1919—1975）、翁偶虹將《安天會》改為《鬧天宮》，以唱原本中的《偷桃》《盜丹》為主，猴兒成了造反的正面人物。

　　從《安天會》到《鬧天宮》，單看名字就能明白其內涵，一個在「安」，一個在「鬧」。《安天會》的結尾是孫悟空失敗被擒，有段曲詞是「將猴頭萬剮千刀，筋挑，骨剔，肢敲；屍骸碎，拋荒郊，火光烈，煙騰高，留驚世，後人瞧！」在《鬧天宮》中，這些全部被刪去，並創造出反封建的精神。李少春的臉譜也經過創作，紅臉的部分呈葫蘆形。這部戲十分成功。1954 年，周恩來總理特意找馬少波、李少春、翁偶虹談《鬧天宮》的進一步修改，並親自提出，要突出孫悟空的反抗精神，寫玉皇大帝的種種詭計，還得讓孫悟空有點兒文采，去掉妖猴的形象。由此《鬧天宮》才有了「龍王告狀」「天宮議事」「太白誆孫」等情節，跟同時期的萬籟鳴動畫片版《大鬧天宮》差不多了。同樣知名的猴戲有紹劇《孫悟空三打白骨精》，毛澤東主席看完後特意題詩：「一從大地起風雷，便有精生白骨堆。僧是愚氓猶可訓，妖為鬼蜮必成災。金猴奮起千鈞棒，玉宇澄清萬里埃。今日歡呼孫大聖，只緣妖霧又重來。」

　　《孫悟空三打白骨精》中演孫悟空的是六小齡童的父親——六齡童章宗義。他求教於蓋叫天的長子張翼鵬，並博採崑曲、婺劇、滬劇等多種形式。人們總結章宗義的表演是集人、神、猴於一身。早先南派猴戲多是在舞台上滾來滾去，六齡童的表演有活、靈、功底出眾的特點，拔高了孫悟空的形象，也拔高了紹劇藝術，被稱為「南派猴王」。六齡童二兒子小六齡童天賦也很好，只可惜英年早逝。而六齡童的特點被六小齡童繼承下來了。

　　一般都說，猴戲北派有楊小樓、郝振基、李萬春、李少春等，從化妝、臉譜到表演上多大氣穩重，不怎麼翻跟頭，頂多是摔幾個鏇子，偏重「猴學人」；南派有鄭法祥、蓋叫天、張翼鵬、張二鵬、郭玉昆、小王桂卿等，多是輕巧靈活，多翻跟頭，多是表演撲跌功夫，偏重「人學猴」。兩派各有所長。蓋叫天也是猴戲大家，但他更以「江南活武松」知名。他的嗓音有點兒沙啞，存世的錄音也不多。他的長子張翼鵬也是好角兒，但也

是英年早逝。近年來舞台上演猴戲的名家之一張四全曾創辦「北京美猴王京劇團」並擔任主演，上演《金錢豹》《十八羅漢鬥悟空》《鬧地府》等戲，《金錢豹》戲中的主角是豹子精，但張四全演的孫悟空有看點。正是每代猴戲演員的努力，才使得這門藝術發揚光大。

猴戲是相對幸運的。在特殊的年代，更多的神佛戲、鬼戲等都少見於舞台了，或者有鬼神出場的地方也都被刪減了。比如同樣是佛教題材的《目連僧救母》。但猴戲打着民族文化的牌子，躲避了「封建迷信」的標籤，20世紀80年代，表演者們還編演了很多新的猴戲。

四

在敦煌和一些古墓的壁畫裏，孫猴兒是醜陋的兇神惡煞。《西遊記》小說裏也記載，孫悟空是「呲牙俫嘴，火眼金睛，磕頭毛臉，就是個活雷公相似」（第十八回）；「毛臉雷公嘴，朔䐐別土星，查耳額顱闊，獠牙向外生」（第五十八回）。從楊小樓到六小齡童，都美化了猴兒的形象。若真按照其原始形象，則以周星馳導演的《西遊降魔篇》裏黃渤演的青面獠牙孫悟空為本真了。

猴戲的變化反映了人們藝術欣賞的變化，從看神猴到看真猴，從欣賞寫意到欣賞寫實，從聽唱腔到看武打。傳統戲曲的精髓在於寫意，表演吃喝、上馬，都是拿空碗一比畫，拿馬鞭做出趟馬的動作。真在舞台上開吃開喝，牽了匹馬上台，那就不叫戲了。戲的創新也一樣。梅蘭芳給《霸王別姬》裏的虞姬編了段舞劍，仍在戲中，是人在表演，是戲曲中「移形不緩步」的發展。但《赤壁》裏用聲光電打出漫天飛箭的效果，那是糟改，不是創新。猴戲也是一樣，戲外的東西最容易把戲給毀了。拍新版《紅樓夢》時，崑曲名家張衛東在劇中恢復了清代演出《安天會》《花果山》等猴戲的場景，《安天會》唱的是《偷桃》《擒猴》，僅僅是個數秒的片段。劇碼中的曲詞和表演與《紅樓夢》劇情是關聯的，值得深入研究。因此，六小齡童並非猴戲的唯一一家，如果對猴戲文化感興趣的話，不能僅停留

在相關的影視劇上面。

時代在發展，觀眾的焦點已從戲曲舞台轉向電影、電視和網絡。

影視劇早期便吸收了戲曲的元素。在拍攝老版《西遊記》時，六小齡童曾向眾多猴戲名家請教，尤其得父親六齡童章宗義的真傳。他在演孫悟空時特別注意使用眼神，並且要演得大氣，不學動物園的小猴子·美猴王這個形象，是傳統戲曲應用於電視劇的絕佳表現。相對而言，後來演孫悟空的演員不論多麼大牌，都缺少六小齡童那種戲曲功底，缺少面部、眼神、細節動作的張力。

當觀眾對各種肆意惡搞的《西遊記》厭煩時，自然會想起老版《西遊記》裏眾多戲曲演員的精湛表演。不論如何，彩頭戲都是特定時期的產物，不會成為舞台的主流。觀眾想看的是「戲」，不是狗血。傳統戲曲少有觀眾，不是演得好不好的問題，而是戲已經不是當初的「戲」了。

生靈：「五大仙」與貓

　　一座古城除了有歷史、古物的層面，也更有「靈」的一面。我們生活的院子，街巷裏，一棵古樹，一座老屋，哪怕只是一塊雕鏤裝飾、顏色趨於牙黃的古磚，它們都注視過你的祖父、父親還有你本人。它們見過那麼多槐花開杏花落，哪能沒有點「靈」的東西呢？更何況，在北京這座元明清時期的帝都。

　　胡同是個生態系統，也是個立體空間，人、動物、植物，以及空氣、水源、火源都在此打包成一個氣場。現在在香山、頤和園裏還經常能看到松鼠、野兔，房山能看到猞猁——大山貓。它們偶爾也會在胡同裏出現。胡同裏的人更是什麼動物都養，在後院裏養雞、養豬、養鴨子，房頂上還能搭個鴿子棚。每一座四合院，每一間房子，都是存氣的氣場，都充滿了胡同中的生靈。

狐狸是美麗的

　　而眾多生靈中，最為傳奇的是狐狸。狐和狸本是兩個品種，狐是俗稱為狐狸了。胡同生活中裏很少見到狐狸，但凡有，大多是在傳說之中。

　　北京傳說最為鬧狐狸的地方，是什剎海畔的恭王府。恭王府在民國時人丁不旺，恭王爺奕訢的後代名士儒二爺（溥儒，即溥心畬），傼三爺（溥傼）昆仲都長住戒台寺，府裏頭草都長得老高。

　　恭王府分成住宅和花園兩部分，在花園的入口處有座西洋風格的門，進了門便是一片能走上去的假山石，上去便有一塊平台，上面用磚砌着雙

層帶筒瓦的神龕，供着下一上三四個牌位，分別是狐狸、蛇、刺蝟、黃鼠狼。傳說在月圓之夜，狐狸們會來到這片假山石上，對着月亮把腹內的「丹」吐出來再吞進去，吸收天地靈氣，日精月華。——古人相信，狐狸的體內有一顆忽紅忽白、一閃一浮、能大能小的「丹」，遠遠看去像個紅色的火球。狐狸如此修煉，五十歲就能變化成婦女；一百歲能變化成美女，並成為神巫，或變化成男人與女人交接，能知道千里以外的事情，能蠱惑人心。要是到了一千歲，就能夠與天地相通，成為天狐。類似的原理還有蛇。蛇的那顆「丹」就在它站起來的地方——蛇立着一部分身子游走，它身體翹起來的那個支點，那裏就是那顆丹。修煉的年頭越長，那蛇翹起來的部分就越長，匍匐在地面的身子也就越短，早晚有一天，當蛇像根棍子般站起來時，它就修煉成白素貞了。

老北京人對恭王府裏狐狸吐丹的故事深信不疑，更相信狐狸們平常會在胡同裏散居，指不定哪個宅門裏就鬧狐狸。比如宮裏頭，那必然是鬧狐仙，且在御花園裏的延暉閣供奉。宮外頭，那必然是在鼓樓。

鼓樓建於明代，大雪天站在樓上看四下裏成片的四合院，更是別有一番風味。古代每天開關城門，都是晨鐘暮鼓，晚上要在鼓樓上敲鼓。每天更夫敲完以後，把鼓槌隨手一扔，第二天會發現鼓槌肯定在鼓前的木頭架子上，據說這是狐仙幹的。因此有了講究，是更夫敲完最後一下鼓後，決不能回頭看，立刻扔下鼓槌就下樓了。

因為，狐狸有神通的，它能魅惑人。

狐狸魅惑人的歷史十分悠久且「可考」。從大禹塗山氏的神話，到《山海經》中的神獸想像，無不來源於此。早期的狐狸都是男狐，如晉代干寶的《搜神記》中就有《張華與墓前狐》等篇。狐狸會變成男人侵犯人的妻女，也會作為妖精四處搗亂，害人。唐代的狐狸有男有女，比例相當，白居易有一首名為《古塚狐——戒豔色也》的詩：「古塚狐，妖且老，化為婦人顏色好……」幾乎把狐狸與紅顏禍水論綁定在了一起。在清朝，狐狸直接成了「女妖」：《封神》《三遂平妖傳》《九尾狐》《狐狸緣》《聊齋》《閱微草堂筆記》……多得數不過來。民國時候名角兒男旦小楊月樓唱《封神

榜》裏的狐狸精，能在台上演妲己洗浴時脫衣服，一直脫到只剩一身比基尼，每脫一件都滿堂叫好。

在古人的臆想中，狐狸每修煉一千年，就會多長出一條尾巴，最終長到第九條，成為最厲害的九尾妖狐。狐狸的生殖器離尾巴比較近，九是單數的最大數，是至尊之數，符合古代諸侯的「九妃」原則。「九尾妖狐」的潛台詞，即狐狸有九個生殖器，它們一天到晚總在交配，因此狐狸最「淫」。而從生物學上講，動物的發情期有限，很多動物都是有成百上千次的交配才能懷孕生育。它們確實是會一天到晚都在交配，這不能人的標準來算。

最初，狐狸被儒家認為有三項獨家的美德。

一、它的顏色中庸，不偏不倚，符合古人心中的中庸之道；

二、它長得前小後大，頭小尾巴大，據說這象徵着尊卑有序；

三、狐死首丘，如果死在外面，它一定頭朝着自己洞穴的方向，被比喻為不忘本，不忘家鄉。

古人之所以把狐狸想像成淫蕩，多少還是因為狐狸是美麗的吧。就外表來看，狐狸確實有女性的妖嬈，所謂「紅顏禍水論」，大約是古人的嫉妒和狐狸的無辜躺槍吧。

後院裏的黃大仙

中國自古就有「狐（狐狸）」「黃（黃鼠狼）」「白（刺蝟）」「柳（蛇）」「灰（老鼠）」五大仙信仰，會給它們立上牌位來祭拜。還有一種叫拜「四大門」：狐狸為「胡門」，黃鼠狼為「黃門」，刺蝟為「白門」，蛇為「柳門」，也可把老鼠算上叫「五大門」。

最捉摸不透的是黃鼠狼，學名黃鼬，俗稱叫黃鼠狼子，狼發一音，唸lāng。

我們這片街道，是由很多條東西向的胡同組成。每兩個開門方向相反的院子便是背靠背：即這條胡同院子路南的後身，緊靠着下一條胡同路北

院子的後身，有時院子蓋得不規則，就會在彼此的後身之間空出一塊後院來，會堆上些木器、雜物，碎磚爛瓦、破銅爛鐵，以及安放空調機。

這一天，我在胡同裏家門口，一開門就見到了黃鼠狼。

那只黃鼠狼體型較小，身子極瘦，但腦袋不小，像一隻拉長了身子的松鼠。這玩意跑得真快，它是一跳一跳地，顛顛顛地跑，剛才還在馬路牙子上，轉眼到汽車底下，再一轉眼就消失了，想拍照都來不及，更別説去抓它（狼毫筆用的是黃鼠狼尾巴毛，不知怎麼抓的）。它身子土黃，臉是黑的，上面有層層的白圈，兩個眼睛光芒倍兒亮，盯着你往骨子裏看。

而當我轉身進家門，發現院子裏扔的一把破辦公椅上，不知從哪來了一堆碎骨頭，像是被動物吃剩的樣子。再當我進屋開打後窗，陽光照進來，猛然看到後院那些雜亂的木器當中，一隻小三角腦袋，瞪着兩個閃光的銅鈴看着我，一轉身就沒了。——是剛才那隻黃鼠狼，它怎麼進來的？

都説吱吱叫的黃鼠狼會攛雞，雞比黃鼠狼大出好幾號，但黃鼠狼能把雞趕到自己家裏，全家一起吃。黃鼠狼會模仿人的動作，站起來和人打招呼，不僅會騙人，還會潛入人家裏，能從空調管子裏鑽進鑽出。它們偷吃東西，咬人，據説還會放臭屁來燻人。不幾天後院就出現了一大群黃鼠狼，最多時能有七八隻。窗台上總出現它們的身影，不時傳來吱吱叫，和它們跳上跳下的咚咚聲。我幾乎能分出那幾隻黃鼠狼來，還給它們起了名字。它們夜晚視力也很好，就是死盯着我看，一點也不怕人的樣子。嚇得連最近在房頂上旅遊結婚的一對大肥貓都不見了。

家裏長輩趕緊説，打不得，那是黃大仙。

據説狐狸會抽煙喝酒，能醉倒在路邊；而黃鼠狼能上身——讓人抽羊角風、精神失常，在北京話裏叫「撞克」，即撞上什麼不乾淨的東西，中了邪了。據傳統的解釋，是仙家到人間救死扶傷但不能以原形現身，要附體在人身上，這樣的仙家叫出馬仙，是薩滿教文化的遺存。而被附體的人是會受罪的，因此讓人解除痛苦不再瘋癲，就要把仙家請走，還不能得罪它。

傳説中，黃鼠狼還會討口封，如果它修煉了一千年以後，會在修行成

的日子討口封。你哪天晚上下班回家，會看到一個戴着斗笠，拄着柺棍的老頭兒——自然是黃鼠狼變的，對你說：「你看我像什麼？」如果你說：「你像個人。」那麼它就會修煉成人，如果你不說，它就成不了人了。

在北京胡同的街角，過去有最為小型的供奉，有的會刮飭個木牌子，寫上黃大仙之位，有的乾脆在牆上貼個條。更有的是品字形擺上三塊磚，來當作一個最簡陋的小廟台，俗稱為「樓子」。這個樓子不能破壞，還要放點吃的喂黃鼠狼。如果誰傷害了黃鼠狼，這家人就要倒大楣。北京俗語中大人說孩子：「你又上街捅婁子（樓子）去了吧？」最初的含義是把供奉黃鼠狼的樓子給捅了，後來引申為幹了壞事。

以上皆是民間俗信，如今已經淡了很多，遠不如東北風氣濃重。而過去之所以如此信奉、崇拜這些生靈，首先是它們長相奇特且有象徵性。人們願意賦予它們各種神話——都長成這樣了，怎麼也得有點神通。清代時皇宮大內、胡同巷坊裏住的都是八旗子弟，認為五大仙是從東北「從龍入關」一起進的北京城，必然信奉。戲園子裏、街面兒上江湖人靠天吃飯，謀生艱難，更認為大仙能保佑自己，並對它們有各種稱呼，如狐狸叫胡三爺，黃鼠狼叫黃四爺，刺蝟叫白五爺，蛇叫柳七爺，老鼠叫灰八爺。另一種說法，是五大仙都象徵着財富和多子，狐狸的「淫」能聯想到多子，老鼠更能繁殖，打了五大仙就是破財、絕後。因此必然不敢打了。

京城還有管理大仙們的地方：東頂、南頂、西頂、北頂、中頂——五處娘娘廟，和妙峰山、丫髻山兩處更大的道教廟宇群等，都供奉碧霞元君，同時供五大仙或造個狐仙廟、狐仙堂。碧霞元君是泰山東嶽大帝的女兒，負責人們求子、求治眼病或婦科病。過去人得了青光眼、婦科病或懷不上孩子，都去娘娘廟燒香、拴娃娃，喝香灰水。而老娘娘們還兼管大仙，家裏有人生病，認為是鬧大仙鬧的，就去拜娘娘廟，不好使還可以焚表禱告上蒼，求老天爺幫忙管一管。這時能發現，道教中的神，歷代小說演義中的神，和民間信仰的神名稱一樣，卻是三個體系，不是一碼事。信眾為了所需而各種發明創造，以訛傳訛也就成了俗信。

胡同裏的人對於民間俗信的態度即矛盾又統一，既恐懼又曖昧。一方

面五大仙對人畜能咬人傷人，還怕它不衞生傳播疾病；但同樣，人們又不敢得罪它們，有事還要求它們保佑。不能得罪的便只好供上它。這是胡同人的俗信：混沌、實用、無邏輯、隨機應變，但又充滿生活的智慧。

而在生活中，黃鼠狼的「法力」是在論的：貓、蛇、老鼠怕黃鼠狼，黃鼠狼怕狗和大白鵝。有狗汪汪叫，有鵝嘎嘎叫，黃鼠狼就顛兒了。我們胡同真有一家養鵝的，早上起來在胡同裏溜鵝的。主人如果走的快了，大白鵝張開翅膀跟着搖搖擺擺地跑，煞是晨光中的一景。

請人家的大白鵝太麻煩了，乾脆，我瞅準後院裏的黃鼠狼都在的時候，衝着它們「汪汪汪」一通亂叫。改天再看，黃大仙真走了，再也不來了。

貓城記

北京是一座貓城。最初人們養貓是為了拿耗子，胡同裏若是有糧店或小飯館，那必然耗子成災。人們對耗子沒辦法，怕耗子是怕傳染病，打又怕惹着灰大仙，便只好靠貓來威懾了。

前文説狐是魅惑人的，黃鼠狼是能附身的，而貓是治癒人的。

胡同貓具有北京人的性格，拿自己當大爺。胡同裏多八旗子弟的後裔，有位蒙古八旗的後裔跟我説：「貓是佛爺的狗。」你會發現貓與人同行時，貓們滿臉嚴肅凝重，只管看路，而絕不會管人的存在。即便迎面遇上，也輕輕繞開，而不是悄悄地快跑，或遠遠看有人就藏起來。它們明目張膽地四處偷、搶、攔路要吃的，叼上房在一個固定的地方吃。胡同養貓特別容易丢，跑出去就不回來，或乾脆跟別的貓跑了。它們每天出家門都隨意跟房頂上的貓玩耍、吃飯、鬥毆和交配，有的人家不願意養母貓，因為不能保證下一代的品種。經常有貓來我家來敲門，要借宿兩天，接着又去街坊家借宿兩天，家裏沒人就乾脆睡房頂上、窗台上、院子裏任何堆放的磚頭上。

我住在一條東西向的胡同平房裏，躺在牀上一睜眼，就透過後窗看

到後房坡上有散步或旅遊結婚的貓。它們總是來偷窺我寫作。院子有塑膠板的頂棚，一聽外面，咚咚咚，那又是過大貓了。出屋子抬頭，能看到貓的四個小爪，以及它在上面耍尾巴。胡同裏人是二維，而貓是三維——能上窗台、樹或房，在房頂的每一塊陰陽瓦和瀝青地面之間自由切換。每逢冬季大雪的日子裏，天晴後上房，便可看到房上一串串彎曲的、一樣深淺的坑，那是貓的足跡。晴天的日子裏，它們最喜歡的是趴在房脊的蠍子尾上，把側臉直接貼在磚面上，四肢自然垂下，呼呼大睡，睡得那麼四置（北京話：四平八穩），舒坦。

過去養貓的觀念和現在不同，不是按照現在的品種，而是按一部清代咸豐年間的《貓苑》，來品評貓的種類、形象、毛色、名物等，據說這書輯錄了《相貓經》。貓的名字也很傳統：背上黑，四肢和肚腹白的叫「烏雲蓋雪」；只是四爪白的叫「四蹄踏雪」。黑尾巴的通常還叫「某某拖槍」：背上一塊黑色的叫「負印拖槍」，額上一團黑色的叫「掛印拖槍」，也有時叫「鞭打繡球」，叫着叫着就隨便起名了。

北京人過去是不買賣貓狗的，那是破產的象徵——窮到連自家貓狗都得賣了的地步，只是互相贈送，且以長毛的獅子貓、雌雄眼的波斯貓為貴，偏好白色、黃色，黑色及雜色就差一點了。一般會從小貓開始接養，在自家養大生了小貓以後再還回去一隻，更沒有吃貓肉狗肉的習慣。

過去還真有恨貓的。最恨貓的，當然是養魚的。

世界上為了花鳥魚蟲魔障的人，就屬北京最多。養金魚要在院子裏用大木盆或大缸養，放魚淺子裏，拿到屋裏觀賞，甚至還要倒缸培養新品種。而貓能在河岸邊伸爪子抓魚吃，在魚缸旁更不在話下。它是悄悄過去，瞅準了，伸爪子刀金魚——只刀一下，沒第二下。第一下刀不中，金魚就沉底溜了。

這家魚主人的魚正在配種，那幾天被貓伸手給刀了。倒是沒被刀走吃掉，而是在魚身上留下三道深深的抓痕，肉都翻起來了。魚主人比自己被開了膛還難受。魚主人買了籠子，設了機關，用市場買的貓魚設下了誘餌，沒想到逮住一隻外來的大黃貓。20 世紀 60 年代的人正缺油水，魚主

　　　　　　　　　　　　聲色之城：市井江湖稗官野史

人抽瘋之下把貓燉了，饞肉的人每人恨不得能分上一碗。魚主人心疼他的魚，但不知會不會想起被人吃掉的貓。

我上學時養過一隻三花兒小母貓，從小貓時開始養大，滿北京四處買羊肝，煮熟了剁碎了拌米飯餵它。它最愛吃火腿腸，不攔着能吃一大根。但火腿腸對貓而言太鹹了，每次只給它掰一小塊，它兩口就嚥了。

它會握手，能玩「你拍一、我拍一」，會開房門，會用馬桶，會叫你起牀，會看電視裏的枱球比賽，會趴到電視機上用爪夠球，會報復和報恩——報恩會叼來老鼠給你，報復會趁着你不注意，打你一下就跑。它非要上桌子時，我就用報紙捲個筒，抓過來輕輕地在腦門上拍一下（不真打）。這時，它把眼睛圓圓大大，鼻子扁扁，下彎着嘴巴，一臉受了欺負委屈得要哭的樣子。日久天長，我幾乎學會了貓語，能和它基本交流。你跟它合影，它寧死都不看鏡頭。如果你跟它開玩笑說我揍你，它會真害怕或傷心的。寫毛筆字時，貓在一旁盯着看，興致來了，用毛筆給貓畫了個小花臉。抱起貓看它的臉時，這就是一個三歲的孩子（狗也一樣）。

生活中自然會有傷了貓的時候，有一回，貓被烏龜咬了。

原來，家裏養的烏龜正縮頭午休，貓過去伸舌頭舔龜殼。可我早已給它們互相介紹，叫他們彼此成為好朋友，誰也不欺負誰。貓還不長記性。

烏龜伸頭出來，一口把貓鼻子咬住了。就聽貓「哇呀呀——」一聲京劇花臉般的怪叫，撲騰騰幾下，嘰裏咕嚕地滾到角落裏舔鼻子去了，都咬破了。

二八月的時候，每天房頂上有七八隻大公貓對它圍追堵截，我時不常地手持竹竿，上房施展「打貓棒法」——把大公貓們都轟走。可母貓還是懷孕了，也不知小貓它爸是誰。貓肚子一天比一天大，最終有一天，它衝着我嗷嗷大叫，像在嚴厲地呵斥、命令着你。

我連忙把貓籠子裏墊上幾層被子，放好水和貓糧。把籠子放到單獨的房間裏，它鑽了進去。我們關上門不再打擾它。我放學回家時，它已生下了五隻小貓。小貓都很小聲地叫着，閉着眼睛吃它的奶。而你一旦走進時，它立刻張開自己的雙手，鳥孵蛋一樣護着幼崽。樓房養貓可以不出

門，平房養貓必然關不住，很容易跑丟了。為了便於看護，五隻小貓我留下兩隻，一隻還給送來母貓的本家，另兩隻分別送朋友。可就這三隻剛送走，家裏就被來訪的胡同大爺一腳又踩死一隻。而送出的一位朋友家裏原有隻大貓，把我送的小貓吃得只剩一條腿了。我家最後一隻，長大後在一個黑夜裏露了一下頭，消失於胡同蒼茫的夜色中。

大貓身邊一隻小貓都沒有了，大貓很傷心。

來年的一天下午，我在胡同口發現了躺着站不起來的它，一隻後腿不斷地抽搐。它吃了被鼠藥毒死的老鼠，不行了。到了傍晚，它徹底閉上了眼睛。

從那以後，我得了嚴重的貓毛過敏，一沾貓就不停地打噴嚏流鼻涕加哮喘，甚至連養貓的人都接近不得。後來檢查，是身體在短期內先後兩次大量接觸貓毛，免疫系統誤判，是我的抗體把我幹掉了。這不是毛的問題，而是蛋白的問題，狗毛就沒關係。方法只有一個，與貓隔離。——也許算作我對貓照顧不周的懲罰吧。我再也沒能養過貓。那些一攥一大把貓的日子離我遠去了。

胡同裏的人有樸素的護生思想，這談不上什麼博愛平等，而是發自內心的善良。最極端的行善與不殺生，是連蒼蠅蚊子都不打，僅僅是轟走了事。貓不是食物、衣物、表演者、競賽者和工具，不是我的寵物，也不是我的陪伴者和取悅者。我們都生活在地球上，都一樣「天當被、地當牀」。地球上的水、食物和空氣一樣，本應當大家共用，不應有任何生物因凍餓而死，這是地球運營的最基本法則，否則便是逆天。我對它管吃管住，它只是我生命的同行者。

這便是胡同中的生靈，它們不是家養或野生的，而是與整條胡同、整片街區共生的。所有的地方都供它們居住，所有的人都餵它們，善待它們。它們原本是自然之子，先於我們生活在北京這片土地上，我們在這片土地上建造了城市，自然也要照顧好它們。

大佬：民國元老是實幹家

鴨子 6 元　　油雞 2 元 4 角

大鯽魚三條 1 元　　海參 8 角 5 分

海蜇 6 角 4 分　　豬肉 2 元

雞子二個 2 角 6 分　　冬筍 4 角

薏仁米 3 角　　蓮子 2 角 6 分

江米 3 角 6 分　　木耳 1 角 5 分

發菜 3 角　　白果 1 角

腐竹 3 角　　乾貝 3 角 5 分

栗子 2 角　　南薺 1 角 5 分.

鴨肝 4 角　　油酒 1 元 4 角

江米酒、江米麵、橘子四個共 1 元 9 角 4 分

黃酒一斤 8 角

　　這是在朱啟鈐的《存素堂賬目》中曾記載的一單置辦家宴時的菜譜，年代已不知曉。菜譜中有一些如薏仁米、鴨肝、白果等，多是不常吃的食材。而冬筍、蓮子、栗子、南薺、橘子、黃酒等，又有古名士的風雅。清末民初時，有幾大家的菜比較知名，有「段家菜」「任家菜」「王家菜」「大帥菜」「朱家菜」等等，段家是段祺瑞，任家是任國華，王家是王克敏，大帥是李鴻章，而朱家，是朱啟鈐，內斂典雅，不求奢華。

　　朱啟鈐（1872－1964），大人物。

　　朱啟鈐字桂辛，晚年號蠖公，人們稱他桂老，高壽 93 歲。為「五朝元老」：晚清、北洋政府、國民黨政府、日偽時期、新中國。身兼「數家」：

政治家、社會活動家、建築專家、實業家、工藝美術家。他最高官職做到北洋政府代理總理、內務總長、交通總長，曾因支持袁世凱而遭受通緝，也曾在新中國成立受到尊重。梁思成和林徽因考察古建而名聲大噪，而這個考察古建的組織——營造學社，是朱啟鈐發起，他是幕後真正的主持人。

交通系的大佬

朱啟鈐的籍貫是貴州開州（今開陽），生於河南信陽，據家譜記載，他祖上是從江西婺源茶苑遷到貴州。父親叫朱慶墉，師從貴州的名儒傅壽彤，並娶了傅壽彤的女兒。傅壽彤是咸豐三年的進士，翰林院庶吉士，因軍功被授以檢討的職位，官至河南按察使。一家人就投奔老丈人去了。三歲時，父親回貴州鄉試，不幸溺水而亡。朱啟鈐被姥爺傅壽彤撫養着，並隨母親去的湖南長沙，開始讀書。他的姨夫是遜清軍機大臣瞿鴻機。瞿鴻機在四川做官，把 23 歲的朱啟鈐帶在身邊。他如同舊式的文人一樣，入了瞿鴻機的幕府，負責水政、交通等的實務，多是去疏通水路、炸掉礁石之類。他十分敬業，做事迅速、細緻。身為實幹家，這些都是小試鋒芒。

瞿鴻機和張百熙一起受到榮祿的提拔去了北京。與瞿鴻機暗鬥不休的袁世凱為了牽制政敵，也一直在重用他，使他夾在總統和姨夫之間左右兩難。不過老袁不是做事很絕的人，瞿鴻機倒台了，他也就不當回事了。等老袁倒台後，他還被作為「袁黨」受到通緝。徐世昌仍重用他。朱啟鈐過人的實業能力，使得他做了交通總長。

朱啟鈐被後世詬病的地方，在於袁世凱要當皇帝，當皇帝就要有龍袍。張勛從上海花五百大洋給袁世凱定製了一套，袁世凱覺得不好。此時朱啟鈐是洪憲皇帝登基大典籌備處處長，他向瑞蚨祥定製了兩襲號稱價值四十萬的龍袍，把張勛的比沒了。朱啟鈐一如既往地敬業，為此吃了瓜撈兒。

有張很有範兒的老照片，是袁世凱居中，他的左手是張百熙，右手是朱啟鈐，一起身着清代官服，在 1903 年拍的，能看出朱啟鈐年輕時很精神。而袁大總統的個頭確實不高。

重整北京城

在北京，朱啟鈐管理過譯學館、京師大學堂、員警廳等機構。用現在的話來說，是做過北京市警察局局長，創立了新式的員警制度，當時的員警是安全、交通、消防、衞生、社保、救濟⋯⋯什麼都管。還兼任京城習藝所的總監，習藝所負責犯人和盲流的再就業培訓，是十分人道的新政。給習藝所撥來的米是被火燒過的次等米，為此朱啟鈐上了諮文，必須給好米，不能將犯人和盲流當次等公民對待。

朱啟鈐經常去視察，他瞭解北京的大街小巷，北京城怎麼設計的，水怎麼走的，他都懂。在清朝，北京城的東城區和西城區幾乎隔絕，要從東邊到西邊，前門那裏有甕城，也過不去；東單牌樓到西單牌樓是不能直接走的，長安街上的天安門還不是廣場，是千步廊；五四大街到北海前門上的金鰲玉蝀橋也不能走，因為北海和中南海都是皇家禁地；平安大街上是皇城城根，也不能走；只能走前門外、地安門外或鑽胡同，而很不方便。

朱啟鈐要好好修整一下北京城，當時前門一帶交通堵塞十分嚴重，為此他主張拆掉前門的甕城，得到了袁世凱的批准，還做了一把很大的銀製鎬頭（也可叫斧子），是硬木的把兒，上面寫着「內務朱總長啟鈐奉大總統命令修改正陽門，朱總長爰於一千九百一十五年六月十六日用此器拆去舊城第一磚，俾交通永便。」他用這把鎬頭主持了開工儀式，打通了前三門大街，並修建了北京的環城鐵路；他拆了一部分千步廊，保留了長安左門、長安右門和中華門，填平了南池子、北池子、南河沿，在路口修了拱門並提了字；又修了王府井大街。

藉此機會，朱啟鈐重新裝修了前門箭樓，採用了德國建築師羅斯凱格爾的設計方案，在箭樓上增加了漢白玉的欄杆和華蓋，箭樓窗子上增加了弧形的遮蓋。以前箭樓上窗子總共是 86 孔，朱啟鈐給側後面兩側各開了四個箭窗，一共變成 94 孔了。他還把前門大柵欄改成了單行道，從大柵欄進，從珠寶市出，有一次是肅親王善耆的福晉違法，也被罰款十元。這件事在當時的筆記、時任北京外城巡警總廳僉事許世英的回憶錄，和曹聚

仁的《聽濤室人物譚・悼念朱啟鈐老人》中都記載過，可謂是開了中國現代化城市法規的先河。

由於這項政績，朱啟鈐當了交通總長，主管全國的交通。也有種説法，是此先河一開，導致北京古城被拆除殆盡，朱啟鈐是反對把北京整個拆掉的。新中國成立以後，人民政府擴建天安門廣場，朱啟鈐特意提出，周邊不要修建高於天安門城樓的建築，可以拆花牆但不要拆三座門，天安門前西邊的華表在庚子年時被打壞過，底座是用鋼箍加固的，移動時要特別注意保護等。連這些細節，都替後人想到了。

再有的，是把社稷壇改為了北京第一個公園——中山公園（時名中央公園）。公園是由董事會去經營，並建造了來金雨軒。建造公園是沒有錢的，朱啟鈐四處活動，向社會募捐，第一次募捐得到 4.2 萬餘元，並在 1914 年 10 月 10 日向民眾開放。朱啟鈐寫了篇《中央公園記》，請名流孟錫玨手書，勒石立碑於公園門口，可惜毀於「文革」。他還在把北京的天壇、先農壇、文廟、國子監、黃寺、雍和宮、北海、景山、頤和園、玉泉山、湯山等名勝古跡修葺保護，向公眾開放，還在承德的避暑山莊建立第一所博物館古物陳列所，收藏文物 20 餘萬件等。

這人真是少有的實幹家。

營造學社的幕後總督

朱啟鈐辭去政界的職務後，感到中國古建保護和承傳的重要。清代的皇家建築，多是樣式雷家族所修建的。民國以來，樣式雷沒了生計，開始變賣皇家建築的設計圖稿。朱啟鈐知道後，聯繫北平圖書館、中法大學等機構去買，買着買着就買不起了，被私人收藏家和外國人買走了不少，還有一部分留在樣式雷家裏，後毀於「文革」。大多數圖稿還是留下來了。因此上，他私人出資，於 1930 年創辦了中國營造學社。

朱啟鈐在《營造學社開會詞》裏寫道：「……研求營造學，非通全部文化史不可。而欲通文化史，非研求實質之營造不可。」成立營造學社，

不僅是為了保存史料，更要藉此將中國文化的歷史梳理一下。梳理各個學科的歷史，是「縱剖」；在各個地域之間橫跨着研究，是「橫斷」，縱橫之間要結合起來。

他召集了好多人，有建築師楊廷寶、趙深，史學家陳垣、瞿兌之（瞿鴻禨之子，朱啟鈐表弟），地質學家李四光，考古學家李濟，建築學家梁思成、林徽因夫婦等，當時的王世襄是助理，羅哲文是繪圖員，後來都成了文物大家。大多數時間，營造學社的辦公地點，就是在朱啟鈐在北京的私宅。

抗戰期間，營造學社遷往西南，在四川、雲南等地艱難地開展工作。當北平淪陷後，朱啟鈐擔心無情的戰爭會毀掉這座七百年的古都，他特意請了梁思成的學生張鎛，在四十年代把北平的主要建築一一測繪，張鎛參加了天安門廣場的設計，這是後話。

營造學社硬挺了十餘年，於 1946 年併入清華大學建築系，全盛時期不過七年半。時間不長，學術成就巨大。看朱啟鈐所寫的營造學社 1932 年上半年工作報告，「實物調查」有：寶坻廣濟寺三大士殿、北平智化寺、杭州六和塔之雕刻；「古建築之修葺計畫」有：北平故宮文淵閣、北平內城東南角樓、故宮南薰殿；「古籍之整理」有：《工程做法則例》《營造法式》、姚氏《營造法原》之整理，刊行《梓人遺制》；「史料文獻之搜集」有：《明北京宮苑圖考》《哲匠錄》《中國建築史料》⋯⋯其中的宋代李誡的《營造法式》，是朱啟鈐於 1919 年在江南圖書館意外發現的，隨後整理刊刻，並成為營造學社起名的由來。

營造學社一共走訪了 11 個省份，一百多個縣，測量了幾千座古建築。他們出去考察，每到一地，都是興師動眾，人員眾多，幾乎要將整個村都包下來，人吃馬餵的，開銷巨大。每個人都恨不得有萊卡那樣的高級相機，照片拍攝可以不計算膠捲，這很難做到。朱啟鈐耗盡了家財，甚至靠變賣文物為生。這些資料最後都給了清華大學，清華大學的建築系就是靠這個起家。梁思成、林徽因到建築系做教授，也是因為這批資料。

1949 年前夕，朱啟鈐寓居上海，章士釗給他寫信，勸他留在大陸參加政協。他還是中興輪船公司的董事長，在新中國剛一成立，他把公司裏

已到了香港的九條輪船，招回來獻給國家，支持海運，同時將自己的 56
件文物捐獻國家。這 56 件文物來自明朝的岐陽王、朱元璋的外甥李文忠
的世家，有朱元璋的手跡、張三豐的畫像等，十分罕見。

關於「趙四風流朱五狂」

朱啟鈐為人嚴肅而本分，他不抽大煙、不賭博、不納妾、不苟言笑，
宴飲娛樂很有節制，但他子女眾多，都是社會上風姿豔麗的名流，保不齊
落入小報記者之手了。

朱啟鈐與原配夫人陳光璣、繼室夫人于寶珊共生了有五子十女，女兒
中成人了八個，號稱「八鳳」。

「八鳳」之中，最為出名的是朱三小姐和朱五小姐，三小姐先嫁給了
一位毛先生，離婚後又與福建人嚴南璋結婚；五小姐嫁了張學良祕書朱
光沐。朱三小姐長得太漂亮了，追求者甚多，她出了個辦法，誰能跑步
追上她的汽車就嫁給誰（朱啟鈐本身就喜歡汽車），然後就見大街上，
她開着車在前面跑，一大群男人在大街上追着她的車飛跑，一個像劉翔
一樣快速的姓毛的人抱得美人歸。上海的《時報》登了一首諷刺朱三小
姐的竹枝詞：

> 欲把東亞變西歐，
> 到處聞人說自由。
> 一輛汽車燈市口，
> 朱三小姐出風頭。

為此，朱啟鈐受到了輿論批評，而朱三小姐的婚姻也不幸福，她的出
名是因為結婚離婚，她跟那位「飛毛腿」結婚一年就離了。

而朱五小姐，是被馬君武寫進詩中了。

1931 年 11 月 20 日，上海《時事新報》登了廣西大學校長馬君武的打
油詩，題目叫《馬君武感時近作》：

趙四風流朱五狂，

翩翩蝴蝶最當行。

溫柔鄉是英雄塚，

哪管東師入瀋陽。

趙四是趙四小姐，朱五是朱五小姐。朱五小姐美貌，夫婿是張學良副官朱光沐，自然會成為懷疑對象。朱光沐北大畢業，官一直做得不小，夫婦倆對時局一點也不糊塗。馬君武罵張學良不抵抗，朱五小姐有點躺着中槍。少帥風流，不敢染指朱啟鈴的千金。在一次宴會上，朱五小姐特意去見了馬君武，直接說：「我就是朱五。」急脾氣的馬君武很尷尬。

新中國成立以後，朱五小姐去了香港，朱十小姐去了台灣，周總理三次到過東四八條的朱家，通過朱家親戚給身陷囹圄的少帥傳話，朱家是沒少做統戰工作。

朱啟鈴的公子朱海北與馬連良交情莫逆，曾隨馬老闆學過戲。他送馬連良一把寶劍，就是馬連良在電影《借東風》裏用的那把。他在「文革」以後，寫了一些回憶文章。有人說他拜了馬連良，其實他跟馬連良亦師亦友，能論哥們。聽說有一次出來玩，他挎着馬連良媳婦，馬連良挎着他媳婦，不分彼此。

而張學良，他晚年對此耿耿於懷，覺得委屈。

北洋實幹家

受清末實業派的影響，朱啟鈴重文學辭章，更重實際工作。直到晚年，他仍每天看好幾種報紙，並提出內參的字號要大，要讓老先生們都能看。他見了周總理，第一句話就是：「蘇聯的衛星上了天」，隨後又表示出對文字改革和火葬的不解。後代中有學文藝的，他並不以為然。

他留下的著作，有《蠖園文存》《存素堂絲繡錄》《女紅傳徵略》《絲繡筆記》《芋香錄詩》《清內府刻絲書畫考》《清內府刺繡書畫考》《漆書》等，都是講究實務。張謇辦了實業，可畢竟以南通為主，最終破產；榮德

生、范旭東、盧作孚等實業很成功，但沒做過官；退出政壇而興辦實業的成功者，非朱啟鈐莫屬了。胡適先生在 1922 年 8 月 5 日的日記中寫了一段話，是他對朱啟鈐的充分肯定：「他（朱啟鈐）是近十年內的第一個能吏，勤於所事；現在他辦中興公司，每日按時到辦公室，從不誤事。交通系的重要分子，以天資的聰明論，自然要推葉恭綽；以辦事的真才論，沒有可以比朱啟鈐的。」

朱啟鈐在天津、北戴河都有宅子，他在北京的舊居有兩處，一處位於趙堂子胡同，另一處位於東四八條。趙堂子這處是由一條貫穿南北的走廊分成東西兩部，和傳統四合院一點也不一樣，是朱啟鈐自己設計的。這樣的佈局絕無僅有，只此一家。抗戰勝利後，這座宅院被軍方佔據，全家只得搬入東四八條。東四八條這處，後院住的就是他相處六十年的老友章士釗。這老哥兒倆互相串串門，在滿院的花草中閒話敍舊，定是別有一番感觸了。朱啟鈐去世後葬在了八寶山革命公墓，但他生前曾選擇北戴河的蓮峰山的朱家墳（朱家家族墓）作為萬年吉地，如今此處是衣冠塚，立了朱啟鈐銅像。

翻回頭來看歷史，朱啟鈐堪稱一代完人，他在歷史需要時登場，在安享晚年後退場，除了早年的政見，沒有什麼被人詬病之處。做人、做官、做事業，都幹到這個程度，沒得挑。若是多幾個這樣的人，會給國家留下更多的好處。

史官：一位民國「史官」的居京日常

　　民國學者瞿宣穎（1894－1973）是有「善化相國」之稱的晚清重臣瞿鴻禨（1850－1918）幼子，在他八十年的歲月中，除了長沙故宅以外，最主要居住地是北京和上海。在北京，他從 13 歲起進了京師譯學館，精通英文，並學習德文、法文；畢業後去上海讀聖約翰大學、復旦大學，再畢業後北上謀職。1920 年，27 歲的瞿宣穎進入北洋政府，1946 年歸滬獨居，直至 1973 年死於提籃橋獄中，此間的傳奇，足夠做一篇《瞿宣穎的京滬雙城記》。

　　他早年居滬時用文言寫作，署名瞿宣穎；壯年居北平時，使用瞿宣穎、瞿兌之、銖庵、瞿益鍇等若干筆名，用文言、半文言寫到白話寫作；後半生回到上海，寫作時署名瞿蛻園。至今人們尚不易分清那麼多筆名其實是他一人，因為他同時做了若干方向的學術和文章。

　　而最終成就瞿宣穎史學家、掌故學家的地方，是北京。他躍然紙上的北京，可分為文言、白話兩部分，編成兩部大書。

北平史官

　　瞿宣穎早年在滬通過張元濟到商務印書館學習，去京後輔助章士釗編輯《甲寅周刊》，並在其上發表了《文體說》《代議非易案書後》。自己開過廣業書社、主編（總編）過《華北》月刊、《國立華北編譯館館刊》、《中和》月刊，名列眾多雜誌、叢書編委，眾多詩社社賓，眾多學術機構的發起人和工作主力，眾多學會會員。

他曾擔任北洋政府的若干官職，而說他是「史官」，是因為他曾擔任以下三個職位：政事堂（國務院）印鑄局局長、國史編纂處處長、河北省通志館館長。參照各處的官制簡章，現將職責簡述如下：

國務院印鑄局：「專職承造官用文書、票券、勛章、徽章、印信、關防、圖記及刊刻政府公報、法令全書、官版書籍。」

國務院國史編纂處：「纂輯民國史和歷代通史，並儲藏關於歷史的一切材料。」

河北省通志館：「向各地徵集志料，編纂《河北省通志稿》，並要求各地編纂志書。」

擔任過這三處的長官，能堪比古代的史官了。具體而言，瞿宣穎從史料的採集、編輯、教學，到校訂、出版，都親自幹過，都管理過。

身為史官，為國存史；私人治學，為家存史。他在《南開大學周刊》1928 年 11 月 26 日第七十二期，發表了《設立天津史料採輯委員會之建議》，提出：「著者在近六七年間，着手搜輯舊京史料。除自著短篇《北京建置談薈》以外，都以資料浩繁，不暇整理，不敢輕言成書⋯⋯ 其時得有官廳的助力，頗得許多珍貴的資料，預計一年以後妥可有一部極翔實的新著問世。然而，政府長官更迭，原議停頓，此種私願也無從實現了。」可見他參考工作中的史料來治學，用私人治學來補官方之缺，並希望人人都有保存史料的意識。可惜此處所指的那部「極翔實的新著」則無從問世了。

他認為：「吾國人於字畫則知珍重，於史料則不甚顧惜，其毀於無知者之手蓋不知若干矣。」而在《設立天津史料採輯委員會之建議》中，他說：「我們所注意的不單是古代的歷史，更要注意現代的歷史，並且要準備未來的歷史。」

何以是「未來的歷史」呢？他在 1945 年所寫有關《中和》月刊的《五年之回顧》：「誠以人事靡常，零篇墜簡，一旦澌滅，良可痛惜。得一刊物為之傳載，即不啻多寫副本，或幸如羊祜之碑，一沉漢水，一置峴首，終有一傳耳。」而與此觀念不大相同的，是與他的三代世交陳寅恪。陳寅恪

始終不研究近代史，直至晚年，才在已部分散佚的《寒柳堂記夢未定稿》中談一點家事。

與此相符的，是瞿宣穎熱心於參與各種學術組織。七七事變以後，北京古學院成立於北海的團城，於 1946 年 8 月裁撤。由江朝宗擔任院長、張燕卿擔任副院長，瞿宣穎與吳廷燮、葉爾衡、田步蟾、周肇祥、王養怡、胡鈞、郭則濂等為常務，所參與者皆為一時名士。學院創辦了《古學叢刊》《課藝匯選》，仍舊使用文言文，每一期都請人題寫刊名。瞿宣穎從第 1 至 5 期，連續在其中的《文錄》欄目發表文章，並且參與搜集了眾多前人未刊的書稿，由郭則濂編印了《敬躋堂叢書》。

他對官方的學術機構盡職盡責，且有着很強的期待。在《文化機關的責任》一文中寫道：「凡是負責經營文化事業的人，應該忘懷於一時的政治現象，而竭力發揮所謂為學術求學術的精神。說一句充類至盡的話：縱使國亡，而我們的事業卻不可以中斷。因為我們的事業實在是國家復興的基礎。」

如果官方機構不夠完備，他會加入別人組織的學社，如他參與由表兄朱啟鈐創辦的中國營造學社並編纂史料，所著《明歧陽王世家文物紀略》由中國營造學社出版。而《中國營造學社匯刊》是請他的母親傅太夫人題寫刊名，署名：婉漪。就在參與古學院的同時，瞿宣穎在自己家中還成立一個學社——國學補修社，參與者除他自己，還有徐一士、謝國楨、柯昌泗、孫念希、劉盼遂、孫海波等，聚會多是在瞿宣穎的半畝園。由大家輪番講授國學知識，他把自己所講的授課筆記整理為《修齋記學》，連載於《中和》月刊，並印成線裝鉛印本出版。

士大夫自由結社琴棋書畫、交遊論學的思路，是他家中世代的生活方式，他不會改變這種方式。

愛它就為它編方志

民國時熱愛北平的文人大有人在，瞿宣穎的熱愛遠不止寫幾篇舊京夢

華錄，而是把職業前途都用在熱愛上。鑒於北平歷代方志都不夠完備，應該編纂一部當下的志書。他想給北京做地方志。他在《國史與地方史》一文中說：「我們現在固然要一部極好的國史，尤其先要有幾部極好的地方史。」地方史不僅作為鄉土教材培養人們熱愛家鄉，更是國史的一部分，愛鄉便是愛國。

而他與此相關的職位，是在天津擔任河北省通志館館長，主持編纂《河北通志稿》；並就編纂事宜與王重民、傅振倫等學者通信，也曾擔任上海市通志館籌備委員會專任委員，負責上海通志館的籌備。就私人治學上，他在天津方志收藏家任鳳苞的天春園中飽覽上千部方志，著有《方志考稿》《志例叢話》等。不論是風俗制度史還是方志學，都埋藏治掌故學的重要史料。這些，都是他為北平編纂史志的準備。

而具體工作，他是先後兩次通過不同的學術機構，以及他在機構中擔任的職位來實行的。

1929 年 9 月，國民黨元老李煜瀛（李石曾）倡議成立國立北平研究院並擔任院長，這是個相當於中央研究院的學術機構，是現在中國科學院的前身。北平研究院下分若干研究會，也有院士制度，叫作「會員」，一共有九十位。瞿宣穎是史學研究會會員之一，地點位於中南海懷仁堂西四所。史學研究會有眾多學術項目，首當其衝者是編纂《北平志》，為此還創辦了《北平》雜誌。

也許是學術帶來的興奮，瞿宣穎率先拿出了《北平志編纂通例》《北平志編纂要點》，列出《北平志》要分為六略：一、《疆理略》；二、《營建略》；三、《經政略》；四、《民物志》；五、《風俗略》；六《文獻志》，算是定了個體例的初稿。又乾脆自己編了本《北平史表長編》，都發表在《北平》雜誌上。但這部《長編》限於寫作條件，他並不滿意，也曾受到過其他學者的議論，晚年時還對弟子俞汝捷談起過，很遺憾沒有再版修訂的機會了。後來因為抗戰，《北平志》的編纂工作被迫停止了。《北平》雜誌只出版了兩期。

另一次是到了四十年代，由民國時清史館總纂吳廷燮主持編纂《北

京市志稿》。這部大書共有 400 萬字，直至 1998 年才由北京燕山出版社出版。這一次瞿宣穎擔任分纂，親自編纂《北京市志稿》的《前事志》，「採用編年體，為上古至民國二十七年的北京大事記」。《前事志》原八卷，可惜如今僅存《清上》一卷了。

此時北洋政府的各大機構，官員工資並不低，公務相對清閒，不少人再兼幾個閒差，或到大學裏教書，有的月收入能達上千元。魯迅、胡適等人都買得起房子，以保證學術和生活的體面。而街面兒上的員警或「駱駝祥子」月薪 6 元，租一套十幾間房的三進四合院不過幾十元，而全買下來需要近千元。此時的北平有古典的遺韻尚無現代化的破壞，有南方的秀麗且有北方的壯美，有皇城府邸的尊貴又有市井小民的竊喜；有廉價的飯食書籍尚無過多的機構冗員，有政府的高工資尚無政治的高壓。瞿宣穎的生活，理應十分滋潤。

然而，這位史官的居京生活是樸實的。父親瞿鴻禨不大愛吃肉，多以素食為主，瞿宣穎也受此影響，並不是位老饕。他懂美食和生活品質，作有《北平歷史上之酒樓廣和居》《北京味兒》等文，不論是寫涮羊肉還是譚家菜的魚翅，皆得其中三昧（當然現在不該吃魚翅了）。但他並沒有過分追求，只是從小生活水準較高。他筆下的北平，是「麵食與蔬菜隨處可買，幾個銅子的燒餅、小米稀飯、一小碟醬蘿蔔，既適口又衛生……藍布大褂上街，是絕不至於遭白眼的。」至於梨園鼓吹、鬥雞走狗、聲色犬馬，則沒什麼興趣。他寫過篇《記城南》，但他不熱衷於逛天橋看打把式賣藝。誠然，平民娛樂也絕非低人一等，能如王世襄寫架鷹、唐魯孫寫美食、張次溪寫梨園、連闊如寫江湖買賣道兒上「金皮彩掛評團調柳」的人更為金貴。瞿宣穎並非不懂這些，也偶爾會談及一點，但學術興趣並不在此。這一點上他很像周作人，僅以故紙堆自娛。

因此瞿宣穎的掌故不集中在吃喝玩樂、風土人情，而是將歷史事件、歷代典章信手拈來，本質上是在寫政治制度和風俗制度；更本質上，則是他史學研究和編方志的副產品。今人的「豆腐塊」味道不如前人，是因為只有副產品，而缺少治學的主幹。

故都之愛

　　儘管瞿宣穎在北京住過很多地方，如他住過北池子，住過東四前拐棒胡同十七號，1924 年其時寓所已遷黃瓦門織染局六號，在京郊住過香山碧雲寺。而他住得最久的地方，是位於弓弦胡同內的牛排子胡同 1 號的半畝園東部，現在屬黃米胡同。

　　這所不小的宅院是瞿鴻禨時代置辦下的，原先是《鴻雪因緣圖記》的作者、江南河道總督完顏麟慶（1791 - 1846）的故居，東部為住宅，西部為花園。瞿家所買的是東部住宅部分。瞿宣穎讀書求學，並生兒育女，直至兒子在這裏結婚，孫子在這裏出生，並最終與妻子離婚，並單人於 1946 年赴上海（家人在 1948 年去上海），後陸續將半畝園賣出。他寫過《故園志》，請齊白石畫《超覽樓襖集圖》。長沙故宅中有兩株海棠，而黃米胡同宅中仍有兩株海棠，他請黃賓虹繪《後雙海棠閣圖》，並請郭則澐、黃懋謙、傅增湘、夏孫桐等題詩《為兌之題雙海棠閣圖卷》。

　　他是《人間世》《宇宙風》雜誌的作者，《旅行雜誌》、《申報》月刊、《申報・每周增刊》也是他的發稿陣地，對於北平，他有太多的話想說，且把一切讚美之詞留給了北平。他寫道：「我是沉迷而篤戀故都的一人。」「舒適的天然環境，實是最值得留戀的。」「要找任何一類的朋友都可以找得着的。」「北平有的是房屋與地皮，所以住最不成問題……生活從容，神恬氣靜……」他認為北平如果以西元 938 年遼太宗定幽州為南京，到 1938 年已經是建都一千年了。作為千年故都，北平必應當隆重慶祝，大書特書，且需要整理的學術遺產太多了。

　　《宇宙風》在 1936 年第 19、20、21 期，出過三期《北平特輯》，每輯都是名篇輩出。第 19 期前四篇文章為：周作人的《北平的好壞》（署名：知堂）、老舍的《想北平》、廢名的《北平通信》、瞿宣穎的《北遊錄話》（署名：銖庵）。《北遊錄話》採用銖庵（作者自己）、春痕（摯友劉麟生）二人對話體的形式，分成十章連載十期，寫銖庵帶着春痕遊覽並談論北京。而第十章《北平的命運》從未來發展的角度，表達出瞿宣穎對抗戰前北平

命運的擔憂。在他心中，北平不只是文化古城，更是近代學術的中心，自古以來有着士大夫自由講學的傳統。而面對日本的侵略，「以此為中國復興之朕兆，亦未可知啊！」這三期特輯的文章被陶亢德編成一本《北平一顧》出版。也許是《北遊錄話》太長，並未收錄。

瞿宣穎喜歡實地考察和旅行，他熱愛地方風物，每到一處都要走訪文物古跡，恨不得立刻研究當地風土。他為張次溪《雙肇樓叢書》作序稱，張次溪研究北京能「親歷閭巷，訪求舊聞」，他自己也是如此。他寫有《燕都覽古詩話》，每一處景觀作一首舊體詩，並引用舊京古籍講解論述。京城的中山公園、什利海是他與友人遊覽、品茶的地方。故宮、皇城還是各皇家建築，他都曾親赴考察，並感慨大量清宮中沒有算作文物的日常生活用品，都已殘破丟失（這在當時人眼中不算文物）。他贊同朱啟鈐修改北京的前門樓子，認為這是成功的、現代化的修繕。而到 1924 年前後，市政公所幾乎拆光了北京原有 13 公里的皇城城牆，他對此大為遺憾。皇城城牆今天只剩下 1900 米了。

京郊各個旅行勝地，昌平的湯山鎮、延慶八達嶺、房山的上方山、京西的三山五園，直至潭柘寺⋯⋯都留下他的足跡，寫有舊體詩或遊記文章。至於京外，他遊覽定縣，做《古中山記》；赴廣東執教於學海書院，做《粵行十劄》；遊覽大同，做《大同雲岡石窟志略》。他希望南開大學設立一個機構，用以搜集天津地方史料，為將來做《天津志》做準備。而那些旅行之地，成了他考據的現場。

任何一個地方，要接續上它的歷史，就要掌握此地歷代先賢的著作。瞿宣穎極為熟悉舊京古籍和歷代名家日記，如《日下舊聞考》《天咫偶聞》《故宮遺錄》等，輯錄、整理、出版了不少。他根據翁同龢的《翁文恭公日記》、李慈銘的《越縵堂日記》、王闓運的《湘綺樓日記》等，輯錄出《同光間燕都掌故輯略》，撰寫了《北京建置談薈》《從北京之沿革觀察中國建築之進化》等長文，編輯出版了《北京歷史風土叢書》第一輯：共有《京師偶記》（柴桑）、《燕京雜記》（佚名）、《日下尊聞錄》（佚名）、《藤陰雜記》（戴璐）、《北京建置談薈》五部書。前四部是清人所著，而第五

本是他自撰。這套書他請史學家陳垣作序，並由梁啟超來題籤。他在致陳垣的書信中說：「《北京建置談薈》，則穎所自撰也，書雖不足觀，以供普通人流覽，稍稍傳播愛護史跡之觀念，未為不可用也。」（《陳垣往來書信集》兌之致陳垣書第二通）此書由廣業書社出過石印、線裝鉛印兩版，而這個書社還出版了一套《明清珍本小說集》，以及瞿宣穎編著的《時代文錄》上下兩冊，《漢代風俗制度史》等。廣業書社位於牛排子胡同 1 號，就是瞿宣穎的家──他自己辦的出版社。

他寫了大量的舊京掌故結集為《故都聞見錄》《北夢錄》等。掌故既是文章的內容，又是一種近似於古代筆記的、半文半白文體。他研究舊京有自己的體系，想建立現代化的掌故學。而這種文體在新中國成立後日趨白話。晚年時，他在上海以瞿蛻園為筆名，給《新民晚報》《文匯報》《大公報》等寫了不少舊京掌故的白話文，能讀出他用文言思考，再落筆為白話的。那些豆腐塊他往往一蹴而就，一刻鐘寫完，至今讀來妙趣橫生。

序而刊之

文人幾乎是一半寫一半社交。瞿宣穎朋友極多，且他的社交也能分成幾撥人。

一撥人，是他先天的親友。瞿家與遜清官員有着盤根錯節的同僚、姻親關係，後裔們時常走動。也包括他幼年時師從王闓運、王先謙，少年時京師大學堂譯學館，青年時讀上海聖約翰大學、復旦大學的同學。這撥人更多的是結社雅集，詩詞唱和。傳統詩社多是以家族、姻親的形式結合在一起。比如他與連襟張其鍠、卓定謀，表兄朱啟鈐，姨夫黃國瑾，湘學同門齊白石，譯學館時的好友黃濬，聖約翰大學時的好友劉麟生、方孝岳、蔡正華，以及舊名士溥心畬、李釋戡、夏仁虎、冒鶴亭、傅增湘、章士釗、郭則澐、羅惇曧、黃懋謙、夏孫桐等。

另一撥人，是不左不右、偏於中庸的文史作家。如《宇宙風》《古今》

《逸經》《越風》《天地》《新民》《文史》《雜誌》……包括《古今》主辦人朱樸、《逸經》主編謝興堯、《文史》主編金性堯……以及各自的作者群。這裏除了周作人，幾乎都是文學史上的失蹤者。在《周作人日記》中，曾有多次寫瞿宣穎前來拜訪。他為周作人的代表作《日本之再認識》，寫過一篇《讀〈日本之再認識〉》的評論，並為其《名人書簡鈔存》寫了數百字的按語。

仔細想來，這兩撥人多有交集，本質上是知識結構和趣味點近似的同一撥人，更像年齡斷層的兩邊。舊名士們的輩分更長，文章更偏於文言。他們都成為瞿宣穎主編的《中和》月刊的作者。

《中和》月刊被瞿宣穎恢復成雜誌的本意：「雜的誌」。雜誌沒有編輯部成員名單，卷首語、編者按都署「編者、編輯部」，很多都是瞿宣穎親自寫的。凡是發現了未刊的名家手劄、史料整理、新穎史論會立刻刊登，形成周作人、錢稻孫、徐一士、孫海波、柯昌泗、謝國楨、謝興堯、傅芸子、傅增湘、俞陛雲、周黎庵、金性堯、陳慎言、孫作雲、張次溪等掌故、民俗學家的混合陣營。一時間，郭則澐在此連載《庚子詩鑒》《紅樓真夢》，徐一士連載《近代筆記過眼錄》，蔣尊禕連載《天治》；瞿宣穎自己連載《養和室隨筆》《燕都覽古詩話》《方志餘記》，更連載先賢未刊著作如王闓運《湘綺樓集外文》、瞿元燦《公餘瑣記》、耆齡《賜硯齋日記》等。此前，他主持國立華北編譯館，日常還招集華北編譯館的幹事、課長開會商議各項事宜，辦公地址在北海公園內的清淨齋，並負責主編《國立華北編譯館館刊》。

舊式的家庭關係是緊密的，瞿宣穎與親友走動頻繁。他對待親友，幹得最多的一件事，叫「序而刊之」（或「跋而刊之」）：把對方的未刊著作找來整理，作序、題跋、題詞、題籤、編校……直至印刷。早在 1931 年在滬時，瞿宣穎便為丈母娘曾紀芬筆錄了《崇德老人自訂年譜》，為丈母娘的父親曾國藩寫了本《曾文正公傳略》和若干文章，為老丈人聶緝椝的父親聶亦峰的公牘出版題跋……親戚中的重要歷史人物，都被他捋了一遍（他這樣的人在古代叫「肉譜」）。

他在《中和》月刊上開闢《超覽樓藏耆賢書劄》欄目，將家中所藏的郭嵩燾、俞樾等刊登出來；共同出身於京師大學堂譯學館的名詩人黃濬被處決後，瞿宣穎將他的《花隨人聖庵摭憶》從雜誌上搜集起來，編纂成單行本並作序刊印。此版的紙張奇缺，僅印一百部，為藏書界珍品。據不完全統計，他為徐一士、張次溪、高伯雨、劉麟生等寫過序；編校汪詒年纂輯的《汪穰卿先生傳記》、燕谷老人的《續孽海花》、連襟張其鍠的《墨經通解》和《獨志堂叢稿》，與表兄朱啟鈐共校姨父黃國瑾的《訓真書屋遺稿》、校《貴州碑傳集》等；為陳宗蕃《燕都叢考》、張次溪《雙肇樓叢書》、蔡正華《元劇聯套述例》等題詞；至於題寫書名、刊名或自署更是平常。他對個人著作，幾乎都作自序或編序例，並請人題籤。歷史的載體是文獻和文物，文獻最重要的是刊印。舊文人的風氣是他的生活日常，而另一方面，他也在留住歷史。

他與畫家黃賓虹、齊白石相交甚好，另與陳衡恪、于非闇、陳半丁等相熟。他寫了《賓虹論畫》《齊白石翁畫語錄》等文，以記錄與黃賓虹、齊白石談畫的金句，使得當時的隻言片語，成為後學中珍貴的圭臬。1943年，年近七旬的張鳴岐來到北京。張鳴岐（1875－1945）即張韓齋，清末時的兩廣總督，為廣西的現代化做了不少實事。此時做過總督的人在世者只有他和陳夔龍了。瞿宣穎來聽他談前清舊事，並隨問隨記，作《記所聞於張韓齋者》付諸筆端，晚年又修改為《記張韓齋督部語》一文，收入《補書堂文錄》。兩年後張鳴岐就逝世了。就北洋政府的往事，他也寫過《黎元洪復任總統記》《北洋政府內閣人物片段》等；就個人經歷，有《故宅志》《塾中記》《解放十年中我的生活》等。當時沒有口述史的概念，但瞿宣穎有做口述史的意識。口述史的整理者要在史學上不遜於口述者，能將口述梳理成文並校訂正誤，很見功力。

北平竟然集中了那麼多的「文化遺老」，他們支撐起五四運動以來舊文學的半壁江山。瞿宣穎始終是舊體文學活動的組織者，正如他在五四時的《文體説》一文所講：「欲求文體之活潑，乃莫善用於文言。」他知新而不忘舊，繼續讓傳統文學在其自己的軌道上前行至今。

存史之心

太史公有云:「昔西伯拘羑里,演《周易》;孔子厄陳、蔡,作《春秋》;屈原放逐,著《離騷》;左丘失明,厥有《國語》;孫子臏腳,而論兵法;不韋遷蜀,世傳《呂覽》;韓非囚秦,《說難》《孤憤》;《詩》三百篇,大抵賢聖發憤之所為作也。」而到了民國,瞿宣穎作掌故學,是為了什麼呢?

我想,可能是為了「存史」。

瞿宣穎生於清末,成就於民國。他所面對的改朝換代,結束的不是有清一代,而是兩千年來所有的帝王,是整個古代的生活細節。中國從此沒皇上了,那麼有皇上時的一切都沒用了。沒用之物,首選是拋進垃圾堆,而不是送進博物館。民國人不把晚清的東西當文物,越是當時的學者,越認為不值得進博物館。經亨頤曾認為要把故宮賣掉,清宮祕檔也變成八千麻袋的廢紙出售,激進者多有廢中醫、廢漢字、廢舊戲的言論。改朝換代便是舊臣敗家,新暴發戶閃亮登場,京城八旗階層敗落,眾多王公生活無以為繼,哪顧得着存舊物?這便意味着歷史中斷。更何況瞿宣穎筆下那些「雜史」——歷史的邊角料呢?

而瞿宣穎自幼家中來往,無不是遜清重臣;他所求學、交往的無不是宿儒;家中翻檢出前人的舊紙,無不是郭嵩燾、康有為、岑春煊等一輩名士之間的通信手劄。他的掌故學有一半是天生而來的:自家和親友即為半部近代史,任何舊事舊識都是寫掌故的素材。他有意識甚至是下意識地保存家族、親友和個人的史料,好像是一位每天都為孩子拍照的父親,也像任何東西都要搜集的收藏者。四十歲時,瞿宣穎因兄喪,從河北省政府祕書長和河北省通志館館長的職位上辭職返京,客觀上給了他編校先人著作的時間。為了恪守母親傳太夫人的遺命,他整理並刊印了線裝鉛印本的《長沙瞿氏叢刊》二十卷,包括瞿氏三代的文稿、家譜,特別是父親瞿鴻禨的《超覽樓詩稿》等,因為「苟不彙集刊行,實惟散失之懼。」「家譜與方志,皆為國史之根源。」編國史所練就的功力,首先

要用在編家史上。

縱觀他一生工作的「標準流程」,始終是:成立學術組織——搜集整理史料——研究並講學著述——編校前人著述——序而刊之。就像舊時文人造園,請人將園林畫成長卷,雅集時每人於長卷後題詞作詩,自己再做總序,把詩文繪畫,付之桑梓。眾人吹拉彈唱,盡歡而散。多年後江山易主,園林荒廢,老友凋零,此時展卷重讀,藉着夕陽念舊時春光。

因為時局的變化,他不得不離於 1946 年開北京寓居上海,並獨居賣文為生。而最終在「文革」中被抄家,瞿家世代的收藏連同他大量的文稿散失殆盡。他本人 75 歲時入獄,並在 80 歲時死於獄中。這五年他除了一些自述和交代材料以外無法治學寫作。然而,他畢竟留下了大多數的著作,留下瞿氏家史、北京史志及自身帶來的掌故。即便在不能出版時,他仍整理好了平生的《補書堂詩錄》《補書堂文錄》,並影印、油印後藏之名山,傳之後世。他一個人幾乎幹了三個人,甚至十個人的活兒。如今瞿宣穎仍有大量未刊手稿、書信藏於各大圖書館或民間藏家手中,時常出現在拍賣會上。更有大量祕辛從未寫過或講過,被他帶走了。

他的先知之舉還有:在抗戰前把瞿家殘存的古籍 1811 種共 59769 卷運到北平,寄存國立北平圖書館,圖書館編印了《瞿氏補書堂寄存藏書目錄》,連雙方交涉的通信和律師證明一併印上。書是永久的「寄存」了,但長沙故宅是徹底在戰亂中毀掉了,「寄存」總比毀掉要好。

每個家族,每位名士都成於時代,興於時代,最終湮滅於時代。長沙善化相國一家,從瞿鴻禨到瞿宣穎,在官職、財產、家傳文物、藏書方面都「代降一等」,直至被抄家後損失殆盡——這是推翻舊文化,打造新文化的必然;但在詩文學術上並未下降,直至瞿宣穎的姪子瞿同祖(1910－2008),又是一代大家。同樣,儘管歷經破壞和拆遷的風險,杭州永福寺畔的瞿鴻禨墓總算保住了。世事變遷沒能給瞿家人留下家傳的藏書、文物和財產,但留下了前輩著作、家譜、子孫和祖墳——在物的層面沒保住,但人和精神的層面保住了,算是不幸中的萬幸。

碑刻：東方幻象

　　洋人給中國帶來了相匣子，但他們拍照的重點各不相同。最早來的是斯文‧赫定那樣的探險家。探險家拍地質地貌；而外交官拍社會風貌；浪人拍風景名勝以便戰略陣地；而隨軍記者拍攝軍事要津。傳教士最無章法，他們什麼都拍。而法國人謝閣蘭，他拍陵墓。

　　維克多‧謝閣蘭（Victor Segalen，1878－1919，又譯為賽格朗、色伽蘭），他是一個不羈的生命：29 歲開始寫小說，31 歲開始寫詩，直至 41 歲，在故鄉一片樹林裏神祕地死去，至今尚不知死因，使得他的生命成了謎團。他深深根植於法國漢學家的譜系中：老師是頭號大腕沙畹，同門的師兄弟有伯希和與亨利‧馬伯樂，他又與詩人聖瓊‧佩斯、克洛代爾為至交。他為蘭波、高更寫文章，在後者去世後幾個月趕到其居住的小島，並收集到高更的遺稿。他著述不算很多，但過於跨界。國內曾出版過謝閣蘭的小說《勒內‧萊斯》、書信集《謝閣蘭中國書簡》、詩集《碑》、學術著作《中國西部考古記》等。2010 年，上海書店出版社出了三卷本的《謝閣蘭文集》：《出征：真國之旅》《畫 & 異域情調論》《詩畫隨筆》，收了很多他關於繪畫的隨筆文論。他還編著有《中華考古圖志》（三卷本）、《偉大的中國石雕》和《漢代墓葬藝術》等。

　　他的創作生命僅十年上下，他是詩人、漢學家、文藝評論家、旅行家、考古學家、醫生、教師，還兼任攝影家。

東方幻象

　　謝閣蘭時代的歐洲颳着一股「東方幻象」的妖氣，歐洲的老男人不僅對東方文化感興趣，更對東方的年輕女子感興趣。而謝閣蘭的東方幻象十分真實，他在巴黎的東方學校唸過一年漢語，並在中國學會閱讀古籍，他很有語言天賦。當一個人真正熱愛某種文化時，語言會成為他的工具，成為他打開這座文化大門的鑰匙，而不再是交流的屏障。

　　1909 年，謝閣蘭以海軍見習譯員的身份來到中國。5 月 28 日，他到了上海，後去南京、漢口，於 6 月 12 日到達北京——他心中的聖地。他遊覽了天壇、十三陵、清西陵和長城，認為上海最差，北京最好。8 月 9 日，他與友結伴從北京出發，經五台山、太原、西安、蘭州、成都、樂山、峨眉山、重慶、漢口、南京到上海，從上海——北京——上海走了一個來回。次年 2 月，他在香港和家人團聚。這次考察，謝閣蘭都寫進了《中國書簡》裏。隨後，他到天津的皇家醫學院教書，並成為袁世凱長子袁克定的私人醫生，並由此接近袁世凱，逐步打入在華洋人的上流社會。

　　1914 年，謝閣蘭接受了一個關於漢代喪葬的考古任務，這次是受到法國使館的資助，他與眾多學者從北京出發，歷經河南、陝西、四川、雲南，到達了西藏的邊界，發現了陝西茂陵霍去病墓「馬踏匈奴」的石雕，並根據這次考察寫出了《中國西部考古記》，四個章節分別為：《中國古代之石刻》《崖墓》《四川古代之佛教藝術》《渭水諸陵》。1917 年 3 月到 5 月，謝閣蘭以法國在華征工軍事團隨團醫生的身份，第三次來到中國，此次他重點考察了南京、江蘇丹陽一帶的古陵墓——南朝石刻。

　　南北朝時期，南朝的宋齊梁陳諸國，皇帝和王侯陵墓前的神道上都有巨大的石刻，統稱為南朝石刻，那幾乎是古代最為壯觀的雕塑與碑銘。最為代表的是天祿，一種頭向着天，張開大口，伸出舌頭，身有翅膀的神獸。再有的是華表、石碑，石碑是有烏龜托着的，確切説是性好負重的贔屭，是龍生九子之一。唐宋以前的贔屭仍是龜的造型，不似清代那般有一

點龍的模樣。經過了上千年的風雪，這些古碑高且巨大，顏色發黑，質地粗糲，雕刻不精，僅僅是隨手刻上，書法多是作者直接趴在碑上寫，寫完按照墨蹟鏤刻。

南朝石刻中有蕭氏家族——最傑出的帝王文學世家的陵墓。謝閣蘭逐一考察拍攝，並來到了蕭順墓前。蕭順是梁代開國皇帝梁武帝蕭衍之父，被蕭衍封為太祖文皇帝。蕭順墓道兩側各有一碑，碑文相同，但左碑為正書，右碑為反書。謝閣蘭以為靈感，寫出了首《神道碑》：

太祖文皇帝之神道（漢字是反着寫的）

一幅橫寫的異常的銘文：八個大字，兩兩相對，不應從右唸到左，而應從左唸到右。而且，

八個大字全是反書。行人叫道：「刻碑人無知！或者是大逆不道的標新立異！」他們不看，也不留步。

你們呀你們，難道不明白？這八個反書的大字標誌着向墳墓的回歸，標誌着「靈魂的道路」，

它們並不引導活人的腳步。

如果說它們離開沁人心脾的空氣，進入石碑，如果說他們避開了光明，落入堅實的深處，

那分明是為了讓人們從空間的反面去閱讀，死人的呆滯目光正在移動的無路之境。

這種內容風格的詩，謝閣蘭寫了很多，並收集到詩集《碑》中。在謝閣蘭眼裏，世界分成兩部分，一部分是現世的，另一部分是刻在碑銘中的。他要從現世中脫離，鑽入到那個碑銘的世界中。他會站在秦始皇陵墓前，想像着秦始皇陵墓內部的構造和當年秦王朝的盛景，他會想得很細很美。他一直在追求詩意的生活。石碑和古墓是生活的載體，文章和行動是現世中的體現。他在《碑》的〈自序〉中寫道：「在這個破爛不堪、搖搖欲墜的帝國中，只有他們意味着穩定。」

他在尋找遠古的、不變的帝國。

從碑到詩

1912 年，謝閣蘭在北京出版了《碑》，這是他生前唯一一本正式出版的詩集。書採用了金石拓片的連綴冊頁的形式，詩的四周圍以黑色邊框，使人見書如見碑。所有的詩都只分段，不分行，每首詩的右上角都配漢語題詞，大多出自《詩經》《列子》《尚書》《禮記》《左傳》《貞觀政要》甚至《竹書紀年》，再有就是他的自造。他似乎不期待法語讀者能讀懂他的詩，使用漢字不為讓人能看懂，而是一種形式感，要漢字的音韻和字形，或根本上，那就是一幅幅圖畫或巨獸。一個漢字就是一方石碑，他要漢字站在那裏，就像石碑站在那裏一樣。他是天生的文體家，企圖造出一種「碑體詩」，似乎在表明，詩的最高形式是碑文，詩本身應刻在石碑上的。而石碑經過了千百年的變遷，它外形的藝術感和鑴刻着的詩文之內在意義，構成了一個整體的、詩意的象徵。

《碑》的篇章分別用「東方之碑」「西方之碑」「南方之碑」「北方之碑」來命名。有一次，謝閣蘭和克洛岱爾一起參觀了天津的一個私家花園，克洛岱爾對他說，中國人喜歡靠曲徑通幽來忘記真實的方向，尋找自己心中的方向。由此，謝閣蘭在詩中創造了第五個方向：「中央」。他寫了一章「中央之碑」的詩。書中的很多詩是針對中國某一塊古碑而寫。他看到《大秦景教流行碑》，寫了《光明的宗教》；遊覽完明十三陵，寫了《喪葬詔書》；在南京看到由韓弼元撰文並書寫的《金陵諸葛武侯祠迎神送神辭並序》，寫了《臥龍頌》（原碑文為騷體詩，非常優美）。

碑可以映照人心。它原本不過是一塊塊頑石，被打磨，被雕刻，被當作紙張。它不過是能長期保存，供人觀瞻，不能翻頁，卻又千年不朽的書。石碑是物，而詩歌是靈，石碑是承載詩歌的，但它本身矗立千年，也有了靈的一面。謝閣蘭似一位隔空抓物的大神，從碑刻中抓出精神的一面，吞入腹內，化入血液，流諸筆端。也有其他人能理解古中國，但不會轉化創作。伯希和把敦煌搬回了法國，謝閣蘭把古中國搬回了他的詩裏，他的古中國是創造，不是被動接受，他要把中華「帝國」轉化到自我「帝

國」之中。他不是來到中國，而是回到中國。

與此近似的，只有魯迅。他也抄寫了多年的古碑，並將古典的故事化入小說集《故事新編》中去。他在《摩羅詩力說》中寫道：「古民神思，接天然之宮，冥契萬有，與之靈會，道其能道，爰為詩歌。」而此時謝閣蘭筆下的碑，應試天宮與人間的使者，似良渚文化的玉琮，抑或是三星堆戴黃金面罩的青銅人。

成為時間

謝閣蘭在散文詩集《畫》分成三部分：玄幻圖、朝貢圖、帝王圖。比如在《玄幻圖》中他寫道：

> 因為，放眼四個邊角內的空間，你們只看到千萬隻白色異鳥結成一行，振翮高翔。這是些帶羽的飛箭，喙尖且硬，爪細而紅。這是些馱人的飛箭：每支上頭都坐着個老翁，額頭外鼓，雙頰紅豔，鬚鬢雪白，長袍飄飄一路翻滾。老翁和坐騎難分彼此：他，藉着它的羽翼高飛；它，隨着他的思維扶搖。飛過一片又一片雲島，他們剛剛降落在那塊白色的菱形仙台上。你們現在看到，這座仙台底下有一片柱子托着。

這幾句，有中國古代建築宮殿脊獸最邊上的騎鳳仙人（也稱「仙人騎雞」）演化而來。那仙人原本是齊泯王，齊泯王戰爭中被追殺時騎鳳飛走，化險為夷，由此被用作脊獸的最邊上。也有說是他昏庸，釘在最邊上以表示臨淵之危。而謝閣蘭的這些描寫，是他在閱盡古今文物後想像出來的，他取的不是中國之物，而是中國之靈。

不少考古學者認為，考古要考上古，唐以前才是古中國。日本漢學家內藤湖南曾有「唐宋轉型說」，講中古時期中國文化的斷裂。更有不少學者持「崖山以後無中國」的觀念。謝閣蘭也受到當時考古學的影響，他考察的漢——南朝——唐的帝王陵墓的石刻，不僅有石人石獅石馬，還有石天祿、石辟邪、石獬豸、石翼馬等神獸，獬豸頭上有一隻獨角，是中國的

獨角獸，遇到作奸犯科者就頂死並吞吃下肚，能辨識曲直與忠奸；辟邪是龍頭、馬身、麟腳，像獅子，能起守衛的作用，是貔貅的前身。翼馬又稱天馬，翅膀上是雲團樣的花紋，作雲霧中飛翔奔馳的形狀。這些神獸形態各異，相貌高古，雕刻粗糙到近似抽象，但使你不得不相信，它們曾經存在過。

當你摸着那冰冷的石碑，想從中攫取點靈感，但他們只是石頭，絕不多說一句話。

現代的寫作者面對這樣一個問題——如何化用中國古典文化的精髓？我們熟讀了《簡·愛》與大仲馬，比畫着就能寫小説了，但讀了四大名著，《聊齋》與《三言二拍》，仍不知如何下筆，背了多少首唐詩，也寫不出大唐的氣象。而謝閣蘭從南朝石刻、漢唐陵墓、西安碑林中抓取靈感的地方，除了精神、細節，還有時間。因為，謝閣蘭的古中國是玄幻，他相信那個人神共存的時代，想必他不接受顧頡剛的「古史辨」學派，那個三十年代的學派充滿了對夏商周的否定，更不會接受簡體字、白話文、橫排版的漢字。他瞭解，文明的分歧不在中西而在古今。他站在時間的維度寫歷史，寫生死，寫愛情，在創造自己的東方。他通曉的，是中國原始的思維方式；欣賞的，是《詩經》《尚書》《淮南子》與《山海經》中的世界觀、時間觀、生死觀、月令觀和生物分類學。此種思維是陰陽、五行、八卦、對偶的，遺失了這思維，便遺失了進入另一個世界的鑰匙。

站在上千年前的古碑雕像前讀着一百年前謝閣蘭的詩，有如在南京的明孝陵唱孔尚任的《桃花扇·餘韻》中〔哀江南〕的套曲。看着他所拍攝的照片，再想起墓碑主人的風流往事，百年前的人仰慕千年前的人，千年前的詩應和百年前的詩，幾層重疊的情感，更給百年後的人，留下一番獨特的風景吧。

博爾赫斯這樣評價謝閣蘭：「他當列入我們時代最聰明作家的行列，而且也許是唯一一位曾對東、西方美學、哲學作出綜合涉獵的作家。你可以用不到一個月就把謝閣蘭讀完了，卻要用一生的時間去理解他。」這就是謝閣蘭，他浸淫在古代陵墓與碑刻中，直至把自己化作那累累荒塚，林林石碑中的一株荒草。

參考文獻：

1.《碑》,〔法〕維克多·謝閣蘭,車槿山、秦海鷹譯,上海人民出版社,2009-6

2.《謝閣蘭中國書簡》,〔法〕維克多·謝閣蘭,鄒琰譯,上海書店出版社,2010-3

3.《謝閣蘭文集》:《出征:真國之旅》《詩畫隨筆》《畫 & 異域情調論》,上海書店出版社,2010-6

4.《中國西部考古記西域考古記舉要》,〔法〕色伽蘭、郭魯柏著,馮承鈞譯,上海古籍出版社,2014-3

5.《謝閣蘭與中國百年:從中華帝國到自我帝國》,黃蓓主編,華東師範大學出版社,2014-2

北漂：民國文人的文藝千秋夢

自從明代永樂皇帝遷都北京，便有了廣義的「北漂」到京師謀求發展。在 1928 年，國民政府北伐勝利以後，即便國民政府將首都遷到了南京，北京改為北平，仍然無法撼動其文化古都的地位。中國開始呈現長衫、西裝、中山裝「三服鼎立」的局面。從五四運動開始，青年的精神被革命引發，他們群情激奮，越來越多的年輕人乃至中年人，來到北京這座文化古城，做他們的文藝千秋夢。

我們對民國大師不要盲目崇拜，肆意封神，而是要重新審視他們的作品和生平，能讀出些值得參考的東西。就此選擇四個南方人：梁啟超、齊白石、沈從文、汪曾祺，重新看看這些民國「北漂」的故事。

梁啟超的「變」與「不變」

梁啟超是真正的性情中人，他外表溫文爾雅，長於辭令，內心卻慷慨激昂。他即大氣，又細膩。大氣到他說話、做文章、做事都是大手筆，都是「為了天下」之類云云；他在具體操作上，還總是事無巨細，連子女的生活都要親自關心過問。他在給兒子梁思順的信中寫道：「……思成呢？我就怕因為徽因的境遇不好，把他牽動，憂傷憔悴是容易消磨人的志氣……我到底不知徽因胸襟如何：若胸襟窄狹的人，一定抵擋不住憂傷憔悴，影響到思成，便把我的思成毀了……」舐犢之情，感人至深。他被協和醫院的庸醫誤診，最後都沒有對醫院加以指責。

他被稱為「善變」豪傑，這一點連他本人也不避諱，他一生橫跨晚

清、北洋、國民政府三個時期，擔當過維新派、保皇派、立憲派這三種不同理念的團體主力。其中「維新」與「保皇」，貌似是兩個敵對的觀念，但梁啟超卻很正常地完成了其間的過渡。

梁啟超有個過人之處，他是人際關係大師，他所相交的人在走馬燈一樣變換着，他追求自由的想法一種沒有改變。

梁啟超對康有為、汪康年、孫中山、章太炎、楊度、袁世凱的態度都有過重大的轉變，大多是從不認同到認同，再從認同到反對。最重大的是康有為、孫中山、袁世凱，其中前一個是恩師，後兩個都曾當過中國的一把手。他所想的，是建造「新」的國民，爭自由、興民權。他認為，中國人有三大誤區：

一日不知道國家與天下的差別；

二日不知道國家與朝廷是有區別的；

三日不知道國家與國民之間的關係究竟如何。

這「三大誤區論」震聾發聵，仿佛是寫給現在的人。對於康有為的用孔教抵制耶穌教，對於孫中山的暴力革命，尤其是對於袁世凱稱帝後會引發的無休止的革命，梁啟超是不認同的。一個主張通過立憲而達到自由的人，怎麼會讓一種束縛來代替另一種束縛？

梁啟超跟志不同道不合的人，即使是尊敬一生的康有為，最終也要分道揚鑣。康有為一貫主張「孔教」治國，把孔子樹立成中國的耶穌，在鄉村各地像建立教堂一樣建立儒家的學堂，甚至採用孔子紀年。而梁啟超的「保皇」，則是為了保存光緒皇帝這一人，他所暢想的是革命成功後，把光緒請出來做大總統也未嘗不可，就像在小說《新中國未來記》中他寫道，中國的大總統叫羅在田，是愛新覺羅·載湉的擬音。

梁啟超對恩師康有為所作的評論如下：「故短先生者，謂其武斷，謂其執拗，謂其專制，或非無因耶。」梁啟超同孫中山也曾有過一定的友誼。然而康梁一黨多是世家子弟，是團聚在萬木草堂、時務學堂周圍的同學老師；而孫中山的同盟會、興中會多是下層的士民遊俠，更容易接受排滿復漢，暴力革命的手段。改變中國，梁啟超用的是民智，孫中山用的是

炸彈，結果梁啟超到了檀香山，原本興中會的人紛紛加入了保皇黨，這令孫中山極為憤怒，然而，他始終不能放棄不明智的「排滿」，無法認同「中華民族」的觀念。二人最終勢同水火，革命黨與保皇黨之間的坑也就越挖越深。

歷史每每翻開嶄新的一頁時，往往都會把這一頁撕破。1912 年的這一頁，被清廷退位民主共和時成立的共和黨、民主黨、統一黨、國民黨這四個黨派裏挾着梁啟超一起撕破了。戊戌變法之後，梁啟超在海外流亡了十三年，他思想在這時期基本形成，通過他的一本《歐遊心影錄》就能看出。從這段時間開始，作為思想家的梁啟超，更多地了實幹家。隨着清廷的遜位，他終於有了實幹的平台。但是，文化人總是悲哀的，梁啟超只能選擇跟着誰幹，而自己不能挑大樑。民主共和只是一紙空文，黨政多是爭奪權力，少有真正的信仰，深入考察過歐美各國政治的梁啟超自然是每個黨都爭取的對象，加入一個就會得罪另外三個。他選擇了實權握在袁世凱手中的共和黨，這一選擇幾乎使他成為當時的「全民公敵」，幾乎身敗名裂。

袁世凱是梁啟超繞不過去的合作對象。梁啟超對每一個黨的理念都不完全認可，他只能尋找一個與自己理想最為接近的黨。他和袁世凱合作，把共和、民主、統一三個黨合併為進步黨，定了袁世凱為總統之後設立憲法，這是他能做到的最好結局了。對於革命，梁啟超一直充滿了擔憂。

到了晚年，梁啟超的思想仍在不斷變化。他自從讀書以後，所想的是要建設一個新的國家、孕育出一批「仁、智、勇」三達德的新民。這個理念貫穿了他的一生，為此他先追隨康有為，隨後跟各種革命團體一起幹，晚年時提攜後進，最終退居書齋成為一代學人，並以身作則教育出九個優秀的子女，這確實是梁啟超最好的歸宿。就像早年辜鴻銘學習西學、嚴復宣傳啟蒙、康有為主張變法，但最終都回歸傳統一樣，晚年的梁啟超也最終回歸到傳統上來，似乎成了那個時代中國學者逃不出的怪圈。

晚清那一代人對於社會責任的擔當感足以令今人慚愧。他一生都在做時代的引路人。

為此，不論是師友還是後學，他都是抱着好感接觸，發現問題後試圖改變，無法改變後選擇離開，甚至不惜走上敵對的道路。

梁啟超變化的是思想觀念與合作夥伴，但他永遠不變的是那顆拳拳的赤子之心。

劍走偏鋒的齊白石

> 星塘一帶杏花風，黃犢出欄東復東。
> 身上鈴聲慈母意，如今亦作聽鈴翁。

　　這是齊白石自題在畫作《柳牛圖》的詩。畫這幅畫時他已經年過六旬，是兒孫滿堂，卻還在「北漂」。這期間他不斷追憶童年時的湖南鄉下生活，並有了寫回憶錄或編年譜的打算。從 20 世紀三十年代開始，齊白石就開始口述回憶錄，並由他故交之子張次溪來記錄。1946 年，他特地坐着洋車，抱着一大摞資料到胡適家，請胡適、黎錦熙、鄧廣銘三位大學者給他做年譜。1949 年，齊白石在有生之年，見他的年譜作者之一的胡適已經遠渡重洋去了美國。此時用此詩最末一句「如今亦作聽鈴翁」來形容，是再合適不過了。

　　齊白石的一生貌似平靜，除了幼年貧苦成名較晚以外，似乎沒經歷什麼太大的風浪，最終享得長壽，四世同堂。但他一生曾五次遠遊——五出五歸，分別是：三十八歲（1902 年）、四十歲（1904 年）、四十一歲（1905 年）、四十三歲（1907 年）和四十四歲（1908 年），足跡遍及大半個中國，最遠到了越南。特別是第一次，他於 1902 年 10 月從家鄉到了西安，從 1903 年 3 月起從西安出發，遊華山、嵩山，並從嵩山去了北京，並及天津——上海——漢口，再回到湘潭。他早年就結識了楊度的弟弟楊鈞，此次來京他住在宣武門外北半截胡同，與楊度深度交往，目睹了清廷的衰敗。後又於 1917 年、1919 年上了北京，但前三次北漂無功而返。

　　他號稱自己：「詩第一，字第二，印第三，畫第四。」人們記住了他「第四」的畫，看看照片上年近八旬、長鬚長衫的齊白石，連同他膝下一群滿地亂爬的孩子——這才是人間煙火中的大師。畢加索說他不敢來中國，因為中國有個齊白石，其實來了也無妨，白石老人反而會向他求教。

從年齡和相貌上看，齊白石似乎是最為傳統的中國畫家。

齊白石自幼家貧，他的繪畫最開始是像魯迅小時候那樣，蒙着紙拓小說繡像。他剛開始是做桌椅板凳的粗木匠，但很快改為做雕花的細木匠，藝術性要提高很多。他能做的雕花牀屏和壽星騎鹿，像山西大院中的雕刻一樣精美，這些是他的基礎。他的文化基礎建立在《芥子園畫譜》和《唐詩三百首》上，並在胡沁園、王湘綺等大家的教導下飛速成長。那個年代，這兩種書都是兒童開蒙時的讀物，僅僅是認字而已。

雕花木匠加上畫譜，這位白石老人的畫，是沒有什麼正統功底的，而他的厲害之處在於出奇制勝——他太有靈性了。張大千是文人畫家，齊白石是草根畫家。他們能並成為「南張北齊」，是有道理的。一個有個性而缺乏功底的畫家也許不會被學院派喜歡，但卻容易被民眾接受。

中國文化自古就有雅俗之分，齊白石走的是「俗」，很多人說他畫的是農民畫，白石老人也不介意這麼說，這些在《齊白石回憶錄》中都有記載。齊白石的劍走偏鋒，恰恰證明了中國畫的雅俗共賞，以及民間藝術的靈秀之美。他筆下那些蝦米白菜、櫻桃荔枝中所有的韻味，是在眾多大家的山水侍女中找不到的。真正的齊白石也不滿足於做個鄉土畫家，他在五十七歲，孫子都有了的時候，居然操着湖南口音從湖南到北京掛單，並在一次題畫中揚言：

　　　　從此決心大變，不欲人知。即餓死京華，公等勿憐。

即便是樊樊山的推薦，他也不去做官或謀個官差。他認為自己不是那個圈子中的人，幹不來那種事，非要一輩子賣畫。固執如此，也便成了大家。

曾經有人問溥心畬先生如何畫畫，溥心畬說，寫好詩就能畫好畫。齊白石的老師經學家王湘綺也這樣認為，他擴大了齊白石的社交圈子，告訴齊白石詩文對於繪畫的重要性，這使得齊白石終身吟哦不輟。

齊白石奇特的地方還有很多，完全可以輯錄出一部《齊白石軼事》來。在恩師胡沁園逝世後，他特意回到老家，把自己被老師喜歡的畫臨摹了二十多幅，一併在墳前焚化紀念。又有人給齊白石算過命，算得他害怕

過 75 歲，就從 75 歲開始給自己多報兩歲，以騙過「老天爺」。還在那一年「唸佛，帶金器，避見屬龍屬狗屬牛羊的人」，在命書封面上寫了九個大字：「十二日戌刻交運大吉。」白石老人做一點看似迷信的事，不僅能夠理解，反而覺得可愛，像個標準的老小孩。

2012 年，位於北京市東城區雨兒胡同的齊白石故居開放了，白石老人在北京居住過很多地方，最知名的一處故居是在跨車胡同，如今已經成了文物保護單位。聽家中長輩說，小時候在跨車胡同齊家門口，能看到晚年不修邊幅的齊白石一個人在門口站着，一幅邋遢的樣子。

沈從文：隨時準備逃家的男人

沈從文和老舍「都是隨時準備逃家的男人」。表面上講他們被各種事情纏身，擾得無法安心寫作，想隨時離家出走。就沈從文而言，不只是工作和家庭，最終整個文壇都把他掃地出門，這也間接成就了一位文物學者。

作為現代文壇上少有的沒有留過洋的作家，沈從文的生活軌跡和當代文學青年十分相似。他最終以一個「鄉下人」「士兵」的身份，成了一代名家。這似乎差得有些遠了。

沈從文是湘西落魄的望族出身，祖父沈宏富做過雲南昭通鎮守使和貴州總督，父親沈宗嗣呼應了武昌起義並且刺殺過袁世凱。他的性格文中帶武，為人表面不露聲色，但內心十分堅毅，外溫婉，內剛毅。從照片上可以看出，沈從文謙謙君子，溫潤如玉，一臉的書生氣。他的行文風格也是溫和的，節奏是慢悠悠的、一唱三歎的，安靜得讓人聽到遠處的流水聲。而他登上文學史的舞台，是通過郁達夫的一篇《給一位文學青年的公開狀》的迎頭痛擊：

> 像你這樣一個白臉長身，一無依靠的文學青年，即使將麵包和淚吃，勤勤懇懇的在大學窗下住它五六年，難道你拿畢業文憑的那一天，天上就忽而會下起珍珠白米的雨來的麼？你能保得住你畢業的時候，事情會來找你麼？

1923 年，沈從文「北漂」後，住在前門外楊梅竹斜街 61 號的酉西會館，後來搬到銀閘胡同的慶華公寓，這裏離北大紅樓很近。原先，這個僅有高小文化，不懂外語，不會用標點符號的年輕人設想着半工半讀，可他考燕大、北大等統統落榜；考上了中法大學卻交不起 28 塊錢的住宿費……直至 1924 年 11 月 13 日那個雪天，郁達夫的到來。在郁達夫、徐志摩等人的幫助下，他最終能在《晨報副刊》上發文章，且慢慢結實了「新月派」作家群。他這樣的為人和文章，是容易被打敗、擊垮，但不容易被消滅的。沈從文曾經捲入到三次文藝論戰中，前兩次是他寫雜文與人辯論，直辯論得批評家李健吾勸他不要寫了，還是去寫小説吧。他性格裏不善爭辯。

　　徹底擊垮沈從文的是第三次論戰，即郭沫若的《斥反動文藝》，這給他帶來了滅頂之災。此時，他內心深處的剛毅開始發作，他用文物研究這種多少有些近似的工作，來代替文學活了下來。前兩次自殺未遂是慶幸的，這時候「未遂」了，以後就能扛過去了。

　　沈從文並不逆來順受，不是忍不住就去自殺的人。在禁言的歲月裏，他一直忍着高血壓、心臟病的病痛（這時他流鼻血的毛病卻好了），在書信中表達那些不合時宜的思想，一直在爭取文物研究方面書稿的出版，以便讓世人認可他作為學者的價值。早在 1949 年 12 月 25 日，他就寫了一篇《政治無所不在》，能看到些他在「不解」之中的懷疑。他的邏輯是：我承認我「錯」了，對於正確的我搞不懂，所以我現在是在學習的過程中。而這個過程中，我還是在堅持我的「錯」。

　　他一直處於一種「即將出逃」的狀態。

　　他在北京最少住過十二個地方，在 21、22 歲時是處於失業的狀態，就像現在剛畢業的大學生一樣苦悶又迷茫；23、24 歲稍微做了圖書管理員勉強餬口；25 歲開始在「貴人」郁達夫、徐志摩、楊振聲、胡適等人的提攜下成了職業作家和編輯，這期間雖然娶了蘇州張家的三小姐，抱得美人歸，卻又趕上抗戰，都是在貧窮和逃難中度過的；直到 44 歲時成為北大教授。好光景持續了不到幾年，他被迫到歷史博物館做了 26 年的説明員，期間還下放勞動，直至 77 歲高齡才調入社科院，當他終於解決了房

子問題的時候，人已經半身不遂了。這期間幾乎所有的選擇，都是沈從文被迫做出來的。

他被迫承受了郭沫若、丁玲的攻擊，還要囿於時代的緣故而原諒他們。他一向不關心政治，政治卻總是在「關心」他。他企圖逃離一種生存狀態，又被另一種更不爽的狀態吸了進去，並深深不能自拔。搞文藝本來是為了走向心靈的自由，而那時，文藝工作者恰恰是不自由的，沈從文的不自由又多了一個「更」字。

他用「從文」作為筆名時，這種結局就被定下了：最是從文不自由。

沈從文生前反對搞紀念活動，沈家也反對鳳凰古城過度地商業開發，尤其反對營造沈從文的墓地和故居，這樣的湘西就不是沈從文筆下的湘西。商品經濟的大潮打擾了沈從文的寧靜。

汪曾祺：最後的士大夫

隨意翻開汪曾祺早年《禮拜天的早晨》中的一段文字：

> 我想到那些木格窗子了，想到窗子外的青灰牆，牆上的漏痕，青苔氣味，那些未經一點劇烈的傷痕，完全天然的銷蝕的青灰，露着非常的古老和不可挽救的衰索之氣。……

這是一個出身舊式家庭，喜歡講古、野史、民俗、戲曲、繪畫、美食、風物的舊式文人，他把小說大多獻給了三四十年代的故鄉高郵，而散文大多獻給了人間的草木、滋味和戲曲。他有廣博的雜學，仿佛是熟悉舊式生活的一切，這些都使得他成為一位受歡迎作家。

汪曾祺能寫會畫，能吹笛，能拉胡琴，能唱京崑，懂吃會做，好煙酒，也喜歡年輕的女孩子，發乎情止乎禮。細數他的散文分成幾大塊：談吃、戲曲、文史掌故、地方風物、懷念故人等等。

他懂崑曲，唱崑曲的戲路很廣，「從《琵琶記・南浦》《拜月記・走雨》開蒙，陸續學會了《遊園・驚夢》《拾畫・叫畫》《哭像》《聞鈴》《掃花》《三醉》《思凡》《折柳・陽關》《瑤台》《花報》……大都是生旦戲。偶爾也學

兩齣老生花臉戲，如《彈詞》《山門》《夜奔》……」（見汪曾祺《我是怎樣和戲曲結緣的》一文）。崑曲每齣的調門是定準的，初學者是唱不了難度大的曲子。看他的戲碼，則知道汪曾祺浸淫戲曲的水準，更感覺他是傳統士大夫中的一員。

他懂得吃，是因為他生在南方，又到昆明去讀書，後來到上海教書，跟着解放軍到了武漢，新中國成立後為了和家人團聚，定居到北京。而不幸被劃為右派，到張家口的農業研究所畫了兩年的土豆，因寫了《范進中舉》才調回北京。這吃遍大江南北經歷，是人們少有的了。

他擅畫，有絕的，他畫過一幅畫，畫了一隻雞，一枝芭蕉，起名為《××圖》。雞和芭蕉幾千年前就有了，但從沒人用畫聯繫到一起。

他還是性情中人，有一次晚上他在家裏畫畫，畫着畫着就哭了，旁人一問，他說：「我想德熙了。」——朱德熙先生是他已逝的摯友，他們一起上的西南聯大，一起唱的崑曲。

若按照出生年齡來說，汪曾祺得說是最後一位士大夫了。他是最後一撥在抗戰以前畢業，能受到大師們耳提面命，完成大學教育的人。可一把寶刀剛剛鍛造完成，就迎來了冰封的時期，只好自我雪藏。在抗戰勝利後，國家千瘡百孔，文科大學生遠比現在還難找工作。過不多久，又要經歷各種政治運動。汪曾祺的北漂生涯，就在這種情況下開始了。他在 1948 年 3 月 9 日寫給黃裳的信中說：

> 然而我北京怎麼樣還不知道呢，想起孫幅熙的
> 「北京乎？」
> ……明兒到北京城的垃圾堆上看放風箏去。

1948 年初春，汪曾祺的女友施松卿在北京大學外語系擔任助教，他便從上海來北京，在賦閒半年後，進入到歷史博物館工作。在北平解放後，他報名參加了「四野」的南下工作團，在武漢工作了一年。1950 年，北京市文聯成立，他回到北京，在北京市文聯擔任《北京文藝》的編輯，1954 年，調到中國民間文藝研究會任《民間文學》編輯，直至 1957 年劃為「右派」，在張家口勞動兩年，直至 1961 年，他才調回北京京劇院任編

劇。很少有作家的本職工作,是京劇編劇。

　　無疑,汪曾祺是會明哲保身的,他經歷了右派的磨難,突然一夜間被高層領導相中,一下子坐上了貴賓席,住在頤和園裏寫劇本,過着「一日三餐有魚蝦」的生活,人人都拍着他;在文革中僥倖被「得其所用」──他是《沙家浜》的主要編劇,經典段落都出自他手,似乎比其他知識分子幸運一些。又不幾年,政壇翻雲覆雨,他又被審查,這時又沒人搭理了。從權力的熱水中焯了一下,再一笊籬撈起來。餘下的生活是年近六十,等着退休,像樣的文章沒寫過幾篇,真正的知己沒有幾個。可他卻在六十歲以後才浮出政治漩渦,開始安心創作。

　　汪曾祺晚年名聲大作,他有好幾篇小說代表作如《八月驕陽》《安樂居》寫得京腔京韻,另有幾篇散文代表作《午門憶舊》《玉淵潭的傳說》《香港的高樓和北京的大樹》《胡同文化》《北京的秋花》《聽遛鳥人談戲》等,令人百讀不厭。但他的文思情感仍以家鄉為中心,輻射到全國各地,北京不過是他生活年頭較多的地方吧。

　　可汪曾祺晚年卻仍有不愉快的事,他非常不喜歡自己被劃為「鄉土小說家」,同時有一樁《沙家浜》的署名官司,使他身心俱疲。讀者也會相信,他有更好的文章沒有寫出來,否則他就不會因喝悶酒弄個胃腸出血而去世。他的文章不僅帶有水氣,更多的是帶有酒氣,他是有酒神精神的。他逝世於 77 歲那年,若再活十年,肯定會活着感受到大師的待遇。不過壽則多辱。

　　士大夫在文化上的意義,在於文化的承傳,每一位讀書人,都應該幼年拜師,晚年收徒,將自己的思想和才情傳播下去。梁啟超、齊白石、沈從文、汪曾祺都是有承傳的,他們拜了師,現在仍然有人在成為他們的私淑弟子。不由得讓人感歎,人生也有涯,知也無涯,而世事無常,人生難測。

　　不知那樣的時代,是「北漂」的幸還是不幸了。作為那個年代的「老北漂」,若在藝術、為人方面沒有打破常規之處,以普通人的出身家世,是很難有成就的。這時候再翻回頭看這個成功的「北漂」,更能品味出一些難以言說的東西來。

蒙古：歷史在草原上

顧沒去過中國內蒙古自治區與蒙古國（俗稱「內、外蒙古」），沒讀過蒙古史的朋友們都想去蒙古的草原，我先舉個語言上的例子：比如「烏蘭巴托」這個詞：「ᠤᠯᠠᠭᠠᠨᠪᠠᠭᠠᠲᠤᠷ」，這是老蒙文；「Улаанбаатар」，這是新蒙文；「Ulaanbaatar」，這是蒙古語用拉丁字母轉寫；「Ulan Bator」，這是英文。

二十世紀，蘇聯曾在中亞、高加索等地強制推行俄語，自然不會放過蒙古。1946 年起，紅色政權下的蒙古強行把老蒙文的書寫改成新蒙文；1992 年起，蒙古國想改回來，但目前尚未成功。老蒙文有不少漢語辭彙；新蒙文有不少俄語辭彙，彼此間基本能聽懂，而新、老蒙古文都會寫的，一般是內蒙古在蒙古國的留學生。

作為漢族人，儘管研究蒙古史一輩子都不夠用（要學 N 種複雜的語言），但這都不妨礙我們來烏蘭巴托尋找那些語言，它們包含着千百年的歲月，包含草原的溫度。

烏蘭巴托＝成吉思汗＋蘇赫巴托爾

烏蘭巴托是 1924 年才起的名字，從前叫大庫倫，是大寺院之意。「烏蘭」是紅色，「巴托」即巴托爾、巴特爾、或巴圖魯，是英雄、勇士之意。這個詞在古代就進入漢語。京劇戲台上，大凡扎着狐狸尾兒的番邦將帥帶兵打仗，都大喝一聲：「巴——禿嚕！」龍套們便接：「有！」

烏蘭巴托四面環繞着是肯特山（漢時的狼居胥山，成吉思汗時的不兒罕山）、巴彥吉如合山、博格達山、青格勒台山，四面的山都有各自的山

神。城中有一條流經蒙古中北部的圖拉河，是徐達率領大明軍隊北伐蒙古時血戰的地方。並非雨季的時候，部分河牀成為天然的草坪。夜晚漫步於烏蘭巴托街頭，能看到有人在河牀上訓練他的狗叼飛盤。街上的人皮膚曬得黝黑，幾乎沒有人穿蒙古袍，多穿白色、藍色、棕色，並不花花綠綠。能遇到有人穿蒙古袍——也是有老蒙文的地方，必然是蘇赫巴托爾廣場，這裏曾改名成吉思汗廣場又改了回來，似乎二者都能使用。烏蘭巴托是一座成吉思汗＋蘇赫巴托爾的城市，廣場上重要的雕像，便是這二位新舊蒙古的締造者。

　　成吉思汗的坐像坐北朝南，面前是他手下的名將博爾朮和木華黎，這二位都是騎馬像；他最左端是孫子忽必烈汗，最右端是三兒子窩闊台汗，這二位也是坐像。每個人的雕像基座上，都用老蒙文來標識。在蒙古人心中，這是永遠偉大、光榮、正確、無處不在的成吉思汗和他的後裔們，他並非「只識彎弓射大雕」，而是以《成吉思汗大扎撒》為基礎，創造了蒙古帝國的一切。外國人看到他們，會想起蒙古令世界膽寒的年代；廣場上的蒙古人，在追憶着那段八百年前的時光，他們的文化自信在八百年前完成了。

　　這座雕像前的台階上，從前是蒙古仿照當初莫斯科在紅場上造列寧墓的方式，修建有喬巴山和蘇赫巴托爾的墓。後來墓拆掉，建立了成吉思汗像，意味着蒙古在回歸祖先。祖先們身後的建築是蒙古國的國家議會——大呼拉爾開會辦公的地方。大呼拉爾主席最有權力，總統和總理都由他任命。廣場西側有蒙古證券交易所，東邊有國家歌劇院，南邊是一個個有簡易棚子的攤位，賣衣服和紀念品。在廣場正中，有一尊蘇赫巴托爾（1893－1923）騎馬像，回首遙望穩坐如山的成吉思汗。這是蘇赫巴托紀念碑，雕像的基座上是老蒙文，可理解為他生活在使用老蒙文的年代。他和喬巴山一樣，都是蒙古人民革命黨的創始人之一，曾到蘇聯學習，傳播紅色革命思想。此時的革命尚未引入馬列主義的概念，他的死因至今仍是個謎。

　　總有人穿着正裝在此照相，更多的是結婚時來此合影。國會的台階上

有警示線攔着，站崗的軍人會放新婚夫婦兩人和一位攝影師上去拍照。每個人臉上都笑着，任憑孩子在廣場上亂跑。那些穿蒙古袍子的人一看就來自牧區，走路都左右搖晃地點着腳，平常騎馬比走路多。不少人都別着勛章。蒙古沿襲了蘇聯的勛章制度，戰爭、生產的功績都有勛章，有的老太太別着「母親光榮勛章」，那意味着她起碼生了七個孩子。男人只要穿上袍子，戴上皮帽子，立刻秒變成國會前的坐像，那細長的眼睛和扁平的臉和祖先一樣，眼睛的顏色和祖先一樣。他們會笑話遊客不會騎馬在馬背上大呼小叫，也會對遊客吃不了而剩下的羊肉餃子而惋惜。

這是烏蘭巴托的市中心，周圍都是蘇俄樣式的樓，有很多廣場，劇院、體育館、廣場、大學，大馬戲場、摔跤場等。樓是對稱的，有的是羅馬廊柱。若看三十年代的老照片，這些大樓房已建築起來。大樓中間是土路而沒有石板或瀝青路。仿佛是一片廣袤的鄉土，要在建設成像樣的蘇俄。

那些廊柱前，是革命年代槍斃喇嘛的地方。那時，成吉思汗、忽必烈汗這些祖先和前人的畫像，都不能掛在公共場合。這是革命年代的邏輯。

「美妙悅耳的母語給了我人生的智慧」

在蘇赫巴托爾廣場南部往東一點路北，有一座街頭雕像——「蒙古普希金」達·納楚克道爾基（1906－1937）像，基座同樣是老蒙文，這裏曾是一座列寧像。我通過相貌來認出詩人，並很早讀過他作於1933年的長詩《我的故鄉》（ *bi mini nutuge* ）。蒙語中「故鄉」與「祖國」是同一詞，這首詩也可譯為《我的祖國》。詩中列數了蒙古的種種壯美，在每一節的最後，詩人都禁不住呼喊：「這就是我生長的故鄉，美麗的蒙古大地。（哈森譯）」

達·納楚克道爾基出身於落魄的蒙古貴族家庭，孛兒只斤氏，曾留學德國與蘇聯，15歲就參加革命，16歲入蒙古人民黨，也是高級幹部。但漸漸的，他對極「左」思潮產生了懷疑，在散文、小說、詩歌、戲劇都創

作之餘，還寫過《蒙古歷史概論》，討論過蒙古史的分期；編過《德蒙詞典》《回鶻式蒙古文字典》等。再革命詩人也不會放棄對本民族的認同；蘇聯統治時他曾兩次被捕，在 1937 年 7 月 13 日凍餓死於烏蘭巴托街頭，年僅 31 歲。

1937 年，蘇聯對蒙古發動的大清洗，將身着蘇式軍裝的蒙古將軍殺掉大半，佛寺幾乎被拆光了，喇嘛殺得剩不下十分之一，取代寺廟的是蘇聯的宣傳雕像。烏蘭巴托還有過一座列寧博物館。2012 年 10 月，烏蘭巴托拆除了街頭最後一尊列寧像，很多人向列寧扔靴子。那座列寧博物館改成了恐龍博物館。拆掉列寧像，豎起達·納楚克道爾基，這便是美麗蒙古的回歸。

在通行的《我的故鄉》（哈森譯）的譯本裏，有這樣兩句詩：

> 自幼學習的母語，不可忘卻的文化，
> 至死生息的故鄉，永不分離的地方。

另一種早期版本，題目譯為《我的祖國》（陳崗龍譯），這兩句的譯文是：

> 美妙悅耳的母語給了我人生的智慧，
> 我的生命已經和祖國連在一起，永不分離！

我極喜歡這句「美妙悅耳的母語給了我人生的智慧」。每個人自身的生活邏輯，對世界最初的認識，可能來自上學前就會的方言。我自認為自己最初的經驗，是帶我長大的奶奶教給我的，20 世紀三十年代北京鼓樓下胡同裏的北京話。北京話的兒化韻和沒有入聲字，多少都受到滿蒙語音、辭彙的影響。比如「胡同」，這個詞近似於蒙古語「水井」（*udum*）。

納楚克道爾基曾經研究並提出過蒙古語的拉丁化，供能用拉丁字母的人拼出讀音，藉以期待蒙古和世界接軌。他寫過《蒙古語的拉丁化法則》，但他是使用老蒙文創作的。他充滿了革命思想，卻最終為革命所吞噬。

西化在細節上

　　蒙古的西化,不僅體現在高樓大廈,更體現在一切細節上。同行的故宮博物院楊曉晨博士曾留學芬蘭,楊博士說,蒙古的部分景色和北歐一樣,連苔蘚都和北歐一樣,足以證明同一緯度、同一海拔植物的類似;連酒店大廳的裝修風格、瓷磚圖案、室內裝潢佈局甚至門把手都一樣。在大酒店的樓下都有大餐廳,會見到蒙古人像歐美人一樣,穿着西服、職業套裙、白襯衫、婚紗來此飲酒、聚會或舉辦西式婚禮,總有人上台唱《烏蘭巴托之夜》或《夢中的母親》,嗓音失潤也不至於走調。烏蘭巴托在每月1 號和每天午夜十二點以後禁止賣酒,很多 party 便在十二點時散場。過了十一點,氣氛漸入高潮,人們穿着正裝到台前跳舞狂歡一番。此刻會遇到些能講英文的人,他們用蒙古語思維,再譯成英文講給你。

　　烏蘭巴托網速破、郵寄慢、堵車嚴重,沒高鐵也沒高速,柏油路看得出做過修補。街頭跑着滿面塵灰的二手日系車。新機場的高速不知何時建完,那將是蒙古第一條高速。富人區在偏南,離總統府很近,家家是京郊那樣的獨棟別墅。貧民窟在城外北面,多是花花綠綠的鐵皮房,任由零散地搭建。房頂是天藍、淺綠或橘紅,很多用來做物流、運輸或臨時的羊圈、馬圈。貧民窟的盡頭是草原。草原的路是不長草的車轍,高低不平坑坑窪窪,下雨必成為泥潭,進出烏蘭巴托的車,渾身沾滿了泥巴。

　　每個公路旁的速食店、咖啡廳和超市裏都乾淨整潔。超市遍佈着韓國泡菜和中國的襪子、鞋墊、小家電。速食的雞腿飯給三個雞腿,可人們更愛可樂、比薩。正式的蒙餐以肉為主,飯前喝「蘇台恰」(鹹奶茶),等所有的菜做好一起上。有道四人份的菜名叫「蒙古美食」,分別是烤牛肉、烤羊排、烤雞塊和烤腸,頂多在肉下面墊上兩片生菜葉子,旁邊放一個切成兩半的小番茄,都按西餐的習慣使用刀叉。

　　透過速食店裏明亮的窗子,看公路後面的遠山和藍天,若不是偶爾有人穿蒙古袍或耳邊響起馬頭琴的音樂,這裏與美國西部一般不二。好像,這裏不再需要老蒙文,除了進口的蔬菜水果,這裏什麼都不缺。

漢滿蒙藏

烏蘭巴托有些地方可與北京類比：納蘭圖露天市場（Narantuul Open Air Market）是潘家園舊貨市場，地面還是水磨石的國營百貨公司等於王府井百貨大樓，蘇赫巴托爾廣場相當於天安門廣場，那麼廣慧寺——博格達汗宮就是縮微版的黃寺了。這是蒙古政教合一的汗王博格達汗——第八世哲布尊丹巴（1870－1924年）的夏宮。不僅能看到老蒙文，還能看到中文。蒙古王公早先沒有府邸，不過是大型的帳篷，是大清公主遠嫁把漢地的文化傳了過來。內外蒙古才建造了府邸，也建起了寺廟。

廣慧寺前有巨大的山西風格的牌坊，上面的匾額有漢滿蒙藏四種文字題寫着「樂善好施」，由中國援助修繕。廣慧寺裏，大門上繪着五爪的金龍或門神，大殿門牆上都刻着中式的紋飾，殿內供滿了唐卡與金佛。蒙地的寺廟並不算高大，但十分寬大。有的整體結構是柱子向內傾斜，寺廟的迎面似微微的一點梯形，而不完全是個長方形。這樣微微地下大上小，足以抗風。看上去不如宋、遼、金時期華北、山西一帶的大木構過癮，但它裏面殿堂的空間中，給人以神祕。

往往在寺廟的大殿裏，正中的佛像前供奉着活佛的相片，有活佛升座講經時的寶座。兩邊排開都是唸經的喇嘛，在殿內最外面會有信眾來聽經。他們不講究磕頭也不燒高香，只在每個佛像的供桌前用頭碰一下桌面，碰完會去聞一下銀製長盒子裏的點燃的綠色香末。那香末用松枝做成，異常清香，點燃後冒起白色的煙。拜完佛的人用手搧着聞一聞，好像要帶走點香氣。習俗在體恤他們，因為佛太多了。我曾在呼和浩特與大昭寺的一位老喇嘛聊天，他對漢傳佛教充滿了興趣。我問他藏傳與漢傳的區別，他用生硬的漢語説：「一樣的，都是一個釋迦牟尼。」

怎樣的建築就有怎樣的活法。在中式的召廟裏，蒙古人把信佛過成了日子。他們不介意對着佛像和文物拍照（有時要收照相費），也不介意孩子在大殿裏四處亂跑。他們把佛教當作某種習俗，不像藏地那樣作為生活的目標，並不刻意區分生活與禮拜，就像你可以在草原上背過身去對着任

意的田鼠洞撒尿，而不必管身後呼嘯而過的越野車。更如同蒙古人唱歌，他們不是歌唱家在唱歌，而是人人都在唱歌。

夏宮是中式寺院，而冬宮是在寺院旁蓋的一座俄式二層小樓，在博格達汗圓寂後便改為博物館，陳列着這位最後的蒙古汗王——兼最後一世哲布尊丹巴活佛百年前的生活用品：八仙桌太師椅，屏風上繪着美人圖，牀則是一組硬木雕花的牀屋，若不是牆上的唐卡，展櫃裏的法器，和座椅上的獸皮，這像某個山西大財主的宅子。

寺廟就像蒙古人的餐刀：刀筒身上有金屬飾鏈，刀柄後有紅絨的穗子，刀與卡扣、火鐮、褡褳、鼻煙壺、握着狼骨的鷹爪等，是成年男子的佩戴及工具，能用一生並傳給後代。而放在同一個刀筒裏的，永遠是一把刀和一雙筷子。

蒙古在草原上

總之，蒙古是一個——由韓國人開着日本車說着英語來參觀使用俄文字母的住中式建築信藏傳佛教的蒙古喇嘛的地方。

中國人可以傳統也可以西化，可以不信周易中醫、在心裏打倒孔家店、並批判腐朽的封建帝王。在蒙古，這一切不會發生。他們不是大汗的後代，也是大汗兄弟、大臣的後代，他們對民族無比認同，對祖先無比崇拜。帝王就是祖先，祖先就是信仰。祖先在街頭雕塑上，在牆上的油畫中，在蒙古包內的掛毯上，在明信片、冰箱貼上。在每個人的夢裏心裏，隨時都可與大汗相遇。蒙古國的歷史地圖，都是從自己向全世界發散着行軍路線的箭頭。清史中的康熙帝三次親征噶爾丹，這裏人會講，噶爾丹騎兵三萬，而康熙親率五十萬軍隊，還是以漠南蒙古的騎兵為主力來攻打，就這樣也沒有生擒噶爾丹，是噶爾丹病逝的。還會講，二戰中蒙古援助了蘇聯五十輛坦克對日作戰，但只有一輛坦克回來了。五十輛，再少也是榮耀。

1990 年，蒙古不叫蒙古人民共和國而只叫蒙古國，學來西方的民主

制度；2008 年，蒙古用 251 噸不鏽鋼，建造了 40 米高、世界上最大的成吉思汗像。這裏融合了大量中國、俄國和西方的建築、服飾與日常生活，混搭如同它的多邊外交，如同一個信奉藏傳佛教的西方國家，又是個正在找回自己的國家。這是一片盡可狂飲酸餿的馬奶，大嚼鹹硬的馬腸，摩挲着雕花銀壺和羚羊角彎刀的土地，一切鮮明且簡單。在草原深處，有從沒見過汽車和外國人的馬、牛、羊、駱駝與野狼。那不留影子在地上的雄鷹伸開一米多長的臂展，泛着如海般波浪的湖邊有肥蠢的土撥鼠在觀望，牛在車快貼上它時才驚恐地睜大眼睛，閒散的羊在公路中間睡大覺，被穿了鼻眼兒的駱駝反芻着衝你微笑……縱使此生免不了衰老，又為何不縱情於此，而何必埋首於自家圈內做豬呢？

　　蒙古不願用外來人的字母取代自己的字母，不願用不到八十年的文字歷史取代八百年多年的文字歷史。若真能恢復老蒙文，漠北蒙古——今蒙古國三大汗部加賽音諾顏部，便可與漠南蒙古——今內蒙古自治區六盟四十九旗重新書寫同文，這是至今世界上唯一豎寫的文字（據老蒙文創造的滿文已基本退出生活），獨特比合群更珍貴！從大唐玄宗李隆基與突厥汗王父子相稱，再到大清康熙第六女固倫恪靖公主遠葬蒙古國，這片輪流坐莊的草原上有過太多的統治者，建立過匈奴、突厥、鮮卑、柔然、回鶻、契丹等消失在風中的草原帝國。建造過回鶻汗國的首都回鶻牙帳城，窩闊台汗時的夏宮，大遼時的維州城，元朝時的哈拉和林……安葬着突厥可汗、蒙古大汗與大清公主，文字的更迭在這裏並不新鮮。儘管古城歷遭兵燹，殿宇傾圮，僅殘存黏土地基和石基，但草原深處那些巨大的石碑或石人上，還刻有他們的文字。

　　蒙古在哪？蒙古在草原上。

象外：三千年來的中國環境

　　因此，即使這樣的觀點經得住進一步的考察，問題又出現了：在前現代世界那些高度發達的文明中，中國在這方面是不是獨一無二的？如果不是這樣，或者情況相反的話，那麼我們究竟能否通過轉變觀念來拜託當前的環境困局，這種希望的現實性又有幾何？

　　——題記：《大象的退卻：一部中國環境史》結語最後一段

　　2021 年 4 月起，雲南西雙版納自然保護區的一群亞洲象一路向北走向昆明，一時成了網紅，至今關於它們的出走尚無定論。而反觀歷史，大象的出走，確實能帶來我們對於古往今來中國環境變化的思考。

　　《大象的退卻：一部中國環境史》（下文簡稱《大象》），這是一本沒譯成中文我就開始關注，作者是英國著名的歷史學家伊懋可（Mark Elvin）教授，擅長中國經濟史、文化史與環境史。北京宣武區的長椿街一帶原名叫象來街，即明朝時外國進貢大象以示友好。明代那裏設立了象房和演象所以馴養大象。每當舉行盛典時大象會被牽出來供人觀賞，寓意吉祥，甚至與大臣上朝時，站立於前御道左右，喻示吉祥，蔚為壯觀。清代大象日益絕跡，至今連地名也沒有了。可謂名副其實的大象的退卻。而古代中國，退卻的不僅是大象，更有廣袤的森林、河流，與濕潤的環境。

　　丹納在《藝術哲學》中說，影響某一地區藝術發展的三元素是種族、時代、環境——尤其是氣候。而《大象》是從環境史的視角，用西洋人的觀念來分析中華這個古老帝國三千年來運營模式的一部著作，寫的是環境，但實指統治與人心。作者不惜大篇幅地引用中國古文，從經書到詩詞到地方志，詳細地把某一地區、某一時代的環境變遷，分別用資料展現，

是個太好的資料集錦。

　　此書的體例別出心裁。書分為模式、特例和觀念三個部分。模式是分方面來對中國環境史的綜述，如從森林濫伐、戰爭效益和水利系統維持的方面分析中國環境的影響。特例即是案例，重點分析了嘉興、貴州和遵化三個地方環境的變遷。這三個地方是太有代表性，關注點是還有對中國古代環境觀念的探討。

三千年以來

　　以北京為例，在先秦時期，是大片的原始森林，而華北則是沼澤，陳蔡之間也是氣候濕潤。燕國時期，北京被稱為「棗栗之腴」，人靠棗和栗子幾可為生。遼金時還是「春漁於湖，秋彌於山」。春天到東邊通州的大湖裏打魚，秋天到西山中圍獵，那種生活，是我們可望而不可即的。

　　發展相應的代價，是北京的發展與森林的消失同步進行。木材是必需品，房屋、舟船、寺廟、陵墓建築都要消耗木材。北方不易生長竹子，一切都用木頭。古代宏大的建築一向不惜工本，並要常年修繕。北京、河北一帶多漢墓，建造多用黃腸題湊，即柏樹的柏木心。千年的柏樹僅用碗口粗細一丈來長，是樹木最核心的一段。若造個漢墓，小片森林就沒了。

　　歷朝歷代，似乎都有保護森林的意識，但無法執行。就民眾的觀念而言，北方漢人不似南方邊陲的土著，對於森林的態度並不神話。古人有土地神，卻無森林神，對於補栽樹木是一種習慣，並不是信仰。而對環境構成毀滅性的，是中國自古合久必分、分久必合的歷代戰爭，一治一亂的發展模式，每一朝都要把上一朝的宗廟社稷全部毀掉，把前朝的遺族殺光。每一次朝代的更迭，又是一次環境的大改變了。

　　除了森林的消耗，中國古代不斷地興修水利也在改變着環境。很多海外漢學家對中國興修水利並不是很瞭解。在歐洲，除了尼德蘭——荷蘭，幾乎沒有什麼國家有大型的水利，他們也沒有什麼洪澇蝗災，可以靠天吃飯。古中國必須要靠水利與運河。要把水多的地方與沒水的地方平均，再

藉着漕運溝通南北。時至今日，我們仍在搞南水北調、引灤入津、三峽工程等，治水仍是重要的開支。僅以嘉慶年間為例，黃河幾乎年年決口，而治水費用高達國家財政收入的四分之一，歷來都是官員們貪污的重點。貪官們前赴後繼地瓜分掉治水和賑災的款項，似乎中華吏治的惡劣，倒是由「國家的錢不得不花」造成的了。

興修水利是地方官員的一項重要政績。古代搞水利是徵用人民服徭役，使用流民、賤民去幹。在統治者看來這是民眾的義務、責任，也是榮耀。他們不會糾結於這種人力物力的成本，這是造福一方，是長治久安，也是君王統治的千秋萬世。而《大象》一書的作者認為，古中國的水利工程沒算對生態環境恢復時所用的代價。他在書中算了一筆賬，水利並非一勞永逸，儘管有都江堰工程的偉大，很多水利還要永久修下去，子子孫孫永不停息，如同木製的建築要不斷翻修。若列開數學公式，中國的水利肯定賠了。

說來遺憾。漢學家興許不習慣中國的觀念與國情。當初清末的傳教士來京，認為北京人燒煤要花大量的錢財，採煤的成本也很高，消耗煤炭資源還污染。但北京的郊區門頭溝多是露天煤窯，煤炭工人都是流民，抓他們幹苦力還保障了社會治安。至於工人權益如何，消耗資源和污染怎麼辦？有的燒就不錯了！先凍不死再說吧。

中國人只能這樣活着。古中國遠沒到考慮環境問題的程度，等程度到了，那必然是晚了。

運營術與遊戲規則：一種沮喪的情緒籠罩着一片美不勝收的土地

中國如此之大，它的環境變遷要從何分析入手？每一個地方似乎都是特例，每一個朝代似乎也都是特例。

《大象》一書選取了嘉興、貴州和遵化三個地方。嘉興代表中古時富庶的江南，貴州代表歷代對西南的墾荒，遵化代表近代日漸興旺的北方。此三地代表了古中國做的幾件大事：富庶南方的營造，對荒蠻地區的開墾拓殖，對久被胡虜侵犯的北方的復興。中國的土地利用比歐洲要狠得多，對

土地耕作能力的恢復也要求很高，因為中國人很多，才會經過競爭與淘汰形成底層，去做那些勞工或淪為僕役，這樣才能舉國興建重大的工程來保衛土地、營造自然。這是中國式遊戲的法則，也是中國人對待環境的態度。

五胡亂華後北方日漸衰落，經濟重點轉向南方的魚米之鄉。嘉興近海，湖河眾多，四處都是江南水鄉，四處廊橋縱橫。但水鄉並不一定田多，在鹽鹼的侵害下，嘉興的土地資源一向稀缺。水鄉種的是湖田，要將湖水排乾開發成稻田——自古以來，中國人的工作就太過辛苦。更何況明清以來這裏人口膨脹，士紳衣食無憂，百姓卻在苦苦掙扎，女人也要夏天勞作，官民之間的對立日漸增加。這時的水鄉不僅是詩意，還有人們利用水來作惡與放縱。根據作者的統計，嘉興的糧食是高產的，但維持高產要付出巨大的勞動，而這種生態體系十分脆弱，它經受不起任何災害與戰亂。——它說明，中國富有的地方不多，且並不穩定。

開發貴州又是另一番景象。清廷要拓展耕地並攫取礦產，面對的不僅是惡劣的自然環境，還有一次次的苗民大起義。古人以蠻治蠻，要通過扶持地方代理人來統治一方的。這種政策在日漸衰落的大清尤其明顯：土司對當地民眾的盤剝，駐軍軍紀的渙散與橫徵暴斂，都使得貴州的開發遭到抵制。而在從儒生中選拔的官員眼中，民眾始終是文身斷髮的蠻夷，他們期待教化民眾，把土人歸化到儒家文化圈是他們的責任。如明代末年，哲學家王陽明被貶到了貴州，他在此建書院以講學。同樣，官員被派去墾荒多是官場不得志的變相發配，他們會在此寄情山水，把邊疆當作夢裏的桃花源，在累累的危機中展開對山水的幻想。——它說明，開發荒蠻是中國千年例行的公事，充滿了「喜悅、恐怖與沮喪」。喜的是建功立業，恐的是統治土人缺乏安全感，沮喪的是，這裏畢竟是苗疆。

位於北京東部，燕山南麓的遵化，又是另一番景象。清兵入關後，長城不再成為一道邊界，遊牧與農耕的地域被打破，直至清末，東三省開始移民，大量內地農民向東北闖關東，向山西走西口，而清廷營造帝王陵墓，是東陵遵化、西陵易縣，東陵葬順治、康熙、乾隆、咸豐、同治，西陵葬雍正、嘉慶、道光、光緒，帝王陵墓消耗大批的森林資源，改變了水

利環境，也帶動了當地的發展。崇尚節儉的道光皇帝，因陵墓進水而廢棄，二次建造了陵墓。表面上他的陵墓殿堂比誰的都小，但全部用金絲楠木，耗資甚鉅。遵化因地處山谷，比周邊都要寒冷，但因駐紮了大量守靈的軍隊，人氣興旺。清東陵管理處的清史專家徐廣源老師告訴我，遵化城曾經十分繁榮，商業發達，號稱「小北京」。遵化水質很好，野生動物也很多，曾經是長壽之鄉。但這裏畢竟是因清廷而興起的北方。清亡後，遵化日漸衰落。國民政府北伐成功後，北京成為故都。

在《大象》的作者看來，嘉興雖富庶但不宜長久，貴州雖開拓但終是邊陲，遵化短暫繁榮乃是清廷建陵的結果，那無外乎是統治之術。

亦為山水亦為禪：古人眼裏的環境

每當探討中國環境變化之時，更是在探討中國人面對自然環境的思想。我始終思考中國人對於山水田園的態度，仍試圖洞悉中國人眼裏的自然，方式是利用中國的文學和史學，我想起謝靈運的《山居賦》和謝肇淛的《五雜組》。

山水是中國詩人開悟的源泉，謝靈運身處的魏晉時期，是中國人認識環境的一個重大轉變。在魏晉以前，環境的概念是模糊的、神話的，環境便是巫山雲雨。謝靈運首次寫到了現實中的自然，並提出了環境的概念。「竹緣浦以被綠，石照澗而映紅。月隱山而成陰，木鳴柯以起風。」山水是可以依託依靠的實在物，有了山水才有了風月。仙佛已經退居其次，所以以往也會說謝靈運的詩相對唯物。在謝靈運的時代，吟誦山水和開發山水並不矛盾，熱愛自然與保護自然渾然一體。現如今我們陷入了環保的兩難，始終糾結在發展——破壞環境；環保——停滯發展的二元對立中。為了應對，只好造出「可持續發展」的說法。這種對立是近現代以來才有，是我們自己作的。在謝靈運的時代，中國沒有這個觀念，也不存在這個問題。

周作人在《夜讀抄》一書中，多處引用《五雜組》，這本書對周作人

的思想形成也有很大影響。謝肇淛對於古代環境的論述十分客觀，他薄上天而非鬼神，他從現代科技的視角（包括「氣」的角度，地震和土地孕育萬物解釋為地氣）解釋自然現象，把很多自然現象脫去了神祕色彩。他甚至不提倡五行學說，是一位很客觀的科學家。但他為什麼一再聲稱，自己看見了龍，還說和別人一起看見了龍？

通過死磕謝靈運與謝肇淛，感到很多人把中國的環境問題，解釋到了中華「帝國」的統治。這一點十分有趣。即中國皇帝是真龍天子，天人感應是皇帝對天地的感應，這種感應與百姓無關。於是中國歷代的帝王的統治，都是在不斷給民眾洗腦，以加強民眾對天地產生信仰，進而從信奉天地到信天子——皇帝，從而完成了龐大帝國的統治。由此解釋，中國的皇帝一再相信祥瑞（行善，自然環境就給你回報，並出現好的徵兆，比如稻生雙穗，祥雲異獸等）的說法，並最終在清代登峰造極。而相應的，清代的「頌聖」文化也登峰造極，並延續到今日。

由古代環境想到民生，那麼古中國究竟是貧是富？我們總是說中國地大物博，但為什麼每當一有災害，就賣兒鬻女，易子而食，折骨為爨？古中國真的很富有，但富有太過脆弱。不論是舊時王謝，還是老杜憶昔的開元天寶，在孟元老懷念的東京夢華，似乎都逃不開鏡花水月的噩夢。唐朝最為強盛的年代不過是五十年，安史之亂後就一輪落日冷長安。而宋代，中國經歷了不小的冰河期，宋朝很冷，徽欽二帝被擄到五國城，似乎到了西伯利亞般苦寒。

這是活生生的富不過三代，這一切都與環境的變遷有關吧。

接受，但不知如何改變它

中國的環境問題終於使清朝承受了巨大的壓力，並為今天的環境崩塌埋下了伏筆。

在書正文結束語的最後一頁，作者說了句異常精闢的話：「除了上海那樣有機會接觸到外國的技術和資本，能相當成功地走上一條部分獨立的

道路的特殊飛地外，龐大的鄉村部分地約束延緩了中國經濟整體邁向現代的步伐。」

　　大象退卻了，我們再也找不回大象能生存的環境。這就是中國三千年環境史帶給我們的結果，我們很接受這個結果，但不知如何改變它。

參考文獻：

《大象的退卻：一部中國環境史》，〔英〕伊懋可，梅雪芹、毛利霞、王玉山譯，江蘇人民出版社，2014

《北京森林史輯要》，北京林業志辦公室組編，北京科學技術出版社，1992

《中國森林史料》，陳嶸，中國林業出版社，1983

《五雜組》，謝肇淛，上海古籍出版社，2012

《漢魏六朝賦選》，瞿蛻園選注，上海古籍出版社，1983

巫術：情蠱巫術一般長

知婦人造事，有外夫者，取牛足下土，着飲食中，與婦人吃，
時令夜間喚外夫名字，又道期會處，勿使人傳之。

婦人別意，取白馬蹄中土，安婦人枕下，物（「勿」）使人知，
睡中自道姓名。

——《敦煌遺書》中防止婚外戀的巫術

巫術離生活一點也不遠，它是世界各國的民俗之源、文化之源、制度
之源。比如「中春之月」的男女野合，為了順應天時以祈求五穀豐登；在
人偶上寫生辰八字用針狠狠扎，被咒的人會疼痛受傷至暴病而亡。在舊京
的風俗中，熬藥的藥渣要潑在大街上，借來的藥鍋不能還。有如妙峰山拴
娃娃，白雲觀東嶽廟摸銅騾子，既求治病，又求生育……最早音樂也是巫
術，是通過模擬野獸的叫聲用來捕殺它們。弗雷澤上下兩卷的《金枝》即
是本巫術大全，都是在討論此類問題——男女睡不睡覺與莊稼結不結果之
間的關係。

古典小說中的巫術隨處可見，在沒有唯物觀的時代，都被當作真實
場景的描寫，仿佛不僅是書中人物信巫術，連作者也一併相信。《金瓶梅》
中，李桂姐把潘金蓮的頭髮絮在鞋子底，每天狠勁踩，潘金蓮頭疼噁心，
飲食不進。《野叟曝言》第八十回中，描寫了一個巫婆的做法：先是敞胸露
懷，像跳豔舞一樣自我摩挲一番，往前走三步，再往後走三步，口中唸咒
語，再三點全露。她想藉此控制男人，沒有奏效，算是個惡搞的劇情。傳
統戲曲中更是滿台下蠱作法，並伴有火彩特效的表演，如今大都在淨化舞
台的過程中消逝了。

遍地巫術與巫婆

我們假定在古代夢想可以成為現實，那時的容妝是給神看的，唱戲是給神聽的，飲饌是分享神餘，在世的人為那世的人活着，因此神能保佑人。當人開始為自己而活時，世界上便沒有了神，也無從保佑了。

巫是通神的人，「巫」字的構成是從「工」字。「工」是頂天立地。西洋人通過耶穌的神跡來認識上帝，中國人通過巫跳薩滿來認識自然，他們從《楚辭》中來，穿越了兩千多年才到今天。

每翻史書，看到巫術之處，都會興奮不已，《三國》要看借東風，《水滸》要看入雲龍公孫勝做法，《紅樓夢》要看賈寶玉幻遊太虛境，還有馬道婆做法——那足足是一場巫術的小宴。

趙姨娘憎恨賈寶玉和王熙鳳，她忽悠賈母說：

「大凡王公卿相人家的子弟，只一生長下來，暗裏就有多少促狹鬼跟着他，得空兒就擰他一下，或掐他一下，或吃飯時打下他的飯碗來，或走着推他一跤，所以往往的那些大家子孫多有長不大的。」

賈母真信。經過一番施捨的討價還價，馬道婆向趙姨娘要了張紙，拿剪子鉸了兩個紙人兒，問了賈寶玉和王熙鳳的年庚，寫在上面；又找了一張藍紙，鉸了五個青面鬼，叫他並在一處，拿針釘了：「回去我再作法，自有效驗。」結果，寶玉的頭疼得更厲害了，幸好有靈通寶玉救命。曹雪芹這般寫的目的，為了說玉的靈通，至於這麼大的巫術案，卻不了了之，馬道婆也就此消失。直到高鶚續寫後四十回時，才寫了馬道婆被抓，通過搜查，發現了馬道婆身上和家裏藏着的各種巫術用品，計有：不穿衣服的象牙刻的一男一女，兩個魔王，七根朱繡花針，泥塑的煞神，幾盒子悶香，一盞七星燈，帶着腦箍、穿着釘子的、拴着鎖子的草人等等。

巫術在唐代要根據受害人受害的程度來判刑，清朝判得嚴一些，主使者直接絞刑，巫師流放三千里。因此趙姨娘不會有什麼好下場。這點小破事在浩瀚如長江大河的《紅樓夢》中，連朵小浪花都算不上。可巫術在古人的生活中，已深入到各個方面，當作真實的存在。

神祕的厭勝

巫術有很多種，其中一大類通常被叫作厭（yā）魅之術，也叫「厭勝」，即「厭而勝之」，意思是用法術詛咒或祈禱，以達到壓制人、物或妖怪的目的。《紅樓夢》中馬道婆使用的巫術叫作厭（yā），用對人偶下手映射到對本人下手，是具有攻擊性的巫術。魅，又叫作媚，根據向神魔祈禱等方式實施。此種巫術使人相信、愛戀、寵愛對方，用於女性對男性、臣子對帝王之間。巫術與古代女性有關的地方，幾乎都與媚術有關。

先秦古籍《汲塚周書》中，寫到一些自然現象與女人之間的關係，是巫文化的殘留：

> 一、春分之日，元鳥不至；婦人不信。
> 二、清明又五日，虹不見；婦人苞亂。
> 三、立冬又五日，雉不入大水；國多淫婦。
> 四、小雪之日，冬虹不藏；婦不專一。
> 五、大寒之日，雞不始乳；淫婦亂男。

再有如馬王堆漢墓出土的漢簡，多是以房中術和巫術為主，無過是為了夫妻和好而費力的事。其中一條，用雄雞或其他雄性鳥的左爪四隻，年輕女子的左指甲四枚，在一起熬治，塗在對方衣服上，可使夫妻和好。雞和鳥類的大腦也有此類功效，把鵲腦燒成灰，放入酒中，飲此酒之人會相思。在敦煌遺書中，也記載了大量的女性巫術。

這些看上去是歷史的邊角料，但也有學者善於挖掘。周作人四大弟子之一江紹原在《髮鬚爪》一書中引了「令婦相思」巫術祕方：

> 相思（紅豆）五個，婦人頭髮五錢，乳汁五錢，和成劑，作四十九丸，瓷器盛。祭於六甲壇下，腳踏魁罡二字，右（一本作「左」）手雷印，左（一本作「右」）手劍訣，取東方氣一口，唸《相思咒》七遍，焚符一道，煎藥幾日盡服止為廢。如遇交媾，服之，如在自己腹（一本作「腰」）中寄放相似；如前作用，從丹田中運藥一粒在舌，令婦人呀舌吞藥。從此愛戀密濃，千思萬想，時刻不能下也。

此段中做法的部分，屬於茅山派法門，修煉不易，不建議隨便嘗試。

巫術橫行泛濫起來會帶來災難。漢武帝時，女巫奉旨與大臣在柏梁台上交合，遂開了穢亂朝政的先河。後宮中不少宮女將漢武帝的人偶畫像放在牀下，以祈求皇帝的寵倖，卻被寵臣江充説是施行巫術，殺掉不少宮女。江充又説宮女是東宮太子指使的，他成立「專案小組」，親自帶人到東宮去抄家，被太子殺了。漢武帝誤以為太子謀反，派御林軍前去鎮壓。老爸和兒子的衛隊在長安城內大打出手，末了是東宮被焚，太子失蹤，估計是死於亂軍之中認不出來了。而這一切，都是信巫所開的禍端。

性與神通

巫術認為相似的東西都有相同的功效，隨後是聯想的無盡放大。由此傳統上認為，女性有特殊的治病功能。女性身體的毛髮和部分排泄物多被視為不祥，卻又被視為藥品和武器，屢次被用到醫學和戰爭中，馬王堆出土的帛書到歷代醫書皆有介紹。如天癸可治花柳病；取婦人陰毛和月經布燒成灰，和着洗陰部的水喝下可治前列腺腫大；陰部的骨頭可賣給出海船夫來駕馭深淵中的神龍；蚺蛇腹內的油脂可讓男童「縮陽」並無藥可解，到了年頭自然出來（蛇有幾歲就縮回去幾年）；蛇的精液可引誘女性，做法是見到兩條交媾中的蛇，用手帕蓋住它們，被手帕粘過的女性會淫亂等等，不一而足。

污物也可用來破法術，相聲《山東鬥法》裏，山東屠戶與倭國道士上法台比試做法。道士放三昧真火來燒他，可他是殺豬的，身上帶豬血，就這樣把法術破了。血液在古代被認為是神祕之物，結盟時要歃血為盟。某些地方殺豬宰雞，人們都趁熱把血喝了，認為是大補。還記得童年時，對門的爺爺在雞脖子橫上一刀，抬頭張嘴，將可憐的雞雙手舉過頭頂，那血便流入口中。

小時候最愛看《封神演義》和《鏡花緣》。在《封神演義》中武王與紂王兩軍對陣，一方用妖術發了大招，另一方用「萬點梅花帳」來破除妖

法；在《月唐演義》中也有，並解釋「萬點梅花帳」是處女血灑在白帳子上，猶如萬點梅花。《月唐演義》第六集為《三盜梅花帳》，有三十回的故事。魯迅的《阿長與山海經》中，寫長媽媽給迅哥兒講的原話：「城外有兵來攻的時候，長毛就叫我們脫下褲子，一排一排地站在城牆上，外面的大炮就放不出來；再要放，就炸了！」天癸、產後的血、陰道分泌物，再擴大到裸體、頭髮、肚兜、裹腳布……貼身便靈驗，流血即血光之災。

這種巫術從太平天國用到甲午海戰，並寫在正史之中。有記載某某炮台處，全城收集了女性的污物和糞尿來禦敵，會使得敵人炮火不發，取得勝利。太平軍、清軍和義和團都爭相使用，儼然成了國粹。太平軍信洪秀全版本的天主教，一向說此種方法對付清妖最靈驗，而義和團對付洋人卻總是失靈。可見靈驗與否不，在施者是不是中國人，而在對付的是不是洋人。使用愚昧的方式對付外來侵略者，失敗了也要吹噓是勝利，這是層層遞進的悲哀。

比起義和團，女性組成的紅燈照更傳奇。在 20 世紀六七十年代，採寫到最後的義和團老團員，他們仍敍述，紅燈照的仙姑們，是會「像個雞蛋那麼大小的掛在空中」，看着義和團在下面開打，她們像李尋歡一樣發飛刀，能輕易取出洋人槍炮上的螺絲等，還能像超級賽亞人一樣發「波」——口述史中叫空中縱火。義和團一把火把前門箭樓連帶前門外大柵欄上千家的店鋪都點了，原本說有位大師兄，號稱說一句「火止」就能滅火。真點火了，大師兄則沒了蹤影。

把義和團與紅燈照對比一下：義和團跑到宣武門教堂，把畫符的黃表紙貼到門上，大喊一聲：「燒！」就燃起了大火。紅燈照從北京升空飛到外國，末了在保定降落，報告說海外十八國，已被紅燈照滅了十六個。差別在於：義和團放火燒的教堂，紅燈照徹底睜眼瞎說。再有如西什庫教堂，說法像鬼故事：有裸體婦人和被剖開肚子的孕婦，像耶穌一樣被釘在教堂的牆上，因此破了義和團的法術。這一切是由在教堂鐘樓裏手持「萬女旙」的洋人指揮的，「萬女旙」像女巫騎的大掃帚，是用婦女陰毛編織成的。

以上是北京的版本，還有天津的版本：義和團攻打天津紫竹林教堂，說教堂上架着洋炮，每尊炮筒上騎着裸體婦人，「避炮之法」就被破了。聶士成領清兵與義和團開打時，命人找妓女要衛生巾。清代的衛生巾用雙層布中間加上溫熱的草木灰，既能防側漏，還能多次使用。清兵把此物圍繞在脖子上，義和團的法術就失靈了。這類事情，阿長也對幼年的魯迅先生講過，並被寫進《阿長與〈山海經〉》中。

以上種種「陰門陣」的巫術都有歷史淵源，清代俞蛟的《臨清紀略》中記載，在乾隆年間，山東王倫叛亂，其攻城軍隊中有個穿黃馬褂嘟吧嘟吧唸咒的大師，任何炮彈都傷不了他。這時有個老兵出主意，從城裏叫來一些妓女，裸露下身對準他，旁觀官軍開炮，才把這個人打倒。在義和團的語境中，他們先假設洋人用巫術，再假裝自己用巫術防守反擊，如果不靈，是洋人採用虐待婦女破了巫術。因為我們比洋人有道德，所以輸了。

這是一套趣味邏輯。而對女人的超能力是這樣解釋的，男屬陽，女屬陰，女人之陰屬於陰中之陰，而火屬於陽，光身女人有滅火的功效。紅燈照中所招募的多是十二三歲到十七八歲的少女，十二三歲仍屬於女童，而十七八歲的少女也尚未婚配。女人法力的排行，即是女童＞少女＞少婦＞大媽＞老太婆，這種觀念從弗雷澤的《金枝》中也能解釋。

它首先是文化的

那麼多烏七八糟的東西被記入正史，令人難以對面。我們在生活的船上，一隻腳踏在理性的船艙內，一隻腳踏在感性的船艙外；好似一隻腳踏在現實，一隻腳踏在虛幻，身子隨船的搖晃而來回偏轉。不必管與性有關的巫術是否科學，它首先是文化的。

巫術進入到民俗，首先表現在禁忌方面。如古人祭祀時要齋戒，戒除葷食和性；再如宋朝時把兔子頭或清朝時把螃蟹掛在門上能辟邪。老年間有說法：懷孕了不能從正在蓋着的房下走過，不能吃葱薑、兔肉，不能看兔子、侏儒和猴兒，而應看體貌豐美的大丈夫，這樣孩子生出來不會成侏

儒和兔脣；若生孩子時一隻手先出來，那就是孕婦曾跨門檻待着，這時往孩子手心上放點鹽，他能自己縮回去再順產出來；若要生男孩應吃毛蟲在樹上的繭，吃螳螂的卵房或蜂房。蜂房代表多子，螳螂又名刀螂，取「當郎」的諧音。而新婚夫婦要在牀上放棗和栗子，取「早立子」的諧音，還要放「花生」，要男女岔開花搭着生。以上的種種禁忌與反禁忌，自然成了對敵的武器。

倘若生在古代的邊陲，我興許會首選巫師作為職業。而所喜歡鑽研的「巫術」，自然是那些能使得男女合百年之好、或能戰勝霧霾的「巫術」。而不喜歡的，是義和團般烏七八糟的巫術、害人的巫術。巫術也分善惡，每一位霍格華茲魔法寄宿學院的學生都應該懂得，善良必將戰勝邪惡。

當然隨着現代化的發展，巫術最終會被科技所取代，以上與兩性有關的巫術，權當閒扯淡了。

參考文獻：

《禮記正義》，〔漢〕鄭玄注，〔唐〕孔穎達正義，呂友仁整理，上海古籍出版社 2008 年

《金枝：巫術與宗教之研究》，〔英〕弗雷澤，汪培基、徐育新、張澤石譯，商務印書館 2012 年

《髮鬚爪：關於它們的迷信》，江紹原，中華書局 2007 年

《巫術與語言》，李安宅編譯，上海文藝出版 1989 年

評書：世上已無柳敬亭

　　大約是在 2010 年，我曾有幸見過評書大師袁闊成先生。他穿着樸素，戴了副寬邊眼鏡，身量不高，走路稍微有點兒踮腳，腰板卻倍兒直，精氣神極佳。當時他已經八十一歲高齡了。一說話，感覺到他聲音洪亮，非常親切，不像照片上那位身着長衫的大師，只像位普通而有文化的老人。交談過後，他與我們握手道別，他用力握手，對我用開玩笑的語氣說：「千萬不要看不起我們民間藝術啊。」隨後他飄然而去，瀟灑如得道的世外高人。這次短暫的見面是我的榮幸，每每再聽他的評書，更感覺這一藝術的博大精深。

一

　　過去評書老師授藝時，要學生領悟一首《西江月》：「世上生意甚多，唯有說書難習，緊說慢講非容易，萬語千言須記。一要聲音洪亮，二要頓挫遲疾。裝文扮武我自己，好像一台大戲。」說書這碗飯，是不容易吃的。

　　評書有很多種說法，過去有茶館，也有專門的書館。茶館裏以喝茶談事為主，可以請先生說書或有其他曲藝表演，而書館裏主要說書，喝茶是次要的。茶館裏的書、書館裏的書、電視評書、廣播評書、晚會上的評書、現場有觀眾的評書、靜場沒觀眾的評書、現場打錢的評書、統一賣門票的評書，說法都不一樣。

　　在書館、茶館裏說書，起步得說一兩個鐘頭，其間包括拉典故、聊大天。說書人說到《挑簾裁衣》的時候一拴扣子，第二天書座兒們還接着

　　　　　　　　　　　　　　　聲色之城：市井江湖稗官野史

來。若是有客人要外出三天，提前打好招呼，三天後回來，聽到的還是西門慶見潘金蓮，這三天既有內容說，又不能讓其他座兒煩了，這是說書人的能耐。到了廣播裏就不是這麼說了，每集二十五分鐘，什麼都沒展開，每集就結束了。有的評書演員在現場說得挺好，在靜場錄音時就難受，說出來不是味道，要給他找幾個聽眾坐在對面才行。有的演員只能坐着說，沒法兒站着像田連元那樣帶上武功身段，來個打拳踢腿、刀槍架子，有的人連「大槍一顫」的身段一輩子都做不好。在晚會上演出，是在十幾分鐘內一下子吸引觀眾，把節目演火了，是另外一種功夫。

按照內容分類，評書分為袍帶書（俗稱大槍杆）、短打書、神怪書、世情書等，還有各種短段。袍帶書是歷史演義，短打是俠義公案，以女將為主角且帶有神怪成分的叫「花袍帶」，比如以穆桂英、樊梨花為主角的書。評書中，說書本上印的為基礎的叫「墨刻兒」，說書本上沒有的叫「道活兒」。如果只說「墨刻兒」，聽眾等不及了，可以買本書來看，這樣就不花錢聽了。「道活兒」都有些新鮮玩意兒，《三國》《水滸》《封神》《西遊》裏不見於書本的故事很多，都是靠着評書藝人口傳心授。現在能說「道活兒」的演員不多了。

二

袁闊成不論袍帶、短打、神怪、世情，不論「墨刻兒」「道活兒」，不論古代、現代，不論長篇、短段，一勺燴，都能說。他還在春晚上說過評書小段，和田連元說過相聲，不管什麼書，張嘴就來。

他說的《三國》如黃鐘大呂，那種大歷史、大戰場、大人物的氣勢，令聽者折服。聽他說《西楚霸王》，聽到劉邦的各種陰謀和項羽的冒傻氣，不禁為項羽着急，最後聽他說到十面埋伏、霸王別姬之處，幾欲落淚。他說書的細節很傳神：說《三國》時說呂布的狂傲，說他為了顯示赤兔馬快，故意放敵將跑出一段再追；在大開大合之中，還充滿了各種如打翻酒杯之類的小細節。他說《封神演義》，在說各種神魔鬥法之際，還塑

造了費仲、尤渾兩個小人物，為書裏添了很多包袱。

　　同樣，袁闊成是一位幽默大師，他說《溫酒斬華雄》，形容華雄一天殺死袁紹四員戰將，這一天四員，十天四十，一百天四千，不幾天就殺完了。他在《水泊梁山》中說高俅，「長得是趙高的腦袋、董卓的眉毛、曹操的臉、費仲的鼻子、尤渾的眼、王莽的耳朵、龐文的嘴，就鬍子長得還不錯，跟張士貴差不多」。他描述時遷盜寶之後曾留下一束，寫了一首歪詩氣「生鐵佛」崔道成：「大麥青青小麥黃，蟠桃美酒我先嚐。賊吃賊，越吃越肥。」聽來讓人噴飯。

　　袁闊成講的《水泊梁山》就是「道活兒」版的《水滸》，用的是《水滸》的人物，但故事與《水滸》中不一樣，是從宋徽宗的一把紫金八寶夜光壺被高俅留下把玩而被盜開始的，引出「生鐵佛」崔道成盜壺觀見，反被「鼓上蚤」時遷偷走，往下引出另一路的故事來。袁闊成把原著中一些沒多少篇幅的小人物如「鼓上蚤」時遷、「飛天大聖」李袞、「鐵笛仙」馬麟、「矮腳虎」王英、「九尾龜」陶宗旺、「神算子」蔣敬當作主角，還說了個「江湖四怪傑」：「鐵棒」欒廷玉、「神槍無敵」史文恭、「擎天柱」鮑聞、「生鐵佛」崔道成。可惜這部《水泊梁山》播出了一百回還沒播完，不知道後面的錄了沒有。

　　新中國成立以後，評書要說《林海雪原》《烈火金剛》等紅色現代評書。現代評書與傳統書在故事內容和主旨上都不同，而在袁闊成這裏是一樣的，他說的現代評書是傳統評書的套路，連口風帶技巧都是一脈相承的。其中很多段子如《舌戰小爐匠》《肖飛買藥》都是經典選段，演出時都帶上邊式的大身段，說踢腿就踢腿，在網上看到一段 1981 年錄製的《肖飛買藥》，百看不厭。

三

　　全國各地都有評書家，袁闊成出身於北京這一脈的評書世家，與連麗如的父親連闊如平輩。

評書這門藝術承傳十分複雜，演員眾多，排的字輩不那麼整齊，很多人排的字輩不同，實際上是一個輩分。一般認為說書起源於明朝的柳敬亭，而柳敬亭說的是打着鼓的大鼓書，邊說邊唱，由三弦伴奏。柳敬亭在清代康熙年間在北京說書，收了個徒弟叫王鴻興，王鴻興收了三個徒弟，叫何良臣、安良臣、鄧光臣，號稱為「三臣」，這是北京評書一脈的發展與承傳。這一脈因為進宮演出的不便，很早放棄了伴奏和打鼓，改為純粹的評書。

評書演員裏，劉蘭芳是唱東北大鼓出身，代表作是《岳飛傳》，她的師傅趙玉峰是西河大鼓趙派的創始人；單田芳是唱西河大鼓出身，單田芳母親王香桂就是唱西河的，藝名「白丫頭」，父親單永魁是弦師；田連元也是唱西河門弦師出身，給愛人伴奏，把愛人演唱的西河鼓書《小八義》改編成評書，他的師傅是相聲演員王佩元的父親王起勝，本身是西河門「連」字輩，與賈連舫、馬連登平輩，賈連舫是李鑫荃的夫人，連麗如的丈夫賈建國的姐姐，馬連登是馬增錕、馬增芬、馬增蕙、馬岐等人的父親。西河門與評書門，「連」與「闊」是兩套字輩排列，之間師承不同，但通婚倒是極易發生。現在由大鼓書改說評書的名演員很多，比評書門出身的火。

說起評書門，「闊」字輩的晚輩中，有「增」「存」等，知名的演員有李鑫荃、劉立福、連麗如、張振佐（又名張增友，是張少佐的父親）、顧存德、姜存瑞、于樞海等，其中一批都已凋零，或淡出觀眾的視野。比如李鑫荃是 20 世紀 60 年代說紅色現代評書的帶頭人，由他改編演播的《紅岩》《平原槍聲》紅極一時，他天賦、悟性極高，詩詞掌故信手拈來，曾與袁闊成齊名，罕有把現代評書說到他那種水準的人。

不論從歷史承傳、現場演出還是從史料研究和藝術欣賞角度，袁闊成先生都是極為珍貴的活文物，是一個時代的標誌。「古有柳敬亭，今有袁闊成」，作為當今輩分最高，也幾乎是成就最高的評書大師，他的去世，不僅是一代大師離世，也是一個時代的終結。

四

記得袁闊成生前曾說過救救評書，評書式微的原因是生活方式的變化。現代人少了大把的閒暇時間，沒空去泡茶館了。就像前文所說，唱大鼓書出身的演員火爆，是因為鼓書改編成評書，故事都很傳奇，沒有那麼多的評、拉典故、刀槍贊等，講太多的典故也沒人聽。人們已經習慣了在廣播和網上聽評書，更少去茶館、書館聽評書了。

當下娛樂方式多種多樣，大家都很忙很累，頂多是在乘坐交通工具時聽聽，評書受眾的主體變成了計程車司機。這時的廣播是伴聽的，不管播的是什麼，有個聲就得，也做不到每天都按時等着。喜歡的話，直接上網就什麼都能搜到。評書的良性發展，可能要等到觀眾再次養成去現場聽評書的時候。連麗如帶着她的徒弟和乾兒子們，或是馬岐帶他的徒弟們，在茶館、書館裏現場說書是很有意義的事。

評書承傳問題的本質並不是後繼無人，而是社會沒有給年輕的評書演員留飯吃，他們沒有足夠的舞台。各地都沒有足夠多的茶館、書館，有的話，單靠每人幾十塊錢的門票是難以維持運營的。而專業院團也沒有名額，年輕評書演員大多有其他的工作，比如從事出版、影視等行業。

再者，可聽的評書太少了。以前說評書，說趙雲槍挑了曹將，都有「去你媽的」之類的髒話；而說樊梨花，都是說樊梨花是黎山老母的徒弟，黎山老母下凡鬥法。1949 年以後淨化舞台，這些都被刪了，也有很多不錯的神怪評書失傳，尤其是「道活兒」版的內容。現在一些演員學的都是短段，會個《轅門射戟》和《三打祝家莊》，走遍全國，到哪兒都講這兩段，讓他說整本的《三國》《水滸》，他就不行了。以前各地有很多版本的《濟公傳》，教過王玥波的馬增錕先生最為擅長，現在流傳的《濟公傳》殘缺不全，徐德亮曾出版了一個百回本。

評書會漸漸衰落，但永遠不會消亡，就像地方戲曲一樣。總是會有一批熱愛評書的演員和觀眾在說書、聽書。對於評書的創新，並不值得擔憂，每種藝術都在隨着時代發展而發展，未來評書會是個什麼樣子，還是走着看吧。

先生：「東北版老舍」之單田芳

一代評書名家單田芳老爺子駕鶴西遊，便真覺得歷史和童年都結束了。

在評書演員中，他是勞模；在評書迷的心中，他是單爺；在普通聽眾心中，他是永不消失的那個麒派的嗓子。他的嗓音是模仿秀時的模仿對象，人們會學他的口音播天氣預報和解說足球。年輕人若說聲音辨識度，可能是郭德綱、林志玲和單田芳。他把自己說成了文化符號，從八十年代就大量出版評書，一度成為評書的代稱，像郭德綱成了相聲的代稱一樣。他曾把評書出成磁帶，也曾改過電視劇，可想按磁帶錄的時長和成本來算，聽眾再愛聽也不可能買一箱回家，他也賠了不少錢，但他始終在經營公司，一想這位老人一生為什麼那麼拚命，他到底經歷了什麼。

單田芳的繼承與創新

對於評書，單田芳與其他名家都不一樣。

能看到很多採訪中，單爺曾說過他不想說書，但因病退學選擇了說書。他從小聽書聽得多懂得多，但並未想登台去說書。他後來在李慶海、趙玉峰等前輩的傳授下，有家傳的西河大鼓書，又大量地繼承改編評書。仿佛是金庸小說裏無意中寫了《九陰真經》的黃裳，無意中走到這個行當裏，把別人的武功一網打盡。比如他最把杆兒的活：《明英烈》。傳統的《明英烈》一般到打陳友諒為止，而後來的炮打慶功樓等片段，都是他根據歷史和演義小說編創的。包括《明英烈》中的細節，元朝太師脫脫他說使用的是九鳳朝陽刀，而京派評書的版本都是鳳翅鎏金斧，是跟金兀朮一

樣的兵器。

　　單爺説書的書目極廣。袍帶書能説《隋唐演義》和《明英烈》，短打書能説《三俠五義》《白眉大俠》《童林傳》；神怪書能説《封神演義》《西遊記》；新書能説《亂世梟雄》《百年風雲》《千古功臣張學良》；而紅色革命的書，還說過《賀龍傳奇》。他還說過民國武俠名家宮白羽的《十二金錢鏢》《鐵傘怪俠》，幾乎無書不説，走數量路線；最了不得的，還聽過他一部《樂蒲包與豐澤園》，是根據一位當代作家的小説改編的。講京城知名的飯館豐澤園的經營史，也是創始人樂蒲包的發家史。一個開飯館的有什麼故事可講？可單爺照樣説得津津有味，把一個某某要人來這裏吃飯，而店家怎麼準備佈置，説得跟校軍場比武奪帥印一樣熱鬧。

　　究其原因，單爺最會擺弄書道子（評書底本），他能把不同的幾個故事套子一拼接，就能編出一部新書來。一部《白眉大俠》以前不是接在《三俠五義》故事的後面，但他梳理了人物關係，把《三俠劍》的書道子挪到這裏用，而到真説《三俠劍》時繼續編新的。他能從徐良這一輩的俠客，説到各門各派祖師爺那裏，前後能説出五六代人，最後出場的人物都有一百歲的老劍客。裏面的人名和綽號都瘋了：銅金剛鐵羅漢磨成大力佛歐陽普中、橫推八百無對手軒轅重出武聖人于和于九蓮……但每位劍客的形象、性格、武功、兵器、為人都十分鮮明，這足令寫小説的羞愧。而這還算完，他還給續了個《龍虎風雲會》，幾乎是白眉大俠的「同人小説」。

　　他的《隋唐演義》，好多人的出身和結局，和其他評書名家和小説都不一樣，羅士信是在揚州戰死的，秦瓊的妻子是賈氏而不是通行的張氏，尤其他給秦瓊配了一個特別長的綽號——馬踏黃河兩岸，鐧打山東九州六府一百單八縣，威震山東半天，孝母似專諸，交友賽孟嘗，神拳太保，金鐧大將秦瓊秦叔寶。《童林傳》是他根據《雍正劍俠圖》的故事，自己編出來的一部書，與民國時評書名家常傑淼的著作，和後來李鑫荃的改編本都不一樣。《亂世梟雄》裏面，他説張作霖，讓人頭一回知道東北「鬍子」（土匪）的形象，聽他滿嘴裏「啪啪啪」的槍聲，和「鬍子」的黑話與做

派。他結合了大量史料和傳說，講述張作霖梟雄的一生，給其安了個紅顏知己田小鳳。這人物是全虛構，那時候張學良還在世，給這麼近的人物加故事，能把人說得不挑眼，直讓人想做點版本學考證。

單爺說的書、編的書太多了，自然有高下之分，這在同行中也是爭議不斷。但他有一點很了不起，即敢於否定和改動自己的作品。很多名家把一部書說火了，就當代表作立住了，不能動了，以此為範本傳下去。而他一部書火了但說得不滿意，沒事，咱推倒重來，再編一個，仿佛沒有心理負擔。同樣的故事能夠有不同的理解，說出不同的變化，這是他無處不在的創新意識。

作為語言藝術家的單田芳

人們都說，相聲是語言藝術，愚以為相聲是表演藝術，而評書是語言藝術。學者張衛東先生曾說：「說書人和讀書人的祖師爺都是孔子。說書的不是藝人，是先生。」作為評書藝術家的單田芳，同樣是大眾語言大師，他是東北版的老舍。

單田芳先生的評書少用讚賦，節奏很快，講述得清楚明白，如一竿子見底，把書給你說透了。特別給「書」聽——大段曲折的故事，鮮明的人物，激烈的情節反轉，而過去個別演員說得油了，會四處扯閒篇不把故事往前推，抻着說。單爺從來沒有，動不動上來「咔楞楞」各拉刀劍，要拚個你死我活。「要殺動手，吃肉張口，殺剮存留，任憑自便」、「噗啊——」「啪，腦袋被打了個萬朵桃花開」的聲音不絕於耳，還能學囊鼻子、小磕巴嘴兒、各地怯口方言（分山東、山西和南方）、小孩兒和婦人的聲音，惟妙惟肖，聽着過癮痛快。

他帶有東北口音，能說一些極形象的話：「壞得都流湯了，缺德帶冒煙兒」「搖頭晃屁股齜牙咧嘴神仙難躲一溜煙兒」「這小子嘴茬子夠用」「吹牛吹得忽悠忽悠的」「吐你一臉花露水」「接茬兒追」……（參考唐馳：《古樸的江湖世界，傳奇的歷史舊聞——單田芳的評書語言》《曲藝》2005 年

第 11 期）還有大量的俗語、諺語、歇後語、俏皮話：「人比人得死，貨比貨得扔」，「倆老錢買一碗狗血──橫豎不是東西」……這都是來自他一輩子東北生活中的語言，哪本教科書上都學不到。他的語言充滿了歷代格言和錦心繡口的民間語言。他有着化俗為雅的能耐，他說書不避俗，一般不帶髒話（頂多到「他媽的」為止），也不避諱在電台說書前播廣告──說書人播廣告也是傳統，自從有了電台就這樣。評書重在評，單爺的「評」，是街頭巷尾的人生常談，不談高大上假大空的，就談「露臉與現眼是斜對門」，勸聽眾多做好事多交朋友。

評書的內容都是活的，演員是在說評書，而不是背評書，「下次再說」的扣子可以拴在任何地方。但單爺倒很少用「欲知後事如何，且聽下回分解」，他直接說到劇情的唭節上：「×××，你就着刀子吧。」直把人嚇得什麼都不想幹了，就想先知道這人死沒死。當然是沒死，死了就沒書了。單爺也這麼說，他直接說書都是假的編的，尤其是神怪書，「廣成子祭起法寶翻天印，疾──」，然後書中帶言：「我說了您也別信」，但裏面的人情世故是真的。

他每部書裏都有個「書筋」──即能耐不大的搞笑人物。有道是：「書無筋不俏。」這種人物其貌不揚、能耐全無但壞水一肚子，運氣超好，還穿起了關鍵線索，沒他不行。像《白眉大俠》裏被徐良割了鼻子還認徐良為「乾老」的細脖大頭鬼房書安；《童林傳》裏的壞事包張旺；《七傑小五義》裏的聖手秀士馮淵；《三俠劍》裏的金頭虎賈明，多是這類人物。還有一些是傻英雄、雷公崽子類的人物，他把這些人物說得很絕，一出場就樂。

單爺的評書最感人的一點，是他擅長說人物的逆境與悲慘，大凡說到主人用英雄末路，受凍捱餓，捱打捱罵，或落入敵手遭到刑囚時，特別的令人扎心。有道是人窮志短馬瘦毛長，「單雄信是咬定鋼牙，鐵了心地不投降，誰勸都不聽，誰來罵誰，一心求死。最後徐茂公說，好，那就成全你。三聲追魂炮響，單雄信斗大的人頭落地，秦瓊這個哭啊……」「岳飛怎麼樣？那麼大的英雄，在風波亭讓人活活給勒死了。」「朱元璋炮打慶

功樓，咚嗆……」每當聽到這種片段，都讓人窩心，這裏帶了單爺自己的閱歷和感悟，他年輕時，有風光無限戴名牌手錶，也有倒霉被人把滿嘴牙打掉的時候，更品出些人生苦短，世態炎涼。但他始終在講做人的道理，在講人間正道，忠臣孝子人人敬，亂黨奸賊留罵名。那不走正道的賊人和小人，最後都沒個好下場。可英雄和好人呢？多少也會命喪他方，「只見桃園三結義，哪個相交到白頭？」人生米貴，居哪都不易。

大眾到底需要怎樣的文化？

田連元是電視評書的開拓者，單田芳是廣播評書的集大成者。

廣播評書最早在 1937 年，由連闊如開創，說《東漢演義》，由北平電台播出。那時電台是私人電台，都是直播沒有錄播，商人包時段請人來播音，同樣是掙「貼片」廣告的錢。而廣告多由演員在說書前後、中間就順帶着播了，在當時是新潮貨。而五十年代開始，廣播評書已經是各地的固定節目了。廣播不見演員，而單田芳的聲音更給人留以想像的空間，這更是他的高明之處。他和年輕後輩郭德綱一樣，懂得如何面對這個互聯網組成的世界。民國以來，大量的傳統武俠——評書文本得以連載於報紙，排版於鉛字，多是大套的小本本，錯漏甚多，也有大量盜版。多是地攤兒貨，早就翻得前後皮都沒了，瓤都爛了，可還有人讀（作家應該想想這現象）。直至五十年代，不論京津，東北一座小城市，如鞍山、本溪、營口等地，都是遍地茶館，有幾百位演員在說書。而如今單田芳，以及袁闊成、劉蘭芳、田連元等評書前輩的輝煌，都無法挽回評書的式微。最簡單的道理，年輕人接不上。這在劉蘭芳看來，是大眾有了更多的娛樂方式，這是好事，而評書還要推陳出新。單田芳生前在採訪中也說過，「同行缺交流，後輩無繼承」，「爹死娘嫁人，個人顧個人」（趙傑：《戲劇影視敍事學系列研究之——廣播評書〈亂世梟雄〉的敍事藝術》，山西大學 2014屆碩士學位論文）。

一般以為，評書的底稿（話本、書道子）是中國古代長篇小說的雛

形，評書是古典小説的活態承傳。大凡古代同一個故事，都在文人筆記、地方戲曲、話本小説、彈詞、大鼓詞中反覆出現，一個故事來回改編。話本小説的版本不是最早的，但往往流傳最廣，它體量大時間長，最針對大眾，有很長的連續性，觀眾能過癮，演員能賺錢。在這一點上，最近似的是電視劇（網劇）。電視劇取代了長篇小説和評書的作用。

大眾從聽評書到看電視劇，這似乎是順着歷史的脈絡，它們結構與功能近似，接續上純屬正常。那麼大眾到底需要怎樣的文藝？古代小説家給評書家編書道子，從福爾摩斯、哈利·波特到金庸小説都有評書，而現代小説（先鋒小説）都不願意給評書當底本了，是小説脱離了評書傳統，還是評書衰落得少有創新？學者孫郁老師曾説，現代小説中「但精彩的部分，不脱平話之跡」，也提及民國知識分子曾廣泛搜集民間語言，這是當代人目所忽視的。對評書演員來説，把小説攛弄成評書，是把整部書消化了拆散了，按照評書的規律重新組裝，而不僅僅是沿着故事蹬着説，但這樣下功夫的評書演員少了。

我們仿佛只在某某名人去世時，才有由頭藉機談談文化和童年記憶。隨着現代化的加劇，生活中不會有人坐下來等話匣子裏的評書，也很少會專程上網聽某一段，而多是在計程車裏伴聽——有個聲就得。而從前的書茶館是每天都開書，一天兩場，分「白天」和「燈晚兒」兩班，倆月算「一轉兒」（一位説書先生必然要説滿兩個月），都有固定的書客，説不好就沒買賣。如今專程去茶館聽書更是少見，一般僅多是幾十人的書座，門票賣個三五十，演員與劇場劈賬，演員之間劈賬，全分完了難以靠説書過日子，也罕有金受申先生那樣懂評書的「北京通」了。很多年輕的演員沒有走紅，仿佛是老前輩們把書都説盡了，沒有給留足夠的飯碗，而單田芳等評書前輩在二三十歲時早已紅遍一方，中年後已紅遍大江南北了。

這是時代給我們的考驗，年輕的評書演員，能否再只憑一張口拴住觀眾呢？寫小説的作家，能否再洛陽紙貴？為之瘋狂了千百年的小説和評書，到底有怎樣的魔力？這使我想起楊慎的《臨江仙》，也是單爺常用的一首定場詩：

滾滾長江東逝水，浪花淘盡英雄。是非成敗轉頭空，青山依舊在，幾度夕陽紅。

　　白髮漁樵江渚上，慣看秋月春風。一壺濁酒喜相逢，古今多少事，都付笑談中。

（本文感謝作家林遙先生。）

七代：傳奇譚家與百年京劇

尤記得多年前看電影《西洋鏡》，講譚鑫培拍電影《定軍山》的故事。電影結局時在放映《定軍山》的現場，只有電影影像而唱片聲音太小聽不見，此時劇中的譚鑫培現場配唱《定軍山》，全場所有觀眾一起齊唱：「頭通鼓，戰飯造；二通鼓，緊戰袍；三通鼓，刀出鞘；四通鼓，把兵交……」

人們來劇場中看戲，是希望能過更豐富的人生。英雄末路時聽《賣馬》，考試不利聽《范進中舉》，被渣男拋棄後聽《秦香蓮》，被老婆家暴後聽《獅吼記》，都別有一番滋味。

很少有京劇這樣一種藝術如此的雅俗共賞。活躍在舞台上有六百齣戲，二百齣俗的，二百齣雅的，二百齣半俗不雅的，您愛聽哪個就聽哪個。題材雖然永遠是帝王將相、才子佳人，卻因人都拘在了同一空間，看大活人現場表演，無論是達官貴人還是布衣草根，都能代入那個情緒，它也是一種空間藝術。

譚鑫培有着伶界大王之稱，接下來幾代人，每代人都有其藝術和為人的獨到與可愛之處。從在匯文學校學外語，一生段子遍天下，吃喝玩樂無一不精的譚小培（官稱叫譚五爺），到一嗓子能在天津中國大戲院上下響堂的譚富英，再到文武全才卻堅決說自己不是藝術家的譚元壽。

近二百年來，沒有一個家族如「英秀堂譚家」一般，完整地貫穿了京劇發展史。從晚清、北洋政府、國民政府時期到新中國成立，「文革」時期，到「文革」後恢復傳統戲時期、改革開放、21世紀新時期……每個時代都需要符合時代審美的名角兒。譚家人活躍於舞台中央，幾乎每代都有一位譚派老生得到了頂流的認可，都對京劇有突出的貢獻。七代人像是一

根糖葫蘆串兒，戲迷們都以「譚五（代）」（譚元壽）、「譚六（代）」（譚孝曾）、「譚七（代）」（譚正岩）來稱呼。

現而今，「譚五（代）」譚元壽先生也去世了。

譚派傳承與戲曲演變

1890 年起，譚鑫培在清宮裏當供奉，慈禧太后無譚不歡。譚鑫培在宮裏唱《失空斬》裏的諸葛亮，有幾步腳步走得特別好，展現出諸葛亮國之重臣的勁兒，幾位王爺貝勒也想學，但怎麼也走不出來，就問譚鑫培。譚鑫培說：「這是跟您幾位爺平常走路時學的，給化用到戲裏了。」這個故事不僅是說藝術來源於生活，更有些哲理在此：到底是生活模仿戲劇，還是戲劇模仿生活？

過去的娛樂以戲園子和妓院為主。梨園行是社會的一大縮影，（還有一大縮影是「花界」）。現代人很難想像過去京劇的輝煌，過去唱京劇，晚上六點半開戲，唱到夜裏十二點見，一共要演六七齣戲，這才留下如「開場」（頭一場）、「壓軸」（倒數第二齣）、「大軸」（最後一齣）這樣的說法。

梅蘭芳這樣的名角兒十點才登台。不論是從業者的數量、水準、上演劇碼、劇場、劇團、班社的數量、戲曲文獻數量等，都是我們想不出的豐富。人沒有不聽戲、不看戲的，京劇不算什麼高深藝術，算社會常識。毛主席喜歡高派，周總理喜歡程派，鄧小平喜歡言派……都能唱幾句。京劇世家非常多，承傳了七代的人同樣有，但每一代都是頭路角兒的真不多。

京劇不是一日就形成的，它從地方戲而來的，是從廟台藝術變為了劇場藝術，從室外樂變成了室內樂。早期的京劇保存着很多地方戲的特色。如高音大嗓，唱腔、音色有點莨、澀的地方，很多唱腔都是直筒兒的。早期的流派孫菊仙的孫派、張二奎的奎派、汪桂芬的汪派、劉鴻聲的劉派等，跟現的京劇都不是一個味兒。「時尚黃腔（指京劇裏的二黃）喊似雷，當年崑弋話無媒；而今特重余三勝，年少爭傳張二奎。」台詞比較水，

服飾不夠美觀，表演上也比較粗放。跑簾外演野台子戲時，很多臨時現編的戲還是幕表制，沒準詞兒。

因此譚家第一代漢調演員譚志道從湖北進京，從票友到下海，從漢調改京劇的過程，也就在京劇逐漸形成的過程之中。以前的戲演起來都很長，譚鑫培刪繁就簡，精簡場次和時間，降低調門，突出戲核兒。清末民國時有眾多文人創作、改編京劇，真正大量改編京劇的首席改革家恰恰是譚鑫培。

劉鴻聲唱「三斬一碰」調門很高，很受歡迎，老譚為了幹過他，改編了《珠簾寨》，用老生來唱原本是花臉的李克用，並加工裏面的唱段，使得成為今天各大流派都唱的保留劇目。

他多採取各門類藝術的精髓，能唱很多出崑曲戲、地方戲，甚至愛聽曲藝並形成家風，譚鑫培、譚小培、譚富英都愛聽劉寶全的大鼓，都是請劉寶全到自己家裏來唱。特別是譚鑫培的音色唯美，潤喉悅耳，一改京劇的風格。當時人評價他的唱腔是靡靡之音，「千秋興亡誰管得，滿城爭唱叫天兒」。

譚鑫培偏於瘦小，他演《定軍山》把黃忠戴白滿改為白三，把帥盔改為紮巾。不僅愛改，還修煉出各種「絕技」，唱《探母》楊四郎回宋營翻吊毛的過程中把馬鞭飛出去，據說唱《問樵鬧府》能把鞋子一下子甩到頭頂上。

說到譚鑫培，會令人想起電影《梅蘭芳》裏的十三燕，據說十三燕是以譚鑫培為人物原型的，片中十三燕一句話十分震撼我：「咱們是下九流啊！」在一個唱戲是下九流的年代，譚鑫培始終在想着，怎麼讓自己和後代兒孫繼續唱戲，不再是下九流。

梨園世家的形成最初受樂籍制度的影響。藝人世代不能從事其他行業，只能世代演劇為生。雍正廢除了樂籍以後，藝人才開始流動起來。家族承傳是農耕文明的體現。以前社會發展沒有那麼快，都是聚族而居，人都多子，從裏面挑個繼承家業的還不容易？但在現代化社會中，人的自我意識越來越強，人生也有了更多的選擇，生育減少，家族承傳越來越難。

還有種說法，父親是名角兒，往往兒子不一定能成名角兒，因為人家不差錢沒必要，父親也沒時間手把手地教；恰恰是當爹的自己沒成名角兒，到會寄希望於下一代。譚家所做的不只是讓孩子成角兒，更把自己的流派傳了下來。

　　譚小培先生愛吃爆肚兒、杏仁豆腐，愛滑冰，會開汽車。人們都說他有福氣，從小父親是名角兒，父親去世了兒子又成角兒了。有一幅漫畫，是譚小培對着譚鑫培說：「你兒子不如我兒子。」對着譚富英說：「你父親不如我父親。」譚小培看過後也是哈哈一笑。其實，譚三爺的唱腔十分規矩，像《南天門》這樣的戲，別人唱都當開場，而譚小培能當大軸唱。他在承傳譚派藝術上有很重要的作用。

　　再往後，「四大鬚生」之一譚富英有「新譚派」之稱，他嗓音天賦絕佳，又亮又衝，乾板剁字，唱快板十分清晰帶勁。學戲有時候就是一張窗戶紙，一捅就破，不捅不破。它很多技法都是口傳心授，手把手地教的。生在梨園世家又是唱戲的材料，那麼藉助血親和師承的關係，這位教兩句，那位點撥點撥，自然會順風順水。譚家選擇把譚富英送入富連成科班，科班裏的方式來教，沒出科就唱紅了。他與雪豔琴出演了京劇《四郎探母》的電影，這是電影史上第一部有聲戲曲片。

　　譚富英先生的故事，是「三塊三，叫小番」。京劇《四郎探母》中，楊四郎要回宋營前有一句：「站立宮門叫——小——番————！」是句翻着唱的嘎調。有的演員不唱，觀眾希望以嗓子好著稱的譚富英來唱。譚富英論嗓子沒問題，可不知怎麼，面對天津觀眾時緊張過度，愣沒上去，一下子遭了倒好。「通！」「三塊三，叫小番吶！」由此譚富英特別道歉，再貼《探母》，再接着唱。這次找了個方法，安排好「托兒」，一到這裏就先叫好，譚富英也就唱上去了。天津觀眾奔相走告：「哎，譚富英（唱）上去了沒？」「上去了。」

　　譚富英好靜，喜歡看書，為人忠厚樸實且有戲德。新中國成立以後，北京市文化部門成立北京京劇團，組成馬連良、譚富英、張君秋、裘盛戎「四大頭牌」的演出陣容，馬連良、譚富英分別為正副團長。都是四大

鬚生之一，譚富英竟然給馬連良跨刀演配角，在《群英會》裏演魯肅，在《趙氏孤兒》裏演趙盾，這按理說是幾乎不可能的事，但在那個年代就這麼讓了。

「戲路」曲折譚元壽

1964 年，北京京劇團將滬劇《蘆蕩火種》改編成為同名京劇，第二年又在毛澤東的授意下更名為《沙家浜》，後來由江青提出要突出新四軍指戰員郭建光的形象，把他從配角提升到主角。叫誰來應這個活？還是譚家人，特別是嗓音高亢，文武俱佳的譚元壽。

在京劇《沙家浜》中，譚元壽的表演在舉手投足之間，仍有些傳統的譚味兒。樣板戲集中了當時國內最為優秀的資源和人才，什麼都是好的，人人都努力幹，還組織出去長時間體驗生活，可戲怎麼唱不是角兒說了算，是領導說了算。讓演員從傳統戲轉變成現代戲，處處要在文藝政策和指導的夾縫中創作，是件多麼難辦的事啊！

令譚元壽一生不解的是，他演了《沙家浜》成了名角兒，全國鋪天蓋地的報紙都在談論《沙家浜》，但他還是在「文革」前被抄家，家中的古玩字畫、京劇資料一掃而空，幾乎把家給拆了；而在「文革」結束後，因為他演的是江青主抓的樣板戲，專案組辦了他十個月的學習班，命他寫交代材料。譚元壽心中委屈，我有什麼可交代的？

這是譚元壽一輩子的心結，他後來再也不唱《沙家浜》了。跟上幾代和下幾代比起來，譚元壽受了些不一樣的磨難，有不好說的苦衷。

1949 年，解放戰爭更激烈了，北平面臨着圍城打仗，人心惶惶。沒什麼人看戲了，戲曲演員無以度日。譚家人只能典當為生，將家存的古玩文物送進當鋪。新中國成立令戲曲界煥然一新，各大班社都重組唱戲。這時譚元壽先後與梅葆玖等名角兒唱戲，後加入總政京劇團，北京京劇二團，並最終合併成北京京劇團。此時梨園界所面臨的都是班社合併與公私合營。他正是自己該挑班的年紀，卻沒有條件單獨挑班了。此時演員是國

家的人，要按照國家組織的院團，院團裏名角兒太多，這對觀眾是好事，但對年輕演員的發展並不利。

八十年代，譚元壽終於能唱傳統戲了。很多時候他不喜歡唱「段活兒」，早先沒有京劇演唱會那種一人幾分鐘唱一段的形似，這哪叫唱戲啊？票友唱「清音桌」，大家圍坐在一起，打着傢伙事兒把一齣戲從頭唱到尾，一點不少，連院子、掃邊兒的詞都帶。專門有這樣的大拿，所有的角色都會，沒他唱不了的戲譚元壽先生這代人，即便是唱片段，也勒上頭扮上戲規規矩矩的，帶着身段腳步，唱一段「我正在城樓觀山景」。

八幾年譚元壽唱戲才賣一塊，唱《打金磚》身段繁多，加兩毛賣一塊二。那時候譚先生老唱《打金磚》，六十高齡仍然又摔又翻，叫好聲恨不得把劇場屋頂掀掉。很多演員是文武偏重一方，唱文戲的身上「羊毛」，唱武的沒嗓子。像譚元壽這樣文武全才的人不多了。而譚鑫培、余叔岩、譚富英等的音配像，都是他配像的，年過七旬時照樣按照原本的演法，親自為父親譚富英的戲翻吊毛。他自己唱的一版《戰太平》，則是由兒子譚孝曾先生來配的。

譚元壽受過完整的傳統科班教育，從富連成裏的「喜連富盛世元韻慶」八科來算，在世的老先生不多了。科班的教育和學校不同，科班練功苦，學得多，除了過年三天幾乎不放假。少有現代化的課程設置，練功累了一天再上點文化課，算不上多重視，譚元壽先生談，進科班以前學的《三字經》《百家姓》，出科後會的還是那些。尤其被我們所詬病的，是七年坐科如同七年大獄，科班裏打學生，還得給班上效力，我們在電影《霸王別姬》中都看到過。

但不管怎樣，科班學得戲多啊。看梅蘭芳、楊小樓能演出的戲單，每人起碼都能會四百齣戲以上。朱家溍先生是故宮的研究員，身為票友還能演一百八十齣戲。以後的名家會五十出已經不算少了。

科班教育是怎麼衰落的？表層原因，是學戲的制度有了變化；深層原因，是社會的供求關係發生了變化——沒有那麼多唱戲的地方和演出機會，學了也沒用了。

社會越多元，藝術家越難當

20 世紀 90 年代，京劇確實衰落了一陣子，很多資深的戲迷已不大進劇場了，在家守着老唱片聽；以前在公園裏，四處都是胡琴聲，後來到處都是紅歌聲。不能說是觀眾不懂行，演員也絕非一代不如一代，是「好角兒」的定義變了。

戲曲演員越來越難滿足社會對他的需要。西風東漸五四運動已百年，新派文人總是想扳道岔，把京劇從它自己的軌道搬到一條新的軌道上，來符合自己的文藝觀。

於是乎，不同軌道上的人，軌道上不同身份的人，眼裏都有不同的京劇，都有各自的不滿，都拿京劇開刀。原有軌道上的人覺得京劇跑得不夠像百年前一樣，新軌道上的人覺得為什麼改革還不徹底⋯⋯有的嫌棄演得太傳統，有的嫌演得太先鋒，有的需要演得更紅色，還有的需要演得超過的爸爸、爺爺，或需要演得和祖師爺一模一樣。

否定一個藝術家並不需要看他的作品和為人，評價者一時的情緒就能否定。畢竟，作品和藝術家就是讓人隨意來評判的。

沒必要拿兒子跟爹比，拿孫子跟爺爺比。戲曲是活的，演員要根據自己個人條件，當場演出的實況，和整個時代觀眾接受來決定怎麼演，每個人和每個人、每場和每場的細微之處都不一樣。京劇魅力在於每個人怎麼張嘴，怎麼表演都不一樣，但同樣能感人。

因此，演員容易有怨氣和不平衡感——被人輕易鄙視的不平衡感。

演員更希望自己被認可，希望坐實自己的地位——不是一時的掌聲，而是長久的、客觀的、因為藝術帶來的地位。但每當懷才不遇時，藝術家潛在地會靠近權力，以希望靠着「刷色」來翻身，卻往往因過於靠近政治而有損了藝術成就，甚至連人都被捲入時代的深淵。從辛亥革命開始，京劇演員夏月珊、夏月潤等便參加武昌起義，真正攻打了湖廣總督署。

時代令人別無選擇，藝術家能堅持演戲，保持自己的藝術承傳，已是不幸中的萬幸了。

梅蘭芳說過，成角兒要「三分天賦，六分運氣，一分貴人扶持」。藝術是以天賦為主，勤學苦練為輔，一言以蔽之曰：「祖師爺賞飯或不賞飯。」我們不知那些永遠站在舞台中間的人，幕後都付出了些什麼。不是內行，不一定知道唱戲難在哪，不知道開口飯多麼難吃。

任何一門藝術都有它的行業和學科，這是同一個事物的兩個層面，兼顧起來非常不易。在市場上打拚，多是為了行業的運轉；在學院裏研習，多是為了學科的建設。行業的發展形成了學科，學科的發展又促進了行業。大學裏或理論學科方面所談的，真正台前幕後的東西，往往是我們所想不到的。有怎樣的創作者，就會有怎樣的戲。國家現代化了，但中國人並沒有完全現代化，我們把傳統戲中不少多妻多妾的地方、封建迷信的地方改掉，但這並不能改變中國人習慣接受的邏輯和思維方式。《秦香蓮》裏面皇姑讓秦香蓮跪下見禮，說自己是金枝玉葉。秦香蓮說，我為大來你為小，論家法你還得給我跪下。這跟現在都市情感劇裏面原配鬥「小三」是一樣的道理。

數完譚家七代人的功績了，那麼，如何成為一代戲曲名角兒呢？恐怕是能大概總結個以下十點：

一、要有好的家世出身；

二、要有好的師承門派；

三、要有傳統戲中的代表劇作；

四、要有自己的新編劇作；

五、要有藝術上的獨門絕技，即要會點誰也不會的，自己發明的東西；

六、要有好的平台以供成名；

七、要自己能挑班兒唱戲當班社、院團的領導；

八、要有一大幫好的弟子兒孫來承傳自己的藝術；

九、要有好的理論家來幫助下提出理論，以用理論支撐自己的藝術；

十、要有好的社會交往甚至有權力、財力的後援團。

2019 年 5 月 26 日上午，譚元壽先生在北京首都劇場舉行了「一戰功

成新曲，七代譚笑風生」觀眾見面會，並由他的弟子們分別演唱了譚派的代表唱段。在發佈會進入高潮之際，譚孝曾先生號召，譚派傳人們一起唱《定軍山》中的「頭通鼓，戰飯造」，譚孝曾先生號召現場觀眾一起跟着和酥兒（齊唱）。現場仿佛回到了電影《西洋鏡》中的場面，儘管觀眾中能張嘴的真不多了。

京劇作為一種藝術形式，上得廳堂，下得鄉野。看梅蘭芳坐頭一排要兩塊大洋，達官貴人想在劇場裏談生意，您可以上大劇院裏面樓上包廂；勞動人民看不起，可以去天橋或看草台班子。同樣，唱戲的唱得好可以在大劇院裏掛頭排，唱一場掙四百大洋，而唱裏子的沒準就掙兩塊，唱完還得讓其他劇場趕場，要不然不夠挑費。

這一切在行業內的動力，是要讓每位從業者只要努力，就能有錢賺，有戲飯吃。只要有錢賺，那根本不用組織，自動就文化承傳了。

男旦：為什麼由男人唱旦角？

《鬢邊不是海棠紅》一劇，重新讓人回到民國時北平的戲園子，講述舊京的愛恨情仇。但這裏最為有趣的一個切入點，是男主角商細蕊是一位男旦，這部劇處處與男旦演員的性別和身份有關。過去是男人唱旦角，這在不看戲的人都已是常識。但外行人對於男旦的有色眼光，始終沒有消退。我們也曾有長期禁止男旦，不提倡男旦的時候，並有着有對男旦和梨園行過多的曲解。

為此，我們不得不重說男旦，介紹關於男旦的知識文化，並深入梳理人們對於男旦的誤解，將這門古老的藝術承傳下去。

為什麼由男人唱旦角？

中國戲曲藝術源遠流長，而明清以來，梨園子弟多是由教坊管理，是專門的樂籍制度，演員以男性為主，世代職業從事演劇，不能從事其他，通婚也多在本行業內。由官府統一管理，並用演戲來酬神和施以教化。包括清宮中的音樂、舞蹈、戲曲，完全沒有女性。如果人三代內有樂籍中人，是不能參加科舉考試的。廢除樂籍制度的是雍正爺，從此後梨園子弟，便四處組班唱戲，遊走於全國各地，廟台的藝術，紛紛向市民藝術轉化了。但直至清末，傳統戲曲中的女性角色，始終是由男性來扮演的。不要說女性不能登台唱戲，清代女人都不能進戲園子看戲，北京北城都不能開戲園子，能進劇場了以後，最早是必須與家人同坐，或者男女分座。

演員學唱戲打基礎時，最開始不分男女行當，生旦淨丑都學、都能唱，學到一定程度時，找個自己最擅長的行當，歸為這一工下（歸為這個行當）。到了年底封箱戲時，唱自己行當以外的行當，便為反串。一般演員都能像商細蕊一樣反串，因為學戲時多少都學過。很多票友、曲友一生都沒必要歸個行當，什麼都會，現場缺什麼來什麼。

尚小雲從小學過老生、武生，他的戲中化入很多武行的動作，尚派的戲難學，便是因為要會的太多。商細蕊最初學武行，後改唱旦角，這一點不新鮮。高派創始人高慶奎，也是老生、花臉、老旦都唱，為此得了個外號：「高雜拌兒。」

男旦不是由男人去學女人，而是以寫意的方式，創造女性的人物形象。從戲曲表演的角度，男旦行動坐臥，藝術效果更獨特。

首先，是從身高、外貌上來考慮的。在舞台上，如果旦角演員個矮則很不好看，男性比女性個高，舞台效果自然更好。過去的人普遍比現在個矮，女性如果取普遍的身高一米五幾，上台就矮了；而男性如果身高一米七，在男人中不算高，但上台卻剛剛好。當然，程硯秋先生那將近一米八的個頭，本身是個劣勢，但照樣是名角兒，足見他的藝術魅力。

再有，是男性演戲有體力上的優勢。過去演戲是一項非常辛苦的事，行頭都很沉，比如鳳冠霞帔，鳳冠裏面都是用銅絲編成的，上面的首飾都是大玻璃珠子。鳳冠上站一個人都沒有問題，戴着這樣的鳳冠唱上幾個小時，女性一般是吃不消的。更尤其是武旦戲，扎着大靠和護背旗開打，從三張桌子那麼高的地方下高，對女性也是很難的。直至焦菊隱創辦的新式中華戲校時代，已經有越來越多的女性唱旦角，但武旦始終是由男性來學的。

最關鍵的，是演唱、聲腔上的優勢。男性唱旦角用假聲，在肚臍往身體裏以內的地方較勁。這個勁兒是人先坐在椅子上，用雙手把抓住椅子底下把自己往起搬（自然搬不動），這時候肚子在較勁，用這個地方的力氣來唱。聲音淳厚優美，沒有那麼高和尖，跑調了還能湊合聽。女性唱旦角調門太高，容易尖利刺耳，有位女演員唱的老旦，不論老太后佘太君，都

能唱出李奶奶、沙奶奶的味道，被觀眾損為尚未絕經的老旦。如果是男旦不會這樣。

因此，旦角藝術是以男性為準來設計的，微加上點動作眼神，眼珠稍微轉轉、用個蘭花指、用個身段或表情便是是個樣子，而女子演旦角似乎不是天生，不論在台上怎樣使勁，差一分不到，多一分過頭。腰肢即便使勁扭動，眼神多麼犀利，也總覺得應該如此，若不是在表演上下功夫，有特別的藝術之處，觀眾捨不得大聲給個好。

女性原先不能登台，但可以在台下唱着玩。慈禧太后自己京劇、崑曲都能唱，她有幾張照片便是學着崑曲《遊園驚夢》中的身段來拍照，同樣她還編過戲詞，清宮裏演張天師除五毒的神怪戲《闡道除邪》，裏面有剝皮鬼的唱詞，是慈禧太后編的。女人們在一起唱戲，會唱男性角色——女老生、女花臉、女武生、女武丑等。

女性登台的現象，是在古代有權貴家養的戲班是「全女班」——所有演員都是女的，面向公眾登台最早是在同光年間的上海，越劇中很早有全女班，至今仍以女小生的表演藝術而聞名。清末民初北京曾很短暫地出現過男女同台，然後很快就禁止了。1916 到 1919 年，京劇演員田際雲創辦了第一個招收女性的戲劇科班，京劇、梆子都教。直到 1930 年中華戲曲學校成立，才有了新式男女同校的戲校，次年北平才有了男女同台。早先但凡女性唱旦角，都要注明：坤旦。可見男性唱旦角是默認的常識。

男唱女、女唱男，純屬正常。清代以來，中國有相公文化，相公堂子裏什麼都唱，會唱旦角、唱小曲兒，有旦角演員也在相公堂子裏唱過，但不能把男旦等同於相公。清末民初，藝名響九霄的京劇、梆子藝術家田際雲先後兩次呈文政府，並最終廢除了相公堂子。總之，男人能唱旦角，絕不是這個男人平常就娘娘腔，女裏女氣，甚至同性戀，這都是潑髒水。男旦與意大利閹人歌手也沒有任何藝術關係。

如今，男旦演員為數不多，男女跨性別演出是戲曲藝術的根本，而不是賣點和消費點。中國戲曲是超越性別的藝術，如果角色的性別都無法跨越，便無從談表演藝術了。

男旦帶動了民國京劇的發展

我們聽清末的老唱片，看清末的老劇照，有的一時欣賞不了，因為京劇在民國時和清末相比，有了很大的進步和改觀。民國時京劇大大提高了它的文學性，表演、舞美的藝術性。這和男旦的發展是分不開的。

民國時市民文化的發達，使得城市對劇場藝術有着重大的需求量。如果説京劇在徽班進京以前，在還是地方戲的年代，是一種鄉村廟台的藝術，是室外樂，那麼走進劇場的京劇則成了劇場藝術與室內樂。它必然需要某些改編，比如調門從高稍微降落，從粗糙變得細緻，否則觀眾也不答應。

京劇是明星中心制，挑班的班主和名角兒為同一人。原本京劇最主要的行當是生，聽戲聽老生，旦角是配角，挑班都是生行挑班。直至 1909，四大名旦的老師，有「通天教主」之稱王瑤卿開了旦角挑班的先河。1927年 6 月 20 日，北京的《順天時報》評選出梅蘭芳、尚小雲、荀慧生、程艷秋（尚未改名為程硯秋）、徐碧雲「五大名伶」，叫響為「四大名旦」；四十年代又評出李世芳、毛世來、張君秋、宋德珠「四小名旦」，甚至有了戲謔的「四大霉旦」徐碧雲、朱琴心、黃桂秋、黃玉麟之稱，指他們倒霉運氣不好，藝術生命很短，並不是唱得不好。他們都是男旦時代的輝煌。

過去唱戲，晚上是六點或六點半開演，十二點才散席，梅蘭芳那樣的大腕十點半時才上場。演員一年三百六十五天，能唱三百天的戲。楊小樓這樣的名家，能戲在四百齣以上。唱戲的規矩是不能「翻頭」，每天都唱不一樣的，編新戲是市場需要，不編活不下去。

旦角要想發展，自然編戲時改進旦角的行頭，增加旦角的戲份，或圍繞旦角編新戲。原先旦角沒那麼多身段，就在台上捧着肚子乾唱，梅蘭芳改進了旦角所貼的片子，在唱《汾河灣》中的柳迎春時增加了身段，並得到了譚鑫培的認可。四大名旦都在爭議中編了大量的新戲。凡是編新戲，自然有接受和不接受，老藝人、老觀眾認為不規矩，而新觀眾會喜歡。新

觀眾成老觀眾時，這戲也就成為經典了，自然就接受了。《霸王別姬》中的虞姬舞劍是梅蘭芳先生的發明。成功的原因是梅蘭芳提倡的「移步而不換形」，即新編的虞姬舞劍符合劇情和戲理，屬於表京劇演部分，符合表演的規律。

京劇中有不少戲是從地方戲改的，或者藝人們自己纂弄的，文辭會有講不通的地方。經常有「用目瞧」「馬能行」等，甚至有「要讓要讓偏要讓，不能不能萬不能」這樣的詞。甚至有前用後典──前朝的故事把後面朝代還沒發生的典故都用上了。汪曾祺先生曾多次提倡提高京劇語言的文學性。清末、民國以來的不少新編戲，都提高了京劇藝術。

商細蕊的成功，除了他高超的技藝，還有他不保守，敢於大膽編新戲的地方。

唱男旦不容易

從民國時就有很多人看不慣男旦。舊式軍閥欺侮男旦，新派文人攻擊男旦，陳獨秀、魯迅都諷刺過梅蘭芳，錢玄同說小嗓是「貓叫」，鄭振鐸說男旦是「人妖」。在同性戀被歧視的時代，男旦容易被視為同性戀嫌疑。老舍的小說《兔》中，便很隱晦地寫到社會對唱男旦的主人公小陳的揣測。

而作為男旦本身，要想在藝術上創新更不易。早期男旦為了票房，不排除要身穿肉色的衣服，甚至光膀子穿上肚兜兒、刮掉腋毛腿毛，演一些「誨淫誨盜」的粉戲。能在台上圍一個帳子，男旦露出隻腳，裏面演搖床，最後還能從帳子裏扔出股雞蛋清。不演粉戲還不上座兒，一演粉戲就賣滿堂，不想演也得演。而今包括旦角筱派藝術在內，有一些戲因為「涉粉」已絕跡舞台了，也隨之喪失了不少表演藝術了。

很多男旦藝術生命不算長，最容易中年塌中，即人到中年，身體發福，嗓子也不靈，就不叫座了。早年和梅蘭芳齊名的有位王惠芳，兩位並稱「蘭惠齊芳」。據徐慕雲《故都宮闈梨園祕史》記載，王惠芳成名後喜

歡架着大鷹進山遊獵，沒多久風吹日曬，皮膚和嗓子都不行了。電視劇《鬢邊不是海棠紅》中商細蕊上場前吃肘子，這個細節來自程硯秋先生，而程先生便是中年發福，原本身高就比較高，當時有報刊上就刊登：「好大一個旦！」上海觀眾乾脆說他是「大阿福」。

過去旦角要踩蹺，踩蹺，行話唸（cǐ）蹺，又叫踩「寸子」。演員穿上模擬古代女人小腳的鞋子，在舞台上表演古代女子走路的腳步，即蹺步。表演踩蹺的功夫，叫蹺功。開打的武旦也一樣。這種功夫是秦腔演員魏長生首創，後成為花旦表演中的特技。蹺分硬蹺、軟蹺，是木頭做的，樣子就像高跟鞋，只是沒有那個硬硬的跟。踩上蹺後，再綁上蹺套，放下褲腿，只露出一點尖尖的小腳尖。這時演員的腳後跟是高高墊起來的。演員的重心向後，走台步時步伐較小，腰部晃得並不嚴重，肩部扭動比較大。尚小雲、荀慧生都苦練過蹺功，但後來也廢除了。習俗上，男旦扮上戲就沒法上廁所，因為去男廁所還是女廁所都不方便。旦角上裝後，不得赤身露體，也不能與人說笑。

過去是如何捧角兒的

俗話說：「一窩旦，吃飽飯」。戲班裏旦角多，那票房肯定就好。

男旦是怎樣被捧起來的？一方面是「武捧」——錢捧，另一方面是「文捧」——才捧，即要有財神爺和文曲星，這都是捧的人要內行。

拿錢捧，可以把座兒都包了，組織人到現場叫好，為男旦的行頭一擲千金，這叫「武捧」。梅蘭芳錢財方面有馮耿光支持他花錢去美國訪問，這必須得有硬通貨。則文人們給男旦編劇本、教文化，寫文章在報刊上鼓吹，這叫「文捧」。四大名旦身邊都有舊文人來編劇本，梅蘭芳有齊如山、李釋堪等，程硯秋有羅癭公、翁偶虹，荀慧生有陳墨香，尚小雲有清逸居士溥緒、武俠小說家還珠樓主等，為舊文人中的一時俊傑。而錢和才都集中起來，則形成了「黨」。梅蘭芳有「梅黨」，荀慧生有「白黨」。「梅黨」給梅蘭芳在報紙上發「起居注」，「白黨」編輯出版《戲劇月刊：荀

慧生號》《留香集》（荀慧生號小留香館主人）。藝人們也非常願意向文人和各界賢達學習，晚清諸多名士，從王闓運、陳三立、沈曾植、樊增祥、易順鼎、狀元張謇皆為梅蘭芳鐵桿粉絲，不斷地題贈詩文，有吳昌碩、王夢白、齊白石教他畫畫，有高瑞周教他李式太極劍⋯⋯程硯秋有個腔是訪歐時從歌劇裏化過來的；楊寶忠胡琴名家，可他拉得一手好的小提琴；麒派創始人周信芳，會跳舞，會開車，把舞步化用到台步上。這都是高級的捧角兒，懂行的捧角兒。而晚清名士羅瘿公對程硯秋，則是文武雙全地捧。為此不惜借債七百大洋給程硯秋贖身，並親自教以詩文書畫，編寫劇本，甘為人梯。這樣的文士已經超過捧角兒的境界，沉湎於對戲曲、對藝人、對傳統文化的摯愛。

更有一種，是人捧，即粉絲親自來捧。早先劇場裏未開女禁的時候，保不齊會台上演戲走點下三路，台下嬉笑呼喊，熱鬧成一團，為了捧角兒而大打出手，到天安門內的松樹林子裏按老北京的規矩約架，實屬常見。而男女都能看戲以後，大量的女性觀眾即喜歡看帥氣的生行，又喜歡旦角的美麗。京劇中很多地方，都是如《四郎探母》一般，把歷史上軍國大事家長里短化，很受女性觀眾的喜愛。梅蘭芳的新戲《一縷麻》批判指腹為婚，引起了女觀眾反對包辦婚姻的共鳴。觀眾裏的闊太太，真會大把地給直接往台上扔首飾、扔錢。

有不少闊太是職業的捧角家，甚至捧角嫁——捧着捧着就嫁了。為男旦癡迷一生的大小姐，着實不少。過去非要嫁給梅蘭芳的人，大有人在。

太平日子尚難抵災禍橫生，更何況動盪時局、憂患歲月。1937 年，抗戰伊始，北平淪陷，城裏的戲班子走的走、散的散，梅蘭芳蓄鬚明志，程硯秋西山務農，荀慧生義演資軍，馬連良「奉旨唱戲」、抑鬱成疾。再往後十二載，連年戰爭，滿目蕭條，一片混亂，北平梨園生計彌艱，也顯露着更劇烈的分化。待到 1949，男旦漸漸罕見於舞台，便是另一個時代，又一段故事了。

所謂盛極而衰，京戲男旦的黃金時代早已在不期然間遠去了。白雲蒼狗，風華不再。

梅郎：完美主義者

　　梅蘭芳是謎一樣的男人。他是梅郎、梅老闆、梅博士、梅團長、梅院長；他是書畫家、作家、武術家、舞蹈家兼社會活動家。他煙酒都沾一點，好打羽毛球、游泳、打高爾夫；也好養鴿子、種花、喝豆汁。他乃民國四大美男之一，沒準兒還是那會兒灌唱片最多的演員，他有着各種豐富的八卦，不知多少公子王孫曾為他一擲千金；他有過幾位夫人，收了111位弟子，積累下數不清的財產和文物，又大量捐了國家。他演過話劇，給戲曲當過藝術指導；拍過《生死恨》《梅蘭芳舞台藝術》等電影，出過《東遊記》《我的電影生活》《舞台生活四十年》《梅蘭芳文集》等書，還出過大量歌譜和劇本。他題詞，主持社團和報刊，出訪過美蘇兩個超級大國，創立「三大表演體系」之一（「三大」為：斯坦尼斯拉夫斯基、布萊希特、梅蘭芳，這種提法始終有爭議），看過七遍卓別林的《大獨裁者》⋯⋯作為男人，能活得如此精彩，實在難得。

　　梅葆玖是梅蘭芳最小的孩子，也是唯一繼承衣缽的一個。梅蘭芳子女中夭折較多，僅有梅寶琛、梅紹武、梅葆玥、梅葆玖長大成人。梅寶琛是工程師，梅紹武是翻譯家，梅葆玥雖然也進了梨園行，攻的卻是老生。

　　梅葆玖是典型的民國公子範兒，能講一口地道的老派上海話，喜歡研究答錄機、無線電，喜歡吃牛排、比薩、巧克力，喜歡開好車、開飛機，喜歡聽席琳迪翁和邁克爾·傑克遜。在梅蘭芳的劇團中，梅葆玖管得最多的是音響。

梅蘭芳：不為吃飯而唱戲

　　清末廢了科舉，傳統社會禮崩樂壞，數百年間士大夫階層餘音繞樑的崑曲大廈將傾，京劇從地方戲的位置，一躍成了國劇，迎來了不到百年的繁榮。梅蘭芳生在京劇巨變的啃節兒上，梅派藝術的出現，不經意間改變了京劇。

　　1911 年是中國的鼎革之年，那一年，梅蘭芳 17 歲，在北京首演《玉堂春》。隨後，在各界參與的京劇演員評選中，梅蘭芳名列第三，獲譽為京劇界的「探花」。1913 年，梅蘭芳南下上海，商家為他打出「敦聘初次到申，獨一無二、天下第一青衣」的廣告，一炮走紅。當時上海流傳說，「討老婆要像梅蘭芳，生兒子要像周信芳」。

　　梅蘭芳的演藝生涯開始時，政體變了、文化變了，戲曲也只有改革才能適應新時代。梅蘭芳回憶說，1913 年，「我初次由滬返京以後，開始有了排新戲的企圖……我不願意還是站在這個舊的圈子裏邊不動，再受它的拘束。我要在走向新的道路上去尋找發展。」同時，一干「新青年」也將矛頭直指京劇，陳獨秀詰問：「吾國之劇，在文學上、美術上、科學上果有絲毫價值邪？」他們心中的「文明戲」乃是話劇。

　　本着革新京劇的目的，在梅蘭芳的「綴玉軒」聚集了一批後來被稱為「梅黨」的人。他們中既有銀行家，也有詩人、畫家，著名的有齊如山、馮耿光、李釋戡、許伯明、羅癭公、黃秋岳、趙尊嶽、吳震修、王夢白、陳師曾等。這些人為梅蘭芳籌集資金、撰寫劇本、設計服飾、琢磨身段、創新舞台，才有了《天女散花》《霸王別姬》等一系列古裝歌舞戲和時裝新戲。在《嫦娥奔月》《天女散花》等，梅蘭芳首先在嫦娥出現時使用的追光，還加了大量的舞蹈；在《霸王別姬》裏，他加入了舞劍；在《黛玉葬花》中，他加入鋤舞。京劇原本是「唱唸做打」，直至梅蘭芳開始，成了「唱唸做打舞」。

　　梅蘭芳以前的京劇就聽老生，武生也還沒跟老生分得那麼明顯。譚鑫培、楊小樓都是文武全才，要嗓子有嗓子，要身段有身段。有了梅蘭芳，

才有旦角挑班，有了金少山，才有花臉挑班，有了葉盛章，才有武丑挑班。在梅以前，旦角的表演呆板，人完全被約束住，只是捧着肚子在那裏乾唱。觀眾也就一邊吃喝一邊聽唱，並不正襟危坐。像電影《梅蘭芳》演的那樣，梅蘭芳加了表演，改編老戲，獨創新戲，才使得旦角走紅起來。他用了二十年提升了青衣，又在王瑤卿的幫助下，完善了「花衫」這個行當。

梅蘭芳早期觀摩過王鐘聲春陽社的時裝新戲。這種戲大略可認為是「話劇加唱」，如今仍不絕於舞台。在當今的觀念上，「話劇加唱」是毀滅京劇的罪魁禍首，但在那個時代，沒有名演員不演這種戲。女角同樣由男子來扮演，李叔同、周恩來都是此間的高手。尚小雲演《摩登伽女》，一個古印度的故事，要燙髮、穿古印度服裝、刮腿毛、穿絲襪與高跟鞋，再跳一段英格蘭舞。梅蘭芳演的時裝新劇有《孽海波瀾》《宦海潮》《一縷麻》《鄧霞姑》，大都在反對封建的包辦婚姻，革命氣味十足。《一縷麻》最後，梅蘭芳披婚紗，姜妙香着西裝，演西式婚禮的場景，當時叫文明結婚，轟動一時。後來他覺得這麼演有問題，就漸漸放棄了。同樣，他還嘗試過實景京劇，《俊襲人》是在實景的花園中演出，但手腳卻被道具佈景困死，怎麼演都放不開，後來也放棄了。

在《梅蘭芳經典老唱片全集 (1920－1934)》中，12 張 CD 是這樣編排目錄的：傳統青衣戲 3 張；傳統花衫戲 3 張；新編古裝戲 3 張；新編歷史戲 4 張；崑曲吹腔戲 1 張；反串小生戲 1 張；未出版的《生死恨》全劇 2 張。梅派的新戲和老戲能達到共分天下的局面。

梅蘭芳對京劇的改革是功績無量的，即使是身為新文化運動領袖的胡適，也多次表示過讚賞。在獲得全國性聲譽後，梅蘭芳又在「梅黨」的協助下，開啟了訪日、訪美、訪蘇之旅，使「梅郎」成了一位世界性的藝術家。在美國，有評論家說，「梅先生和他的劇團成員一直把他們自己視作中國文化的使節」。有人說，中國人裏，只有蔣介石、宋子文和胡適三個人在美國廣為人知。胡適立即補充道：「還有一個梅蘭芳！」

《梅蘭芳藝術年譜》中記載着一段梅蘭芳訪美歸來後的日程安排：「每周一、三下午兩點，請一位英國老太太來教兩個小時英語口語和文法，四

點鐘後，俞振飛、許伯遒帶笛來拍曲、度曲；每周二、四、六，又請畫家湯定之教其畫松梅。」

那時唱戲的演員，一般上午睡覺，下午準備晚場的演出，演至午夜12 點散戲，一起去吃夜宵，同行們交際切磋，順帶着給徒弟說戲，夾雜着抽大煙的嗜好，休息就要到後半夜了。梅蘭芳的做派與同行全然相異，就連抗戰期間息影舞台、閒居香港的他仍是早起看報、打太極、上午畫畫、給朋友的照片上色，下午學外語或古典文學，晚上繼續看書，或自拉胡琴琢磨唱腔，或請許源來吹笛唱崑曲，周末去九龍打羽毛球，並經常去看電影。

也許梅先生是個極端的完美主義者吧。他很早就跳出唱戲吃飯的層面，為了維護京劇的形象，他甚至對自己的唱片和演出時常不滿。《貴妃醉酒》演了幾十年，也改了幾十年。費穆導演的《生死恨》，拍完了音軌對不上，費穆把自己關起來整了一個多月才對上，但洗印時仍偏色，梅蘭芳不願上映，在朋友的勸說下才勉強同意。那個年代，戲曲演員願意拍電影的並不多，嫌不完整。觀眾想看演員的身段，而鏡頭卻來了個特寫，身上的動作武功全看不着。

過人的自制力成就了過人的藝術造詣。而遠超同儕的影響力，也讓抗戰時身在上海的梅蘭芳成為各方的聚焦——他投降，象徵着中國文化界的屈服；他抗爭，則會是國人的一個榜樣。梅蘭芳選擇了後者，有了我們從小在課本上看到的故事——「蓄鬚明志」。正如豐子愷說的那樣：「茫茫青史，為了愛國而摔破飯碗的『優伶』，有幾人歟？」勝利後，梅蘭芳重登舞台，自然聲譽更隆。

時間很快到了 1949 年，梅蘭芳又要面對一個新的選擇——走，還是留？他的老搭檔齊如山從已被圍困的北平脫險後，在上海幾次勸說，想要梅蘭芳一同赴台。梅蘭芳說，「大家都說他是一個藝術家，與政治無關，且到過蘇聯，共產黨對他也一定另眼相看」，反勸齊如山留在大陸。齊如山為盡朋友的義務，坦誠地說，「不可不注意，他們必要利用你」，「凡人名氣大，地位高，都容易被人利用」，最後拿一句戲詞說，「再思啊再想！」

綴玉軒聚梅黨：文學與京劇的結盟

林徽因的「太太客廳」位於南北向的北總布胡同，出了北總部的北口，那條東西向的無量大人胡同裏，即有梅蘭芳的綴玉軒（1990 年代建金寶街，早已把幾進亭台樓閣、假山池沼拆除殆盡）。

綴玉軒曾經談笑有鴻儒，往來無白丁。不能小瞧四大名旦身邊的文人——文人本以經史為本，詩詞為末，詩詞不成付之戲曲，戲曲不成付之小說。清末廢了科舉，沒了經史，又回到了元代的風氣。文人喪失了地位的高貴，但有幸為藝術注入文化的血液，以提高京劇的地位。

民國是一個新舊文學長期分庭抗禮的時代。五四運動提倡了思想解放，並沒有滅掉舊文學，舊文人獨立於新文學的創作之外。除了「魯郭茅巴老曹」以外，還有大批的文化遺老，他們堅守文言駢文、文言散文、古詩詞、傳奇雜劇、章回體小說等舊文學，成就並不比新文學弱。樊樊山逝世於 1930 年，鄭孝胥逝世於 1938 年，末代狀元劉春霖逝世於 1944 年，都在民國留下大量詩作。很多舊文人直至新中國成立以後才用白話文寫作，如掌故大家瞿兌之等。舊文人有不少是留洋歸來，並非不會外語、沒有新思想和故步自封，選擇舊文化是他們的個人志趣。而梅蘭芳開了藝人與舊文人結盟的先河。藝人向文人學文化，文人向藝人借平台。

在梅黨中，齊如山是總策劃，馮耿光是股東，許姬傳兄弟是祕書。齊如山自不必提，著有文集數十卷，為梅蘭芳編了四十多個劇本。他學問不是最深的，但江湖卻是最老的。李釋戡則堪稱梅蘭芳的幕僚長，他留學日本，是位舊體詩人，編劇有《天女散花》《嫦娥奔月》《黛玉葬花》《西施》《洛神》，他大膽採用古人的原文，把《洛神賦》《紅樓夢》等的意境化入京劇中。我們看梅蘭芳給峨眉酒家的題字，再看許姬傳在自己書上檢署的書名，能從書法中看出些許端倪。

梅黨的核心成員還有許源來、許伯明、舒石父、郭民原、張孟嘉、張庾樓、言簡齋、黃秋嶽等，大多是世家子弟。另有樊樊山、易實甫、王闓運、張謇、陳三立、姚茫父、陳師曾等，每個人都是學問蓋世，影響不可

小覷，都是梅蘭芳的鐵桿粉絲。

其實另外三大名旦也一樣。程硯秋有羅癭公、陳叔通，羅癭公藏書甚富，著有《庚子國變記》《中日兵事本末》《割台記》《中俄伊犁交涉始末》，編劇有《花舫緣》《紅拂傳》《鴛鴦塚》《青霜劍》。荀慧生（藝名白牡丹）有「白黨」，陳墨香、陳水鐘為之編劇，陳墨香著有《梨園外史》《墨香劇話》《活人大戲》《梨園歲時記》，編劇有《紅樓二尤》《霍小玉》《棒打薄情郎》《杜十娘》。尚小雲更有武俠小說大師還珠樓主，編劇有《昭君出塞》《乾坤福壽鏡》《失子驚瘋》。

舊式文人的摻和讓民國時的京劇達到輝煌。梅蘭芳和梅派藝術以及民國時京劇的繁榮，是給舊文學一個很好的出口，也是最後的舞台。

更有意思的是新派知識分子對梅蘭芳的評價。魯迅在寫於 1934 年 11 月 1 日的《略論梅蘭芳及其他》中說：「他（梅蘭芳）未經士大夫幫忙時候所做的戲，自然是俗的，甚至於猥下、骯髒，但是潑剌，有生氣。待到化為『天女』，高貴了，然而從此死板板，矜持得可憐。看一位不死不活的天女或林妹妹，我想，大多數人是倒不如看一個漂亮活動的村女的，她和我們相近。」周作人持與此近似的觀點，他們都認為，京劇在徽班進以前是好的、原生態的，而進了京城經過文人的加工，等於士大夫文化、皇家文化把原生態的民間文化給污染掉了。左翼的田漢在《中國舊戲與梅蘭芳的再批判》中，批評梅蘭芳做了封建士大夫統治的工具。而喜歡看戲的人，往往持與此相反的觀點，正是傳統文化的薰染和洗禮才提升了京劇。這是民國時新舊文人有趣的地方。梅蘭芳十分愛惜自己的羽毛，對別人的批評表面上不說，但心裏頭都有數。在魯迅、胡適、傅斯年、錢玄同、周作人批判傳統戲曲的年代，他仍以藝術回擊，證明了舊劇的希望。

讓京劇適應社會主義

1949 年，梅蘭芳留在了大陸，參加中共組織的政協會議。會後，梅蘭芳率團在天津演出，接受《進步日報》——曾經的《大公報》採訪。他

説，「京劇改革豈是一樁輕而易舉的事……我以為，京劇的思想改造和技術改造最好不要混為一談。後者在原則上應該讓它保留下來，而前者也要經過充分的準備和慎重的考慮，再行修改，這樣才不會發生錯誤。」最後他總結道，「俗話説，『移步換形』，今天戲劇改革工作卻要做到『移步』而不『換形』。」真是一石激起千層浪，梅蘭芳立刻就被當成了反對京劇革命的「改良主義者」。

其時剛剛建政不久，中央為團結黨外人士，指示上海市委第一書記黃敬，要他妥善處理。當時主管天津文藝工作的阿英，先是在中國大戲院舉行集會，歡迎梅蘭芳；又為他開了一場戲劇界領導、名流參加的研討會——給梅蘭芳一個檢討的機會。果然，已經被田漢、馬少波等人談過話的梅老闆，對自己來了一個全盤否定：「我現在對這個問題的理解是，形式與內容不可分割，內容決定形式，移步必須換形，這是我最近學習的一個進步。」讓梅蘭芳第一次見識了新社會和以往的不同。

不管梅蘭芳內心的真實想法是怎樣的，新政權改造戲劇的決心都不會變。中央成立了一個「中華全國戲曲改革委員會」，周恩來簽發指示，要求「改戲、改人、改制」，一批宣揚「封建迷信」的戲被禁了，已經是中國戲曲研究院院長的梅蘭芳率先表示，不再演自己的名作《刺虎》，因為這部劇涉嫌污衊農民起義——演繹了大明公主刺殺「闖賊」的故事。

讓梅蘭芳稍微安心的是，中央高層對他還是非常禮遇的。1951 年大年初一，梅葆玖在懷仁堂演出，梅蘭芳在台下見到了毛澤東和周恩來。那天一回家，就開心地對妻子福芝芳説：「毛主席看戲可真仔細！這麼多年，從未有人談過白娘子的扮相。的確，我是費了很多時間來研究，才改成現在這個樣子的。」

梅蘭芳對白娘子扮相的改革，只是戲曲內部一種正常的美學追求，而新社會的戲曲改造，已經和藝術很少關聯，目的非常明確，那就是讓戲劇能反映社會主義意識形態。於是戲曲在 1958 年也開始了「大躍進」——上海滬劇院在 2 個月內，編演了 32 個現代戲；南京越劇團半年時間裏，創作現代戲 289 個，改編現代戲 121 個。相比之下，梅蘭芳在 1949

年後的成果很少，除了拍了幾部電影外，推出的新戲只有一部《穆桂英掛帥》，這是戲曲界領導馬少波親自為他選的劇碼，他也是梅蘭芳的入黨介紹人。

1961 年，梅蘭芳病逝於北京。他的葬禮極盡哀榮，由副總理陳毅主祭，文化部副部長齊燕銘致悼詞。梅蘭芳沒有看到，就在 1964 年，京劇改革更進一步，所謂「革命樣板戲」逐漸霸佔舞台。

同時，梅蘭芳的妻兒被掃地出門。梅葆玖回憶，「母親在家中受罪，我在護國寺街家中也被揪鬥！那時我騎自行車上班路上，經常有人在後面追趕，他們中有的持刀威脅，有幾次還有人到我家來迫着我交出母親的存款，這些駭人的情景我始終沒有對家裏人說過，真是朝不保夕。」梅蘭芳在北京郊外的墓園遭到紅衛兵破壞，直到 1983 年才由梅葆玖上書中央，重新修繕。

相忘於江湖：共產黨員梅蘭芳與赴台故交

1949 年後，兩岸隔絕，但在海峽對岸的朋友們，從來沒有忘記梅蘭芳。1959 年，胡適在給齊如山祝壽時寫道：「我祝他老人家多多保重，健康長年。將來我們一同回到北平，也許還可以找到綴玉軒中我們的老朋友，聽聽他的痛苦，聽聽他唱如山老人新編的凱旋曲哩！」也正是在這一年，梅蘭芳加入了中國共產黨。

梅蘭芳去世的消息傳到台灣時，胡適頗有些憤然地對胡頌平說：「我們是根據日本的電訊，日本是從大陸收到的消息，只說梅蘭芳在蘇俄演戲的歷史，不曾提他在美國獻藝的經過。」說着他還翻出梅蘭芳在美國的劇照給胡頌平看。

齊如山更不會忘記這位知己，在回憶錄中，向世人展示了他們的結交、奮鬥與分別。然而學者潘劍冰發現，在梅蘭芳的回憶錄《舞台生活四十年》中，則幾乎沒有提及齊如山，原因或許很簡單，那就是身在台灣的老朋友，成了自己政治上的「敵人」。梅蘭芳去世後半年，齊如山也與世長辭。

梅葆玖與梅蘭芳以後的梅派

梅蘭芳的子女中夭折較多，僅有梅葆琛、梅紹武、梅葆玥、梅葆玖長大成人。梅葆琛是工程師，梅紹武是翻譯家，譯有阿瑟‧密勒的《薩勒姆的女巫》，納博科夫的小說《普寧》《微暗的火》。而梅葆玥唱老生，已於2000年去世。僅有梅葆玖繼承衣缽。

梅葆玖1934年生於上海。他喜歡研究答錄機、無線電；喜歡開好車、開飛機，若時代真能讓他自由發展的話，他會成為一位出色的工程師。1943年，梅蘭芳請來王瑤卿之子王幼卿為梅葆玖開蒙，梅蘭芳自己也曾多次帶他合演崑曲《遊園驚夢》以幫助實踐。特別是《金山寺‧斷橋》，可看到梅蘭芳的白蛇，和梅葆玖年輕時演的小青。20世紀五十年代時，梅葆玖經常演《生死恨》《玉堂春》《二進宮》。1962年，九三學社和梅蘭芳劇團在全國政協禮堂聯合演出時，大軸戲就是朱家溍、梅葆玖的《霸王別姬》，朱家溍先生為楊小樓傳人，同時為梅蘭芳《舞台生活四十年》整理者。這場戲在內部轟動一時。而在梅蘭芳的劇團中，梅葆玖管得最多的是音響。

1966年，「文革」開始。破四舊中，紅衛兵曾到幹面胡同的梅葆玖岳父家來抄家，大喊「打倒梅葆玖」。梅葆玖的妻弟，那時才二十幾歲，怕梅先生受罪，冒充梅葆玖，口中唸唸有詞：「我梅葆玖接受革命小將的批判，堅決支持『文化大革命』，向革命小將敬禮！向革命小將學習！」紅衛兵小將根本不認識梅葆玖，見此人恭敬有禮，即大喊「革命不是請客吃飯……」「假梅葆玖」居然也能一套一套，出口成章，於是革命口號一浪高過一浪。後來，紅衛兵小將們似乎也有點累了，下面還得趕場子，就早早收兵，繼續下一場去了。岳父家裏的保姆劉嫂是勞動婦女，和東家關係相處甚好，看了梅葆玖躲在地下室的處境，同情得流下眼淚，說了句樸素的公平話：「梅舅從不去招誰惹誰，這是哪跟哪啊？」

而在護國寺的梅宅，紅衛兵小將就不單是叫叫而已，乾脆搬進去住下。梅蘭芳逝世後，遺孀福芝芳因住在護國寺觸景生情就搬到西舊簾子胡同，「文革」風暴一來，梅葆玖搬去岳父家，四哥、五哥、七姐也都搬到

西舊簾子胡同。梅宅大門口貼滿批判梅蘭芳的大字報，紅衛兵小將出版了《批梅專刊》，「梅蘭芳以江浙財閥起家」成了章回小說。

「文革」中，梅葆玖曾在「茶淀農場」勞動數年。這是一所剛開辦的收容農場，不遠處尚有幾個勞改和勞教農場。那時候，勞教沒有規定期限，怕的是青春都被葬送了。不過，在總場場部下設有一個犯人劇團，梅葆玖、葉盛長、趙慧娟等名角，都曾是這個犯人劇團中的成員。因此勞動的人都覺得，梅葆玖雖然也在這裏，但還演戲，他應該是不會永久的。

這裏有一段回憶，或許能夠佐證上面旁人的揣測。50年代末60年代初的饑荒時期，生活極度困難，但在梅葆玖的記憶裏他們這種主演算是很優待的，而且因為父親還在世，經濟上比較寬裕，家裏雖然肉少，但可以下館子去吃，補充營養。只是這期間，他們一直待在北京，沒有再出去演出，因為生活那麼艱難，觀眾也沒有心思看戲了。

改革開放後，梅葆玖很快登台演出，大多是仗着深厚的幼功。在梅葆玖的記憶中，「文革」後的有一場演出讓他刻骨銘心──

「『文革』後，恢復傳統戲的第一次演出，1961年父親去世後，我挑起梅劇團，一年要唱200場以上的大戲，1964年六七月份以後其實已經不大唱了。1966年『文革』來了，徹底不能唱了。1978年說是要恢復傳統戲，整整15年。我父親抗戰蓄鬚明志前後八年，我可是要兩個八年，而且是30歲到45歲，唱旦角的最好的年齡啊！我媽和周揚同志說：『就別唱了吧，不是鬧着玩的。』幾位當年文化工作的領導都出來說話，勸我不必顧慮。我聽了也有道理，管他呢，唱就唱吧。安排我和李萬春演出《霸王別姬》，大軸；趙榮琛的《荒山淚》，壓軸；倒第三是孫毓敏的《紅娘》；尚派李翔的《出塞》。那天我媽也去了，她還像我爸在時一樣，到各流派扮戲的地方去道辛苦。她也是演員出身，少女時代紅過，對化粧室有念情。我父親不在了，那天我在扮戲，還是郭岐山師傅，就是現在梅劇團管衣箱的郭春慧的父親，真有一種前程若夢的感覺。李萬春先生見了我母親很客氣地說：『梅大奶奶捧我了。』我媽說：『萬春，60年過去了還是那樣的老話，今天是您捧葆玖了。』說話味道，仿佛時光倒流六十年。」

直至前些年，梅葆玖先生還住在東城區的一條胡同裏，家裏是民國時的二層小樓。走過樓下，偶爾能聽到裏面的胡琴聲。更有的時候，能看到他在胡同裏擦車。年紀已高後，他聲音卻還保持良好，年近八旬仍能演唱《遊園驚夢》。

梅蘭芳在《舞台生活四十年》裏這麼說：「我對於舞台上的藝術，一向是採取平衡發展的方式，不主張強調某一方面的特點來的。這是我幾十年來的一貫作風。」同樣，梅葆玖也在採訪中說：梅派的最大特點就是「沒有特點」，講究的是規範，而不是突出某一方面，真正做到了「大象無形」，「真水無香」，是「中和之美」。他在《從〈梅蘭霓裳〉論梅派的「中和之美」》中，特意講了中和之美。可以說梅蘭芳有的方面不是最獨特的，但全加起來，沒有人能比他更好，更完美。

梅葆玖說過：「這一人在台上，12 分鐘也好，13 分鐘也好，必須是勤學苦練的結果，不能有半點虛假勉強。手裏拿的那個黃布包的印，已非身外之物，都已血肉相連了，拿印之手就有戲了。台上就你一個人，所有的表演技巧，包括聲、色、形、神、唱、唸、動作，能使觀眾覺得氣氛充滿整個舞台，雖然僅僅一個人，也就像在台上湧現了千軍萬馬，滿台絕不顯得是空着哪個角落，相反，每個角落都在演員的表演氣氛籠罩下。這是說着容易，做起來難。」

梅蘭芳是最大的京劇革新家。目前來看，他的革新是成功的，即在京劇的基礎上革新，而不是憑空捏造。梅葆玖同樣是革新家，有時大眾不一定能接受，也不知過些年能否接受。他在太合麥田出過唱片《梅葆玖：太真外傳、貴妃醉酒》，給京劇編曲配器，加了交響樂伴奏，也將《太真外傳》改編成《大唐貴妃》，這些都是有爭議的事。

而未來的京劇將怎樣演出，未來的觀眾能接受怎樣的京劇，這還是交給時間來檢驗吧。

另外一個遺憾是，梅派的衣缽在梅葆玖的下一代中沒了傳人。他曾說過：「『文革』耽誤了一代人，我們的子女應該學戲的年代正趕上八個樣板戲，那時男旦靠邊站，老戲不讓唱。」本來他哥哥梅紹武的兒子很有

條件，但是那個年代不讓學，最終他選擇出國了。但讓梅葆玖感到欣慰的是，大哥的孫子梅瑋能唱上幾段，業餘跟着梅葆玖學學戲。梅葆玖説：「這也算梅家隔代的傳承。」

（本文感謝媒體人楊津濤、徐鵬遠先生）

參考文獻：

《京劇談往錄》《梅蘭芳藝術年譜》《梅蘭芳藝事新考》《説梅蘭芳》《舞台生活四十年》《齊如山回憶錄》《懷念父親梅蘭芳》《「樣板戲」在鄉土中國的接受美學研究》《上海春秋》《胡適與梅蘭芳的交誼始末》

鬼音：程派不是誰都能學

梨園行裏，梅蘭芳和梅派的事不好說，程硯秋和程派的事，更不好說。因為比起梅老闆，程老闆是苦的。可是說起程硯秋，又往往不能不提梅蘭芳，因為梅程兩派的關係太緊密了。

程硯秋之後的程派也是不好說的，因為其中有太多人與事的紛爭，更因為程硯秋只有一個。

梅派之外有程派　看罷秋花又看梅

不同於梅蘭芳，程硯秋不是梨園世家，從前不是，往後也不會是。程硯秋原名承麟，滿族正黃旗人，祖上隨攝政王多爾袞入關，打仗戰死，葬時無頭，清廷特賜黃金頭安葬。程硯秋的父親榮壽和榮祿是同輩兄弟，雖然是世襲的將軍，卻不願到清宮當差，遂把爵祿讓給了堂弟榮福，自己則提籠架鳥遊手好閒。程硯秋降生不久，父親就暴疾過世，家道從此中落。辛亥後，旗人指名為姓，從此以「程」行世。

1910年，六歲的程硯秋經人介紹投入乾旦榮蝶仙門下，做了「手把徒弟」，取藝名「菊儂」。八年為期，吃住在榮家，但收入全歸師父所有，滿期後還要繼續為師父效力兩年。

非門裏出身的人家學戲想有成就，比世家要難，但也會更用功。程硯秋在榮家一邊學戲，一邊幹着各種雜活、伺候師父。榮蝶仙脾氣暴躁，稍有不快抬手就打，還常常無端拿他出氣。程硯秋的腿上曾經有一個淤血結成了血疙瘩，就是榮蝶仙打的，直到成名後赴歐考察戲劇才被一位德國醫

生治好。程硯秋後來回憶:「學藝的八年,是我童年時代最慘痛的一頁。」程硯秋學戲時遭的罪,不算最大,但也不多見了。

程硯秋能戲很多,學過武戲《挑滑車》,先攻花旦,後來發現是唱青衣的材料,專攻青衣。除了個子有點高(將近一米八),程硯秋的天賦是沒得說的,他十幾歲時嗓子就極好。早年間京劇老生劉鴻聲是以調門奇高而著稱,尤其擅長「三斬一碰(《轅門斬子》《斬馬謖》《斬黃袍》《碰碑》)」,老唱片裏有他一句「忽聽得老娘親來到帳外」,如六月天飲了冰水般痛快,老譚(譚鑫培)都蓋不過他,據說是編了《沙陀國》的新戲才有了好轉。就這樣的調門,是程硯秋來跟他配戲的。

程硯秋十一歲登台便技驚四座、聲名鵲起。名士羅癭公為其賦詩:「除卻梅郎無此才,城東車馬為君來。笑余計日忙何事,看罷秋花又看梅。」將其與彼時紅透的梅蘭芳相提並論。

十三歲時,程硯秋倒倉了。可榮蝶仙還是接了上海的包銀,要他去演出。還是羅癭公,借了六百大洋把他贖了出來,程硯秋提前出師,開始重新下卦。羅癭公賞識這個年輕人,為程家安頓住房,給程硯秋添置行頭編排新戲,請徐悲鴻為他作畫,還教他讀書習字、鑽研音韻,請人來排崑曲,每周一、三、五親自接他去看電影,更為程硯秋牽線拜梅蘭芳為師。程派的東西裏,是有梅派的玩意兒的。甚至,羅癭公為他改「菊儂」為「艷秋」的藝名,也似與梅蘭芳有比肩的味道。

除了受益於羅癭公,程派藝術最得益於通天教主王瑤卿為程硯秋設計的聲腔。程派的聲音幽咽婉轉、若斷若續,似使勁似不使勁,用的是一種「虛音」,但聲音根底是渾厚而能響堂的。根據程硯秋之子程永江先生所著的《我的父親程硯秋》記載,程硯秋家裏有個壇子,剛好架在與他身高相等的高度,每天是對着壇子練唸白的。據傳,王瑤卿曾評價四大名旦梅蘭芳就是那個「樣」,程硯秋就是那個「唱」,荀慧生就是那個「浪」,尚小雲能文能武,就是那個「棒」。就連 1957 年時,江青約見程硯秋還稱他的表演有三絕:一唱二做三水袖,被程硯秋認可為知音。

1922 年,十八歲的程硯秋獨立挑班,南下演出,連康有為都來捧

場。其時，有人如是評價：「梅蘭芳柔媚似婦人，尚小雲倜儻似貴公子，豔秋則恂恂如書生。」這與羅癭公對其文化氣質的教養是分不開的。

北歸後，梅程逐漸平分秋色，各自的戲迷脣槍舌劍、各護其角兒，有點類似於 1980 年代香港樂壇的張國榮和譚詠麟。羅癭公曾說過：「梅資格分量充足，程則銳不可當，故成兩大勢力。」梅蘭芳也感覺到程「氣勢日旺，自滬歸京後頗有引以自強之意」。羅癭公就此提醒過程硯秋：「你此行紅得可驚，也遭人嫉恨。有些人正意欲挑撥梅先生與你之間的師生情誼呢。」日後，程硯秋終其一生都對梅蘭芳執弟子禮，人人都稱程硯秋「四爺」，只有梅蘭芳喚作「老四」（程硯秋行四）。

梅程兩派的藝術特徵是鮮明的。梅蘭芳成於端莊雅正、雍容華貴，講究的是中正平和，本質上是一種理想化的古典美，屬於殿堂化的藝術，他所塑造的旦角，代表了中國人溫柔敦厚的審美理想。而程硯秋則顛覆了這種理想化，怨慕之情蓋過溫柔敦厚，激憤抗爭多過中正平和，程腔的每個音仿佛都是經過壓抑之後才迸發出的悲愴哀婉之聲。

1927 年，北京《順天時報》評選旦角名伶，「四大名旦」之說由此正式誕生。1932 年，四大名旦合灌唱片《五花洞》，成為四人唯一一次同時合作。據說，當時四個人的演唱順序頗令唱片公司頭疼。荀慧生要求唱第三句，尚小雲要求唱第二，如果梅蘭芳主動讓出第一句，可以行「排名不分先後」之名，但梅蘭芳偏偏一句話不說，最後還是程硯秋主動要去了第四句，並建議統一使用梅蘭芳的樂隊來伴奏，這才解決了一大難題。這張唱片的版心說明，是把圓形分成四瓣，每瓣印上一位名旦，這樣轉起來看同樣不分先後。

此外不能不提的，就是程硯秋的武術功夫。他曾拜會過民國時孫中山的保鏢杜心武，也曾跟被北平的太極拳名師高紫雲、「醉鬼張三」等武術家學藝切磋。坊間一直有個傳說，1942 年時程硯秋曾在北平的前門火車站痛打盤查搜身的日偽鐵路警憲便衣，以一敵眾，瀟灑正氣。這身武藝也被他化用到了舞台上，梅蘭芳在《霸王別姬》裏有舞劍，同樣，程硯秋在《紅拂傳》等戲裏也有舞劍，只可惜傳人不多了。

台上的美嬌娘　台下的硬漢子

　　梅蘭芳與程硯秋的互鑒之處還不止於舞台之上。

　　梅蘭芳曾在 1930 年代訪美、訪蘇，把中國京劇藝術介紹到了西方。而程硯秋也在 1930 年代赴歐考察，不同的是程側重於學習西方藝術用於改良中國戲劇。在他的理念中：「現代的趨勢，一切一切都要變成世界整個的組織，將來戲劇也必會成為一個世界的組織，這是毫無疑問的。」

　　1932 年 1 月 5 日，梅蘭芳為程硯秋舉行了歡送大會，13 日程硯秋自天津塘沽出發，一路向西開始歐洲考察。莫斯科、巴黎、柏林，他被西方藝術深深震撼，感受到了西方藝術教育的科學性、理論性和人性。他甚至做過定居德國就讀柏林音樂大學的打算，並為此破了煙戒、酒戒、肉戒，雪茄、德國肘子一個勁兒地招呼，體重迅速增長。他把發福後的照片寄回國內，收件人看了都嚇傻了，趕緊去信說：程先生，咱不能這樣……。無奈世事往往不隨人願，程硯秋最終還是不得不回到梨園行，鬱悶之中他曾寫下：「來時衰草今見綠，一瞬春花葉復黃。」

　　抗戰時期，梅蘭芳蓄鬚明志、罷戲隱居的故事已成佳話。而程硯秋在那時也一樣彰顯出民族氣節。就在七七事變前的三個月，程硯秋還為國軍二十九軍軍長宋哲元表演過《弓硯緣》和《青城十九俠》，座中佟麟閣副軍長和趙登禹師長都在。日本佔領北平後，找到梨園公會，命其組織藝人為捐獻飛機唱義務戲。程硯秋一口回絕：「我不能給日本人唱義務戲，叫他們買飛機去炸中國人。我一個人不唱，難道就有死的罪過？」直到 1942 年，他始終不與偽政權合作，不唱義務戲，不去「偽滿洲國」，演出不留官座。1943 年，處處受到威脅的程硯秋告別舞台，到北平郊外青龍橋、黑山扈一帶買田種地，做起了農夫，還在青龍橋辦過一所中學。

　　1949 年，新政權改造戲曲。梅蘭芳因提出「移步不換形」而被當成反對京劇革命的「改良主義者」。之後，梅蘭芳做出檢討：「我現在對這個問題的理解是，形式與內容不可分割，內容決定形式，移步必須換形，這是我最近學習的一個進步。」在戲改中，程硯秋的表現似乎要比

梅蘭芳積極得多，主動提交過「改革平劇的三項書面建議」。但其後，在廣泛考察地方戲的過程中，他發現戲改禁演劇目太多、藝人大批失業，遂置信周揚和提交報告給文化部進行反映和表達反對。戲改中，程派戲也受到極大影響，只剩下《文姬歸漢》《朱痕記》《竇娥冤》《審頭刺湯》四個劇碼獲准排演，程硯秋不無委屈地說：「我是一直擁護戲曲改革的呀！」1957 年的文化部整風大會，程硯秋再次批評戲改中禁戲太多、演員失業，甚至氣氛地說：「戲改局不如改為戲宰局。」令戲改局長田漢大為惱火。

程硯秋不收女徒　可如今程派全是女的

出身堂子科班的程硯秋，深切體會過舊式戲曲教育的創痛。因此他早早就立誓，自己的後人不入此行。當然，不忍受苦之外，也有看慣梨園種種醜陋人事的失望。

除了不讓後人入行，程硯秋還在 1930 年到 1940 年間創辦過中華戲曲專科學校，來革除舊式科班的沈痾。戲校先後由焦菊隱和金仲蓀擔任校長，培養了五個班共二百多名學生，其中不乏名角。戲校還廢除了磕頭、拜師、體罰等老規矩，舞台上也不再使用飲場、檢場、把場等老方式。程硯秋的治校思想是「演戲要自尊」，他常告誡學生「你們不是供人玩樂的戲子，你們是新型的唱戲的，是藝術家。」他還常對女生講：「畢業了不是讓你們去當姨太太。」

不過程硯秋自己卻一生不願收女弟子。他認為女子由於生理條件，不大適合學他的藝術，教授起來也不方便，而且作為伶人，他一生潔身自好，不近女性。因此他的弟子荀令香、陳麗芳、徐潤生、劉迎秋、王吟秋、趙榮琛、李丹林、尚長麟等，都是男性，其中荀令香（正是在收荀令香的儀式上，程硯秋宣佈改名「硯秋」）和尚長麟分別為荀慧生和尚小雲的兒子，徐潤生和劉迎秋都是票友。這些中，唯有李丹林先生享得高壽，年過九旬尚為他人說戲，傳播程派，但並不為大眾所知。

1949 年以後，在周恩來的要求下，程硯秋才收了江新蓉一位女弟子。

李世濟的父親李乙尊是民國政要李濟深的幕僚，新中國成立後任上海市政府參事。李世濟認識程硯秋是通過上海交通大學的高才生唐在炘，當時他們都是上海程派的名票，那時唐在炘 23 歲，李世濟 13 歲。後來唐在炘拜名琴師徐蘭沅為師，成了程硯秋的琴師，李世濟拜程硯秋為義父，唐李結為伉儷。雖然認了義父，但程硯秋還是反對李世濟下海唱戲，梨園行是個大染缸，怕女孩子受人欺騙。還是周恩來許諾李世濟，會讓程硯秋收下她，只是不久「反右」開始，收徒一事完全擱淺，一年後程硯秋病逝，也便再無機會。用李世濟的話說，「那個時候梅蘭芳、程硯秋都被運動燒到了。要是沒這些運動，梅蘭芳也好，程硯秋也好，他們都死不了。」從這角度來說，李世濟能有今天的成績，更是很不容易。

20 世紀八十年代，活躍舞台的程門弟子僅有王吟秋、趙榮琛了。趙榮琛一再呼籲復興程派，可突然因病去世。王吟秋八十年代尚能登台演罕見舞台的程派名劇《紅拂傳》，但卻因意外，與一位本屬忘年交的工人發生糾紛，不幸死於非命。而 1999 年，《戲劇電影報·梨園周刊》主辦了「評說五小程旦」活動。李海燕、張火丁、遲小秋、李佩紅、劉桂娟被評為「五小程旦」，一時繁榮，爭議頗多。

程硯秋不收女弟子，可現在唱程派的全是女的，也可謂一椿奇事。

黨對我幫助很多　不然不知把我作何處理

程硯秋在中國共產黨中也有很多戲迷。

·　1949 年，周恩來進北平後，親自到程家拜訪，趕上程硯秋外出，就留下一張字條，「硯秋先生，特來拜訪，值公出。不便留候駕歸為歉。」署名「周恩來」。後來程硯秋不僅見到了周恩來，還同賀龍、任弼時、王震、習仲勳等多有往來，頗受禮遇。因此程硯秋才說，「在新社會裏，黨對我如此尊重，怎麼不使我感動呢？」

吳祖光拍攝了《梅蘭芳舞台藝術》之後，周恩來總理讓吳祖光也給程硯秋拍一部。吳祖光的第一反應是：「程先生這麼胖這麼大！怎麼

拍？！」還是周恩來傳話出的主意，找高大的演員，做大佈景和大道具拍成的。1956 年，程硯秋赴蘇聯訪問，在莫斯科見到了來訪的周恩來。周恩來第一次向他說起入黨的事情：「硯秋，你這幾年進步很大，為什麼不參加共產黨？」程硯秋有點意外，反問說：「我還不知道共產黨員是什麼條件？我夠不夠？」周恩來給了肯定答覆：「你已經做得很好了。」在當天的日記裏，程硯秋慨歎：「解放以來，周總理確實給了我很多鼓勵，黨對我這個例外幫助很多，不然不知把我作何處理了。」入黨被程硯秋提上了首要日程。

程硯秋的入黨介紹人除了周恩來，還有賀龍，二位領導人都是程硯秋的「粉絲」。賀、程曾在西北、西南多地有過相交，賀龍還送過程硯秋一把繳獲的日本將官指揮刀，賀龍謂之：「寶刀贈烈士，紅粉送佳人。」程硯秋則親筆題詞：「新國肇造，西北壯遊，賀龍將軍，慨贈寶刀。」刻於刀上。在入黨問題上，賀龍向中國戲劇研究院黨支部介紹了程硯秋參加赴西安、西南、朝鮮等地慰問演出的進步表現。

周恩來、賀龍還專門找程硯秋談話，指出他「性格孤僻」的缺點。周恩來說，「到了新社會，不順應歷史的潮流，心胸狹隘，不注意團結同志，就會脫離群眾，與社會的要求格格不入。」最後勉勵程硯秋改掉缺點，「爭取又紅又專，做一個合格的共產黨員。」很快，程硯秋成為一名預備黨員。

1958 年 3 月，程硯秋因病去世，享年 54 歲。治喪委員會由郭沫若為主任，委員包括了周恩來、彭真、周揚、梅蘭芳、田漢等國家領導人、文化名流，參加公祭的陣容比後來的梅蘭芳的公祭還要豪華。對於墓碑的碑文，周恩來一錘定音，沒有提及程硯秋「執弟子禮」的梅蘭芳，只說「受益於王瑤卿」，算是了結了幾十年來梅、程間的一段公案。順便提一句，碑文的書寫是由黨內有名的書法家康生執筆的。

「鬼音」不是誰都能學　京劇是不能複製的

說到程派藝術的成就，還必須提及《鎖麟囊》。《鎖麟囊》由劇作家

翁偶虹在 1937 年編劇,程硯秋依字行腔,反覆推敲試唱,於 1940 年 5 月搬上上海黃金戲院,遂成程派代表作。《鎖麟囊》是程派劇碼中不多見的喜劇,故事十分簡單:一位富家小姐結婚路上遇雨,在亭子內避雨,又見到一位貧家女子同樣出嫁,不禁起了憐憫之心,贈送給她一個鎖麟囊,裏面裝滿了細軟財物。多少年後,富家小姐遭災家敗,到一戶人家做保姆幫傭,而這戶正是發達後的貧家小姐。於是二人相認,義結金蘭。程硯秋本人十分珍愛這部劇作。

一段「春秋亭外風雨暴」贏得多少人的唏噓感慨,它的感人,皆因衝破社會階層的人性與人情。尤其是 1941 年百代公司版的唱片,演唱效果為最佳,1949 年以後因程硯秋年長而稍遜了。

戲本是個大團圓的結局,卻在 1949 年後被罪以「階級調和論」而禁演。程硯秋為了恢復此劇做過許多努力,一度靠將全劇最後一段〔流水〕唱詞修改而獲得短暫解禁。這段唱詞本來是「這才是人生難預料,不想團圓在今朝;回首繁華如夢渺,殘生一線付驚濤;柳暗花明休啼笑,善果心花可自豪;種福得福有此報,虧我當初贈木桃。」修改後強調了勞動意義:「休將前事掛心上,協心同力拯難荒,力耕耘、勤織紡,整田園、建村莊,待等來年禾場上,把酒共謝鎖麟囊。」

1955 年,程硯秋渴望把這部作品拍成電影,但不得已最終只能選擇祈禱和平反對戰爭的《荒山淚》。1958 年,54 歲的程硯秋英年早逝,去世前兩天還在病牀上對前來探望的領導請求解禁《鎖麟囊》,卻被回絕:「《鎖麟囊》這齣戲是不能再唱了。」直到改革開放以後,《鎖麟囊》才重新回歸舞台,而這正是李世濟對程派貢獻最大、也最具爭議的地方。

1979 年,李世濟在北京工人俱樂部公演《鎖麟囊》,這是「文革」之後程派劇碼的首次演出,每段唱腔都贏得潮水般的掌聲,是啊,太久沒聽過了。可是李世濟也發現,台下滿眼都是白髮,京劇已經失去了年輕的觀眾,於是她意識到必須改革,讓京劇適應年輕人。

她將美聲唱法糅合於京劇唱腔,並對伴奏手段進行了大膽改造。一齣《鎖麟囊》除了京胡、二胡、月琴,還把笙加了進去。除了《鎖麟囊》,對

《文姬歸漢》原本做修改，刪去瑣碎場次，並由丈夫唐在炘重新設計唱腔；請汪曾祺修改《英台抗婚》，並吸取越劇特點；《碧玉簪》《梅妃》也都有調整。與程硯秋最明顯的區別，是李世濟的嗓音偏「亮」，被稱為「新程派」。

《鎖麟囊》成就了程派，也終結了「程派」。很多票友都認為，現在就「程硯秋唱的最不像程派」了。而程硯秋先生生前，也是最不喜歡別人胡亂學他的。

程硯秋當年嗓子唱壞了以後，唱戲音是戲班中俗稱的「鬼音」。這種音在梨園行被認為是「沒飯」，唱不了戲了。原因是「鬼音」雖然有高音也有低音，但高音走腦後，低音十分低沉。從高音到低音中間變化的音是沒聲的，無法連貫在一起。聲音不夠甜，嗓子不夠寬，五音不夠全，有種苦澀和哀婉。但程硯秋是另闢蹊徑，揚長避短來發揮的。因此他叫翁偶虹寫《鎖麟囊》時，不要像以往那樣用七字句或十一字句，而用三字句。比如劇中的唱詞有：「在轎中只覺得天昏地暗，耳邊廂，風聲斷，雨聲喧，雷聲亂，樂聲闌珊，人聲吶喊，都道是大雨傾天」，「轎中人，必定有一腔幽怨，她淚自彈，聲續斷，似杜鵑，啼別院，巴峽哀猿，動人心弦，好不慘然。」這樣的唱詞前所未有，而程硯秋的聲腔也前所有未。這種腦後音一般是老生和花臉用，旦角中，唯有程派最多。他的旦角聲腔柔中帶剛，中晚年的時候嗓子又逐漸寬厚，與早年判若兩人，這些很難學甚至沒法學，更何況程派藝術不止聲腔，還有那麼多的武功身段。

對程派的發展有影響的歷史事件，自然還要說到新豔秋了。新豔秋原名王玉華，藝名玉蘭芳。她和哥哥都是唱河北梆子的，但看過程硯秋後就立刻迷上，次次偷學。梨園行裏，沒拜過師是不能學了演出的，新豔秋犯了忌。1930 年前後，新豔秋打出「程派」的旗號，她說過：「為了舞台上站住腳，能紅！」她還趁着程硯秋去歐洲考察的機會，拉攏了程硯秋班社中的配角給自己配戲。她幾次渴望拜程硯秋為師，但被程先生以不收女弟子謝絕，最後拜入梅蘭芳門下。

不過 1954 年時，新豔秋和程硯秋相遇上海，程硯秋盡棄前嫌，並約她次日到自己下榻的國際飯店，說要教她中期名作，將程派藝術傳給她。

1983 年，程硯秋逝世 25 周年紀念，新豔秋與王吟秋、趙榮琛、李薔華、李世濟合演了《鎖麟囊》。這是 73 歲的她第一次與程門弟子同台，據說還是得到了程硯秋夫人的力排眾議。程夫人一句「你就是我們程門弟子」，讓年過古稀的她終於得執弟子禮。

程派傳人以各自的理解和方式繼續傳承着程硯秋的藝術。對於李世濟，程硯秋夫人也説過，要客觀地看待李世濟和她的藝術。所有的爭議甚至紛爭，恐怕最終全無意義，因為藝術是不能複製的。只有程硯秋一個人算「程派」，這個流派是他獨家的，不能學的。因為別人沒像他那樣，天賦好、練功苦、會武術、會拉二胡並收藏唱片、能寫文章能演講、能喝烈酒抽雪茄⋯⋯他是在把嗓子唱壞後，經過名師指點，重編新戲調理出來的。曾有程派演員唱《穆桂英掛帥》，確實讓人難以接受。有梅派的嗓子，還是不用學程派的好。

京劇是解釋德國哲學家本雅明《機械複製時代的藝術作品》的最佳案例。本雅明説藝術是有「靈韻」的，即藝術作品的要有原真性、膜拜價值和距離感。這三點京劇都符合。京劇不是現代藝術，更是不能複製的。傳統戲曲是禮儀，不是展覽；是 ceremony，不是 show。

這不光是程派乃至京劇的問題，更是整個社會的問題。崑曲名家張衛東先生從做過一個《京劇流派不再誕生的因果》的演講，詳細分析了其中緣由。新中國成立以後，新創的京劇流派，能立得住的僅有裘派和張派，還都是 1949 年前打下的基礎。那種師徒傳承、票友相互傳教的京劇氛圍，才是保證流派發展的原因。

（本文感謝媒體人徐鵬遠先生）

參考文獻：

《程硯秋日記》《程硯秋自傳》《我的父親程硯秋》《閒話京戲》《梨園幽韻》《伶人往事》《燕都名伶傳》《性別、政治與京劇表演文化》《機械複製時代的藝術作品》

武生：二十年蹉跎歲月

提筆寫起王金璐老爺子，我不由得想起民國時「話劇皇帝」石揮主演的電影《我這一輩子》開頭的畫外音：「北京啊，北京，這是咱們中國的古城啊，從元明建都到現在差不多七百多年了，中和殿、太和殿、保和殿，紅牆琉璃瓦，正大光明……頤和園、萬壽山、排雲殿、昆明湖、十七孔橋……天壇、北海白塔，堆雲積翠，多美啊……可是城裏面的老百姓呢，窮啊，苦啊，可是真安分！」就這一句「真安分」，道出了老北京人的性格。

王老爺子有着老北京人的性格，通過努力奮鬥，愛惜自己的名譽，有裏有面兒。我想這就是老北京傳統的家風，也願這美好的家風能在新一代北京人中永久地流傳！

元雜劇《單刀會》中魯肅的唱詞有云：「光陰似駿馬加鞭，日月似落花流水。去得好疾也！」如今，戲曲史上民國時的一線名角幾乎都已駕鶴西遊，連他們的弟子也到了耄耋之年。而他們弟子這一代藝術家，經歷了新中國成立後的政治運動，受過和父輩相比不一樣的苦。他們本應有更大的成就，但很多人正逢當年時，卻沒有機會活躍在舞台上，使得不論觀眾還是演員，甚至整個時代，都是一種莫大的遺憾。現如今，弟子一代也一一謝幕。2016 年，先後有梅葆玖、李世濟、王金璐等幾位梨園行前輩的去世，更讓人不勝感慨，大師和他們的弟子們都逐漸遠去。

王金璐先生在這一代人中享有高壽，但在同代人中，不論是梅葆玖還是李世濟，都沒有他從小過得艱苦，這促使他取得了更大的成就，也有更多的不易，和更多的遺憾。

偏要學武生：練功之苦，能戲之多

1920 年，王金璐生於北平南城底層的一個貧民家庭。他自幼喜歡戲曲，沒人教就自己能唱幾句《打漁殺家》。王金璐自幼好動，有人提過送去學戲，但被母親否了。在他 8 歲那年，母親不幸去世，父親去闖關東謀生。生活更加陷入困境。王金璐有一門乾親，一次乾親家組織的聚會上，客人中有一位中華戲校的老師，看到王金璐很是唱戲的材料，就建議送到中華戲校投考，沒想到一考即中。雖然唱戲很累很苦，但王金璐覺得，終於可以吃上口飽飯了。

中華戲校是新式的戲校，教學請的都是吳曉玲、徐凌霄、陳墨香、翁偶虹、焦菊隱、齊如山、張伯駒這樣的學者和名士。不僅教戲，還教文化。王金璐並無舊時戲班的藝人習氣，而有一種新時期的學生氣。但同樣，戲校也繼承了科班的傳統，表面上說不能打，實際上照打不誤。王金璐相貌清秀俊朗，天生一副好嗓子，由此很受喜歡。但他比較好動，因此捱打較多。他學戲十分刻苦。他除了唱功花臉和旦角以外，幾乎什麼都會，剛開始他被歸為老生行當，但王金璐更喜歡唱武生，一直找不到合適的機會。就只好在台上抒葉子偷學，或在台下私自練功。臨睡覺前把戲台上的刀拿到被窩裏，夜裏悄悄出去練。有幾次，是別人無法上台，王金璐頂替上場，贏得滿場喝彩。於是，他在戲校越來越受重視，並受到焦菊隱、金仲蓀等校長的喜歡。在中華戲校的時候，以武旦見長的宋德珠的外號叫小千歲，王金璐的外號叫乾殿下。

王金璐對中華戲校的感情很深。有一段很多主力學生畢業，學校人才空缺，他畢業後不顧薪水不高，擔任了一年助教，說是上台助戲，實際上是主演，好幫學校賣座。離開中華戲校後，老師丁永利幫王金璐管事。他深知王金璐不是梨園世家，行走江湖，頗不容易。

丁永利先生是王金璐在中華戲校的恩師，只有他管王金璐叫大璐。他並不聞名於民國的戲劇舞台，但他的父親就是內廷供奉，父輩就以教戲為業。而丁永利也善於教戲。他為人嚴厲，好意氣用事，總是和中華戲校

鬧辭職。有好幾次，他都因捨不得王金璐才回來。王金璐每次演出，他從不表揚，永遠是批評，甚至責罵，但王金璐受益匪淺。丁永利教戲水準極高，據說有一次，他到別人家教楊派武生戲，可他不知道正巧楊小樓正好在那人家，一直在屏風後聽着，隨後才出來現身稱讚。丁永利教楊派戲，是得到楊小樓認可的。丁永利還有同門的師兄弟，是演關公戲的一代宗師李洪春。王金璐十分想學關公戲，捱不住要求，丁永利請李洪春前來幫忙，這使得王金璐學會了《古城會》《走麥城》等。丁永利辭職期間，戲校請了黃月山來教黃派的武戲。

時至抗戰時期，演戲並不叫座，只有傳統老戲而無創新，中華戲校向上海學習，搬演《火燒紅蓮寺》那樣的連台本戲以增加上座。但那些海派的劇碼被稱為外江戲，在北京不被認可。為此，丁永利和李洪春在從南方扮演的京劇上，加上了傳統的身段和技法，南戲北唱，這才在北京站穩了腳跟。一時中華戲校的戲，比很多科班都要賣座。連台本戲大多熱鬧，這就少不了王金璐的演出。

由此，不到二十歲的王金璐，一個人身集楊派、黃派、紅生戲於一身，成了當時火紅的童伶。戲校又安排他，拜了馬連良先生為師。出師之後，王金璐並沒有着急挑班，而是博採眾長。他多次去上海演出，又與金少山、侯喜瑞等前輩同台。很多民國時的戲單上有了王金璐「坐着」（三個字呈「上一下二」三角形排版）的名字，他在民國時就是名角兒了。《立言報》上評定童伶，生行的頭一名就是王金璐。

有人對王金璐說，只唱老生戲就足夠了，武生戲又累又難，武生名家已經很多，很難再殺出一條血路，何必非要學武生呢？

王金璐只是喜愛武生。參考《武生泰斗王金璐》一書，即便是他結婚後，仍是清晨四點半起牀練功喊嗓，七點半用早點，八點去學校上班，十二點回家吃飯。如有日戲，下午六點散戲回家。五十年代在上海的時候，他仍然是每天上午八到十點是既定的壓腿時間，徒弟郭仲春在一旁跟着練，練完後看徒弟拉戲，接着又為徒弟說戲。十點以後開始踢腿、打把子，一口氣打十套快槍，再同幾位武淨作把子車輪戰，最後再自己拉戲，

如《麒麟閣》的九戰魏文通，一拉便是打九套，絕不偷工減料。

二十年蹉跎歲月：時運不濟，身負重傷

新中國成立以後，王金璐一如既往地用力唱戲，但他卻時運不濟，一時有北京、天津成立劇團請他加盟，他都因故錯過了。他再次南下，加入了上海京劇團，跟院長周信芳先生一起演戲，紅遍了上海灘。到了五十年代，他借調到西安，一連把京劇並不興旺的西安唱得紅火。在西安，他編演了連本的《七俠五義》，出演主人公白玉堂，這下使得全西安都為之轟動。還巡演走遍了西北的眾多省份。為期半年的借調時間早已過去，卻仍不見回上海的動靜，後來才知道，他的人事關係已經被調到了西安，他就成為西安的演員了。既來之，則安之，但誰知有更大的人生坎坷在等着他。

因上座火爆，西安在排《七俠五義》的第二本，有大破銅網陣的劇情。王金璐扮演的白玉堂要在高處跳下，同時後台的工作人員按動機關放出網子，接住王金璐。不巧那天是一位臨時的師傅來負責，他按早了，王金璐在無法騰挪轉身的情況下，生生地摔在了地上，還被一根翹起的木棍打腫了臉。而他還要去繼續演下面的戲。

王金璐由此身負重傷，但身為主演的他不能回戲，派人頂替他演的話，他要求注明是別人代演，可劇團不幹，這樣會引起觀眾退票。但他聽到散戲歸來，觀眾們紛紛議論，這個「王金璐」也不怎麼樣。他十分傷心，只好再次帶傷上陣。而這次，他聽到的卻是這個「王金璐」比上次的「王金璐」要強，這下更矛盾了。他越是努力，反而越在砸自己的牌子，這黑鍋是背上了。更難辦的是當地的醫療條件不行，他的腰傷越來越重，終於在帶傷演出半年後爬不起來了。

1960 年，王金璐帶着傷痛之身離開西安回到北京，可他卻上不上北京戶口。西安方面不給調動工作，這下他無法保障生活，而是靠朋友的接濟。更有大夫診斷説，王金璐傷到了脊柱，幾乎是無法再演戲了，勸他改

行教戲。

這是王金璐一生中走麥城的時候，身為演員不能登台，還是在一生中最為黃金的年齡。在五六十年代京劇尚可發展，沒有被現代戲完全取代，而且武戲有了大發展，高盛麟、蓋叫天、李少春、張雲溪等大紅大紫。以前聽說過蓋叫天斷腿後，堅持練功重返舞台的故事，而王金璐傷到的是脊柱，他日後登台，絕對是人間奇跡了。

受傷期間，王金璐穿着鋼背心逐漸恢復，經過多少年的治療，剛剛見了好轉，又迎來了 1966 年的「文革」。西安方面不發工資了，王金璐的生活徹底陷入困頓。後來只好靠夫人李默英去工藝品廠當畫工來貼補家用。直至 1978 年，王金璐才逐步被起用，他前後脫離舞台長達十八年，此時已年近六旬。

登台與傳藝間：六旬復出，武生不老

王金璐復出的第一齣戲，竟然是一般年長即不再演的《挑滑車》，王金璐不僅演了，而且劈叉，壓馬、勒馬、挑車等高難動作一個不少，最後還以摔硬僵屍收場。由此，他重新上演了《長阪坡》《潞安州》《戰宛城》《古城會》等當年的代表作，並在中國戲曲學院拚命教戲，一如當年。

這一切，都跟他高超的武功是分不開的。原因是他跟民國時京城阿拉善王府的保鏢、武術大家高紫雲先生練過武術。王金璐先生講過，高紫雲先生是太極拳名家和醫家，精通儒道。夫人也會武術，都住在王府小院，教他和程硯秋練武。這是有組織出錢讓他們學的，機會難得。有一回，王府裏突然喊抓賊，高夫人一下子就躥上房。又一次，在廟會上，有賊把手伸到高夫人兜裏偷東西，一下子就被高夫人把手給抓住了，小偷連忙喊救命。高夫人鬆了手，教訓了小偷幾句，還隨手給了小偷一些零錢，告訴他不要再做小偷了。高紫雲夫婦不單教武功，還教過武德。王金璐特意說，練武術要講德行，還講過去沒有所謂的門派之爭。而他跟隨高師傅，竟然還學了些英文。

筆者訪問了與王金璐先生住了數十年街坊的趙女士，很多關於王金璐先生的故事，由她來講述：

　　　　我們社區裏住過很多戲劇名家，後面的樓住過劉秀榮和張春孝，我們樓住過李和曾和李憶蘭。院兒裏有個亭子，有草地花壇，經常見他們在那裏練功和帶學生，揮動水袖的綢子如仙女般。最常見的還是王金璐老爺子。在我小學到中學，不論寒暑，總能看到王老爺子在院兒裏的花壇旁練功，他練棍，像孫悟空一般，不練棍時，也會壓腿踢腿。早上他自己練，下午有時他帶徒弟。我還見過他教他的小外孫子，一個可愛的小男孩。他不僅要孩子動作到位，還得眼神到位，能傳神。但孩子還小，被他訓哭了。

　　　　記得我小時候參加過一個武術班，有時也跟一個小夥伴在院兒裏練「三腳貓」的功夫。老爺子就過來了：「你們練什麼呢？」我們說：「練武術呢。」「踢個腿給我看看？」我們就踢。「這踢得不直啊，這得有個棍兒，踢不直就梆你一下，就直了。」王老爺子說的，我們幾乎都不敢練了。那位小夥伴有一次拿了本登有京劇老照片的雜誌，給老爺子看。他一看便認出來那是年輕時的自己。這老照片他看呀看呀，看了很久都捨不得放下，還問能不能把這頁複印，因為他自己已早就沒有了。

　　　　1988 年老爺子退休，但他仍然練功，教徒弟，仍舊不時登台參加各種紀念演出，並在報刊上撰寫回憶文章。1990 年，他主演了電視劇《武生泰斗》，原本劇組是請他做顧問，一接觸，直接請做主演了。而翻看王金璐先生的傳記才發現，原本《霸王別姬》中戲劇教師爺的角色是請他來演的，可他堅辭不就，一連推掉了很多電視劇、電影的演出。現在想起來也是一大遺憾。但還是隨他的意願吧。

　　　　王爺爺的全家人都客氣，很講老禮兒，尊敬老人，不給街坊們添麻煩。鄰里之間，就連我們送的粽子、餃子，王家也必定是要還禮的，保持了老北京人的傳統美德。誰要是有事情請他去哪兒，他不要人來車接，他要自己坐公交。還說人家空車跑過來，不合適，太給人家添麻煩了。他喜歡親力親為，老伴在世時癱瘓多年，都是他自己個

兒照顧，一直相敬如賓。家裏多年不請保姆，直至他年紀很大才請人幫助，但也不願別人伺候，好像覺得彆扭。王爺爺的外孫女跟我是小學同學，比我大一屆，從小在一塊兒玩，可是我卻不知是王爺爺的外孫女。

王爺爺對住了幾十年的社區十分熱心。看到院兒裏有什麼積水，他要幫忙打掃。女兒天香阿姨一直在身邊照顧他。他經常讓王阿姨去掃公共的樓梯。王阿姨身體不大好，做過手術，但一直打掃，對他十分孝敬。王阿姨不是職業演員，但也會唱。一旦居委會有活動，都要她唱京劇。居委會阿姨們喜歡聽樣板戲，她就特認真地唱樣板戲，因為身體原因，唱完還得吃藥。去年夏天，我們社區房屋改造，院兒裏堆滿了建築材料，很多地方都絆腳，容易把老人給絆着。他看到後很關心，居然要自己去搬，幾乎忘了自己已是耄耋之年，當然被兒子攔住了。他的兒子也年過古稀啦！還親自動手把建築材料搬走。大約是前年的時候，王爺爺還在家裏帶徒弟。他教得非常認真，竟把家裏的地磚踩裂了六塊。這棟老樓一共五層，他們家住在三層，沒電梯。他也不麻煩徒弟，就讓兩個女兒，拿着普通的購物袋背了六塊磚上樓，自己把地磚換好了。

我最後一次見到王爺爺是乙未年的除夕，在全聚德。正好我們家去吃年夜飯，王家也去了。王爺爺他們在四樓，我們在三樓，我們知道後，就上樓去拜年。王老爺子穿着棕色西服，圍着紅圍巾，精神面色很好。他已經九十六歲高齡，動作緩慢，但很能聊天兒，還跟我們點頭和作揖。家裏的親戚還幫着我們拍照留念。雖然我們做了三十年的街坊，但僅僅在那天與王爺爺合過影。

王爺爺去世後，家裏設了靈堂，來了不少客人。我去弔唁，在遺像前鞠了仨躬。下樓時，王爺爺的兒子親自從三樓送到一樓，到了門口，居然給我作揖鞠躬，一個勁地謝我，說得我非常不好意思，我被這講老禮兒的一代老北京人感動着。

縱觀老爺子這輩子，確實是坎坷的一生，但他卻能用自己的刻苦努力，勤勞與本分，做好自己分內的一切。翻閱他會戲的清單，令

人十分驚訝。他能演的戲多達 33 齣，如果加上他兼工的戲就多達 436 齣，其中丁永利傳授他 83 齣戲，李洪春也教了他 47 齣。楊小樓和黃月山的戲，他強調表演和演人物，是真正的武戲文唱，武生泰斗。

（本文感謝趙倩君女士）

參考文獻：

《王金璐舞台人生》《武生泰斗王金璐傳》《京劇談往錄》

崑曲：崑腔本是文人曲

　　其實大家都聽過兩句崑曲，張國榮的《霸王別姬》中那兩句作為戲膽的「小尼姑年方二八，正青春被師父削去了頭髮……」，即是崑曲《孽海記‧思凡》一摺中的唸白。近些年來，隨着白先勇青春版崑曲《牡丹亭》的火爆，以及崑曲被列入「世界首批人類口述與非物質文化遺產代表」，這門古老的藝術又進入當代人眼中。不過，普通人確實對崑曲的瞭解得不多，只知其一不知其二。

一

　　崑曲是古代文人雅集之曲，它不僅僅是舞台上的戲，更不是地方戲。崑曲與儒學合為一體，「帶有中國古代士人所特有的『書卷氣』，又有專業演藝者的長期打磨，還有國家力量的嚴格監管。」（張衛東：《崑曲是典型的人文藝術》）因此表演崑曲不僅是為了娛樂大眾，而更多的是為了宣揚禮教，承傳文化。

　　崑曲因元代揚名於江蘇崑山而得名崑山腔，但崑曲並不是崑山一帶的地方戲，而是「由崑山一帶的文人清唱南北曲以及散令而發展成為舞台戲曲」。這一點很重要，地方戲是當地藝人根據歷史、民間傳說故事自行編演，而崑曲的文本則是元雜劇、南宋戲文和明清傳奇，這些文本的作家是由關漢卿、王實甫、湯顯祖、沈璟、李開先、李玉、洪昇、孔尚任等文人創作，多數是在他們的家班堂會上首演。

　　清代中葉以來一直保持着既有營業的劇場崑曲，也有文人之間自己

　　　　　　　　　　　　　　　　聲色之城：市井江湖稗官野史

唱着玩的崑曲，這種崑曲的流傳雖然會不重舞台身段表演，但更保留了古代讀書人的官話聲韻。當代人不易接受崑曲，一個普遍的理由是認為「聽不懂」，還認為都是南方的方言，其實是個嚴重的誤解。崑曲腔調上分北曲、南曲。北曲字多腔少，遵循《中原音韻》，多數是元朝的北京字音；南曲腔多字少，遵循《洪武正韻》，保留吳地沿襲的河洛正音。

因此崑曲只要瞭解近古的平、上、去、入四聲和尖、團字音是容易聽清楚，而古人自然懂得古代音韻，文言詩詞類又是崑曲創作文本的特點，如果沒有古文的基礎當然聽崑曲也是比較困難的。不應該覺得聽懂崑曲要懂點古代的音韻多麼麻煩，而是慶幸崑曲為我們保存了有言傳的活生生的近古音韻。

二

舉一個崑曲《牡丹亭》的例子，我們看看明代文人湯顯祖的精神世界。

《牡丹亭》是明代戲曲家湯顯祖的壓卷之作，全劇共五十五齣，《遊園驚夢》在第十齣，是其中的戲核兒。原本作《驚夢》一齣，後來分成兩齣來演。在這之前有《鬧學》一齣，講塾師陳最良教小姐杜麗娘與丫鬟春香讀書，卻被春香鬧得帶着杜麗娘去了一座荒廢的花園。杜麗娘遊園，方有「姹紫嫣紅」之歎。劇中【皂羅袍】【好姐姐】兩支曲子已膾炙人口，而其間要義多為今人的揣測，這兩支曲子如下：

> 【皂羅袍】原來姹紫嫣紅開遍，似這般都付與斷井頹垣，良辰美景奈何天，賞心樂事誰家院。朝飛暮捲，雲霞翠軒，雨絲風片，煙波畫船，錦屏人忒看的這韶光賤。

> 【好姐姐】遍青山啼紅了杜鵑，那荼蘼外煙絲醉軟，那牡丹雖好，他春歸怎佔的先。閒凝眄生生燕語明如剪，聽嚦嚦鶯聲溜的圓。

【皂羅袍】一曲中的每一句，都是陰陽結合，對比強烈，暗含着中國古典的思維方式，從強烈的反差中展現出青春的短暫與可貴。「原來姹紫

嫣紅開遍」，低沉緩慢地起頭，直表這花園當年的美，「姹紫嫣紅」多美啊；而「似這般都賦予斷井頹垣」，唱時在「斷」字、「頹」字上吐字行腔，「斷」井，「頹」垣，井欄都斷了，牆都倒了，不美了。下一句「良辰美景奈何天」，「良辰美景」，「奈何天」——時間多麼令人無可奈何，如宋詞「無可奈何花落去」的意境。這裏在「何」字上行腔，天指時間。上半句是好事，下半句立刻又轉折不好了。同樣「賞心樂事誰家院」，「賞心樂事」，「誰家院」——在誰家的院子裏發生呢？反正不是在我家。上半句好，下半句立刻轉折。這兩句化自謝靈運語「天下良辰美景賞心樂事，四者難並」。如此鮮明的轉折和對比，表達杜麗娘面對美景，內心卻是青春易逝那般的哀怨悲涼。

「朝飛暮捲，雲霞翠軒，雨絲風片，煙波畫船」，都是美好景物的描繪。「朝飛暮捲」，「朝」是早晨，「暮」是晚上，指雲彩在早晨飛舞在晚上捲起；「雲霞翠軒」，雲彩和霞光照耀着翠綠的屋簷敞軒；「雨絲風片」，雨如絲風如片；「煙波畫船」，那畫舫都掩映在彌散的煙霧和粼粼的波光裏。十六個字，一個字是一首歌，一個字是一幅畫，現代漢語的解釋會將其意境割碎破壞殆盡，此間的美之極致的境界，只可意會不可言傳。

而如此傳神之美，卻接了一句「錦屏人忒看的這韶光賤。」這句中「忒」唱「tè」，「的」唱「dì」。「忒」是句方言，在北京話中唸「tēi」，是特別的意思。錦屏人指「我」，指杜麗娘自己。越是那麼美的景兒，像織錦的屏風中一樣美的人，像畫中人一般美的「我」，卻覺得這光陰如此的下賤！這又是為什麼？傷春！一個情竇初開的十六歲少女，沒有愛情，再美的景色也不美了。

【好姐姐】一曲是【皂羅袍】的補充與細分。【皂羅袍】是杜麗娘與春香合唱，【好姐姐】是杜麗娘獨唱，春香有幾句夾白，更是杜麗娘的獨抒胸臆。「遍青山啼紅了杜鵑」，杜鵑鳥即布穀鳥，它的嘴和舌頭是紅色的，令人誤以為在流血，故古人有杜鵑啼血的說法。《紅樓夢》中林黛玉作《葬花吟》有「杜鵑啼血正黃昏」一句，即沿用《牡丹亭》中的意境。「那荼蘼外煙絲醉軟」，荼蘼綠葉白花，花小而碎如流蘇，荼蘼架子如煙雨般飄

逸。「那牡丹雖好，他春歸怎佔的先」，牡丹四五月份開，並不在春天搶佔先機，「我」如牡丹般美麗而不最先搶眼。「閒凝眄生生燕語明如剪，聽嚦嚦鶯聲溜的圓」，閒來時凝視，燕子叫得明快如剪刀，黃鶯的歌唱婉轉圓潤。

【皂羅袍】與【好姐姐】兩支曲子不宜分析講解，最好是學會演唱以後，在不同的園林，於不同年齡中摭笛唱曲，拍板雅集，都有各自不同的滋味。一曲皂羅袍，真堪千古矣！

「君子務本，本立則道生。」崑曲的「本」是在於古典文學和文化，古典文學修養高了，自然也就懂崑曲了。當年有人請教溥心畬如何提高畫畫水準，溥心畬說好好讀書寫詩，古詩文寫好了畫兒自然也就好了，這都是同一個道理。這本論集的主旨就是：崑曲既然是由文人締造，終歸還要回到文人中去。

三

因為生活在北京的胡同裏，自幼沒少接觸曲藝、戲曲，從小喜愛聽話匣子裏的評書、相聲、大鼓、單弦。後來，對京劇以及崑曲的戲曲也有接觸，從不分劇種流派的喜歡，到對身邊不懂的朋友們對表演者品頭論足，都有過不短的時間。

想起剛上小學時，我每天中午回家吃飯，十二點放學，一點半上課。最幸福的時刻，無過是從一點到一點二十五，和奶奶一起聽話匣子裏的相聲，聽完了都記得住。學校在胡同西頭，我家住東頭，相隔三百米，聽完正好跑到學校去，還有幾次摔了跟頭，磕破了皮。若走得早，從安靜的胡同中走過，幾乎每家門口或窗戶根兒下，都有話匣子裏傳來的相聲或評書，一條胡同走過，幾乎能跟着聽完一段。趕上聽京劇，不大識字的奶奶還會給我做解説：「包公啊，他連他姪子都鍘啦！」我還有位五爺，是我的叔祖父，住在院子裏的西屋。他是老小，一輩子沒正經上過班，但卻能拉胡琴、會做飯、能用毛筆給自己開藥方。時不常地在院裏拉上一段，唱上

兩句。我時常聽他唱戲，戲沒聽懂，他給我做過一回雞蛋餃，非常好吃。

或許是我的專業是中文，又偏愛古典文學的緣故，對曲文以及那種歌唱方式有一種說不出的好感。我學崑曲開蒙的曲目是《長生殿·驚變》，經過努力發音地學習後，立刻選擇了只能做觀眾的位置，這真是魏良輔《曲律》上說的：「開口難」呀！

學習崑曲不只是跑調兒一個問題，而是心裏並不知道什麼是調兒，上一句矮了，下一句一緊張就更不準了，好容易有一句唱得有點意思，一高興卻又把詞唱錯了。其實，唱崑曲要用肚子唱，是坐在椅子上，雙手托着椅子邊把自己往起抬時肚子較勁的那個勁兒，是肚臍眼往裏三分，不是往下方。正確的唱法，是唱完了肚子累，不是嗓子疼。當進而知道點如何使用大小嗓，如何往高音唱，如何送氣呼吸等等時，這些都是需要一句一句磨出來。

真正熱衷於崑曲的人，會愈發喜歡老生和花臉家門了，尤其喜歡唱《望鄉》《彈詞》《寄子》《訓子》等忠孝仁義的歷史劇，以及《山門》《刀會》《酒樓》《夜奔》的感人之語言，而不是花前月下的扭捏。

有很多老輩兒人中，不論文學家、科學家，都會崑曲。康有為、梁啟超那一輩人幾乎人人都會，俞平伯、葉聖陶等先生也自不必提，連革命烈士瞿秋白還教過丁玲唱崑曲。再看汪曾祺《我是怎樣與戲曲結緣的》那篇文，西南聯大的名教授大都喜愛唱曲。還記述他從《南浦》《走雨》開蒙，陸續學會了《遊園驚夢》《拾畫叫畫》《哭像》《聞鈴》《掃花》《三醉》《思凡》《折柳·陽關》《瑤台》《花報》《刺虎》……幾乎比現在演員還會得多。

因此，不能只把崑曲看作是舞台上的玩意兒，更要返璞歸真地回歸到書房中的音樂。閒暇之日，在書桌前手持一卷民國影印的《牡丹亭》或《藏園九種曲》，哪怕只是隨意翻翻，亦是賞心樂事。

四

習曲方知何為雅俗，中國傳統教學方式，是「薰、模、學、練、默」：

先受薰陶，再慢慢模仿，然後有主見地學習，有思想地練習，默誦下來，這才能下意識地成為通化之氣象。所謂「書讀百遍，其義自見」，先不在大教室開講，而是踏實地、長時間地學唱，再談其他。何勇有首歌兒叫《鐘鼓樓》，有句詞兒是：「你已經看了這麼長的時間，你怎麼還不發言……」現在發言的太多，應該改為：「你已經發言了這麼長的時間，你怎麼還不看看……」人應該少談些觀點，多埋頭讀書。以前批評傳統教育是死記硬背，沒有獨立思考和提出見解。殊不知，若沒有多年的死記硬背，拿什麼來獨立思考和提出見解呢？那才是巧婦難為無米之炊。因此，不會演唱戲曲、曲藝的人，是無法寫這方面文章的。

既然慶幸崑曲「存古」的功勞，那就更不應肆意地「創新」、糟改崑曲了。崑曲不適合通俗化、流行化。崑曲藝術家、教育家張衞東先生批評當代崑劇團的新編戲是：「台上搭台必伴舞，做夢電光噴雲霧。中西音樂味別古，不倫不類演出服」；並批評這種改革的崑曲反而加快了死亡的速度，演唱是沒有味道的「崑曲歌舞劇」。貌似作者是個很極端的復古派，就像他平常的穿戴也總是中式對襟衣衫和布鞋一樣。其實這種保守是有道理的，因為儒學的衰微，人們沒有改革、創新崑曲的能力，還不如死守傳統的好。

舞台崑曲被京劇、話劇、歌舞等通俗藝術擠壓得沒有舞台時，恰恰是清末民國以來的讀書人承傳了崑曲。民國以來，文學家俞平伯、紅學家周汝昌、清史學家朱家溍、語言學家朱德熙、經學家吳承仕之子吳鴻邁、最後的閨秀張允和、曲家周銓庵……等舊式文化人圈子中，都一直保持着崑曲的傳唱。他們在崑曲上所花的時間，似乎並不少於本職的學術。如今他們都以作古，只有在回憶文章中，留下了他們平淡生活中的一面。

別人累了看文章當休息，文人累了沒的可幹。戲曲既和文學相關，又能陶冶情操，對寫文章的人來說，是再好不過的愛好。才情不是學來的，是養出來的。花的不是錢，而是時間和精力。

唱曲是一種雅生活方式，它只是生活中的一部分。就像這世界上沒什麼北京民俗，只是大家都這麼過日子罷了。

文哏：被指定的舞台

哏，指有趣、逗笑。文哏指有喜劇情節、比較文雅、有知識性的相聲段子。

文哏相聲是特定時期的產物，它和傳統相聲中的「清門相聲」不是一回事。清門相聲起源於全堂八角鼓；而「文哏」這提法最早應是來源於單口。單口相聲借鑒了些評書的素材，說起來文雅有趣，因此才是「文哏」。對口相聲裏最早是沒「文哏」這麼一說的。

蘇文茂先生的相聲，成於「文哏」，但爭議也來源於「文哏」。曾有名家開玩笑說，蘇先生的相聲是「溫哏」，太溫和。

一

蘇文茂是藥鋪學徒出身，起先文化水準不高，但他一直堅持學習知識，最終成為以文哏著稱的相聲演員，也是相聲作家。他創作了《美名遠揚》《得寸進尺》《大辦喜事》《滿載而歸》《學習張士珍》等段子，還與別人合寫了《廢品翻身記》等。同時，他也擅長演京劇、曲劇和電視劇，他能唱《女起解》《打漁殺家》《能仁寺》《鐵弓緣》《打面缸》《法門寺》《烏龍院》等，酷愛看戲和電影，尤其是卓別林的電影。

蘇文茂的相聲，給了我不小的啟發。他所創作、表演的相聲，都在塑造一個有問題、值得諷刺與批判的典型人物——這個人物有名字、有身份、有背景、有形象，還會引發一個連帶的問題：逗哏演員在飾演被諷刺的人物時，是否要保持演員自己的形象不受損害？

這個問題比較有趣，因為以前這不是問題。

在二人轉表演過程中，演員最不怕的就是自我醜化，可以在台上指着拉大弦兒的（伴奏）説：「拉大弦兒的是我爹！」

這時拉弦兒的肯定答應一聲：「哎！」

演員繼續説：「全場觀眾是我爺！」

給拉弦兒的找好幾百個爹，自己當孫子，全無所謂。

在傳統相聲中，逗哏演員也不擔心這個，他對捧哏的説：「咱們相聲現在越來越文明了。你看像這種：『我是你爸爸，我是你爸爸，我是你爸爸，我是你爸爸，我是你爸爸……』這個咱不説！」這麼説怎樣也不吃虧，拿捧哏的砸掛就行了。而在新相聲中，這個尺度見仁見智。當思考到這個問題時，我們在潛意識裏已經將「説相聲的」提高為「相聲演員」，他們中有成就者將是表演藝術家，而不再是路邊撂地的流浪藝人。

就蘇文茂塑造的人物，不論是《新局長到來之前》中的蘇大祕、《美名遠揚》中的「哏會計」，還是《文章會》中的蘇大才子、《紅樓百科》中的紅學家……那些充滿各種缺點的小人物並不讓人太厭惡，只是滑稽，更不會讓人聯想到他本人。蘇文茂諷刺的槍不是投在這些人的行為舉止上，而是投在所有小人物的影子上，他們都有共同的人性的弱點，何時予以諷刺與批評都不為過。至今我還記得《美名遠揚》中的「哏會計」——一個因偶然間發表了篇「豆腐塊」文章就靠抄襲而去當作家的人：

> 甲：……仨月趕上趙樹理，半年超過郭沫若，一年零兩天要達到魯迅的水準！您說這計畫不高吧？
>
> 乙：幹嗎還「一年零兩天」哪？我看有一年足可以了。
>
> 甲：哎呀，要趕魯迅先生，一年恐怕趕不上。
>
> 乙：那就多訂點兒，一年零五天。
>
> 甲：那就超過他去了。

傳統相聲裏也有這樣的典型人物，但形象相對模糊，不鮮明，也大多沒有名字和身份，更多的是逗哏演員以自己來表現。1949 年以來，相聲受諷刺文學，特別是諷刺喜劇的影響，在塑造人物上下了功夫；相聲作者不再只限於相聲演員本身，還有有文學修養的職業曲藝作家，如蘇文茂代表

作《高貴的女人》《新局長到來之後》的作者何遲，以及馬季、梁左等，相聲本身的文學性提高了，更像喜劇了。全社會提高了相聲的地位，豐富了這門藝術。除了蘇文茂在相聲中塑造的典型人物，還有馬三立《買猴兒》中的馬大哈、《開會迷》中的開會迷，馬志明《糾紛》中的丁文元，高英培《釣魚》中的「二他爸爸」，姜昆《虎口脫險》中塑造的社會小青年，等等，都是新相聲的代表人物。

二

按照相聲界「德、壽、寶、文、明」的輩分，蘇文茂的輩分不算高，有些師叔比他小上十幾歲，所以到了晚年，他也不大愛提輩分。他這一輩子有苦命，也有幸運。他年紀輕輕，師傅沒了；中年喪妻，生活壓力一直很大，但幸有續弦。在曲藝團踏實幹了一輩子，除了「文革」期間被下放，他沒流浪過江湖，沒遭受過太大的折磨與否定。

蘇文茂對傳統相聲的改編都較大。《論捧逗》原名叫《八不咧》，最主要的表演段落是「打門就打門不咧，走就走不咧，拐彎就拐彎不咧」這樣的地方，是傳統的「爭辯活」，因為「八」在春典中叫「張」，這段俗稱叫「張咧子」。馬季晚年和趙世忠合說過這段，還保持着馬季獨特的風格，如今依照傳統演得好的是郭德綱和于謙，他們已經「磨」出來了。在蘇文茂的版本中，「八不咧」的地方都被刪了，相對容易表演。在《批三國》中，侯寶林版的重在對劉備、呂布、劉安等人的點評，底是「劉安殺妻」，繼承了戴少甫的風格；劉寶瑞版的底是「吳氏老太太生的張飛」（「無事生非」的諧音）；蘇文茂版的底則是「三角戀愛」。比起侯寶林基於眾人皆知的民間演義、戲曲人物的「歪傳」和劉寶瑞的文字遊戲，蘇文茂的包袱略顯高冷，不容易直搔笑點。

郭德綱在《過得剛好》裏寫道：「……（文哏）這類節目一直與倫理哏緊密相連。《反八扇》結尾要落在妓院，《五行詩》句句找便宜，《八大吉祥》說對方父親是王八。可見所謂的文哏是為倫理哏作鋪墊，並且不如

倫理眼光明磊落。相聲問世，乃為藝人謀生之手段。街頭賣藝求三二碎錢買米買麵養家餬口。立於風雪中滿口高雅，不凍死也得餓死。」這話雖然是站在他個人的立場說的，但說得非常實在。這些相聲的作者，都是清末落魄的八旗子弟，多少有點兒文化，但為了掙錢，內容肯定也高檔不到哪里去。和表演火爆的武眼段《大保鏢》《拉洋片》《武墜子》比起來，真是撂地說「文眼」，誰聽啊？

蘇文茂是 20 世紀 50 年代相聲改革的適應者。當時不讓說傳統段子了，新活編得不上座兒，他卻能另闢蹊徑，學了馬三立先生的高招，把傳統中讓說的、文縐縐的拿來整合，並改編留存於舞台，以至現在還能聽到《八扇屏》《論捧逗》《大相面》《五行詩》《汾河灣》。要知道，很多和他平輩的演員，能說的傳統段子也就一兩段，甚至幾乎不會。當時不讓教也不讓學，等到能教能學了，已經到了 80 年代，找誰學去呢？蘇文茂說這些段子時是在 60 年代，能夠把傳統段子演出來已經不易，總比演《萬噸水壓機》那樣口號似的相聲要好得多。當時演什麼段子、怎麼演，並不是演員說了算的。能有蘇先生這樣的相聲演員，是一大幸事。

三

蘇文茂的相聲都是「死口」的，這一點和馬三立先生的相聲近似，都是死詞，每次手勢抬多高，在哪兒結巴一下，都是記死了的。

蘇文茂有「柳活兒」（相聲術語，就是學唱各種地方戲曲和歌曲，分歌柳兒和戲柳兒，簡單說就是學唱。），在《汾河灣》中唱了河北梆子《汾河灣》，在《竇公訓女》中學郝振基唱了句高腔。高腔是傳統戲曲的四大聲腔之一，沒有管弦樂器伴奏，只用鑼鼓，聲腔古樸高亢。像不像三分樣，而如今已經少有人知道什麼是高腔了。蘇文茂的貫口也很好。把貫口說得快不算能耐，能說得抑揚頓挫、字字清晰、入耳連貫不絕才是能耐。現在會說貫口的也不多了。

而蘇文茂是相聲常氏家族的大哥「小蘑菇」常寶堃的徒弟，他僅比師傅小七歲，他迷常寶堃的相聲，愣是到電台門口多次「堵」常寶堃，能

看一眼真人也知足，最終拜師學藝。那時候拜師學藝講究三年學徒兩年效力，要在師父家裏幹雜活，替師娘照顧孩子，出師後還要給師傅掙兩年錢，每年三節兩壽要給師傅師娘送禮。在常寶堃收蘇文茂這裏，都免了。以後蘇文茂收徒弟，也延續了這些習慣。

說相聲最好的是「拴死對兒」，合作四十年，開始說得再一般，最後能說得爐火純青，這是中國傳統藝術的魅力。就像侯耀文和石富寬、王謙祥和李增瑞、郭德綱和于謙，他們都是絕佳的搭檔。而師勝傑老師就沒那麼幸運，一直沒有固定的捧哏。蘇文茂曾有於俊波、高元鈞、全長保等名家為他捧哏，他也為常寶華捧過幾年。後來張壽臣的徒弟、師勝傑的師傅——捧哏大師朱相臣與他搭檔。朱相臣捧哏的話不多，但尺寸極佳，用現在的話說，他有冷幽默的勁兒。從 1956 到 1966 年，正是他與蘇文茂合作整理上演了《批三國》《論捧逗》《汾河灣》《撫瑤琴》等節目，才確保了他「文哏大師」的根基。我始終被他一個最簡單的小段《撫瑤琴》中的鋪墊與技巧所折服，很多演員急着拋包袱，做不到這麼沉穩、這麼講究遲急頓挫：

> 蘇文茂：（學朱母）「我聽你這音聲，我想起一個人來。」
> 朱相臣：想起誰來了？
> 蘇文茂：（母）「我想起我死去的娘家哥哥來了。」
> 朱相臣：哦，我舅舅。
> 蘇文茂：（母）「我一聽你這音聲我想起他來了，我記得他跟你這一樣。」（學朱父）「噢，那甭問，內兄一定是一位音樂家了？」（母）「他倒不是音樂家。」
> 朱相臣：那是幹嗎的？
> 蘇文茂：（母）「他是彈棉花的。」

生活中的蘇先生一本正經，愛搓麻將，不愛開玩笑。但我認為，他是有趣的，有雅量的。晚年他有雙很有型的白眉毛。曾有觀眾給這位老先生起過一個善意的雅號，不是「白眉大俠」，而是「加菲貓」！若天堂有知，想來他是不會介意的。

滑稽：從嚴順開表演的阿 Q 想起

「我和你睏覺，我和你睏覺！」

——《阿 Q 正傳》

得知老爺子嚴順開去世，心中不是滋味。演阿 Q 的演員走了，天堂中多了笑聲。嚴順開畢業於中央戲劇學院，到上海滑稽劇團當演員。他演過很多滑稽戲、小品和影視，留下了值得回味的笑聲。

從來沒有哪個時代像當下一樣需要笑聲。我們缺乏好的滑稽藝術，滑稽戲不滑稽，喜劇不喜，相聲不逗笑，這恐怕是天下最有喜感、最逗笑、最滑稽的事。我們並非不懂笑，廉價的笑聲並沒有幫我們減輕壓力和痛苦，苦悶與無聊填滿了每一個空隙。我們匆匆忙忙，很可能一無所獲。

一

滑稽這種表演風格，並非滑稽戲所獨有。一百年前，滑稽隨着上海灘的經濟急速發展，出現了「小熱昏」「說朝報」等表演。小熱昏即「熱得發昏」，有位賣秋梨膏的前輩藝人叫杜寶林，他用滑稽唱曲徠顧客，自稱「熱得發昏隨口瞎唱」，不能當真。「說朝報」是賣報的，一邊敲鑼一邊唱新聞。這兩種都發展成曲藝形式。海派戲有文明戲、獨腳戲、趣劇、隔壁戲、蘇州灘簧、寧波灘簧（也叫四明文戲，寧波古稱「四明」）、申曲等很多種，再加上相聲、滑稽大鼓、滑稽京劇，各劇種互有借鑒，織網般豐富了海派的文化。

比起其他劇種，上海滑稽戲興起得相對較晚，主要用上海話並用滑稽的方式演劇，流行於蘇、滬、浙一帶，代表劇作有《七十二家房客》《三毛學生意》等，連唱帶做，擅長表達南方人民的生活細節。

　　民國時期，上海、蘇州、無錫、常州、杭州都有滑稽戲和職業劇團，北京有京劇、八角鼓堂會，而南方有滑稽堂會，由滑稽戲與魔術、蘇灘、申曲等共同演出，《申報》上登滿了此類堂會的廣告，又有徐卓呆這樣的文人來編戲，有眾多私營電台從早到晚地播放。新中國成立以來，《七十二家房客》《滿意不滿意》《小小得月樓》《三毛學生意》等喜劇電影，都由滑稽戲改編。直至改革開放以後，滑稽對各種曲藝表演仍有很大影響，如 20 世紀 80 年代的小品、周立波的海派清口（周立波是嚴順開的學生），並影響當下的脫口秀。

　　記得 1997 年，我在北京剛上初中，學校還組織看蘇州滑稽劇團的兒童滑稽戲《一二三，起步走》。當時，滑稽戲尚能作為一大劇種在全國巡演。而近些年，滑稽戲日漸衰落，連有滑稽風格的喜劇也日益減少。在上海，在千年古城蘇州，年輕人也不知滑稽戲為何物了，很多熱愛《魔戒》《哈利·波特》的人不一定喜歡滑稽戲。

　　知名滑稽藝人毛猛達曾在採訪中說：「三個劇團加起來，沒有一個在職的編劇，沒有一個在職的導演，一個也沒有。沒有一個人才培養機制，最最重要的是，沒有市場。」

二

　　哲學家柏格森說：「一個滑稽人物的滑稽程度一般地正好與他忘掉自己的程度相等。滑稽是無意識的。」「滑稽正是產生於當社會和個人擺脫了保存自己的操心，而開始把自己當作藝術品的那一刻。」滑稽演員有時候像提線木偶，觀眾似乎在享受他們被上帝之手提線戲耍的快樂，有時候，人們會想起自己也是木偶之一。

　　滑稽是種高超的表演藝術，而不是速食文化，也不是日本自我醜化

的諧星和西洋馬戲團中的小丑表演。它有語言諧音、巧合、重複、東拉西扯、歪講糾纏、生搬硬套等技法，有臨場發揮的空間，更看重演員的表演功力，也有一定的門檻。好的滑稽演員要能學南方各地方言和地方戲曲，多才多藝，渾身是戲。博大精深的上海滑稽戲如何淪落得沒人看？咱就來看一段楊華生的獨腳戲《寧波空城計》：

> 甲：（唱）岳奴正在城樓觀山景，耳朵邊聽見城外亂紛紛，旌旗招展空翻影，卻原來司馬老爺……（無限制地拖長音，一直到似乎斷氣為止。）
>
> 乙：啊！斷氣了！去了！我馬上搶救！替他打氣，（作打氣狀）接氧氣。
>
> 甲：（一口氣回上來，接唱）呀……
>
> 乙：總算一口氣回來了。
>
> 甲：（接唱）發來的兵，一來是馬謖無謀唔沒才能，二來是將相不和失守岳奴街亭，連奪三城儂柴泡春，我相相唔奴面孔雪白，良心赤黑，為啥事體還要那岳西城和總搶乾淨。諸葛亮在城樓把駕等，等候唔奴司馬來到，阿拉搭儂兩家頭吃吃老酒談談心。西城唔沒別個花樣景，岳老早就嘔人買好：年糕、粽子、鹹菜、豆瓣、鹹蟹、蝦醬、小黃魚、龍頭烤、海菜古、韭菜芽、黃泥螺、臭冬瓜……
>
> 乙：（打斷）喂！諸葛亮在自由市場做小生意呀！

就算聽不懂，也能樂出來。

先區分一下滑稽、幽默與惡搞。中國人的逗笑，多滑稽，無幽默，少惡搞。滑稽的氣質最多：東漢的擊鼓說唱俑，後宮中的弄臣俳優，戲曲中多有詼諧和插科打諢的丑角……連文人中也不乏滑稽聯話、滑稽小說、××滑稽詩文集等。中國歷史上改朝換代、天災人禍，加上政治上的嚴酷統治，百姓生活十分疾苦，文藝生活貧乏單一，短平快的滑稽表演很受大眾歡迎。滑稽戲擅長展現生活故事，題材有限，多適合演市井小人物，而表現帝王將相、才子佳人就有些先天不足。幽默（Humor）是我們缺少的一種氣質，它進入中國不過百年。它始終與邏輯和智慧有關，更傾向於

諷刺與揶揄。

《寧波空城計》中數的菜名都是尋常人家的日常小菜，正是建立在濃縮地方生活的基礎上創作的。現代化使得大家生活日漸趨同，幾乎失去了對日常生活的敏感，也遠離了俗世中的笑點和趣味，改為一味追求雷人、惡搞、毒舌、貧嘴、無厘頭、無邏輯的刺激以換取炸點般的爆笑，如周星馳《大話西遊》：

> 人和妖精都是媽生的，不同的是，人是人他媽生的，妖是妖他媽生的。如果妖有一顆仁慈的心，那他就不再是妖，是人妖。

二人轉節目中經常見到先上來個演員，伸手轉飛起一個大手絹，又伸手拉開褲子的鬆緊帶，一下子手絹飛到褲襠裏了。不一會兒，後面上個演員說：「你飛個手絹算什麼？有本事你飛把菜刀。」

2000 年前後，電腦逐漸普及，除了帶來網絡文學，還帶火了周星馳的電影，人們熱衷於以無厘頭來表達。如今，點開手機能看到最新的網絡段子和鬼畜視頻，更迅捷、直接和立體化。如這樣的搞笑視頻：兩對男女狹路相逢，男男決鬥時，忽然同時把對方女友暴打一頓。下一場，倆男的共同歡慶，原來他們是通過互毆女友來報復其平日的「虐待」。這種視頻沒意義也沒意思，但卻有矛盾衝突、意想不到、劇情反轉等，會吸引人看下去。短視頻是免費的，在觀眾厭煩的一秒之內會跳出更多的視頻。

時代在追求新、奇、快，需要「直給」的、三十秒一個大包袱的「喜劇」，要求喜劇立轉為身體快感。觀眾如同食道癌晚期的病人要灌雞湯一樣灌笑話，否則樂不起來。一味只追求搞笑就像抽大煙，癮越來越大，少抽點兒都不行，戒不掉。滑稽戲不刺激，當不了大煙槍，只好留着當非遺了。

傳播最火的不一定是笑話，還有「快手」中的神功。如果只要流量，都不一定要去做喜劇。

三

我曾多次在中原農村看野台子戲，觀眾穿着藍工作服叼着煙袋桿，滿腦袋白頭髮茬兒，女人們奶着孩子打着毛衣，但他們不是禮貌性地鼓掌，更不是文青觀眾那般誰嗓門大就給誰叫好，他們都懂戲。不論評戲還是梆子，台上台下隨時互動，且笑且哭。就在那老戲台下的滿地煙頭和瓜子皮中，我堅信沒有不懂戲的觀眾，只有故步自封的演員。

滑稽喜劇首先要笑，再要笑得有技術和藝術。不好笑是演員自身禁錮了自己，外加編劇脫離了創作的源泉——生活本身。想要觀眾笑就笑，想要觀眾哭就哭，這是演員的基本功，否則談不上塑造人物。在容易笑的 80 年代，不少相聲難聽得令人想笑都笑不出來。民國時期同樣有禁演公約，不准唱猥褻詞句及表演；不准有罵人之詞句；不准唱哭調；不准演唱當局已經禁止之詞調及表演（如「仿毛毛雨」「桃花江調」及「草裙舞」等），但那時有現代電影第一「巨人」的殷秀岑，體重近三百斤，與瘦如猴兒的韓蘭根搭檔，均為知名的滑稽影星。

理想中的喜劇，是看腳本微笑，而現場演出時大笑，在笑過之後，越琢磨越可樂，沒事時把劇情心裏過一遍，能一人笑疼肚子。侯寶林、馬三立，陳佩斯、朱時茂……他們的作品笑過之後仍值得回味。

20 世紀 60 年代有個老電影叫《糧食》，有這樣的台詞：

> 四和尚（漢奸）：報告太君，（炮）樓下來了很多八路，您要不下去看看？
>
> 翻譯官：混蛋！八路來了你讓太君下去，你什麼意思？

翻譯官的意思是，日本鬼子號稱圍剿八路，但你明明知道太君怕八路還讓他去送死，你的良心大大地壞了。外強中乾的日本人，媚上欺下、圓滑透骨的翻譯官，跪舔日軍的漢奸，以及他們之間的關係一望即知。

喜劇比悲劇難寫，喜劇表現人間的故事，把人世看透又不失天真。喜劇的手法為數不多，多是誤會、錯位等，從電影《五朵金花》乃至《泰

囧》，都沒離開這幾個的技法。技法背後有不同的意義。觀眾不介意看無意義的作品，即便是開心麻花一系列喜劇電影用的梗太老，少有突破，觀眾也愛看。喜劇的梗寧用一百年前的，也別用三十年前的。

觀眾欣賞印度寶萊塢的喜劇片，並非印度人比我們更滑稽，而是他們的影片更生活、更人性化。

四

我們得到的笑聲越容易，這種笑聲越廉價。電視相聲小品和綜藝節目中的配音笑聲充滿機械味兒，最沒意思。當年梁左、王朔、英達、英壯等創作的情景喜劇《我愛我家》，是現場觀眾真實的笑。

回過頭來，又想起不製造廉價笑聲的嚴順開，和他塑造的阿Q形象。

阿Q是濃縮的鄉村小民的形象，有滑稽的一面，但魯迅生前最怕把阿Q拍成滑稽戲。嚴順開表演的阿Q始終追求喜劇的民族化，如果說小說《阿Q正傳》是又逗又損的喜劇，那麼電影《阿Q正傳》是滑稽與喜劇元素於名著的一次成功運用（影片中吳媽的扮演者為滑稽戲名家綠楊女士）。

阿Q的故事是齣喜劇，但凡好的喜劇，內涵無不是悲涼的。

戲謔：生命中的笑聲

一

　　我們常説雅俗共賞，並不是指作品要同時滿足雅俗共賞，而是做人要能雅俗共賞。崑曲為雅，地方戲為俗，要能既欣賞崑曲，又欣賞二人轉，方能見識世界之多彩。然而，作品之雅俗，在於其欣賞地方的區別，在田間地頭欣賞俗的，進了書房就欣賞雅的。巴赫金的理論説，拉伯雷的《巨人傳》是一種「廣場小説」，不時發出巨大的笑聲。人活着也是生活在這巨大的笑聲裏，沒有戲謔，便沒有了笑的狂歡。

　　過去北京説相聲，要趁着台下沒堂客（男的叫官客，女的叫堂客）的時候才説葷包袱，看到有女的會恭請到一邊，還給人家賠不是。山東「唱武老二的」（即唱山東快書的），見到有大姑娘小媳婦過來聽，也會跑上去鞠一大躬：「大姐，我們嘴裏不説人話，麻煩您到別的地方去吧。」武老二指武松，自然會唱到西門慶與潘金蓮，大有細節可描述。

　　酒桌上説段子得避開女士，只有當着窯姐兒才能講黃段子，其他場合都不應該。若單純為了刺激、出風頭、挑逗堂客、佔口頭便宜，乾脆把他轟走。《紅樓夢》裏馮紫英宴請寶玉、薛蟠、蔣玉菡，薛蟠當着妓女雲兒的面才説的「一個蟲兒往裏鑽」，「一根××往裏戳」，也有在戲謔寶玉和蔣玉菡關係的成分。若有良家女子在場，呆霸王再混帳也是不敢的。現在反過來了，有人專門當着女性講黃段子。令人反感的並不是段子涉及成人問題，而是黃得低級下流。這類段子不應該在大庭廣眾講，只讓它維持在一個小圈子裏被聽懂、被戲謔、被消費，如《牡丹亭》中的〈道覡〉

一摺，石道姑用涉性的方式歪講《千字文》：

> 天呵，瞧了他那「驢騾犢特」；教俺好一會「悚懼恐惶」。那新
> 郎見我害怕，說道「新人，你年紀不少了，『閏餘成歲』。俺可也不
> 使狠，和你慢慢的『律呂調陽』。俺聽了口不應，心兒裏笑着。新
> 新，新郎，任你『矯手頓足』，你可也『靡恃己長』。三更四更了，
> 他則待陽台上『雲騰致雨』，怎生巫峽內『露結為霜』？……

讀者如果《千字文》越熟練，讀到此越覺得有趣。在清代的子弟書
中，有一首《升官圖》，有一句涉性的戲謔：

> 當中間你睄罷好像八旗合操的仰山漥。

「仰山漥」在北京北五環的仰山橋一帶，位於立水橋的西邊。出了安
定門外十里地，有將台一座，清代以來，八旗子弟在此演武操練，每年八
月十五操演「九進十連環」等陣法——分批依次裝彈藥射擊。此陣法曾在
平定噶爾丹的烏蘭布通之戰中大顯神威，比美國獨立戰爭時的槍戰要先
進。這陣法是個樓上樓，春上春的暗包袱。仰山橋一帶 2000 年前後房價
兩千多一平方米，老北京人不願買，皆因是「八旗合操」的地方。如果不
懂，還是永遠不懂為好。

少者為雅，多者為俗。色情為俗，情色為雅。因色而俗，因情而雅。

二

人活着離不開笑話。笑來源於幾方面：因事情、道理的不合邏輯玩
笑，因面對痛苦、麻煩但又無解的訕笑，因他人的倒霉、卑微、落魄的嘲
笑……因兩性關係——涉性而產生的嬉笑。

男女兩性之事是一種禁忌，但同時每每談起，便又能當作笑料。這不
僅要研究性，更要研究「笑」。

周作人說，講猥褻話，「一有藝術的趣味，二有科學的瞭解，三有道德
的節制。」拿兩性來戲謔，在古人心中是一種情趣，是在社交場合展現智慧

和才學，從蘇東坡到紀曉嵐都精於此道，歷來評書、小說、唱本、相聲中也多不避諱。相聲再葷也要有文化和技術含量。葷相聲有一段叫《鳥不叫》，也叫《直脖兒》，後半段逗哏的説自己養了一隻不叫的鳥，而在捧哏演員的詢問中，一次次描述那「鳥」的樣子，一個髒字兒沒有，但説的是褲腰帶以下的事。技術含量很高，想演出效果來並不容易。欣賞的是這段子編得有多麼絕、巧、聰明，而不只是找刺激。文人、藝人總難免技癢，用戲謔來炫技。

另有的，是創作者都有逆反心理。不論一個社會太過凋敝貧窮還是太過光鮮靚麗、秩序嚴密，都會令人產生逆反。在一個所有人都彬彬有禮、妙語連珠的場合，仍會讓人產生破壞慾。越是禁錮的東西，越是想方設法打破；越是本應崇敬的，人們越想詆毀。藝術家最擅長用性來損人，讀之噴飯，但絕無褻玩之感。就此摘些金句，湯顯祖這樣寫：

> 你是那好男風的李猴，着你做蜜蜂兒去，屁窟裏長拖一個針。

魯迅這樣寫：

> 譬如勇士，也戰鬥，也休息，也飲食，自然也性交，如果只取他末一點，畫起像來，掛在妓院裏，尊為性交大師。

周作人這樣寫：

> 這樣看來，正如月經走錯了路從鼻孔出來一樣，性慾變成繪畫，變成雕刻，變成音樂，變成小說和腳本。

蘇青這樣寫：

> 據某君説他每夢做數學習題醒來就要遺精，我雖無精可遺，卻也疲憊欲死。

清末民國時名女伶劉喜奎貌美，風靡一時。曾任過廣東欽廉道的名士易順鼎寫過許多詩詞讚美劉喜奎，並曾發七大願：

> 一願化蠶口吐絲，月月喜奎胯下騎。
> 二願化棉織成布，裁作喜奎護襠褲。
> 三願化草製成紙，喜奎更衣常染指。

四願化水釜中煎，喜奎浴時為溫泉。

五願喜奎身化筆，信手摩挲攜入直。

六願喜奎身化我，我欲如何無不可。

七願喜奎父母有特權，收作女婿丈母憐。

　　周越然則是另外一路，他寫作概括性愛的前戲，即「如搔搔手心，挖挖頭髮，捏捏大腿，摸摸雙峰，講講野話，看看圖畫，搭搭肩架，抱抱細腰，親親脣臉，吃吃舌尖等等是也。」他解釋說：「凡道德高尚者，其詞多猥褻；道德欠缺者，其詞多清潔。」女詩人戴濰娜也曾說：「最貞潔的人寫最放浪的詩」，「我想我可以穿上衣服愛，也可以脫了衣服恨。」余華曾在活動中講到，說作家們在一起都比着講下流話，只有青年作家在一起才談文學。出於職業特色，每人都能講得繪聲繪色，細緻入微。

　　在保守人士看來，口無遮攔的人造口業太重，會下地獄的。在美國的保守時期，曾把海明威等人作品中涉性部分摘出來，集體讀給學生家長聽，問：「你們願意讓你們的孩子讀這類文章嗎？」政府就藉機禁了書。王國維也在《人間詞話》中說：

　　　　豔詞可作，唯萬不可作儇薄語。龔定庵詩云：「偶賦凌雲偶倦飛，偶然閒慕逐初衣。偶逢錦瑟佳人問，便說尋春為汝歸。」其人之涼薄無行，躍然紙墨間。

　　戲謔的話可講，但黃段子不可講；裸體畫可看，但脫衣舞不可看。龔自珍的詩無豔情，錯不在風流，而在輕佻。因此靜安先生惡語相加。也有說法，是王國維不理解他尋春的意境。

三

　　人為什麼會對涉及兩性關係的問題發笑？因為講這類段子，是把不可言說之事換個法子說出來，聽者心領神會，難抑嬉笑。此時笑的原因，在於人類如何面對公眾的禁忌話題。因此，性笑話和政治、宗教、倫理相關

笑話的本意是一樣的。

古人尊佛，卻不礙於欣賞《思凡》。《思凡》是《孽海記》中的一摺，唱「小尼姑年方二八，正青春，被師傅削了頭髮。」小尼姑受不了廟中的清苦，阿彌陀佛抵擋不住俊俏的哥哥，最終下山還俗去了。在常人眼中，僧人起碼不到 20 歲就出家了，他們剃掉頭髮，不養孩子，修行必找深山老林，表明他們超凡脫俗，再加上素食、禮拜、禁慾、苦修，這樣的人肯定具有超長的壽命和某些神通，能夠求雨和降妖伏魔。民眾最習慣將僧尼想像為凡心未滅，以俗子之心度佛子之腹。明清小說中到處都拿和尚老道尼姑尋開心，這成為一個專門的題材。在託名唐伯虎所著的《僧尼孽海》中，寫和尚的故事有十五個，寫尼姑的有十一個，加上其他的，一共三十六個故事，傳奇性很強。有個故事講某和尚練成了縮陽功，把自己打扮成女子到大戶人家勾引婦女。如《水滸傳》中讓潘巧雲與和尚通姦，把《石頭記》寫成《淫僧錄》，直到金庸小說《笑傲江湖》中，還特意把儀琳她爸寫成和尚，她媽寫成尼姑。郁達夫在《回憶魯迅》中記載了，魯迅在酒桌上講的段子：說一個和尚臨死前最後的願望是看看女人的下半身，徒弟們找了個妓女來讓他看了，和尚像給弟子開示一樣留了個臨終遺言：原來和尼姑的是一樣的！

古人講究倫理，卻還喜歡拿小叔子和嫂子開玩笑。先秦時哥哥死後弟弟娶嫂子，或叔叔死後姪子娶嬸子，叫「報」（兒子娶了庶母叫作「烝」）；或叫「繼婚」，如繼母、繼父一樣，以防嫂子帶着財產改嫁而流外人田。後來，「報」和「烝」都被唾棄了，並認為叔嫂婚配是亂倫。《禮記・曲禮》中云：「嫂叔生而不通問，死而不為服，所以厚男女之別也。」指叔嫂之間沒事不該多聊天，不論誰死了，另一個都不能給他服喪，這樣才是男女有別。到了漢代，陳平受到灌嬰等人的污衊，說他有「盜嫂」的嫌疑，這個罪名很嚴重。陳平通過巧妙的解釋，讓劉邦相信了（不過按劉邦的性格，陳平真盜了嫂也無所謂）。曹植的《洛神賦》被懷疑成他暗戀曹丕的甄氏而作。另有的，是「長嫂如母」的尊敬，清官包拯出生時，包家老夫人和三兒媳一起懷孕，包公因黑而被遺棄，最後被大哥大嫂收養，包公是

喝嫂子的奶長大的,長大後一直稱嫂子為「嫂娘」。由此,叔嫂關係成了人間之大防,而此嚴格的倫理,偏偏令人想起武松和潘金蓮,並留下了這樣的俗語:「好吃不過餃子,好玩不過……」

　　歐美人講政治,信宗教,可《十日談》中寫盡了教士通姦,得出男人下半身是魔鬼,女人下半身是地獄,結論是:讓魔鬼下地獄去吧。哲學家齊澤克偏偏愛這樣戲謔:

　　　　在耶穌被捕並被釘死在十字架的前夜,他的信徒們憂心地想到耶穌還是個處男;讓他死前得到點兒那方面的經驗和快樂豈不是好?所以他們就派了抹大拉的瑪麗亞(妓女或耶穌的親密伴侶)到耶穌休息的帳篷去勾引他。瑪利亞表示樂意效勞,然後就進了帳篷。但五分鐘後她尖叫着跑了出來,又驚又怒。信徒們問,哪兒不對了?她解釋說:「我慢慢地脫掉衣服,張開大腿,讓基督看我的『那話兒』。他看了下,說『多可怕的傷口!應該把它癒合!』然後就把手輕輕放上去了。」

　　再舉個蘇聯笑話:

　　蘇聯紀念列寧誕辰多少周年,組織者找了一個畫家,要他畫一幅《列寧在波蘭》,要在活動時揭幕。當天領導們到場揭幕時,發現畫上是托洛茨基跟列寧夫人克魯普斯卡亞,赤身裸體躺在牀上。

　　問曰:「列寧在哪裏?」

　　答曰:「列寧在波蘭。」

　　或者說這樣的老段子:

　　丘吉爾去廁所,史達林進來了,急忙結束方便,提起褲子轉向一邊。

　　史達林:「為什麼要躲着我?」

　　丘吉爾:「據說你們看見稍微大一點的東西都要收歸國有。」

　　第一個戲謔諷刺了蘇聯高層人物生活的混亂(現實中也是如此),也可以叫《列寧在蘇黎世》,把主人公換成各國政治人物,不論多麼暴露的語言,它都表明:政治無非是一場牀戲。

　　戲謔的話要講得高明很難,它所講述的角度是男女兩性,展現的是人情世故和世態炎涼,諷刺的是現實並能引人深思,把趣事的內核拔高到人

性、哲學的程度。不着眼於涉「性」所帶來的快感，而集中於感覺整個笑話編織的絕妙，和所講內容的反思，是文人式的、讀書人腔調的，彼此會笑而不語，心領神會，暗自拊掌，並不放肆地大笑。講得好可與文學大師比肩（如黃霑），也可當作一種民間口頭文學，或田野調查得來的記錄。好的戲謔太少了，百年不遇。

戲謔的高明與否就像戀愛中的男女關係一樣，時刻都處在上牀與分手的邊緣。

<h2 style="text-align:center">四</h2>

「文革」結束後，啟功、吳祖光、楊憲益、汪曾祺、黃永玉等被整數十年的文化老人憂憤於世俗。他們閱世一生，嘲笑官場眼前的跳樑小丑，行文話語，多少都帶點蔫損壞的葛勁兒。這有了楊憲益的打油詩、黃永玉的金句等戲謔。楊憲益先生的祖父自號是三壺太守，指一生離不開酒壺、茶壺和夜壺，楊憲益做《夜壺》一詩以諷世：

> 皮厚腹空口無牙，生來混沌好自誇。
> 若遇官人慎開口，小心對面是 ××。

另有黃永玉先生金句：

> 我最後一次進入一個女人的身體，是參觀自由女神像。

最後，再看這位九段高手。汪曾祺先生寫《煙賦》，寫一種叫「京八寸」的煙袋：

> 這種煙袋亦稱為騷鬍子煙袋，說是公公抽煙，叫兒媳婦點火，瞅着沒人看見，可以乘機摸一下兒媳婦的手。

神來之筆，絲毫不齷齪。從某個角度講，人人都有欣賞低俗的權力。但我們並不鼓勵後人學他們的這種勁兒，沒人家那身份和閱歷，也沒到人家那個份兒。

曲終：合肥張家四姐妹之張充和

2015 年 6 月，民國才女、「合肥張家四姐妹」的最後一位——張充和女士去世了，於是有人感歎，那個時代徹底遠去了，中國再也出不了世家名媛了。如今，對張氏姐妹總用「最後的閨秀」來稱呼，所謂「閨秀」並不準確，因為閨秀專指儒家治國時代不出閨門的恬靜女子，而張家四姐妹都是走出家門讀書闖天下的新女性。

一

「『最後的閨秀』這個稱謂來謂張家二姐允和的回憶錄，那是為了出書費盡心思想出來的名字，請大家不要當真看待！但這樣形容合肥張家四姐妹有些不恰當。」這是崑曲教育家張衛東先生特意對我說的。張衛東先生曾受教於張家二姐張允和，在張家四位姐妹中，張先生只與張兆和不大熟識，因為張兆和中年後就不怎麼接觸崑曲。

從五四運動到國民政府定都南京，南方風氣以開化著稱。身居蘇州的張家自然受到新潮的洗禮。張家四姐妹都不是所謂的三從四德的舊式女性，她們最親近的老師是給了她們不少西化影響的胡適。張充和數學零分進北京大學全靠胡適的破格力爭；張兆和與沈從文的愛情，與胡適的撮合有關，不然張兆和很難接受沈從文的追求（沈從文當時是張兆和的老師，一封封情書已鬧得滿城風雨，兩人的家世也相去甚遠）。

除了張兆和的婚姻，其他三個姐妹也都是自由戀愛，不管家裏如何阻撓，她們的戀情都船到彼岸，走向了婚姻。大姐張元和下嫁崑曲演員顧傳

玠，二姐張允和與「八字不合」的周有光相戀，且在一個不吉利的日子結婚，四妹張充和三十四歲才成大禮，嫁給了一個外國人，這在看重門第的年代都是能上頭條的事。

張家四姐妹是既新潮又傳統，並不特別西化，不西化不是因為保守，而是因為國學底子足夠豐厚，她們的言談舉止都是中國式的。四姐妹讀私塾又上新式學堂，都沒有出洋留學，脫離家庭卻並沒有參加革命，身居海外而不忘記傳統。她們求學時，新式教育已發展起來了，而舊式的私塾教育還沒有衰退，使得她們在西化和傳統的影響下，保持着古時君子的中庸之道。再者，她們都沒有嫁給官宦巨賈。

二

四姐妹的父親張冀牖生於 1889 年，於 1913 年舉家遷往上海，1917 年搬到蘇州，並於 1921 年變賣部分家產，創辦了著名的「樂益女子中學」。這是清末一個家族的巨大變遷，是改變家庭模式與思維方式的大事。

舊式家庭多受「君君、臣臣、父父、子子」「齊家、治國、平天下」的影響，聚族而居，以整個家族為業，多方經營家庭，注重門第與長幼尊卑，鮮有什麼平等、博愛的觀念，家裏人口多，是非也多。遜清的遺老遺少、居京的王公貝勒不論多麼落魄，大都還保持着清朝的生活方式。新式的家庭多是大家族的一個支脈，不大重視傳統禮教的約束。張冀牖搬家是單立門戶，他想的是宣揚民主與科學、男女平權，塑造時代的「新人」，改變中國人愚昧落後的精神面貌，與魯迅、周作人等宣揚的思想不謀而合。

民國時期很多私人辦學都不盈利，純靠學費，收入無法運轉，張冀牖不顧族人的反對，一次次地變賣家產，前後投入達 25 萬以上，終因操勞過度，四十九歲便去世。他自己工詩文，喜崑曲，能吹笛；一生潔身自好，不納妾、不吸煙、不打牌；與社會名流交往深厚，曾聘張聞天、侯紹裘、葉聖陶、匡亞明等人做教師。教育理念是中學為體、西學為用。他的五子張寰和曾經說，父親從來不跟孩子們講祖上是淮軍將領的

往事，家裏也不供祖宗牌位，好像故意和古代分割開。可他還遵循着很多傳統文人的言行：他喜歡藏書，曾經到上海的舊書店挨家地買，買完一家，把書抬到第二家，再抬到第三家；他注重孝道，他的母親曾因治病而抽鴉片，在戒煙時很痛苦，張冀牖帶着張元和跪在母親面前，求母親甭戒了，太受罪。

很多民國老課本再版，能看到新式教育與舊式教育是完全不同的兩套體系。舊式教育中，讀書人大多學《四書》《五經》，為的是日後的科舉，考大學難免會出現數學零分的結果，但並不影響張充和以及朱自清、羅家倫、錢鍾書、康白情、臧克家、吳晗他們成才；普通勞動者大多學《三字經》《百家姓》《千字文》《千家詩》等，能識文斷字、粗通文墨就行了。新式教育中，雖然對數理、科技、社會常識有所加強，但教的多是「小貓叫、小狗跳」「蝸牛爬牆」的白話文，文言文僅是選本，在古典詩文、傳統文化上是有所欠缺的。有些舊派的人士一看學校教這些，就將孩子領回家讀私塾去了。這兩種教育模式培養出的學生在思想意識、文化修養上往往不同，也對現代文學的評價千差萬別。

民國時期文學翻譯的成就很大，多是因翻譯家的舊學根底深厚；現今仍然被讀者喜愛的現代作家中，魯迅、周作人、老舍、錢鍾書、豐子愷、汪曾祺等，大多受過較為系統的舊學教育；很多流行一時的革命派作家卻漸漸淡去，他們多缺少舊學修養，要麼是沒趕上，要麼太早投身革命了。

張家姐妹中，傳統修養最好的是張充和，而受舊式教育最多的也是她。她曾被過繼給二房的奶奶當孫女。養祖母是大家閨秀的典範，請吳昌碩的高足朱謨欽為張充和的塾師，還請了位姓左的舉人教她填詞。張充和四歲能背詩，六歲識字，熟讀《左傳》《詩經》《史記》《漢書》等典籍。而她直至十六歲以後，養祖母逝世，才回到父親身邊，到父親創辦的樂益女校上學。幼時的傳統教育伴隨她一生，同樣，在新思想影響下，張充和社交能力很強，廣泛結交文藝界人士；她做過編輯，雖然家中並不拮据，卻要追求自己的事業。章士釗曾把她譽為蔡文姬，而焦菊隱譽她為「當代的李清照」。

三

　　除了琴、棋、書、畫，最能表現張充和傳統修養的是自清末就已漸衰微的崑曲。

　　1949 年後，張家四姐妹中，張允和與張兆和留在大陸，張元和去了台灣，而張充和到了海外。半個多世紀以來，張充和在國外傳播崑曲以及書法，功不可沒，與其相濡以沫的傅漢思也對崑曲情有獨鍾，成了真正將中西合璧運用得最為恰當的一對。

　　剛到美國時，他就把中國的藝術才情傳遞給學生，開設崑曲、書法等選修課程。有一位對中國文化情有獨鍾的教授宣立敦，就是經他們的培養走向古典漢學之路的，目前美國漢學的基礎學科多是他們那時創建的。張充和的四個弟子，在促成崑曲被聯合國教科文組織列為「人類口頭和非物質遺產代表作」一事上付出很多。

　　1986 年，張充和與傅漢思以及大姐張元和一同到北京，參加了由北京崑曲研習社舉辦的「湯顯祖逝世 370 周年」紀念演出，在全國政協禮堂舉行。那一次，張元和與張充和粉墨登場，張允和擔當報幕，傅漢思教授在曲會團拜上講話，只有張兆和沒有上台。這個場面在民間舉辦，很是體面。

　　整場演出全是非遺的經典，堪稱「大師版」的演出！開場是七十四歲周銓庵主演的《牡丹亭・學堂》，由七十二歲北崑名宿馬祥麟配演杜麗娘；而後，便是張家姐妹的《遊園驚夢》，七十二歲的張充和演杜麗娘，七十八歲的張元和演小生柳夢梅，年逾古稀的文博大家朱家溍配演大花神，全場表演依古從古，老腔老調，觀眾也都是滿頭白髮策杖而來的老人，八十六歲的曲家王西徵、潘郁彬夫婦也到場祝賀。

　　演出結束後，大家對張充和的表演讚歎不已，她飾演的杜麗娘既端莊又含春，與大姐元和飾演的柳夢梅會面時，情景交融，天衣無縫。已故崑曲名家、「世字輩」的大師姐朱世藕說，張充和的兩隻手自始至終只露出水袖四個指頭，這種閨門旦（崑曲中的「五旦」，演繹未出閨閣的大家

閨秀，手勢與眾不同，古法表演都是不把五根手指全露出來，無論怎樣做動作，都只露三四根，即便整隻手出水袖，也不能直攤開五根手指，十分講究。）的表演她已經幾十年沒有見過了。

　　張充和的書法很像元代倪瓚的風格，楷書工整扁平，隸書雖不多寫卻很瀟灑。她寫小字最為擅長，這是因抄錄曲譜而對書法饒有興趣。目前，坊間對她的崑曲曲譜抄本估價很高，已有刊印本用於流傳。美國崑曲社的社長陳安娜女士曾說：「張老師每天依然臨帖寫字，這已經是她生活的一部分了。」一位百歲老人依舊臨帖寫字。書法與崑曲都不是一朝一夕就能瞭解透的。如今，我們還可以從張充和的百歲錄影中看她唱曲的情形，已然完全發自內心，不考慮有無聽者，好似神仙一樣自得其樂。

　　張充和的典雅儀態是隨着家庭教育以及社會時代變遷而形成的，她並不知道什麼是最後的閨秀，也不知道什麼樣子是大家認可的閨秀，但幼年的儒家教育是她終生難忘的生活軌跡。她的後半生雖在大洋彼岸，但所喜好的藝術與學問距離我們並不遠。

還鄉：葉嘉瑩的舊京詩意

「掬水月在手，弄花香滿衣。」出自唐代詩人于良史《春山夜月》；「掬水月在手」一句，作為反映葉嘉瑩先生一生的紀錄片片名再合適不過了。

整部紀錄片是由葉嘉瑩親自出鏡，利用各個時期的史料，講述了她一生的經歷。葉嘉瑩還口述有一本《紅蕖留夢》作為自傳，可以作為補充讀物。她是位新文化運動以後的舊體詩人，也有點像位洋派兒的、有文化的旗人家的大姑奶奶，起碼她的婆婆真是位大姑奶奶，早上起來見了她就：「怎麼不化妝啊，這是給誰穿孝呢？」過去旗人家的大姑奶奶挺難伺候的，性格捉摸不定，尤其是大大咧咧慣了的人最不習慣這路老太太，你不知道她對哪不滿意。挑起眼來是真挑，損起人來是真損，可待你好是真好。

葉嘉瑩在每一個人生選擇點上，都盡力地做出了損失最小的人生抉擇，去中國台灣、去美國、去加拿大，回北京。她一生奔波勞碌，但最終葉落歸根。這便是葉嘉瑩充滿波折的還鄉之旅，比起那些沒有回來的人，她已經幸運得多。

天時、地利、人和，時也、命也、運也。

輔仁大學的掌故，與故都的秋

葉嘉瑩畢業於天主教教會辦的輔仁大學，分成東西兩個校區。東校區是恭王府的花園，西校區是濤貝勒府的馬廄、花園。學校趕不上清華、北大和燕大，但學費還不便宜。

輔仁大學有着眾多的掌故和段子。輔仁大學西院是男生校區，東院

是女生校區。恭王府的牆根有一條小河溝，那河上有座小橋，是內外校的男生對輔仁大學的女生圍追堵截的地方，也是送輔仁女生回宿舍的終點。不知在這座橋上，發生過多少浪漫的情事。而輔仁大學是以陳垣、余嘉錫、顧隨等先生為代表的舊學重鎮。在恭王府裏，曾有舊王孫儒二爺（溥心畬）、僡三爺（溥僡）組織着的詩社，每逢海棠花開之際，溥心畬執筆山水之後，還隨手操起三弦，打着八角鼓，唱上幾句八旗子弟輝煌時的曲詞。

輔仁女生是京城一景，新潮而開放，有的女生騎車時會把旗袍的下擺挽到大腿上，晃得什剎海周邊的老少爺們滿眼白白的都是腿。她們不是過去府裏的大小姐，更不是什麼上海名媛，因為她們本身沒什麼自我高貴的觀念，一切本該如此，只是生活水準高一點罷了。她們深層次裏有點自我意識，幹愛幹的事，讀想讀的書。一旦正襟危坐，則不讓古人了。

由此，葉嘉瑩先生的詩詞，便是她從新潮女生回歸到旗人家大姑奶奶的見證吧。

葉嘉瑩的詩，早年寫得好；早年的詩裏，寫舊京的寫得好；在寫舊京裏，寫故都之秋寫得最好。故都之秋有很多獨特的意象供人品味，冷風、落葉、懷古，一如殘破的亭台樓閣。她化用古人的辭彙寫霜、寫柳、寫肅殺之氣，企圖創造出新的意境來。早期的詩多寫自家庭院與舊京四季的微塵：《過什剎海偶占》《除夕守歲》《故都懷古十詠有序》《聞蟋蟀》《冬至日與在昭等後海踏雪而作》……再有是描述內心傷勢，令同樣飽受亂離之苦的人共情，世間只有這些屬於她自己。如這首作於 1941 年秋的《過什剎海偶占》，那時候什剎海的岸邊斜坡，沒有現在的柵欄，一派荒野之氣。

> 一抹寒煙籠野塘，四圍垂柳帶斜陽。
> 於今柳外西風滿，誰憶當年歌舞場。

舊京的秋日與其他地方的味兒都不一樣，不是那麼單純的蕭瑟秋風，而是在衰草斜陽的壯麗之間有股熱烈的狂歡。馬號的門一開，十幾歲的少年郎們騎着馬架着鷹去西山裏圍獵，噠噠的馬蹄聲沿着什剎海邊奔了西直

門。人們一想到貼秋膘便黃酒與白酒共舉，玉淵潭中便傳來了烤肉的香味兒。北京人熱愛漫天大雪的冬日，把紫檀蓋象牙口的蟈蟈葫蘆往熱茶壺邊上一靠近，便是人間大雅，聽那秋蟲的鳴叫。

　　秋日裏寫詩，那是舊京元明清以來的傳統。如查慎行、李東陽、漁洋山人還有龔自珍的詩，納蘭性德的詞，袁宏道的《滿井遊記》《高樑橋遊記》，翁同龢、李越縵的日記，民國時傳增湘、夏仁虎、張伯英等的詩，瞿兌之的《燕都覽古詩話》……從《長生殿·驚變》中的「天淡雲閒，列長空數行新雁」（《長生殿》脫稿於北京），再到納蘭性德的「誰念西風獨自涼」，一代代寓居北京的江南士子或以此為故鄉的八旗子弟，都不斷地描述舊京的風物與秋意，一直到舊王孫溥心畬為最後的高峰。而這類作品歷來的評價，是認為其格調遠不如唐宋時的高古，而是逐漸回歸日常，不寫天上寫地上，不寫遠處寫身邊。說不上誰寫得最好，但都知道誰寫得最差：乾隆，他以一人之力把舊京詩詞的整體水準拉了下來。

　　民國以來新舊文學長期並存，四九城中，有更多的人在寫舊體詩、章回體小說、文言駢散文、京劇、曲藝甚至雜劇。落魄、閒散的文人們組成漫社、賡社、蟄園詩社等若干詩社，是舊式的社交，也是潛在的政治力量。不論是布衣學子還是下了台的滿漢重臣，都會定期雅集唱和一番。因此，舊體詩詞才是葉嘉瑩的思維和言說方式，日常的吐槽、嘮叨、碎碎唸、調侃、講段子、嬉笑怒罵等等，全都付諸詩詞，也提不上什麼發表、稿費和評職稱。讀書識字，哪有不作詩的呢？住在恭王府裏的溥心畬有王帽之象，葉嘉瑩則更多了幾分舊式女史外加輔仁女生那種舊道德、新思想的青春。

　　葉嘉瑩的詩文有點學老杜、李義山的影子，但同時又充滿了女性視角和思維，一看就知道是女性寫的。「細雨青燈伴夜涼」（《秋宵聽雨》二首、一九四三年秋），這說的是秋天了，把涼蓆撤了，晚上要加衣服吧。「流鶯啼未已，蟋蟀鳴空堂」（《夜坐偶感·日落尚煜耀》）能看出對「感時花濺淚，恨別鳥驚心」的深層借鑒。「晚日登高樓，極目眺夕暉」（《登樓》一九四三年）是對「向晚意不適，驅車登古原」的暗含。她迷戀杜甫

和李商隱，因為這兩位詩人最複雜，最難以概括。最為乘風破浪的是她於1944 年秋所作的《晚秋雜詩》五首，並與顧隨先生的原韻兩番唱和。

另有的，是葉嘉瑩有舊京詩史的一面，她的《故都懷古十詠有序》（一九四二年）寫了四十年代的瀛台、太液池、文丞相祠、于少保祠、頤和園、三忠祠、蒯文通墳、將台、黃金台、盧溝橋，今北京的金台路、將台路等早已變得高樓林立，毫無當時的風貌。特別是她居然寫了蒯文通墳。蒯文通就是漢代辯才無雙的蒯徹，京劇《淮河營》裏的主角。據《帝京景物略》載，蒯徹的墓在廣渠門外北八里莊南坡上，早已蹤跡不見，也很少有相關的考證，真想在他墓前唱一段「此時間不可鬧笑話」。

舊京繁華已逝，詩中的舊京之美也不復於世，哪怕它只是竹枝詞或順口溜。什剎海開滿了酒吧搞起了胡同遊，人都烏泱烏泱的，徹夜的鬼哭狼嚎，「一抹寒煙籠野塘，四圍垂柳帶斜陽」的況味，不僅尋覓不到，能這麼謅兩句的人都沒了。

葉嘉瑩後來於中國台灣、北美等地的創作中，有試圖重新回到杜甫與李義山的詩風的一面，這從她的《秋興八首》和重點講說陶淵明的詩中可見。她首先是位詩人，學術是她的探索與輔助，講座則是為了心願與現實。

離家：命越苦，詩越工。

葉嘉瑩是位記憶力驚人的名師，她喜歡從情感上反覆琢磨感悟詩詞，而不僅僅是史料堆中去考據。她對古詩詞愛得任性且自我，講詩詞已是到了不管場子的大小，先講給自己聽。在接受採訪時，她會隨口問採訪者一些古詩詞，搞得來訪者像是在應試，而她對自己所講的能起到什麼作用，可能並不樂觀。古詩詞並非立竿見影，既見療效。但正是這種任性和自我，使她熬過了難熬的歲月。誰都想按自己的意願活着，可為了這種意願，要先解決了生計和生育，受上幾十年的亂離之苦再說。

我們通過白先勇的小說和《紅柿子》等電影，能看國民黨敗退到台灣

以後的生活情境。所有經歷過「大江大海一九四九」局面的大陸赴台客，每天醒來都會面對葉嘉瑩這樣的問題，這仿佛是一個出租司機早晨醒來就要面對當天的車份兒錢：

> 我不是台灣人，因為我生在大陸；但現在大陸我回不去，台灣又不容我；因此我先去了美國，後定居加拿大；但北美不是我的家，我的家鄉還有老城牆。

紀錄片用他人講述的手法，透露了一點葉先生的難言之苦——她面臨的三次打擊，和那個非常不願意談及的丈夫。第一次是 1941 年母親因赴天津手術失敗而去世；第三次是 1976 年大女兒、女婿因車禍離世；而第二次，就是那位不靠譜的丈夫。她在回憶錄中說：「我所遇到的是一個完全無法理喻的人，是你們一般人所難以想像出來的一種人。」

丈夫白色恐怖時曾入獄，後來長期沒有工作且變得日漸乖張。在妻子生育頭胎時的不作為，且兩個孩子都是女兒而重男輕女。但現實的問題，是丈夫一生都要由葉嘉瑩來扶持和供養。在紀錄片中，她提起她的丈夫，便說：「哎，那個人啊……」這是過去的人常見的方式，為他人隱晦，而不揭他人之醜，即便那個人對自己有傷害。

這對看重家庭的女人來說，是多麼致命的打擊。但她都將其寄託或付諸詩詞。她在《哭女詩》其一中寫道：

> 平生幾度有顏開，風雨一世逼人來。
> 遲暮天公仍罰我，不令歡笑但餘哀。

「風雨一世逼人來」，「遲暮天公仍罰我」，一「逼」一「罰」，道盡人生的被迫，風雨是逼着人來的，不是你勸天公仍抖擻，而是天公要罰你了，你沒地方躲避風雨。也許是恩師顧隨先生的教導：「要以悲觀的徹悟，樂觀地去工作去生活」，以及現實的委屈，逼得葉嘉瑩在詩歌理論中談起了「弱德之美」。

命越苦，詩越工。

苦盡了，還未必甘來。

過去的人堅信自己靠近了真理，因此便好為人師，用現在的話說，叫價值觀輸出。現在價值觀多元了，年輕人最不願意接受價值觀輸出——你以為的「真理」只是你以為的，不是我以為的，不學古詩詞也一樣活着，沒準還過得更好。葉嘉瑩認為學古詩詞是絕對真理、宇宙大道，她靠着這種信念忙了一輩子。因此人過中年終於國外回來做她想做的事，再晚就來不及了。

察院胡同的小荷子，和她的草原之旅

葉嘉瑩的小名叫小荷子，這令我想起《城南舊事》裏的小英子。這種給孩子起乳名的方式一直延續到我的父輩，現在很少有人這樣起小名。也許只有回到老宅，她才是察院胡同裏的小荷子。

察院胡同以前叫按察院胡同，位於長安街路南，民族文化宮的斜對面。在明代為巡按察院衙署所在地，故稱為「巡按察院」，簡稱「察院」。胡同東口斜對着曾有個北京讀書人的地標：三味書屋，裏面賣不少好書，還舉辦過很多次文化講座，人擠得滿滿的。

察院胡同大約是在 2003 年至 2006 年陸續拆遷的，我曾隨着老北京網論壇的朋友們去拍照片，以企圖留下點最後的影像。胡同的 28 號是一位畢業於燕京大學的傅奶奶家，院子裏有個小巧精緻的月亮門，種着杏樹等果樹，家裏還有古色古香的舊傢俱。傅奶奶已經九十多歲，曾擔任北京戲曲學校當語文老師，每天就是放飛自我地寫字、畫畫，想幹什麼幹什麼，灑脫中暗含着對年華逝去的擔憂，和對胡同即將拆遷的惋惜。朋友們多次探望她，可結局不用說也知道，不幾年傅家的宅院連同附近的文昌胡同、受水河胡同等葉嘉瑩成長的場域都拆掉了，改成了金融街的樓群，傅奶奶幾年後也去世了。

胡同裏 23 號是葉嘉瑩的家，原本提案是要保護的，因此就拆得更早了一點，大約是 2003 年前後。儘管院子裏搭上小廚房，還顯得寬敞、規矩，能看出舊式的模樣來。她家的官稱首先是葉大夫家——伯父葉廷乂是

位名中醫，就在正房中坐堂，時常有人來看病、抓藥、改方子。這位伯父喜歡藏書和作詩，葉嘉瑩從小可以拿着元大德年間版的《辛稼軒詞集》看，輔仁大學的師生來她家借書。從小在滿是石榴樹、夾竹桃和大荷花缸的家裏寫字畫畫，跟母親學做旗袍、盤扣子，而她本人於 1948 年離開這座故宅，至今逾七十年矣。有時覺得葉嘉瑩像王國維或老舍，都是天生的悲觀主義者，最是人間留不住，朱顏辭鏡花辭樹。

現實中看得見的故鄉沒有了，便開始尋找精神上的，那來源於血脈中的故鄉。她是葉赫那拉氏，即葉赫部落的納蘭氏族，也寫作納蘭氏，納喇氏，還有唸成葉赫 nēlē 的。葉嘉瑩開始草原尋根了。她 70 歲以後，曾經多次去內蒙古草原旅行，到達葉赫古城的遺址。也許有人會問她，「風吹早低見牛羊，干卿何事？」

她還是用詩詞做了回答。2005 年，她寫了《隨席慕蓉女士至內蒙作原鄉之旅口占十絕》，其二為：

> 餘年老去始能狂，一世飄零敢自傷。
> 已是故家平毀後，卻來萬里覓原鄉。

老了，到了感慨一世飄零的年紀了。

現在最迫切的，是趕緊採訪葉嘉瑩關於老北京多方面的回憶，趕緊從她的詩作中輯錄出一部《葉嘉瑩詠舊京》來並加以考釋、箋注。作為蒙古八旗的後裔，葉嘉瑩的詩詞在古代應該編入《八旗文經》《長白詩介》《白山詞介》《人海詩區》等彙編中，但現在沒有人來編續集，她的詩也放不到應有的位置上。

一切都會退去，唯有詩文永存

舊京的風貌有一天會退盡，只能剩下描寫舊京的詩文。

城牆和胡同都拆了，葉嘉瑩所描寫的「斜日依山樹影唱，畏吾村（魏公村）畔柳千行」（《故都春遊雜詠》）的景緻不在了，讀者也不需要這樣

的文學了。王國維先生說一代有一代之文學，古詩詞從大眾的第一文體，退回到個人的休閒娛樂，它還被「老幹部體」玩壞了。

時代終究需要葉嘉瑩，一個文化大國要有幾位出身文化世家、受過民國時的教育，已有八九十歲，仍然活躍於文化界的老先生供在廟堂之上讓大家來拜一拜，從季羨林、啟功、張中行，到楊絳、周有光、饒宗頤，這樣的先生太少了。

葉嘉瑩的一生似乎都在一邊幻想着詩意的安居，一邊艱難地找一個能安身立命的地方，這個地方被去除物化，回歸到古典精神上。古詩詞是萬能的，文人們哪怕被囚禁、被流放也能活下來。這便是《奧德賽》的一生，人類堅信能在詩歌中返鄉。她還鄉了，並把詩心落在了舊京的大地之上。

最後，我想引用溥心畬《落葉詩》四首其一，來作為葉嘉瑩那一代舊京讀書人精神世界的描繪：

> 昔日千門萬戶開，愁聞落葉下金台。
> 寒生易水荊卿去，秋滿江南庾信哀。
> 西苑花飛春已盡，上林樹冷雁空來。
> 平明奉帚人頭白，五柞宮前夢碧苔。

革命：地下黨員和他的時代

一次我（李植清）和南華討論著名作家狄更斯描寫資產階級革命的小說《雙城記》，我認為鬥爭太殘酷了，南華說革命就是要流血的！深化了我對革命的認識。又一次，當我們談到救亡運動的前途和歸宿時，南華充滿信心地說：「不是青天白日旗，我們要在北平上空升紅旗！」

——《勇敢的播火者朱南華同志》，李植清、朱燾譜、張德華合著，趙榮聲、周遊編，《「一二·九」在未名湖畔》，北京出版社，1985 年 11 月第 1 版，第 244-247 頁。

小時候每逢清明節，我會隨母親會去八寶山革命公墓看望先人。革命公墓與人民公墓幾乎一牆之隔，卻是兩種景象。那蒼松翠柏中掩映着累累的墓塚，如陣亡戰士的雕像排列着出征時的陣列。公墓的主體是寺廟型的古建，雖經過翻蓋，但莊嚴的格局尚在，院中仍有松柏。正殿和東西廂房，都按照級別存放着革命者的骨灰盒，他們能長期寄存而不買墓地。在這裏，每一個狹小的骨灰盒中，都封存着一部史詩。

革命（revolution）的詞根是「volu」，有旋轉、翻捲、迴圈的意思。歷史是循環往復且呈螺旋式上升的，也是革命的。革命的形式會變，但永遠存在，並有知識分子參與。它並不能解決所有的社會問題，但它是歷史的結點，只要知識分子的火候到了，革命肯定會發生。並非只有實現左翼思想和改變財富分配才叫革命，唐代的古文運動，宋代理學的建立，元曲發展和明清小說盛行，國外馬丁·路德基督教新教的創立，法國大革命的爆發，美國的誕生，蘇聯的組合……都是讀書人領導的革命。

這次，就講個知識分子鬧革命者的故事。

朱南華是一位曾就讀於燕京大學的革命者，他在「文革」中悲慘離世也近半個世紀。他參與領導了「一二·九」「一二·一六」運動，投奔了晉察冀抗日根據地，參與了新中國早期的政法工作，官至青海省檢察院的院長。更多的時候，他的名字叫李猛，而他的故事，尚不為人所知。

燕京大學的革命者

1914 年，朱南華生於北京西單牌樓附近的劈柴胡同高華里 2 號，一座有十九間房子的三進院落中。父親叫朱行中，1889 年生於無錫的周師弄，宣統二年（1910 年）畢業於北洋大學第一屆的採礦科，因成績優異被賜了進士出身和翰林院庶吉士，是民國時的一位礦業學家和工程師，曾著有《河北各礦概要》等，三十年代參與了中國礦冶工程學會的創建。母親楊文通也是無錫的大戶，上過無錫女子師範學校。他們共生育了十一個孩子。朱南華行二，生在北京。

在西單牌樓往南的東絨線胡同有一所崇德中學，即現在的三十一中，是很好的教會學校，還留有老的辦公樓和禮拜堂，高中畢業可直升入燕京大學或齊魯大學。學者梁思成、鄧稼先、楊振寧，演員孫道臨、林連昆等都從此畢業。崇德中學有地下黨，但人並不多。朱南華初高中都在這兒就讀。他功課不錯，愛好頗多，1933 年高中畢業，上了燕京大學的醫學預科班，簡稱醫預科。醫預科由協和醫院與燕京大學合辦，先學預科三年，再讀本科五年，學費不菲，能進去並學下來的人不多。有着革命傳統的燕大位於北京城外西北部的海淀古鎮，當地人的口音還和城裏有差別。1952 年院系調時整被撤銷才歸了北大。

1935 年秋季學期，華北局勢危機，熱河、察哈爾的部分主權已陷入日軍手中。中共河北省委決定，由地下黨領導北平學生搞救亡運動，並於 8 月 1 日發表《為抗日救國告全體同胞書》和《為日本帝國主義吞併華北及蔣介石出賣中國出賣華北宣言》。11 月，彭濤、周小舟、谷景生、姚依林等成立了「北平市學生聯合會」，簡稱叫「北平學聯」，由女一中的郭

明秋當主席，姚依林當祕書長。各個學校都成立了學生自治會、聯合會。燕大的學生自治會多次開會，決定參與遊行，要求國民黨停止內戰，出兵抗日。若再不抗日，北平就要換成日本國旗了。在 12 月 9 號的凌晨，北平的東北大學、中國大學、北平師範大學等市內校的學生集合，到中南海新華門前請願。上午 11 時，學生不滿意國民政府的答覆，遊行開始了。黃敬在隊內指揮，姚依林和郭明秋在隊外指揮，隊伍從西單牌樓往北到西四牌樓，走護國寺、地安門、沙灘，繞過故宮，抵達王府井大街時已有四五千人。在這裏，遊行隊伍被軍警們的皮鞭、木棍、砍刀、水龍打散了，不少人受傷被捕。這就是「一二·九」運動。在城外的清華、燕大有另一件麻煩事，西直門城門關了，他們輾轉赴阜成門、西便門，但始終被高大的城牆擋在城外。學生們一起往城門上擁，而軍警們往城牆上開槍，把城磚打碎落下來恐嚇。年輕人是不屈服的，他們永遠是規則的叛逆者。第二天，北平罷課了。更猛烈的行動發生在下個星期。

12 月 16 日，在原定的「冀察政務委員會」的成立日，部分同學已經前一天住在了城裏。

12 月 16 日這一天，朱南華帶領燕大的遊行隊伍來到西直門走火車的城牆豁口，軍警已在把守。他帶隊上前，有六七把刺刀對準了他的胸口。他兩臂一分，撥開刺刀，軍警不敢貿然行動，他帶隊湧進了城。在集會的天橋廣場的一輛電車上，總指揮黃敬激昂演說並高呼口號。集會後，隊伍奔向東交民巷的外交大樓，向冀察政務委員會預定成立的地點衝去，他們衝破前門樓子下大批軍警的阻攔，在宣武門，與上千血腥鎮壓的軍警再次交鋒，二三十人被捕，近四百人受傷。場景比小說《青春之歌》中描述得更悲壯。「清華、燕京走在隊伍最前面，最前面的九人一排，後面的四人一排，都臂挽着臂，遊行隊伍幾里長，聲勢愈大愈雄偉了。大家慷慨激昂，口號壯烈萬分，兩旁群眾夾道，為我們吶喊」（《北平學生運動的經過》朱南華、劉毓珩演講，李銳記錄，《李銳詩文自選集》，李銳著，1999.01 北京：中國文聯出版公司。）。十二月的北京異常寒冷，軍警用水龍沖他們，水沖到身上混着血結了冰，很多男生受了傷，女生在失聲痛哭。

北平的「一二・九」「一二・一六」運動被壓下了，在全國則剛剛開始。

北平學聯經過研究，由朱南華與清華大學救國會（自治會）主席劉毓珩（劉毓珩〔1914—1984〕後由劉少奇幫忙改名為陳其五，曾起草《敦促杜聿明等投降書》，曾擔任中共南京市委委員、宣傳部長等；1965年被錯誤開除黨籍，「文革」期間被迫害致殘；1978年後平反，任上海市委宣傳部副部長等。）到南方通報運動詳情。他們先到南京，與中央大學學生自治會主席後奕齋聯繫，並住在校內，下一步，要在校內的大禮堂演講。到時候了，大禮堂內聚集了幾千學生，校長羅家倫找朱南華談話，不同意在此宣傳，遭到了拒絕。他派憲兵去包圍大禮堂。禮堂外憲兵在組成包圍圈，禮堂內朱南華與劉毓珩在演講。他們演講了三個小時，介紹了「一二・九」運動的詳情。

結束時，禮堂內群情激奮，而憲兵已進來抓人。朱南華與劉毓珩掩護在同學中擠出了禮堂。人與人擠在一起，憲兵無法靠近，中央大學內亂作一團。在一位叫劉光宣的同學幫助下，他們藏到女生宿舍的會客廳。第二天，二人又到金陵大學，演講後，憲兵、員警與學生又打成一團，有人受傷。二人趁亂跑掉。此時南京下關的輪船碼頭、車站都已封閉，他們只能乘小汽車從中華門出去，坐火車到蕪湖、安慶，進而到武漢。

在武漢的接待者是後來的水利部副部長、毛澤東的祕書李銳，他成立了武漢大學救國會並領導罷課。他們全程在武大、省立高中、省一中、漢口女一中、漢陽懿訓女中等做了報告，李銳記錄並整理為《北平學生運動的經過》，劉毓珩寫了篇《北平學生運動的意義》，發表在武大學生救國會刊物《救中國》的第一期上，後收入《李銳詩文自選集》中。他們原打算去鄭州開封，但接到學聯電報，迅速回到了北平。

1936年是朱南華革命更為熱情的一年。在5月燕京大學學生自治會一年一度的大選時，他當選為學生聯合會主席，朱熹譜（朱熹譜〔1916－2001〕又名朱啟明，1939年3月在陝甘寧邊區瓦窯堡抗大一大隊入黨。新中國成立後，任中共北京市委政策研究室組長、北京市商業局副局長等，1980年任北京市高級人民法院顧問。燕京大學北京校友會理事會理事，寫

有多篇回憶文章,曾與李植清、張德華合著《勇敢的播火者朱南華同志》一文,為轟動一時的「朱令案」中朱令的外公。)當選為副主席。那時他接觸了地下黨組織。在 6 月至 12 月,張德華(德華,女,又名張勉學,也是《勇敢的播火者朱南華同志》作者之一。父親是工程教育家、冶金學家張清漣,祖父是民國時教育家、藏書家張嘉謀。)成了燕大第 17 任黨支部書記。朱南華的名字已赫然出現在地下黨聯絡圖上。從 1935 年 10 月到 1937 年 7 月,燕京大學共有 47 名地下黨員,他即是其中之一。

朱南華在燕大後交際甚廣。他在校內給工人辦過識字的夜校班,沒怎麼講文化,都宣傳革命了。他當時不是黨員,參加革命與廣大學生一樣,是為了抗日。他們對日本侵略有國破家亡的痛感,並痛恨「消極抗日」的國民黨。剛開始,他們開始不懂階級鬥爭理論,但普遍相信馬克思的剩餘價值學說:資本家和地主不勞動,剝削工人和農民,沒有比這再完美的邏輯。

反冒進的「元老派」

一個很老套的矛盾在緩緩發生,即激進派與保守派,左派與右派之爭。

在燕大的地下黨中,產生了「少壯派」與「元老派」。「元老派」多參加過「一二‧九」,知道靠狂熱無法成功。朱南華為人熱情而容易激動,這次爭執他是反對冒進的「元老派」,他沒有失去理智。

事情的分歧由傅作義領導的綏遠戰役開始。日本策反蒙古王公德王組織了偽蒙軍進攻綏遠省,被傅作義在百靈廟擊敗。一股勞軍熱潮在北平學生中掀起,並組織南下請願團,要南京國民政府立即抗日,並在北平大規模遊行示威。朱南華先向副主席朱啟明和執委會的朱祥麟做了交待,由他們在 11 月下旬南下,組團請願。請願團在金陵大學演講結束後,在到中央大學的途中被持槍特務押走,受到國民黨高官的接見後被送回北平。而在北平,在是否遊行的問題上,「少壯派」與「元老派」徹底分裂。

「元老派」的主張有道理，但在狂熱的「少壯派」面前，保守的思想會導致右傾。燕大已有學生寫文章質疑這種革命方式，並公開反對共產主義了。那時革命的星星之火並未呈燎原之勢，多數學生還不知「革命」為何物，「抗日」比「革命」更深入人心，此時的朱南華，是一位勇敢的播火者。他為此耽誤了學業，只好從醫預科轉到了歷史系，一方面是喜歡歷史，另一方面是學習跟不上了。一些燕大學生都從理工類轉為了文史類，因為多次不及格的學生會被開除，更沒法起表率作用。

各個高校的革命青年都在通宵達旦地集會辯論，誰也無法說服誰。行動越來越激烈。「少壯派」要把自己人選上，反對的都開除。「元老派」就不出席會議，使人數不夠而無法開會。他們各自拉學生到自己一方，把中立的學生都嚇跑，回去好好學習了。那時幹革命每天做的事，就是全班三十人，十個革命，十個不革命，十個中立，要把那二十個都拉到革命的一邊（朝陽大學地下黨黨委書記郭仲講述）。再有的是組織地下讀書會，閱讀進步書刊，多是通俗的馬列主義小冊子，讀魯迅，讀《共產黨宣言》。大家都十分認可馬克思主義的剩餘價值學說，對蘇聯「肅反」等事一無所知。而入黨則方便得多，多是在操場上一邊走一邊談心，確定沒有問題後，就在操場上說，現在組織宣佈你是共產黨員了（《我所知道的北平地下黨》張大中著，中共黨史出版社 2009 年）。

爭執不休，遊行時間卻到了。

朱南華代表燕大做出了寧折不彎的決定，他寫了封信，寫道：建議北平學聯收回成命，否則燕大學生會退出學聯。

信被北平學聯拒收，被原件退回了。

1936 年 12 月 12 日，第五次大遊行開始了。幾乎每個學校都打出校旗，只有以往的重頭戲——燕京大學沒有出場。

燕大黨支部不聽黨指揮了，蔣南翔十分惱火，他是北平學委的書記。凡是不聽話的黨員將被開除，方式是黨員重新登記，不方便公開辦的，就採用「不再聯繫」將他們「拉黑」。

於是，燕京大學成立了新的支委會，朱南華、張德華、麥焴曾、梁思

懿（梁啟超之女）、何巧模、李植清、朱牟、柯佳龍，再加上被開除的陳絜（陳矩孫，溥儀老師陳寶琛之孫）、龔維航（龔澎）一共十人沒參加登記，被「少壯派」的人一手排擠了。1938 年，陳、龔、柯、張 4 人到了延安，向劉少奇反應此事。劉少奇説這事不算！這是內部爭論，不能都開除了，是學聯做得不對，黨籍都要恢復。蔣南翔也説不應該。朱南華他們並沒有被恢復，後來重新入了黨，恢復黨籍比重新入黨要麻煩許多。（參考趙榮聲：30 年代燕京大學黨的活動，中國人民政治協商會議北京市委員會文史資料研究委員會，文史資料選編第 39 輯，北京出版社，1990 年 11 月第 1 版）

職業革命家

雷蒙‧阿隆在《知識分子的鴉片》中説，「無產階級革命，是一個精英集團通過暴力取代另一個精英集團。」知識分子根據他們的學術思想判斷出，從理論上不認可當時的統治，因此革命的原因是政治而非社會，解決民生是改變政體捎帶手的事。換句話説，只有不想當順民的人才去讀書。

早在 1936 年年底，朱南華就想去延安參加革命，做職業革命家。他曾上過社會學家吳文藻的課，吳文藻很喜歡他。他與方綽找吳先生幫忙，吳先生找司徒雷登校長商議，用司徒雷登的小汽車把他們送到了指定的接頭地點。到了指定地點，朱南華和方綽一路向西，過張家口又過了大同，一直到了晉南運城的風陵渡，關係斷了，無法到延安。他們只好回到了北平。

1937 年 7 月 7 日，盧溝橋事變爆發華北淪陷。1938 年，日寇即將接管燕京大學。這段時間朱南華沒回家也沒進城，一直住在校內。書唸不下去了，他在四處找門路，要到晉察冀邊區抗日，而不是留在燕大當亡國奴。他同宿舍的是中學同學張方（張方〔1914—2003〕原名李度，北京人，祖籍福建，畢業於齊魯大學物理系，燕京大學研究生，1938 年 1 月到冀中

邊區，曾任第一機械工業部技術司司長，重型礦山局副局長）。張方祖上是福建人，也出身世家，此時正在燕京大學物理系讀研。朱南華告訴他，為了防止連累家人，他到冀中後將改名李猛，來信後再做決定。很快，張方也到了冀中，並日後留下一部珍貴的回憶錄：《敵後軍工生活回憶（1938－1948）》。

很革命者有好幾個化名，在新中國成立後沒有改，子女有的隨了化名的姓，有的隨了本姓。朱南華為什麼改名李猛，恐怕沒人知道了。

在冀中解放區，李猛擔任冀中軍區供給部祕書長，駐地在樓堤村，與供給部部長、英俊帥氣的熊大縝同屋。解放區幾乎沒有武器彈藥的來源，子彈打一顆少一顆，很多新兵沒有打靶訓練。他與熊大縝等人要成立「技術研究社」：研製武器彈藥。

不能不提熊大縝。網上轉了很多熊大縝冤案的帖子，他是清華的高才生，名教授葉企孫的愛徒，放棄了繼續做清華大學的助教和祕書的機會，放棄了留學並推遲結婚來參加革命，他純粹為了抗日，並不願介入政治。在他的請求下，葉企孫派了閻裕昌（化名門本中）、胡達佛（化名胡大佛）等清華的師生員工，和汪德熙、張奎元、張方、劉維楨（化名劉雲）等革命者一起，收集化工原料運到冀中，如閻錫山曾買過一批炸藥原料氯酸鉀，日本人佔領了平漢鐵路，原料就扔在冀中，後被收集起來了。他們利用僅僅一本由汪德熙帶來的馬瑟爾氏的《高級火藥學》的下冊開始試驗。

「技術研究社」設在一位老鄉的院子裏，在院中棚子下有個火爐。其他什麼都沒有，他們在此造出了炸毀日軍火車的炸藥，並能複裝子彈，將用過的子彈殼填上火藥重新用，打不到 100 米以外，但仍是武器。在造雷管的實驗中，張方不幸把右手炸殘了幾根手指頭，此後用傷殘的手來工作學習，執筆寫作。熊大縝出差時李猛代管供給部。此後，李猛去擔任冀中行署貿易局局長，他們的厄運在不知不覺中到來。

張方回憶，在 1939 年 4 月底的一天。供給部的王政委，通知張方、胡大佛、門本忠收拾行李去司令部報到。一位姓羅的科長來了，聊天中要看他們的槍，就此順手繳械，將人關押進空房。來人說這裏是鋤奸部，熊

大縝有問題，要一起審查。

　　下午，來人把這幾個還沒明白過來的被抓者都剃成光頭，脫下軍裝。李猛也被抓了，在押送的路上，他還和一個被押的國民黨員辯論，國民黨和共產黨，誰在抗戰，到底誰好？

　　接下來，這些積極抗日的知識分子，青年學生和技術人員沒有面對敵人的槍口，而是被逼着承認是國民黨，大家抗不過，只好承認了。後來得知，除了張方已傷殘外，技術研究社的技術人員幾乎都遭到了拷打，李猛的手指留下了傷痕。

　　原來，冀中解放區成立了鋤奸部，成立了就要有事幹。這次將商業局局長李猛，供給部部長熊大縝，衛生局局長張珍，和供給部、印刷所、衛生部、醫院、電台、銀行、學校、報社、商店、教會等機關中平津來的知識分子不分男女全抓了起來，共有一百多人。熊大縝是罪魁禍首，罪名是國民黨特務，認為他是葉企孫發展的特務，在北京新街口基督教會及東珠市口九號，和「技術研究社」進行特務活動。還有一封密信。內容是：「你派來的人我們已經見了，你們需要的東西，已送了幾批。急需的物資，最好在秋收之前，由河運較方便。」信尾署名是：天津黨政軍聯合辦事處。實際上，特務問題子虛烏有，鋤奸部認定署名是國民黨特務機關，實際上是國共合作時期的組織。黨中央知道後，派彭真和許建國等前去複審，面對複審人員，李猛堅決不承認自己是國民黨。突然有一天，一部分人被帶到村外河灘上坐成一圈，許建國站在中間對大家講話，説熊大縝和另外兩個人有問題，其他人自由了，去洗個澡，等待分配工作。人就這麼毫無結論地放了，多少天的打白捱了。

　　人放了，組織卻荒了。供給部的技術研究社徒有其名，自動解散，很多製造器的技術胎死腹中，人員分散到各部去了。許建國很賞識李猛，就將他收入麾下。1939 年 2 月 18 日，中共中央書記處做出《關於成立社會部的決定》，由康生任部長，李克農、許建國任副部長。李猛先是被調到鋤奸部，後又調到社會部工作。1943 年，邊區搞了大生產運動，李猛也參加了，並對運動信心滿滿。後來，他擔任冀東十四地委社會部部長，他

忠心耿耿，為黨工作。

　　熊大縝的故事貌似多已熟知。網上流傳甚廣的一個帖子寫道，1939年夏天日軍掃蕩，部隊轉移，熊大縝因受刑無法跟上隊伍，押送途中被一個叫史建勛的戰士辱罵，他與之爭辯。戰士要開槍打死他。熊大縝說，你的子彈是我造的，別用了，省着打敵人吧。那戰士拿起石頭把熊大縝砸死了。但這些細節並不可考證。曾有一本寫葉企孫先生的「傳記文學」，對李猛、熊大縝等人虛構頗多，對歷史太不負責。

　　20 世紀八十年代，熊大縝的生前戰友們聚會時，大家確認熊大縝是被除奸部處死，被槍斃的，但具體時間地點已不可考。

不低頭

　　抗戰結束後，李猛隨解放軍南下，在許建國手下負責公安、保衛、治安、法律等的工作。在晉察冀解放區，他結了婚並有了孩子，南下到了湖南，擔任湖南零陵地委社會部部長、湖南省公安廳副廳長。新中國成立後，許建國擔任公安部副部長。在 1951 年，中央成立了中央政法幹部學校（即中國人民公安大學的前身），專門培訓黨政幹部，校址在復興門外，首任校長是彭真。李猛在此擔任教研室主任，編寫了《中華人民共和國刑法講義》。他住在學校宿舍，就在學校對面路南，是三層的蘇式樓房，生活條件尚可。

　　五十年代的政治運動一個接一個，很多事情不甚詳細，親歷者已然不多。

　　在一些回憶文章中，記載李猛於 1957 年的反右中，因提倡「法律面前人人平等」被打成右派，但不大確切。能確認的，是他於 1959 年廬山會議後批判彭德懷時又受到牽連，被下放到青海勞動。1961 年春，當年的64 軍政委王昭被任命為青海省委第二書記、省長，此前他曾擔任公安部政治部主任，副部長。在「大躍進」以後，青海省「左傾」泛濫，生活貧困，省會西寧只有大十字、小十字等幾個街道。王昭到青海後有了明顯好轉。

李猛被他解放了，並先後擔任青海省政法辦公室主任、青海省檢察院黨組書記、檢察院檢察長。1963 年 8 月，李猛隨王昭領導的幾百名幹部，組成「四清」工作團，到了離西寧幾十公里的湟中縣。李猛和一些人去了湟中縣平安公社，並開展社教試點。在那裏進行了一段時期的「四清」工作。

李猛在生活中非常繁忙，對子女教育嚴格，為人非常嚴肅。他是家中的次子，但長子夭折，他便是實際中的長子了。父親朱行中送他一塊銀鏈子的懷錶，另有一把齊白石畫的菊花扇面，都在他受批判時家境困難賣掉了。齊白石的扇面賣給湖南博物館，作價 20 元，用來貼補家用。受父親影響，他有個愛好是下棋，圍棋、象棋都很精通。在青海時他有個棋友，每逢周六晚上便邀棋友來家抽煙下棋，第二天早上滿屋子是煙味兒。

此時離 1966 年，只剩下三年了。

1966 年中，青海省有兩大造反組織：捍衛毛澤東思想宣傳隊（簡稱「捍衛隊」）和「八‧一八」革命聯合造反司令部（簡稱「八‧一八」）。1967 年 2 月 23 日，「八‧一八」突然進攻《青海日報》社，要奪取報社的控制權。守衛部隊開槍還擊，當場打死 179 人，打傷 1000 多人，報社裏血流成河，史稱「二‧二三」事件。幾天之內，全市的部隊、公檢法機關，和「捍衛隊」造反派一起，搜捕了幾千名的「八‧一八」，並殘忍虐待。中央站在了「八‧一八」的一面，定性「二‧二三」是反革命，形式開始逆轉。在北京的王昭知道後，立即找中央說明情況，哪知被造反派抓回了青海，並於 1970 年死於獄中。

青海已無法無天，李猛的境況更為特殊。到了八十年代，要編寫《晉察冀根據地軍工史》，當年晉察冀邊區一起造武器的老軍工們聚集起來回憶歷史。大家發現幾乎都是在 1967 年被抓受審的，原因有可能是熊大縝案，這一點目前存疑。

李猛被關押並被迫害致死的細節難以還原，盡可以去想像「文革」的殘酷與瘋狂。

1979 年，青海省委為李猛平反，結論是被迫害致死。2 月 10 日，《青海日報》刊登消息，李猛同志追悼會於 1979 年 1 月 23 日在西寧市委禮堂

舉行，由各級領導，生前好友，群眾代表等五百多人參加。消息的最後一句是：「李猛同志參加革命幾十年如一日，他的一生是革命的一生。」

1985年，在北京植物園中的櫻桃溝處，在那留有當年「保衛華北」字樣的刻石旁，建立了「一二‧九」運動紀念亭。

1986年，熊大縝一案在生前故舊的不斷努力，和呂正操、張珍、張方、錢偉長等人的過問下，最終平反。

變革之道

縱觀朱南華（李猛）的一生，很多歷史細節已難以還原，但我們敬重他對革命的忠誠與無私。他和他的師長戰友們——那個年代的知識分子們，是真正的革命者。他們大多家境優渥，為什麼會引燃革命的烈火燒到自己？

漢娜‧阿倫特在《論革命》一書的導言中說，革命只剩下一個最為古老的理由，那就是「以自由對抗暴政。」馬克思說無產者在這個革命中失去的只是鎖鏈，他們獲得的將是整個世界。朱南華們沒有貧困也沒有鎖鏈，他冒着失去自由的危險（他一生兩次被自己人剝奪自由），對抗強加在別人身上的鎖鏈，用自己的自由換取他人之自由。他們的身份曾長期尷尬，出身成了他們的頭上荊棘條編織的冠子。他們曾不被視為革命者。或許說，人應該有進入公共領域的自由。或許說，革命不僅是為了自由，還有正義，正義是人人都應當維護的。

「各人自掃門前雪，莫管他人瓦上霜」，大多數中國人沒有參與公共事務的習慣。知識分子的存在是為了表示對現實的不滿，不滿就要變革，他們代替大眾參與公共事務，過自由的政治生活。而大眾，可能不要革命，也不要有人代替。

參考文獻：

《敵後軍工回憶錄》，張方，《晉察冀解放區軍工歷史》編輯部

《張珍回憶錄》，張珍，兵器工業出版社，2005 年出版

《一二九運動回憶錄》第 1 集，楊樹先等，北京：人民出版社，1982.05

《文史資料選編》第 39 輯，中國人民政治協商會議北京市委員會文史資料研究委員會

《一二‧九在未名湖畔》，趙榮聲、周遊編，北京：北京出版社，1985.11

《天津史志研究文集》，卞僧慧，天津：天津古籍出版社，2011.06，第 176 頁

《「一二‧九」運動史料拾遺》，朱熹譜，《文史資料選編》第 9 輯，中國人民政治協商會議北京市委員會文史資料委員會編，1981.02

《李銳詩文自選集》，李銳，北京：中國文聯出版公司，1999.01

《王昭紀念文集》，中共青海省委黨史資料徵集委員會編，西寧：青海人民出版社，1987.12

《許建國紀念文集》，本書編輯組，中國人民公安大學，2003.12

《「文革」中的青海二‧二三武鬥慘案》，孫言誠，《炎黃春秋》，2009 年第 10 期

忠烈：鼓王與「一門忠烈」

　　若論「鼓界大王」劉寶全的京韻大鼓，最為珍貴的是 1941 年卜萬蒼導演的電影版《寧武關‧別母亂箭》，這是民國時期少見的京韻大鼓電影。劉寶全在開頭有一段話白，行話叫作鋪綱，即聊兩句做個開場白，把曲目向觀眾做個介紹。

　　鋪綱內容除了感謝電影公司老闆，更重要的是對《寧武關》的介紹：明末大將周玉吉的家在寧武關，他回家給母親拜壽，得知寧武關被闖王打來了。周玉吉又要打仗又要拜壽，忠孝不能兩全。這時，周玉吉拔劍擲在地上，夫人會意，拿劍自刎，小少爺（兒子）立刻一頭碰死在台階上，周玉吉上戰場殺敵。太夫人（周母）得知後異常高興，命人舉火自焚。周玉吉奮力與闖王交戰，被亂箭射死，最後連家裏的老院公都投河而死了。劉寶全對每個人的死都有說法。周夫人自刎時：「賢德的夫人會意，接過寶劍就自刎了……」小少爺碰死時：「站起來衝着忠良一跺腳，頭碰石階而亡，那麼這一門忠烈，打這說起……」太夫人死時：「那個周母太夫人樂極了，賢母啊……」這時候，鼓王用扇子敲打了幾下桌面，以表示着重和感歎，隨後用周母的口吻說：「那很好很好。」然後改為話白：「命人用柴草把屋子圍起來，點着了，老太太這要賓天。」說到老院公時：「老院公要隨着老太太投河自盡，這才夠這個一門忠烈的資格。」鼓王上來解釋一門忠烈的這段話韻味十足，後人是學不了的。

　　在整個舉家自殺的故事中，劉寶全重點是講到這四個人自殺時都是持着肯定、讚揚的態度，並有着蓋棺論定般的肯定：忠臣、孝子、賢妻、賢子、老夫人賓天……最後連掃地傳話的老院公都要算上，所有人都死了的行為叫作一門忠烈！

　　《別母亂箭》這個故事是崑曲中的保留曲目，是《別母》《亂箭》二摺，整部的名字叫《鐵冠圖》，是清代的傳奇，已經不知作者名姓。全劇既有大量的身段，又有大段的唱腔，演起來難度很大。我看的是朱家溍先生的演出版，當時朱先生已七十四歲高齡，嗓音仍是高亢、洪亮，只是個別演員配合得稍有瑕疵。在崑曲中，老夫人得知夫人自刎，公子觸階而亡後，悲痛中說所的是「好哇，難得我家出此節婦賢孫」。京劇、川劇、湘劇、桂劇、秦腔、同州梆子、河北梆子、徽劇等都有這個劇碼，大多是叫《甯武關》《別母亂箭》《一門忠烈》這樣的劇名。京劇名家中早年譚鑫培、余叔岩和言菊朋都善演此劇，後來沒人演了。人們對一門忠烈的行為有爭議，更重要的是周玉吉的征戰對象是農民起義領袖李自成，鎮壓農民起義的罪名是誰都擔當不起的。

　　清代彈詞《天雨花》講的也是一門忠烈的故事，就安上了一個神話般的尾巴。《天雨花》說的是明末之事，結局是主人公左維明舉家殉國，他邀請了五姓姻親，幾大家族在襄江上泛舟，痛飲達旦後自溺而亡，最後被上天接引成仙去了。如此「大團圓」在今天的人看來，實在是自我安慰，但願天上有仙人吧。

　　繼續回來說劉寶全。且不說劉寶全的《大西廂》是如何俏皮婉約，《戰長沙》是如何金戈鐵馬，僅僅是在《遊武廟》中，那句「有一對獅子分為左右，唰啦啦空中有兩杆杏黃旗」的行腔，就使人好像聽到兩杆杏黃旗在半空中飄蕩發出的聲音一樣。舊式藝人傳藝都是一句一句地教，沒有什麼唱詞、歌譜，要唱好「嬌滴滴輕聲兒婉轉喚丫鬟」，是唱出叫小丫鬟的感覺；而唱好「碧天雲外，鴻雁高飛」是唱出鴻雁高飛的感覺。這是學「曲」的要訣。張衛東老師告訴我，（歌）曲者，（彎）曲也。唱得越「彎」，越是婉轉曲折，就越是動聽。唱曲要折一點兒，做人要寧折不彎，鼓王詮釋得極好。都說演戲唱曲唱的是演員心目中理解的人物，鼓王心中的周玉吉是這樣在大敵當前忠勇的周玉吉。

究竟什麼導致古人必須一門忠烈呢？

一門忠烈的要點不在於男主人公自殺殉國和夫人自殺殉情，而在於全家幾十口、上百口主動跟着一起死，甚至是男主人公動手殺掉家人，是整個家族忠烈。即不是陸文龍的父親陸登在城破後舉劍自刎，夫人亦自殺的情況；而是崖山之戰中，陸秀夫在揹着小皇帝投海自盡前，先逼妻妾、兒女跳海之舉。在《甯武關》中，夫人看到寶劍後就拾起來自刎，小少爺立刻觸階而亡，老夫人為此又悲又喜，悲的是一家人死絕，喜的是一門忠烈。當他們死絕後，貌似與此事無關的老院公也投河自盡了。

一門忠烈之風是有歷史承傳的，最初被立為榜樣的是東晉年間的名臣卞壺。卞壺在平定蘇峻叛亂時身亡，他的兩個兒子也是力戰而死。這是歷史上記載的關於他忠烈之舉的事蹟。民間以為這樣是不夠的，還塑造了卞壺夫人、卞母自殺殉節的劇情，卞母已經九十多歲了，十分高興家裏能有這樣的忠臣、孝子、節婦，自然也一同殉節。

在這個故事裏，焦點集中在女人身上。人們的眼睛不是盯着卞壺殉國，而是盯着卞夫人和九十多歲的卞母。

歷史上，在政權更迭時，對於失勢的一方採用「連坐」制。一旦男主人自盡，非但其夫人、子女無法獨立謀生，還極有被俘、受虐的可能。歷代的樂籍中，屢有前朝官員家屬被充作官妓的例子。

清代禁止官員宿娼，並在雍正年間廢除了樂籍制度。犯官女眷的下場則是「發配寧古塔與披甲人為奴」。如此看來，受辱的基點在於被抓。古人少有流亡海外的觀念，明代又是個禮教森嚴的朝代，從朱元璋開始有后妃殉葬的制度，直到明英宗朱祁鎮時才廢止，這種情況在宗室中也時有發生。大臣、大將們確實不會做「范跑跑」。在跑不掉的情況下，也許舉家自盡是唯一的選擇。對明末的女人而言，既亡了國，又有可能失身，那還不如殉節。這種行為在古代多有發生。但凡改朝換代，都會有一大批臣民舉家忠烈，以表明自己不事二主或受辱喪節。面對國家危亡、戰爭無可挽回的局面時，不論直接與間接，男主人殺掉全家，或全家自刎、上吊、投河、投井、赴火……不是簡單的打不過就集體自殺，還包含了太多的古

人忠烈觀、家庭觀、倫理道德等。《禮記・樂記》中云：「聖人作，為父子君臣，以為紀綱。」這裏沒有說得很明確，唐代的孔穎達明確提出：「三綱謂君為臣綱，父為子綱，夫為妻綱。」在三綱五常、忠君事主的思想下，殉節這等今人看似極端的事情，在古人看來卻實屬正常。古人認為，男人掙的是忠烈，女人掙的是貞節，這些都是人應該具有的品德，而一門忠烈是最高標準的行為規範，是要寫入史書萬古流芳的。

二

明末殉節的故事最多。可以參看由顧炎武的外甥、徐乾學的弟弟、徐元文的哥哥徐秉義所著的一部《明末忠烈紀實》，裏面收錄了因抗清而死的義士近三百人，書的目錄就是按照殉豫、殉秦、殉楚、殉蜀、殉晉、殉江北、殉齊魯、殉黔滇、殉豫章、殉畿輔、殉君、殉福、殉唐、殉魯、殉桂、效死、違制、殉國、烈女諸傳這樣排列的。

崇禎皇帝的殉國，在歷史上有着與陸秀夫揹小皇帝跳海同等重要的意義，他為普天下的男人做出了與劉禪相反的榜樣。在崑曲《煤山恨》中，演到崇禎皇帝殉國的片段時，早年間的演出有個特技，演員甩髮以髮遮面，表明崇禎上吊無顏見列祖列宗。這個動作是一瞬間完成的，唰的一下，長髮遮面，恐怖得能把孩子嚇哭。而崇禎自盡時留下的遺言更是擲地有聲，被保留在戲詞裏：

> 朕涼德藐躬，上干天咎，然皆諸臣誤朕。朕死無面目見祖宗，自去冠冕，以髮覆面。任賊分裂，勿傷百姓一人。

這時，大半個江山還是姓朱的。在城破之際，崇禎皇帝殺掉後宮妃子和女兒以後，從玄武門跑到煤山上上吊，陪在他身邊的是太監王承恩。此時，宮中的實景遠比金庸的《碧血劍》中寫的還要慘烈。崇禎皇帝有七個兒子，其中四個沒活過四歲，三個失蹤；有六個女兒，四個早逝，另兩個是壽寧宮的長平公主和昭仁殿的昭仁公主，昭仁公主被他直接砍死，長

平公主被砍掉左臂，昏迷了五天後醒來。到此，崇禎皇帝家的女人「一門忠烈」的故事才剛剛開始。許多皇親國戚也在此刻爭先恐後地追隨皇帝殉節。泰昌皇帝朱常洛是崇禎的父親，他的女兒樂安公主嫁給了宛平人鞏永固。城陷之時公主已經自盡，鞏永固把他們的五個孩子和公主的棺材綁在一起，說：「此帝甥也，不可污賊手。」他放火把五個孩子都燒死了，自己也舉劍自刎。不知這位駙馬爺是否想過，燒死比抹脖子要痛苦許多，他自己選了一個較快的死法，給子女安排了一個稍慢的，也許極度的心痛讓他想不到這些。

《明史》中類似的記載有很多。崇禎皇帝的生母是孝純皇太后劉氏，她的父親叫劉應元，她父親的弟弟叫劉繼祖，按輩分，劉繼祖應是崇禎皇帝的外舅公。劉繼祖有三個兒子，分別叫劉文炳、劉文照、劉文耀，也是崇禎皇帝的三個舅舅，他們相繼投井而亡。這還不算，在城破之日，劉文照的母親徐氏、劉文照的兩個女兒、劉文炳的妻子王氏，一起朝着孝純皇太后劉氏的遺像哭拜後自縊而死。劉繼祖的原配董氏，妾左氏、李氏，都是跳入火中自焚而死。結合明史以及蔡石山先生的《明代的女人》來看，孝純皇太后劉氏娘家總共殉國的外戚有四十二位之多。明代防外戚，不防宦官，公主往往下嫁平民，婆家親戚都沾不上光，卻落得滅門之禍。他們並不是宗室，不姓朱，女兒嫁到夫家是夫家的人，都可以隱姓逃亡的，而他們選擇了與大明共存亡。

這類保全貞節的故事並不只是發生在公主的寢宮裏。宮廷中有不少女官和「青霞女子」（參見蔡登山《明代的女人》第七章。）──負責皇帝選妃子時的女性工作人員。青霞女子本不是宮裏的人，大明的江山和她們沒有血統關係，可以一走了之。可那一百多位青霞女子集中在屋子裏，把門關死，一起自焚了。宮內的金水橋畔，宮外的筒子河邊，上百名宮女一起投河自盡，宮裏的水井也塞滿了死屍。有一位幼小的費宮人，在投井後被叛軍從井裏勾出來，要被分配給軍士為妻，末了被李自成送給了部將羅讓。費宮人在新婚之夜一連數刀刺死了羅讓，隨後自刎而亡，她才十五歲。她的故事被改入崑曲《鐵冠圖·刺虎》，以梅蘭芳最為擅長。

　　　　　　　　　　　　　　　　　　　　聲色之城：市井江湖稗官野史

除了京城，各地的藩王中也有一些以身殉國，哪怕是遠在雲南的沐王府也無法逃脫。雲南沙定洲叛亂，進入昆明城縱火搶掠。末代沐王沐天波跑了，太夫人陳氏和夫人焦氏等出逃不及，太夫人說自己是國公府裏的夫人，絕不能被反賊污辱，於是舉家自焚。末代蜀王朱至澍在張獻忠攻破蜀王府時，率領所有妻妾投井殉難；晉王朱新堞的封地在山西汾州，李自成軍隊快到時，他先是幫助妻子盧氏、妾薛氏、妾馮氏自盡，又幫才幾歲大的小女兒上吊，之後給朝廷寫了一封信，最後整理官袍烏紗，向北京的方向叩拜，叩拜母親的遺像，隨後上吊身亡。甚至到了康熙二十二年施琅收復台灣時，鄭克塽降清，逃到台灣的明寧靖王朱術桂見大勢已去，跟五位妃子訣別，五位妃子都自縊而亡。第二天，他把家中財物分送給鄰居，把印綬交給鄭克塽，穿上大明朝服向着大陸遙祭祖先，寫下絕命詩詞，末了懸樑自盡。整個「忠烈」的過程都是在部下的旁觀中完成的，像舉行一個隆重的儀式那樣按部就班，沒有戰爭時的慌亂。

　　三思起來，古人思維的出發點在於防患未然。女人殉節是防止被侮辱，不過，城破了不一定被侮辱，被侮辱了也不一定去死。究竟什麼導致古人必須一門忠烈呢？有一個表面現象，是在政權更迭時，對於失勢的一方往往是採用「連坐」制。對於明末的女人而言，「哀莫大於心死，而身死次之」，既亡了國，又有可能失身，在這種「寧為玉碎，不為瓦全」的心態下，她們成了殉節的力主者。

　　再者，古人的主僕觀念和我們的不同。古代很多老僕都是跟隨主人家數十年，日夜朝夕相處，關係遠比人還親。其中不少都是主人家救過的窮人，被安排在家裏做僕人。僕人屬於主人，沒有獨立的戶籍和姓氏，就姓主人家的姓，男僕往往取個「來福」「富貴」這樣的名，而作為丫鬟的女僕，往往取「春梅」「春香」「秋香」這樣的名字。僕人與主人家的情感是忠貞的，很多古典故事中，忠實的老僕為了主人家往往不惜性命，京劇中有四齣「義僕戲」，有四位義僕最為知名：《走雪山》的曹福、《一捧雪》的莫成、《三娘教子》的薛保、《九更天》的馬義。

　　往往家裏的少主人也和老僕有深厚的感情。比如主人家管得嚴，禁止

孩子吃零食，老僕會偷偷給少主人買點兒吃的；少主人受罰，老僕會去講情。既然僕人屬於整個家庭，他們就難以逃脫「一門忠烈」的命運，就算能跑也不跑。

對於家眷自殺行為還有一種解釋，家眷即拖累，在電影《賽德克·巴萊》中，女人集體自殺的直接原因，是為了讓自己的丈夫、孩子無後顧之憂；進一步地講，家眷的自殺行為會激勵男主人奮勇殺敵，原住民是本着同歸於盡的方式戰鬥的。《甯武關》中周玉吉的情況也是這樣。可也有例外，在明正統年間，遼東廣寧右衛指揮僉事趙忠鎮守邊關，蒙古人來進犯，趙忠的妻子左氏為了激勵丈夫作戰，和趙母以及三位女兒一起自殺，趙忠如果像周玉吉那樣陣亡，也算可以理解。可是趙忠勇武爆發，一下子領兵擊退了蒙古人，之後也沒有自殺殉情，而是受到了朝廷的褒獎。家眷的死成全了他的功績，這才真是鮮血換來的成果。

更無恥的事也有，反賊張士誠的女婿潘無紹在城破時逼着七位侍妾自縊，他自己隨後卻轉身投敵做了貳臣。

男人設定一門忠烈的理論基礎，女人設定了忠烈的制度並嚴格執行着。高級妓女柳如是亦如此。清兵兵臨城下時，錢謙益答應了柳如是與其投水殉國，還在家鄉常熟的尚湖請來親朋故舊，搞了一場盛大的忠烈慶典，從早折騰到晚，最終他說出了千古名言：「水太涼了。」倒是柳如是履約投入水中，幸好被人救起。這個故事見於顧苓《河東君傳》，是可考的。柳如是沒有死，錢謙益的「名言」還在世間流傳，比如「頭皮甚癢」。後來錢謙益剃髮做官，被清史列入貳臣，背負千古罵名，乾隆皇帝最看不起他。

一門忠烈者肯定是走上絕路時才出此下下策。深究起來，眾人行動時一般會有個牽頭的人，餘下的都是追隨者。追隨者可以分為兩種情況：

1. 主動自殺的。

2. 經別人勸說而選擇自殺的。「別人」不分男女老幼，往往是老母勸兒子，丈夫勸妻子、子女，以體現三綱五常。這時，無法區分自殺者自願的比例多大。可能又有三種情況：

（1）自己想自殺，與對方不謀而合。

（2）自己沒有主意，別人提得恰到好處，即不想自殺，但被環境裹挾着自殺了。

（3）自己不想自殺，但被人殺了，比如珍妃之死的種種説法。

在論述中，古人會自動過濾掉後兩種被迫自殺的情況。在古人看來，被宣揚為一門忠烈的，必定是飽讀詩書的書香門第，不論男女，他們都知道，在這種情況下，用自殺來盡忠守節是本分。

三

1939 年，在拍攝《甯武關》這部電影時，鼓王劉寶全七十歲，嗓音仍舊洪亮甜潤，身段邊式依舊，唱功表演爐火純青。看他的面相，因謝頂格外顯老態，面容慈祥而又堅定，想必他已理解了一門忠烈的含義，也把自己當成了忠烈之人。表演之前那一段話白，更是對一門忠烈最為精妙的注釋。這個注釋不是由士大夫而是由文化程度不高、社會地位連同為下九流的京劇演員都比不上的大鼓藝人做出的。

生於清代的劉寶全是認可一門忠烈這種行為的，因此，他才能演繹得如此出色。劉寶全年輕時是個細高個兒，英俊瀟灑，而晚年像個固執的老人。藝人固執一點兒是好的，連唱錯了都不改，有助於傳統藝術的承傳。他相信自己沒有能力把錯的改對，只是為了承傳，一旦改了，後人就更不知道什麼是對的了。

有人説劉寶全抽大煙如何如何，實際上他最注重保護嗓子，甭説鴉片，他連煙捲都不會抽，連肉都少吃，到晚年還能保持着嗓音的清脆、圓潤。他仿佛一直在等着卜萬蒼給他拍電影，特意要留下幾個身段親自來解説一下什麼叫一門忠烈，怕別人解釋得不清楚。隨後，他親自唱上一曲最表忠烈的《甯武關》。一曲歌罷，沒幾年他即撒手人寰。

身份：有關金庸的文學三話

金庸先生去世了，我很懷念最初讀他的著作的年代。高中時有一周我發燒請假在家，窩在家中牀與桌子構成的犄角中，讀完了《鹿鼎記》。那也許是人生中最幸福的一周。他是造夢者，讓人在他製造的夢中永不醒來。但我們都知道他為人民造夢的原因：為了言論平台，他創辦了《明報》；為了增加銷量，他寫起了武俠小說。寫武俠，是金庸先生為自己尋找的一條出路。

如今70後、80後的大批作家、藝術家，在50後、60後當年改革開放後席捲全國的年紀，在影響力上無法和前輩作家相比。作家沒有給自己的作品和人生找到出路。有人說，這個出路是影視和周邊產品，用現在的話說叫大IP。如果文學只有藉助影視和周邊產品才能產生大眾影響，那無異於一位優秀的演員演戲沒火，拍個廣告卻火了。在一個IP版權賣出天價的時代，反而是一個無書可讀的時代。

出路

香港有着眾多身居二層或三層的私家小書店很多，在書店集中的地方舉起相機一拍，能有三五家書店招牌入眼，狹小陡峭如老上海的樓梯，進屋後感覺如進酒吧，仿佛徒步穿越沙漠的人突然見到了綠洲。桃花源似的二樓書店恬靜而安逸，任由窗外人來人往喧囂不停，而這裏卻是永遠的淨土。本地的女學生帶着黑邊眼睛，一身白色的小套裙，白襪子黑皮鞋，小巧的身子和半長不短的披肩髮，用離子燙拉得直直的或捲成小巧波浪的頭

髮，單肩揹着既不適合白領又不適合學生的棕色皮包，在書店的小說架子前癡讀。

每個人都需要出路，文人的出路更隱蔽一些，每個時代給文人出路的寬窄都不一樣。清末廢除了科舉，儒生便一時沒了用處。而五四運動以後，新式教育和學校建立起來，北京大學等學校，都聘請留洋歸國的、二十多歲的年輕人胡適等為教授，清末的宿儒則缺乏生計，末代狀元劉春霖淪落到為人家點主（祭祀活動中，請名人用硃筆在靈牌上「主」字點上那一點的儀式）的地步。在眼前，有大批的傳統媒體瀕臨倒閉，文人便轉到新媒體去寫作，以繼續自己的營生。我們這個時代的作家真的是不慕名利的，因為幹別的來得更快。作家哪怕是追求世俗的成功，也是為了讓自己能更加自由地寫作。

金庸早年在長城公司時曾擔任電影《絕代佳人》（1953）、《不要離開我》（1955）、《小鴿子姑娘》（1957）、《蘭花花》（1958）、《午夜琴聲》（1959）等的編劇，並與人聯合執導過電影《有女懷春》（1958）、《王老虎搶親》（1960）等，與夏夢有了一段傳說的情緣。他喜歡莎士比亞，熟讀外國文學，作品中有英國文學講故事的傳統。他的小說裏充滿了西方名著、戲劇、電影的味道。他將武俠寫得登堂入室，似乎在努力打破革命對武俠的偏見。

早在一百年前，為了革命，我們把文學分成了嚴肅文學——純文學和通俗文學——類型文學兩大類，也將作家分成了兩大陣營。這種陣營列隊至今尚在。類型文學包括言情、武俠、偵探、推理、懸疑，直至今日的職場小說，也包括網絡文學中種種如種田文、瑪麗蘇文等新鮮的類型。這並不是由文學創作的難易程度來劃分的。民國時還珠樓主的武俠小說，如四言詩一般典雅，通篇談的道家學術與各種典故，卻是通俗文學；人人能讀懂的「三紅一創」，則是嚴肅文學。老舍、張恨水二位先生通俗、嚴肅程度差不多，文風也有近似之處，老舍便是革命文學中的「魯郭茅巴老曹」，而張恨水成了鴛鴦蝴蝶派。是否屬於純文學和嚴肅文學，與作家和他的作品是否革命有關。

或許我們曾嚮往過像但丁時代那樣的寫作，但從狄更斯時代起，文學成了大眾消費，作家成了文字內容供應商。作家渴望像狄更斯一樣，在古老倫敦的下午三點，人們在街旁排起了長隊來買報紙，僅僅是因為報紙上連載狄更斯的小說。更渴望像狄更斯到美國，人們列隊迎接，像迎接一位國王。我們能從狄更斯、大仲馬、再到毛姆，梳理出一條既通俗又嚴肅的文脈，他們能寫出有深度的好看故事，卻始終被貼上通俗的標籤，毛姆甚至長期被當作二流作家。在過去，敢於寫武俠的作家都有藐視不善目光的勇氣。

　　作家在滿足了謀生以外，更渴望影響力與不朽，受到讀者的愛戴。金庸先生曾於 2003 年 7 月在央視《新聞夜話》節目中説，希望自己的墓碑上寫着：「這裏躺着一個人，在 20 世紀、21 世紀，他寫過幾十部武俠小説，這些小説為幾億人喜歡。」這是比任何不朽都狂傲的話。魯迅因批判民族性而不朽，而金庸因重新講述成人童話而不朽。他沒有從事嚴肅文學創作，是把嚴肅創作的精神用到了武俠小説中。原本難逃地攤文學命運的武俠，直至在金庸手中才登上枱面。

　　問題的本質不是純文學與通俗文學之爭，而是文學是否還負擔大眾娛樂。文學面對的不是影視、視頻、抖音、網文、微信，而是消費。現代視聽藝術能夠無限地複製傳播，是機械複製時期的藝術作品。看上去光鮮好看，實則不一定有深度，正像我們的時代。藝術能被消費，就能被拋棄。十一黃金周會造成電影票房的下滑，因為人們都去旅行而不再進電影院。目前看來，小巧的視聽藝術（如短視頻）能更好地消費，願人們不要儘早拋棄它。

　　類型小説和影視劇多少都有一定的套路，作家們無數次頭撞南牆般地想打破這些套路，甚至發明一個只有自我的「神套路」。金庸先生沒有打破套路，他去推進了那個套路。

　　對事物有推動發展者，方為大師。

身份

　　世人評價金庸先生，他是武俠小說大師，同時也是政治家、社會活動家、記者、報人。他不滿足於只做武俠小說家。

　　我們把金庸的身份整理為一個鏈條：武俠小說家——文學家——學者——商人——政治家。這些身份是從古至今人們渴望晉身的台階，一個人能做好其中一點，就足以名垂青史。而金庸做了這五重身份。身份的疊加會產生一加一大於二的效果。再看金庸，一位報考外交系學習國際法的學生，作為國民黨統治時期成長的青年，金庸在政治上反對國民黨，但他身居香港，則對大陸有自己的看法。一個思想獨立的人，因為不同意某些過於激進的言行，而被寄子彈恐嚇。他在香港仿佛夾在各種政權之間，夾在陸地海洋之間，夾在世界之間。

　　他最後成為一代武俠小說大家，這是世界的幸事，也多少包括了他個人的遺憾。因為他除了武俠小說家以外，對另外四種身份：「政治家、商人、學者、文學家」，仍抱有或大或小的不滿足。作為政治家，他曾遇到挫折；作為商人，他晚年對《明報》不滿；作為學者，他在浙江大學當博導時並不愉快，並憤而到英國劍橋大學完成博士學業，但還是沒有被認可為歷史學家；作為嚴肅的文學家，他想寫歷史小說，想寫各種文學作品，但因身體欠佳而作罷。這幾種身份從古至今隱含着一條由上至下的「鄙視鏈」：政治家——學者——戲曲小說家的降維鄙視。金庸也沒有逃過這條「鄙視鏈」，有太多的人僅僅因為他寫了武俠就罵他。這是金庸先生對自己身份尚而不滿足的原因。陳平原教授說：「查先生是個有政治抱負的小說家。」

　　同樣有一位名家能比擬這種遺憾：汪曾祺。汪曾祺可以跟着唐蘭研究古文字學，或去研究歷史學的。他的部分隨筆顯示出做考據學者的潛質。可是因為志趣，他更願意做一位抒情的人道主義者。

　　作家寫着寫着就會發現，不論作家和作品再偉大，藝術的價值要屈服於權力和資本，所謂骨氣與操守，不過是被動的明哲保身。為此，作家

不得不想着進入體制或開起公司，以將虎皮披在身上，更好地推廣自己和作品。

1959 年，金庸在創辦《明報》時，給深受好評的《射雕英雄傳》寫了續集《神雕俠侶》。在 1961 年的 7 月 6 日，《神雕俠侶》還有三天才連載完時，金庸已經開始連載《神雕俠侶》的續集《倚天屠龍記》。因此有三天的時間，這兩部小說是同時連載的，這一切都為了經營《明報》而做。「左手寫社評，右手寫小說」。用筆寫報刊連載小說不同於今天寫連載網文，續集的創作比開個新作還要難。

歷史上有大批渴望治國安邦的政治家，落得以寫戲曲、小說為生。明清文人考不中科舉，又無產業可經營，學問又不足以到書院中安身立命，會像蒲松齡一樣落到鄉村私塾，或編纂《某某記》的劇本，或撰寫《某某演義》《某公案》《某刻拍案驚奇》。晚清時經學大家俞樾將《三俠五義》整理改編為《七俠五義》，也曾被看作禮崩樂壞。

旅美華人學者、文學批評家陳世驤在與金庸關於《天龍八部》的通信中曾說：「嘗以為其精英之魄，可與元劇之異軍突起相比。既表天才，亦關世運。」陳世驤先生提出了元雜劇之異軍突起。元朝統一中國後，某段時期科舉暫停，大批有才能的讀書人沒有了出路，他們沒機會做政治家和學者，無法像宋朝文人那樣一邊領着朝廷的高俸祿，一邊寫詩填詞扮演超脫與優雅。他們成了元曲、元雜劇的作者。正如關漢卿無進身之階，便直接粉墨登場，將人間世相化俗為雅，編成曲詞傳唱，直唱出：「這不是水，這是二十年流不盡的英雄血。」

我不想去看金庸先生作品的修訂版，怕青春時的記憶隨着故事的修繕而抹殺。金庸沒有必要為了避諱，去改掉尹志平的名字，也不必為把青城派掌門余滄海寫得不堪而道歉。

可後來，我明白為什麼金庸要集中修改他的作品，除了文章傳世還有其他：因為金庸不僅只想當個作家。他不滿足於已有的身份，更想成為一個更豐富的，更完美的人。

扭曲的人

　　香港是古典的，大街上隨處可見法定古蹟。它是個「時間冰箱」，凝固了很多大陸逝去的東西。它令人首先想起的不是現代化的高樓大廈，不是 20 世紀 80 年代的港片，而是老上海的五大歌后，周璇、龔秋霞、白光、李香蘭、吳鶯音（還有其他的版本，有的把張璐、白虹等也算上），還想起了眾多的老歌星、老影星。

　　香港文化是老上海文化的延續，香港五十年代的電影都是國語片，長城、邵氏、鳳凰等影視公司中，邵氏有國語配音組。電影大師卜萬蒼、朱石麟等都在香港，徐訏（香港浸會大學）、錢穆（新亞書院）、饒宗頤都在香港執教、育人。看香港街頭的招牌，廣告用語還是民國時的風貌。這裏有開得飛快的有軌電車、高聳的大廈和曲折狹窄的小馬路，是個拍老電影的好地方。以前北京前門外的大柵欄有很多舊年間雕刻的商家用語，現代都看不到了。香港還在用，連字體都是舊式的。

　　在金庸寫作的年代，電視劇尚不發達，而金庸似乎是為電視劇而準備原料的作家。電視劇要看人物形象的設置、人物關係和人物命運的發展，金庸作品中人設獨特，人物關係較為扭曲，命運走向則是令人揪心。一部數十集的電視劇本相當於好幾部長篇小說的體量，如金庸武俠小說一套數本的形式。他的作品適合改編，且改編了無數版本，捧紅了一代代的明星。他是有預見性的，能面向未來的作家。

　　魯迅塑造了「阿Q」「孔乙己」「祥林嫂」，老舍塑造了「祥子」「虎妞」「大赤包」等，金庸塑造的知名形象多達上百人。他寫了太多現代社會中的人，那些人似乎只有在現代派的文學中才會出現。

　　如果還按照傳統小說、電視劇的模式來劃分正反派，金庸小說中那些反派或配角多少都有些性格上的扭曲。男女主是基本正常的人，男女主的親人、師徒等，會亦正亦邪，如黃藥師。正反雙方，正派是為情而癡，反派是為情而狂。無論楊過、李莫愁、梅超風，還是岳不群、林平之到任我行、東方不敗，都是因癡狂而變異。我們對反派恨不起來，叫他們反派，只是他

們站到與主人公敵對的一方。他們的言行有其緣由。當下小說人物太正常了，甚至作家也活得太正常。我們根據少數服從多數的原則，給他們用命名戴上了標籤和枷鎖。所謂正常、主流的人生，不過是人的標籤化。正常人不過是空氣。那些扭曲的人，他們真實、不裝，離生命的本質更近。

這些非常態的武林高手，他們可能是金庸身邊中的人，想像出的人，甚至是他自己的某種人格。我們視憂鬱症、精神分裂症、幻聽幻視者、心理障礙者為異類，似乎只有在武俠小說中，他們才被人同情甚至喜愛。這些人來自生活，很可能滿大街都是李莫愁，地鐵裏到處都是梅超風。

寫作是為了犯忌。作家是懂得了人生的扭曲才開始寫作，還是在寫作中成為一個扭曲的人，這因人而異。但每位創作者都有自己的生平簡歷，還有一個作品年表，猶如多了另一個人生。部分作家的生平簡歷一無是處，慘之又慘，只有回到作品年表中，才能找回他全部的尊嚴。

金庸是 20 世紀香港五十至七十年代活躍的作家，金庸的文學是現代和當代文學的交接，他使我們看到一種登堂入室的武俠。時間是殘酷的，它足以抹殺掉企圖超越時間的文學。如果一位作者去世二十年後，還有人讀他的書，可暫時認為他不朽。這二十年來，暫時不朽的作家是汪曾祺與王小波（他們都去世於 1997 年），詩人是海子與顧城。我們會相信金庸的不朽。

未來能否會有一天，不再將小說劃為類型和非類型？能否有一天一提金庸，不再說是武俠小說大師，只說他是位文學家？我想會的，我們會等到那一天的。

說部：古龍是武俠小說界最後的狂歡

2018 年 6 月 7 日，是古龍的八十冥壽。他雖然在世不到五十年，卻能享受一定年頭的大師光環，可他不願當大師，而只想做大俠，肆意揮灑他的才華和生命。他急匆匆在世上走一遭，醉了，便去了。喜歡古龍作品的詩人戴濰娜曾說：「美，是一種類似墮落的過程。」「最貞潔的人寫最放浪的詩，最清淨的文字裏有最騷動的靈魂。」古龍是最放浪的人，他寫最貞潔的小說。因此，多情的人最痛苦，無情的人最專一，專情的人最幸福。古龍之於武俠小說界的成就，怕是無人能及。

一

1950 年，古龍跟着父母定居台灣。他身材矮小，其貌不揚，加上身在官場的父親與母親感情不和終至離婚，使他自幼孤僻敏感。他上了台灣地區著名的台北市淡江英語專科學校（即後來的淡江大學），讀的是夜校部，過早地混入社會，成了肄業生。純文學道路走不通時，他被迫去為「武俠三劍客」諸葛青雲、臥龍生、司馬翎當小弟並代筆。而他自己被代筆的作品在台灣武俠界算是少的。

料想他一生都被父母離異和其貌不揚所困，闔家歡的溫馨體驗更是罕有。這使得他雖然不相信婚姻，卻需要愛情，還需要夜生活。

1958 年至 1968 年，是台灣武俠小說的黃金十年，是諸葛青雲、臥龍生、司馬翎這三位武俠小說家風靡大眾的時候。當時古龍還是陪着他們喝酒的小弟。而古龍創作的巔峰期是在 1965 年至 1974 年。其間他先後出版了

《浣花洗劍錄》《武林外史》《絕代雙驕》《楚留香傳奇》《多情劍客無情劍》《蕭十一郎》《歡樂英雄》《流星‧蝴蝶‧劍》《陸小鳳傳奇》等傳世名作，而他的貢獻不止於改變了武俠小說的寫法，還延續了台灣武俠小說的輝煌。

在寫就《武林外史》後，古龍的作品到了火候。在這部小說中，主人公沈浪、熊貓兒等一出場就是江湖成名的俠客，來破解一個個江湖謎團。此前哪怕是金庸的武俠小說也大多保持了成長小說的模式，不論郭靖、楊過還是張無忌，這些大俠都是從孩童時期成長起來的，整部小說就是主人公的成長史。古龍不這樣寫，這是他對武俠小說寫作的突破。

古龍想突破的還有很多，但他太癡迷於生活了。20世紀70年代，由古龍擔任編劇的電影《蕭十一郎》大獲成功，他日進斗金，又千金買醉。他原本是台灣四海幫的成員，始終身處江湖中。1980年10月的一天，古龍在台灣北投的吟松閣喝酒，見到了黑道大哥柯俊雄。柯俊雄手下的小弟讓他去敬酒，他不去，覺得沒必要。小弟在爭執之下，一刀將他的手砍傷了。眾人趕緊送他去醫院，因為輸血，古龍不幸感染了肝炎，而他又無法戒酒，從此健康狀況每況愈下，為他的早逝埋下了伏筆。

嗜酒是古龍的本色，而最能代表古龍本色的人，還是他創作的武俠人物李尋歡。在《多情劍客無情劍》中，上官金虹與李尋歡有過如下的對話：

上官金虹：「你本是三代探花，風流翰林，名第高華，天之驕子，又何苦偏偏要到這骯髒江湖中來做浪子？」

李尋歡：「想來就來，想走就走。」

二

很多學者把古龍的創作生涯分成若干階段，但大體上不過是初始、成熟、巔峰、衰退，攏共不過從1960年至1985年的二十五年。他初始時期的作品仍沒有脫離「孤雛復仇」的模式，而衰退期作品的數量和品質明顯下滑。在他的成熟和巔峰時期的作品中，主人公多是快樂灑脫的樣子，不再背負家國情懷，而多的是個人的愛恨情仇，於肆意妄為間揮灑個性。

古龍的「七種武器」系列在 1974 年至 1975 年間完成，表面上是在講武器，實則在講人的優秀品質。例如，《長生劍》講的是微笑，不管有多大的困難，只要能笑一笑，就可以越過去。《孔雀翎》要表現的是信心，高立得到孔雀翎後，信心增強，打倒了比他厲害的對手。《碧玉刀》講的是誠實。《多情環》講的是仇恨，快意恩仇其實很危險。《霸王槍》講的是勇氣，愛是勇氣的動力，它使人有足夠的勇氣面對困難，不懼怕一切險境。《離別鈎》講的是戒驕，每一次教訓都值得珍惜，都可以使人振作。

　　而他筆下的人物，如花無缺、西門吹雪、李尋歡、楚留香、孟星魂、沈浪、陸小鳳等人，都有超然的品行，仿佛世外高人。《陸小鳳傳奇》中的花滿樓，眼雖盲但心裏頭敞亮，從不怨天尤人。古龍透過他的口說：「你能不能活得愉快，問題並不在於你是不是個瞎子，而在於你是不是真的喜歡你自己的生命，是不是真的想快快樂樂地活下去。」而楚留香這個形象更是迷人。他智慧、幽默，經歷傳奇而絕不違背初心。他身邊好友有富貴豪族，也有市井百姓。另有不拘小節的蕭十一郎、完美無瑕的花無缺、豪情仗義的鐵中棠、冷靜機智的沈浪、聰明圓滑的小魚兒、狂放不羈的熊貓兒……這些人物宛如一個個生活在我們身邊的現代人，同樣高大深刻，同樣有七情六慾。他筆下的女性則陰冷得多。《武林外史》中的雲夢仙子，《絕代雙驕》中的邀月、憐星，《多情劍客無情劍》中的「武林第一美人」林仙兒，《邊城浪子》（初名《風雲第一刀》）中的花白鳳，《三少爺的劍》中的慕容秋荻……都是古龍小說中的復仇者。

　　古龍很敢寫，他以古代為背景寫小說，但他的小說又幾乎讀不出古代味兒，讓人不信他筆下的人物身着古裝。與其他的武俠作家相比，古龍小說中的俠客也要為柴米油鹽擔憂。在《歡樂英雄》裏有個窮得要命的「富貴山莊」，他們飢腸轆轆的時候，也需要典當衣服，以換求饅頭充飢。他在武俠裏寫推理破案，又引入西方小說的大量技法分析人性，帶有西方色彩。

　　金庸是新武俠小說的開創者，但其筆下仍有大量的舊學傳統，若按此標準，古龍簡直不像個寫武俠的。他的語言會為了稿費而一句話占一行，曾被人模仿出來做笑話，相聲裏說武俠小說：「他的劍是冷的，他的刀也

是冷的，他的心是冷的，他的血是冷的，這孫子凍上了⋯⋯」這都是拿古龍開涮。古龍但凡真的寫起人物，十分乾淨利落，三言兩語就把戰鬥了結，吸引人的眼球。

不論如何，古龍實在是位文體家。他經常在小說中寫各種吃食，但他自己最喜歡蛋炒飯。他往往是先吃一份蛋炒飯再開始喝酒。猶記得《多情劍客無情劍》裏兩個孩子的哭喊：「發了財我就不吃油煎餅了，我就要吃蛋炒飯！」

面對武俠小說的困境，古龍一直在反思：「有人說，應該從『武』，變到『俠』，若將這句話說得更明白些，也就是說武俠小說應該多寫些光明，少寫些黑暗；多寫些人性，少寫些血。」（《說說武俠小說——〈歡樂英雄〉代序》）他的生活是頹廢而任性的，但他的小說是充滿理想且歡快的。

三

我們都知道古龍的揮霍和不守時，風流一世，肆意濫情，與各種女人同居。他的內心始終是悲苦的，而他筆下的人物卻給我們些許盼頭。古龍的悲苦，源自他的自卑和自傲。

武俠小說家的地位始終尷尬，一方面被讀者追捧為大俠和宗師，同時又被看作賣文的「文丐」和不入流的小文人。不論武俠作家取得多大的成就，在一般人眼中，其作品往往被看作茶餘飯後的消遣，從未當作正經的學問。寫得高雅了沒人看，寫得太俗了也沒人看，有更俗的事可以爽快，何苦讀書？小說家多有此感覺，何況是武俠小說家。對今日的武俠小說，難以定位其讀者群。

古龍是職業的武俠小說家，他沒有公職，沒有其他身份。其他武俠小說家，如金庸、梁羽生為報業名流，諸葛青雲為國學名家，即便是民國時期的武俠名家，鄭證因是拳師，王度廬、宮白羽是中學教師，還珠樓主像世外高人，也比古龍早期給讀者或者古龍給自己的預定人設要體面些。

四

古龍屬於武俠小說界最後的輝煌的代表。他去世於 1985 年，而早在 1972 年和 1984 年，金庸和梁羽生已分別宣佈封筆。古龍去世，似乎宣告着一個時代的終結，武俠小說從此開始走下坡路。隨着網絡的普及，報刊連載小說、小薄本分多冊出版的武俠小說，放學後租書鋪內攢動的人影，都日漸消失。武俠小說從大眾讀物退縮成了小眾讀物，發表武俠小說的雜誌和出版社也大量縮減，銀幕上難見好的武俠影片。

這一切，不僅是因為我們缺少大師級的武俠小說家，更似乎是因為人們不再認可武俠精神。

作為類型文學的武俠小說，是一種前現代的文體，有其固定不變的元素——無法否定的正與邪、善與惡。年輕的作者受現代文學的影響，在小說中少有傳統文化的功底，而有太多的現代、後現代的技法，並沒有突破傳統劇情的窠臼，反而將武俠小說寫死了。我們都說武俠小說是成人的童話，孩子們渴望飛簷走壁，是渴望做大俠，用武功來主持道義，這才有當年看了《少林寺》電影而真上少林寺學武術的事。而今孩子們早就明白，電視裏的都是假的，世界上沒有郭靖、蕭峰，也沒有李尋歡、楚留香。

古龍是能看透江湖但不願看透江湖的人，因為江湖中有他全部的情。他寧願讓自己醉死，也不願捨下這一身的情債。

（本文感謝作家林遙先生）

春宮：一門私下分享的藝術

小姑漸長應防覺，

潛勸郎收素女圖。

——明·茅玉《閨情》

春宮又叫素女圖、避火圖、嫁妝畫，古人沒有避之為洪水猛獸。北京古代賣春宮、性用品的地方在東安門，交易時都是在攤位下面偷偷買賣。過去有個笑話，是説某人想買神紙碼以祭神，誤買成了春宮圖。等眾人跪好準備祭拜，他供上神紙碼，一揭開蓋紙：「哎呀，神仙還沒起牀呢！」

習俗中，書鋪裏放上幾張春宮能防火，把小幅的春宮佩戴在身上或繡在飾物上能辟邪。《紅樓夢》裏傻大姐發現了繡着「妖精打架」的春囊袋，要是向王夫人解釋為辟邪用就沒事了，大家都下得台來，就怕王夫人不聽。若從禮教和宗教的角度來講，畫春宮不道德。有位春宮畫家每日在家作畫，女兒暗自偷看也學會了不少。一天他受到重聘，要畫一套 108 幅，畫到第 105 幅想不出來了。女兒偷偷地補上三幅，果然沒有和前面重複的，且同樣精妙。畫家得知後先喜悦有了傳人，又想女兒這麼年輕就會畫春宮，將來會怎樣。末了他動手殺了女兒後自刎。人們來查訪這件事時，看到了桌子上打開的春宮。故事的目的出於勸誡，畫春宮這個行業一直延續至今。正是因為春宮，過去諷刺裸體畫，還謂之「半春」。

漢代畫像磚裏有一幅《高禖圖》，一共四塊，出土於四川。高是管理婚姻和生育的神，於三月三上巳節時祭祀。第一塊畫祭祀高時集體野合的場景，一棵大樹下有裸身的一男一女，女方躺着，雙腿高高舉起搭在男方肩上，男方雙腿跪地往前趴着，後面還有一男推其臀部，另一裸男在大樹旁

邊等候；第二塊畫一人完事了在旁邊休息，後面的人繼續，連起來像個連續劇。這種盛大的場面，在日本戰國時期還存在，多採用男上位，為的是方便快捷。這幅畫中的野合展現的不僅僅是當時的風俗，也是一種巫術，以祈求豐收。此畫並非春宮，但被作為春宮的祖先。因此説，春宮作者並非以色為畫，僅僅是畫不避色，沒有在畫春宮的意識，是後人的狹隘定義為春宮，並打着有傷風化的旗號將其束之高閣，即便是研究者，也不易看到古典時代上乘的春宮，只好欣賞仕女畫來代替——也許不知道，仕女畫本是春宮中散落出那不成套的幾頁，透過畫紙，帶給你一個幾百年前的微笑。

繪畫這門藝術，唐代以前還被視為工匠的事，後來才有文人、士大夫介入，也促進了春宮的發展。唐代仕女畫家周昉的傳世作品很多，有《簪花仕女圖》《揮扇仕女圖》《調琴啜茗圖》《內人雙陸圖》等，他畫的仕女都在拈花、揮扇、彈琴、喝茶、拍蝶、玩狗、賞鶴、散步、懶坐……還有一幅最為壯觀的《春宵祕戲圖》，可惜失傳了。相傳這幅畫曾被南宋書畫家趙孟頫、明代畫家張醜等收藏過，張醜記載此畫，男具帝王之相，女有后妃之容貌，有人説這幅畫畫的是唐明皇與楊貴妃。其中「以一男御一女，兩小鬟扶持之；一侍姬當前，力抵御女之坐具；而又一侍姬尾其後，手推男背以就之。五女一男嬲戲不休，是誠古來圖畫所未有者耶。」這張畫延續了《高禖圖》中風貌。北宋末年徽欽二帝北狩時，金人在宴會上大肆淫樂，宮廷女眷無一倖免，金人還命人將此景繪成了春宮《徽欽蒙塵夜宴圖》，場面多達幾百人。相應的是，南宋滅了金以後，為了報復，把宋人強姦金國皇后的情景也畫成了春宮《嘗后圖》。這樣的畫，只能存在於野史傳説中。

現存的春宮以明清時期所作的為主，作者有不知名的畫工，也有知名的大師——從趙孟頫到唐伯虎、仇英，畫《紅樓夢》出名的改琦均精於此道。知名的明代春宮有《勝蓬萊》《風流絕暢》《花營錦陣》《風月機關》《鴛鴦祕譜》《青樓剟景》《繁華麗錦》《江南銷夏》等。這裏面容易找到的是《鴛鴦祕譜》24 幅，又叫《風流絕暢圖》，署名是唐伯虎。每幅圖配上一首用行書寫的詩，在明代製成版畫，採用礦物顏料，用紅、黃、藍、黑四

色套印，色彩極為舒服，與原作差別不二，堪稱書畫雙絕。這套春宮在歷朝歷代都是禁書，極為難得，也曾被製成石雕，鑲嵌在建築上。尺度較大的是《花營錦陣》，曾被高羅佩印了100冊分贈各大圖書館，市面流傳多為盜版。有研究說，裏面有明代戲曲家屠隆的題字。

春宮最後畫女子的私處，到了畫上只是一點，謂之曰：「點紅。」（不可能畫個解剖圖）劣則生氣全無，優則畫龍點睛，是師傅帶徒弟的不傳之祕。畫得最好的，點上一點，足以讓男子「起立」。

春宮不是唾沫橫飛、春光乍洩，而是緩慢寧靜的美，它引導着你先看哪里、再看哪里，要你把它從頭到腳慢慢地品味打量。高明的春宮不直接畫裸體，不像日本浮世繪那樣誇張地描繪器官，而是畫場景，用氛圍來打動人。很多還沒脫衣服或已穿好衣服的場景也叫春宮，不露一點，不挑明，可印在教科書上。

春宮有渲染的氛圍，有多重的姿勢，不論是男女、男男、人畜、多人，都詳細描繪。相形之下，西洋的春宮更像打群架，在法國薩德侯爵的小說插圖中，能看到大量群交、虐戀、人獸，男男女女，密密麻麻地擠了一大群人，幹什麼的都有；而浮世繪《江戶四十八手》本是相撲技法的移植，美感不夠。美感不夠，種類來湊，多樣的種類代表了各自文化：印度春宮的姿勢千奇百怪，多有倒立、下腰、劈叉、纏繞等姿勢，雕刻在神廟中供人摩挲，看起來像變形金剛，以表明在瑜伽術的修煉下，人突破身體極限，做到這些迷幻的姿勢；東瀛人能畫出半真半幻的神仙、異獸、惡鬼、妖怪等形象，那真是個人神共生的時代。

二

古代春宮最能表現的是花樣百出的體位（真有百出）。體位使我們發現人體之美、男女之事之美。

仇英專門畫過一套春宮叫《十榮》，畫了十種姿勢。在《金瓶梅》中，西門慶看從宮裏流出的春宮是全套二十四幅，上面都是最常見的姿勢。

按説古人肯定有把 108 種都畫全了的。高羅佩在《中國古代房內考》一書中，把他收集到的十二部春宮圖中性愛的體位列了一張表。這個分類比較粗，雖然正常體位的佔了四分之一，但其中包括「或勾住男腰，或把腳搭在男肩上。男臥女上，或極少跪在女大腿間」。

體位或叫姿勢，它體現着主動與被動、強勢與弱勢。《洞玄子》曰：「考核交接之勢，更不出於卅法。」《素女經》也是上古關於姿勢記載之大全。這書在《隋書》中有記載，但在五代以後絕跡，是在日本發現並回流的。所載的姿勢名稱詩意，如龍翻、虎步、猿搏、蟬附、龜騰、鳳翔、兔吮毫、魚接鱗、鶴交頸。中世紀時宗教統治歐洲，姿勢被壓縮成唯一的一種：傳教士的姿勢。傳教士本身是不結婚的，這個命名是對禁慾的反諷。

姿勢被用來渲染古人性愛時的細節，一直被當作色情詬病。而古人並沒有那麼多忌諱。《戰國策·韓策二·楚圍雍氏五月》中記載了被范雎廢了的宣太后自爆姿勢的一段話：

> 妾事先王也，先王以其髀加妾之身，妾困不疲也，盡置其身妾之上，而妾弗重也，何也？以其少有利焉。今佐韓，兵不眾、糧不多，則不足以救韓。夫扳韓之危，日費千金，獨不可使妾少有利焉。

宣太后是秦惠文王的妾，如果秦始皇不是呂不韋生的話，宣太后就是秦始皇的太奶奶，她的意思是，她跟惠文王行周公之禮時，他用大腿壓着她，她就覺得很累；如果他整個身子都在她身上，她就不累了。因此搞外交也是這樣。「髀」這個字在魯迅的《故鄉》中有過，是説楊二嫂「兩手搭在髀間，沒有繫裙，張着兩腳，正像一個畫圖儀器裏細腳伶仃的圓規」。《説文解字》中説：「髀，股也。」「以其髀加妾之身」，即把大腿放在宣太后身上，粗淺地認為是「男上位」，不排除他們用雙腿互相盤結在一起的高難度姿勢。男人的腿粗壯有力，儘管人體可以承受自己體重四倍的重量，但這些重量都壓在一個點上確實令人受不了，怪不得宣太后覺得累！宣太后這麼説，是為了形容第一種姿勢的累，第二種姿勢——「盡置其身妾之上」不累，這是秦惠王對她的好，所以她覺得幸福。現在韓國前來求救，若對秦國沒有一點兒好處，那秦國憑什麼出兵呢？尚勒是前來求

救的韓國的使者。這兩種姿勢在韓國、秦國貴族中很普及。如果尚勒不懂，宣太后肯定不這麼說。

在思想家那裏，姿勢是政治且意義重大，曾被用來對人類的一種定義。比如：凡是能夠面對面性交的哺乳動物即是人類。（此定義曾遭受到方舟子的批駁，他就說幼年的黑猩猩也會採用面對面的姿勢。）常人以為上面的主動，下面的被動，主動者佔盡先機，被動者只能配合，被迫只能容忍，願意也只能偷樂。一攻，一受，姿勢代表了男權。這種姿勢參配陰陽。天為陽，地為陰，晝為陽，夜為陰，男為陽，女為陰，血為陽，魄為陰，天圓如張蓋，地方如棋局，萬物負陰而抱陽，沖氣以為和，《道德經》的萬物法則，也適用於牀上牀下。

在小說家那裏，姿勢是對世俗社會的反抗。初讀《金瓶梅》，只是被其中優美的詩句所吸引，讀到醉鬧葡萄架才漸漸明白其中的含義。作者寫了「倒澆紅辣」「老和尚撞鐘」「推車」等。「姿勢」文化一直存在於生活中，過去孩童捕蜻蜓時，形容蜻蜓配對時的姿勢也用「架排」「推車」等詞，直接出於孩童之口，也沒覺得怎樣。越受到管制的，在小說家那裏就越是被展現，並作為回擊社會的武器。

遠看山有色，近聽水無聲。女人為畫家，男人做模特，並非人在畫春宮，而是春宮中的人以己為畫。美一直存在，只是少了發現。不知道哪國專家研究說，再喜歡的異性，「性福」15 次以上就會厭煩。想那 108 種姿勢，之間又有幾何數目的組合，如何會厭煩？性伴侶越是固定，越容易體會到快樂。用春宮普及藝術與體位，有助於控制濫交。

想像力有多麼寬廣，人類的姿勢就有多麼多樣。要大膽嘗試大膽愛，換個體位，就當換種心情了。

三

《萬曆野獲編》記載，說宮裏頭皇帝皇子們的性教育是看歡喜佛。不知宮裏頭的歡喜佛藏在哪個殿中，皇帝被領進去，先行禮參拜，再仔細觀

摩。佛像還有機關,打開就能動,採用了西洋奇技淫巧的東西。學好後,皇帝才去參加大婚典禮。歡喜佛的姿勢為女上男下坐姿擁抱,皇帝學會後不知變通會累個半死。皇家的性教育,看歡喜佛只是一方面,很多時候是養育貓狗,待其配種時把皇帝帶過去,「恐不知人道,誤生育續嗣之事」。

這就看出春宮的正面意義來。古人在入洞房以前「男女有別」,對男女之事可能一概不知。他們的性教育大多是在新婚之時,由奶媽、老媽子等拿出壓箱底的祕戲錢、春宮或相關瓷器來(在瓷器中有相互交合的男女)現學現用。看畫是為了指導正確地做畫中的事情。至於獨自學習還是一起切磋,則要看人家自己了。春宮所畫的內容已超過所承載的本身。性用品本身是藝術品和文物,綢緞被窩牀上擺,牀後暗藏避火圖。眾人私下裏都看,表面上不説。

觀看春宮是有條件的,需要特定時間、特定地點、特定環境、特定的人,除此,只能偷窺。而偷窺的人中,未婚的是出於好奇,已婚的是為了學習,嫖客是為了追求刺激,有此癖好者是為了爽快。漢廣川王劉海陽被認為是春宮的發明者,專門讓他的姑媽們一起看春宮,他在一旁做旁觀者,畫中人是紂王與妲己。張衡在《七辯》中説,「假明蘭燈,指圖觀列」,在無紙的年代,人們點起燈來夜觀畫在絹帛上的美圖,也是一種風雅的享受。

明清小説中經常寫共讀《西廂》或共賞春宮的場景,《金瓶梅》中西門慶和潘金蓮一起看春宮時,先是來一首詞介紹:

> 內府鑲花綾裱,牙籤錦帶妝成。大青小綠細描金,鑲嵌十分乾淨。
> 女賽巫山神女,男如宋玉郎君。雙雙帳內慣交鋒,解名二十四,春意動關情。

而此類描寫以《肉蒲團》為最佳:

> ……書畫鋪子中,買一幅絕巧的春宮冊子,是學士趙子昂的手筆,共有三十六幅,取唐詩上「三十六宮都是春」的意思。拿回去,典與玉香小姐一同翻閱。
> ……(未央生)扯她(玉香)坐在懷中,揭開春宮冊子,一幅一

幅指與她看。那冊子與別的春意不同，每一幅上前半頁是春宮，後半頁是題跋。那題跋的話前幾句是解釋畫面上的情形，後幾句是讚畫工的好處。

若還不滿足於春宮的話，古人會像唐高宗、武則天一樣建造「鏡殿」，即內部佈滿了鏡子的宮殿，可以自我欣賞，至今有的地區仍有這個風俗。喜歡用小鞋飲酒的元代詩人楊鐵崖詩云：「鏡殿青春祕戲多，玉肌相照影相摩。六郎酣戰明空笑，隊隊鴛鴦浴綠波。」安裝鏡子後的效果，從詩中可以體會了。

四

就像攝影無法取代繪畫一樣，AV 也無法取代春宮。在攝影發明伊始，色情照片在歐洲風行一時，人類的口味逐漸加重，繪畫技法和欣賞卻在衰退。美術上出現了超現實主義、達達派、野獸派等不像繪畫的流派，他們要把觀眾的眼球從色情照片前吸引到繪畫前，是藝術上的創舉。

當我從古書中抬起頭來時，才發現時光已到了現代。讀詩人楊典的隨筆集《肉體的文學史》，見到《春宮圖管窺》前兩篇中特意講述了「巫山、高唐、雲雨」的理論，即山水詩、山水畫的本意即是性愛。生活在山水雲霧之間，背後都有一幅山水畫來充作背景。巫山雲雨本是指男歡女愛，歡愛中的任何一個環節、人體上的任何一個部位，都用山水生活中的詞來暗指，其根源遠在宋玉寫《神女賦》之前，從上古文明一直延續下來。這是作者的一家之言，僅供參考。

所謂淫詞豔曲，即不着一字，盡得風流，行來春色三分雨，除卻巫山一片雲。性的快樂是短暫的，它卻使我們忍受了生生世世的痛苦。有了性，才有了感；有了感，才有了情。生活是真山真水，真雲真雨，便也有這真感真情。

情慾：古人的情慾觀念

　　先講兩個佛教小故事。

　　羅漢們都在聽佛陀講經說法，桂枝羅漢（即目連）起了凡心，自是逃不過佛陀的法眼。佛陀曰：「何人思凡？」眾位羅漢回答：「桂枝」。佛陀下令，去掉桂枝羅漢戴的修行人的頭飾金絮。第二次，去掉了大紅袈裟；第三次，眼看就要被打入阿鼻地獄。幸好一旁的觀音菩薩幫忙求情，佛陀才罰桂他投胎成為付羅蔔，去地獄中拯救大肆宰殺牲畜、不信佛祖，打罵僧道的母親。佛陀如此嚴厲，人們似乎更喜歡大鬧天宮的孫猴兒。

　　有位施主，每天都給一位年輕俊秀的小沙彌送飯。這一天施主出門了，送飯的人換成妙齡的女兒。那少女幾乎沒見過男人，這次見到少年沙彌，更是內心難耐，立刻表露真情，願結百年之好。沙彌說，要回屋向佛祖懺悔再做答覆。而少女等啊等啊，等來的卻是沙彌割喉自殺的結局。為此，國王表彰了沙彌，世人也唾棄了少女，至此故事完結。然總覺得那麼不對勁。不說印度佛教中禁止自殺，自殺者不得輪迴轉世，單是少女愛俊男是本能，何以被世人譴責呢？其實，戒律對於出家人來說不是戒律，只是他們選擇的生活方式。

　　相形之下，中國人不會為這類問題而自殺。但世上總有糾結矛盾之事，恐怕莫過於古人的情慾觀了。

　　而我們生活在文明古國，一面是黃鶯兒作對、粉蝶兒成雙的火熱，一面是程朱理學的冰雪長城，我們和古人一樣，始終在情慾的冰火兩重天裏徘徊。即便在現代的情慾間，也與傳統藕斷絲連。

　　與基督教文明不同，中國人生來無罪惡感，見到模樣標緻的美眉或俊男，便把禁忌全拋到爪哇國了。這等風月之事，自然是吃着碗裏的，看着盤裏的，想着鍋裏的。哪怕千紅一哭，萬悲同豔，也落得個吃過見過。

　　西門慶可代表古代眾多男人的「境界」——絕不自虧的慾望，「就使強姦了嫦娥，和姦了織女，拐了許飛瓊，盜了西王母的女兒，也不減我潑天富貴」。在西門大官人心中，無神仙之恭敬，無世俗之小心，無信仰之束縛。一切本能，一切皆有可能。

　　女性角度的故事也是有的。在《西湖二集》裏，有位女士列數了男女關係的「六可恨」：為什麼男人能娶妾、偷情、不用懷孕？為什麼男人見了妻子而「沒有動靜」？為什麼男色能超過女色？為什麼即便把男人隔絕了，還能有「五指姑娘」……此中之恨，難逃閨怨，亦難逃風雅矣。尚有《癡婆子傳》《如意君傳》《燈草和尚》等，數不勝數。《癡婆子傳》是一個七十歲的漂亮熟女，在回憶自己一生驚心動魄的種種性經歷；在《燈草和尚》中，春夏秋冬四大女妖中的一個說：「我們姊妹四個都有丈夫，都不受丈夫管束，如今世家良宅，都是一個婦人家，誰不想偷幾個男子漢。」這等氣勢，不亞於西門慶了。

　　色是品味，慾是來者不拒（關上燈都一樣）。酒色之徒袁宏道認為，沒有性與詩文便不能度日，唯有遊覽山水方可轉移。屠隆的境界比袁宏道要高，他說：「某視天下之物，一無所好。至於男女之慾，亦猶夫人耳。」

　　對於袁宏道、屠隆來說，什麼都可以超脫，唯獨慾望與眾人一樣。他們遊山玩水會想美人，便認為山水與美色是一回事，男女之慾與文章才情同樣是一回事，活着不能斷了詩文，也不能斷了男女之慾。性本身就是水，水動起來是情，氾濫起來就是慾。性、情、慾三位一體，山水、詩文、美人不可分割。

　　人生百年，所樂者有限，所憂者無窮。而情慾，離者是佛，淡者是聖人，壓抑者是賢人，放縱者是凡人。古人多以聖賢為自我要求，若做個凡人，當無須壓抑了。

二

　　情慾一旦沒人攔着就會如明末時一樣氾濫。其表現不僅在鱗次櫛比的妓院，也在琳琅滿目的豔情小說中，藉此以見識了古代人們的內心世界。在情慾的驅使下，《天龍八部》中最不愛江山的段譽當了皇帝，最不愛美色的虛竹成了婦女之友，而最愛蒼生的蕭峰則在天下蒼生的追殺下自盡。把握了這等情慾的轉換與輪迴，也難窺見中國人內心的冰山一角。而一味單純地放縱，和主張中庸的中國文化是不和諧的。

　　古人當然不主張縱慾，也不主張禁慾，而是主張節慾。正所謂人生是為了爽，情慾是爽完了一次又一次，這是反面言論，要批判的。千百年以來，為了節慾而達到身心健康，國人一直在與「慾」做鬥爭。

　　《左傳》載，晉侯病了，大夫判斷他是私生活過度所引起的，因此要節制。節是縱的和解，縱是為了節，節是為了縱，萬物負陰而抱陽，沖氣以為和。西門慶和女妖們對於慾望的做法，都做不到「節」，於是，不少人在勸善書裏一個勁兒地道：「芙蓉白面，須知帶肉骷髏；美貌紅妝，不過蒙衣漏廁。」可是，更多的人不信。周作人十分反感《慾海回狂》這樣的勸善書，他認為，強制地要人們戒淫不對，應加以引導教育。

　　古人並非不會引導教育，他們為了宣揚節慾想出了很多花招。他們也知道結婚並不是解決慾望的最合理的辦法，癡男怨女到處都是。於是，便宣揚男人要讀男人寫的男四書：《論語》《孟子》《大學》《中庸》；女人要讀女人寫的女四書：《女誡》《女論語》《內訓》《女範捷錄》，後四本的年代是漢、唐、明初、明末。翻翻女四書的內容尚可接受，都是教導人溫良恭儉讓，漢唐時期的女學很是人性化，明初的那本是針對後宮的，要求嚴格點無妨，明末的那本《女範捷錄》因出版業的濫觴，是書商操作的產物，沒必要讀，男人倒不妨讀讀。

　　再有趣的，是功過格。這玩意很像古人的「吾日三省吾身」，裏面包羅萬象，涉及人生的各個方面，用虛構的量化來減輕自我罪責，最早是道士用來修煉自省，因此多是託名呂洞賓所作：

遇美色流連顧盼，一過。

無故作淫邪想，五過。

家藏春宮冊頁一頁，十過。

對婦女作調笑語若有意者，二十過。

嫖妓及男淫一次，五十過。

墮胎，三百過。

圖謀娶寡婦尼姑為妻妾，五百過。

造淫書豔曲淫畫及刊刻印刷，一千過。

⋯⋯

　　從這裏能找到蔣介石日記中的「記大過一次」的由來，以及記過處分的歷史出處。也能看出，古人把逛妓院或玩相公視為風雅之事，卻在寫豔情小說的署名上支支吾吾。後來亂翻書，發現外國人也這麼用。七世紀的坎特伯雷主教西奧多編了本《苦行贖罪手冊》，說明犯了罪要用苦修的年份來折算，以示懲戒。折算比例如下：

私通處女：一年

私通已婚婦女：四年

男同性戀：十年

女同性戀：三年

男子自慰：四十天

女子自慰：三年

有淫邪之夢幻：苦修至此種幻念消失

⋯⋯

三

　　《牡丹亭‧驚夢》有名段：「和你把領扣兒鬆，衣帶寬，袖梢兒搵着牙兒苦也。則待你忍耐溫存一晌眠。是那處曾相見？相看儼然，早難道好處相逢無一言。」

這段寫的是杜麗娘和柳夢梅走得熱了，解開領扣鬆鬆衣服，男女之間不方便，墊着衣袖互相拉着。彼此互相看着，怎麼看怎麼像前世有過姻緣一樣。而再往下，是花神上來了，他先是惜玉憐香，要保護二人。又怕他們在花台殿這神聖的地方有雲雨之歡而玷污，拈了片落花把柳夢梅驚醒了。下文中的「見了你緊相偎，慢廝連，恨不得肉兒般團成片也，逗的個日下胭脂雨上鮮」，是柳夢梅對剛才親昵時的回味，絕無淫邪的描寫。兩個人在夢中什麼都沒發生，但發生關係的意味傳達了，這便是意淫。

淫雖一理，意則有別。

意淫為國人在彼岸滿足精神世界，仿佛人人都是豔情詩文的作者，是通過意淫來防止現實中的情慾氾濫。道高一尺，魔高一丈，傳統禮教宣揚禁慾，意淫是對禁慾的對抗。哪里有禁慾，哪里就有意淫。反正心裏想的事沒人知道。

國人意淫分三個方面：一、自己必須意淫；二、自己認為他人也是意淫的；三、當他人不意淫時，自己替人意淫。

國人喜歡看思凡，看酷刑殺人，看貞節守寡。刑場上的阿 Q 不敢叫「二十年後……」但看客們認為他一定要喊，於是他喊了。小和尚小尼姑並不思凡，但看客們判定他（她）一定要思凡，於是他（她）思凡了。蘇東坡最主張禁慾，就數給他編的風流事最多。《金瓶梅》中，和尚們給武大郎超度亡靈，西門慶和潘金蓮在屋裏飲酒狂歡，隔壁是唸經的佛堂，趕巧此時有個和尚到窗根兒前洗手，聽到了裏面的聲音。和尚們傳開了，都來聽窗根兒，唸完了經還不走，在一起暗自嬉笑，開心異常。潘金蓮越怕和尚聽到，和尚越是聽到了，這是蘭陵笑笑生高明的筆法。西門慶、潘金蓮、和尚以及整本小說裏的人物、小說的讀者連同作者，一起意淫了一把。

意淫不是得不着在背後流口水，是能得到實際的，卻來虛的；能得到物質的，卻只追求精神的。以精神代物質，以感官代肉體。男女之間的歡樂，是在親熱之前最情深義重，完事之後就沒什麼了，雲雨之歡純屬多餘。寶、黛之間有淫的意圖，卻沒有淫的事實。中國式的豔情就寫到「短袖子」為止，剩下的全交給讀者意淫好了。曹雪芹的理想，是男不婚，女不嫁，和

一大群姐妹們幸福快樂地生活在一起，此間的意淫是對社會的逃避了。

《詩經》中的《漢廣》，講鄭交甫遇見漢水女神，此種意淫的開端來自先秦時的帝王。那時方術橫行，帝王們忙着追求長生不老，都夢想着到仙境中去，到了仙境自然要有大事來做——與仙女歡愛。

宋玉在《高唐賦》中講到一個人，寵愛南后鄭袖、排斥左徒大夫屈原的楚懷王，在遊歷巫山高唐時，晚上做夢夢見了神女；後來懷王之子楚頃襄王，要宋玉陪着他再去高唐玩一遍，也夢見了神女，並要宋玉作《高唐賦》和《神女賦》，來描述夢中的美事。《高唐賦》中說：

> 「妾，巫山之女也。為高唐之客。聞君遊高唐，願薦枕席。」王因幸之。去而辭曰：「妾在巫山之陽，高丘之阻，旦為朝雲，暮為行雨。朝朝暮暮，陽台之下。」旦朝視之，如言。故為立廟，號曰「朝雲」。

「巫山雲雨」為性象徵，描述了君王和女神的歡愛，滿足了楚頃襄王的意淫之心。帝王也是凡人，可他們不承認。他們不屑於尋常女子，要追求得不到的神女。現實中得不到，就做夢來得到，比沒追求要好許多。李商隱、杜甫、李德裕都做過不少這類詩，李商隱的名句是「劉郎已恨蓬山遠，更隔蓬山一萬重」。李德裕更直白：「自從一夢高唐後，可是無人勝楚王。」楚王想不到，他自己成了意淫文化的發端。

古人求虛的，不求實的，豫讓刺殺趙襄子不成，要對着衣服刺三下；宋朝皇帝犯了錯，包公要打三下龍袍；三位壯士因兩個桃子的禮教和名節而自殺。理解寫意，才明白古典之高雅。寫情、性、愛、美，一定是意淫的，巫山雲雨的，否則不是文學，是生蔥大醬。從楚王開始，大量的古代詩人不屑於在生活中找美人，他們把對美人的幻想如宗教信仰般供奉起來。幻想出的人是最美的。不愛鮮活的人，只愛自己的辭藻，我所思兮在太行，望美人兮天一方。

意淫不是夜讀的貧苦書生遇到美女，享有豔福後金榜題名，不是阿Q式的精神勝利法，不是電視中步槍打飛機、手榴彈炸坦克、徒手撕鬼子的抗日神劇，更不是普天之下夜郎自大的迂腐。

《金瓶梅》太過直白，恰當的意淫還是《紅樓夢》中的這句：「這個膀子，若長在林姑娘身上，或者還得摸一摸。」就這句，慢慢琢磨吧。

四

朱熹對情慾有個很絕妙的比喻：「心如水，性猶水之靜，情則水之流，慾則水之波瀾。」人之慾有先天的好與不好，順應天地自然的、形而上的為好，不順應天地自然的、出於自私自利的、形而下的為劣。沒私慾是最大的仁慈。他還打比方說，飲食是天理，而追求美味是人慾。

套用一下，性是天理，而追求美色是人慾。明朝出了個王陽明，他主張「心學」，在《傳習錄》中說：「心即理也。此心無私慾之蔽，即是天理，不須外面添一分，以此純乎天理之心。」王陽明並非要打倒朱熹，問題在於，沒有人的心能乾淨到「無私慾之蔽」。等到了他的學生王艮、何心隱等人那裏，「唯心」變成了「唯身」，心學變成了身學，即身體是天下萬物之本，只要修煉好了身體即可達到格物致知的境界。沒幾年到了李贄那裏，他把提倡人遵從人的「童心」變成到遵從人的本能需要，程朱已成了靶子。從此明代進入《金瓶梅》時代，文學不滿足於李清照的閒愁與朱淑真的寂寞，以意淫為濫觴的時代來臨了。中國人的慾望，在那時被徹底地點燃、爆發。

天理與人慾本是人情世故，並非對立統一。它們在清儒的筆下相處得十分和諧，比如，你的人慾如果是全天下的人慾，那人慾就是天理；人慾是由情所觸發的，萬事萬物不離人情，人慾即是天理。

古人尋找的慾望是個滿足人慾望還是全社會？是滿足在此岸還是彼岸？本着修身、齊家、治國、平天下和立德、立功、立言的順序，普通人先尋求個人慾望，個人慾望滿足了，全社會也就滿足了。若不能在此岸滿足，則彼岸滿足也照樣算數。面對情慾，你可以節制，可以收斂，也可以放縱。收斂的是菩薩，節制的是君子，放縱的是禽獸，至於想做菩薩、君子還是禽獸，你隨便，沒人管。

王國維、袁宏道喜歡以三層樓來比喻人生境界，袁宏道的意思是：建一座樓房，上層參禪拜佛，中層讀書作文，下層狎妓，這是人生三境界。性的快樂只是瞬間的事，它卻使我們忍受了生生世世的痛苦；古人追求永生的潛台詞，是滿足永遠的情慾。也許最完美的人生當屬李叔同，在二十歲前吃遍人間花酒，中青年時玩遍世間的藝術，老來看破紅塵參禪禮佛，永訣人世，功德圓滿。

　　身為著名詩人、文學家、音樂家、數學家、醫學家、物理學家、舞蹈學家、樂律學家、天文曆法學家、樂器製造家的朱載堉做過一首俗之又俗的散曲《山坡羊·十不足》，是歷來主流生活的寫照：

　　　　終日奔忙只為飢，才得有食又思衣。置下綾羅身上穿，抬頭又嫌房屋低。蓋下高樓並大廈，牀前卻少美貌妻。嬌妻美妾都娶下，又慮出門沒馬騎。將錢買下高頭馬，馬前馬後少跟隨。家人招下數十個，有錢沒勢被人欺。一銓銓到知縣位，又說官小勢位卑。一攀攀到閣老位，每日思想要登基。一日南面坐天下，又想神仙來下棋。洞賓與他把棋下，又問哪是上天梯。上天梯子未做下，閻王發牌鬼來催。若非此人大限到，上到天上還嫌低。

　　發明了「十二平均律」、能拿算盤開高次方、編寫過兩套曆法、琴棋書畫無所不通的朱載堉，為什麼寫「牀前卻少美貌妻」的俗曲？此話是人生慾望中的一個階段，位於全詩二十四句的第六句，「十不足」的第四不足，算是基本慾望，位於吃、穿、住以後，位於騎乘、隨從、做官、做大官、做天子、當神仙之前。人的慾望只要滿足了前三樣就要考慮情慾，滿足情慾才開始追求權勢、地位以至登基當老大，再追求長生不老。可見大凡亡國敗家之事，都是微小之處慾望的日漸無法控制的膨脹，只怕這是如同日出日落一樣的規律吧。朱載堉活開了，他比愛德華八世提前三百多年放棄了王位。

　　大明近三百年的王子，僅此一人而已。

貞節：一座牌坊下的血淚與荒唐

　　古人的邏輯有奇葩之處，既讚節婦又讚多生育；既罵蕩婦又罵老處女。看過幾集電視劇《魯迅》，穿着淡藍色長衫的魯迅一聽別人提女師大校長楊蔭榆，張口就說：「哦，那個老處女啊！」揶揄之氣溢出電視螢幕。

　　傳統道德要求人順應天時：該幹的時候幹，早了，晚了，不幹，都不行。古典小說中的才子佳人，都不會在婚前暗度陳倉，凡發生的就叫「淫書」。至於普通老百姓，至少不太當回事兒。

　　貞節與貞潔是兩個概念。貞是指未婚時守身如玉，節是指守寡後不再嫁（未出嫁的女子被稱黃花閨女，黃花又名金針菜，是貞女的諧音）。至於貞潔，則只有貞沒有「節」的意思。

一

　　處女觀是上古時期的遺風，以保證血統和頭胎，漸漸成了風俗。

　　即從儒家而言，孔子並沒有說過貞操問題，絕對的貞操觀念是明清以來的文化禁錮的結果。古人虛歲十六七就結婚，實歲也不過十五六，在此之前其實未成年，講貞操是對女性的一種保護。

　　明清以降，對貞操問題有很多十分極端的做法。以舊京習俗而言，洞房花燭，要在新娘子身下墊上塊白布，以便第二天驗紅。成功後，馬上派僕人把這塊布盛在託盤裏，前去報喜，而岳父家要敞開大門迎接，作為一件十分隆重的事。表明女方家庭知書達理，教導有方。男方家人還要到

女方家道喜，雙方一起飲酒吃茶，大擺筵席。如果不見紅，男方會懊喪很久，會受到他人的奚落，媳婦也容易受到虐待和欺侮。偏遠閉塞之處，更會以此退婚。若男方認定女方有失貞潔，女方退還彩禮，雙方退回婚書，公開解除婚姻，新娘坐着轎子再抬回去。女方若不同意，男方還會以此訴訟。

從小買來培養的揚州瘦馬，在十幾歲以後，睡覺時要用手絹將手和下身分別纏上，以防止出現意外。張國榮的電影《夜半歌聲》中，那個權貴公子也因不是處女拋棄了吳倩蓮飾演的女主。

古代的希臘、匈牙利、墨西哥、阿富汗、印度、波斯、日本等，都有針對驗證女性貞節的風俗，比中國古代有過之而無不及。詳細可參見二階堂招久的《初夜權》一書。

民國時期曾有說法，騎自行車會使得女子失貞。古人有相似的記載，有位小女孩騎在鋤頭柄上玩耍，不幸破身。幾年後少女嫁人夫家發現非處女，大怒欲退婚，是鋤頭的主人，一位老翁持物證前去解釋，才使得夫家釋然。古人迷信，認為女子破身之血落在東西上不會褪色。

貞操問題如此重要到關乎生死，因此難免「舞弊」。古書裏有很多偽裝處女的方法。有「將裝血的魚鰾縫合後塞進陰道裏，將水蛭放入陰道內吸出血泡，以便讓新郎磨破它們而產生落紅，以沒藥等收引劑讓陰道收縮，並趁機將鴿子的血（因為它最接近人血）偷偷撒在牀單上」（見《中國文化的情與色》）。這類事在舊小說裏浩如煙海，以《子不語》《閱微草堂筆記》最甚，足以把人看吐。

中國古人還弄了個幺蛾子，叫守宮砂。據說製作守宮砂要先找一隻壁虎，餵它吃硃砂後搗爛即可。可在顏師古注的《漢書·東方朔傳》中看到：

> 守宮，蟲名也。術家云以器養之，食以丹砂，滿七斤，搗治萬杵，以點女人體，終身不滅，若有房室之事，則滅矣。言可以防閑淫逸，故謂之守宮也。

滿七斤，哪有那麼多硃砂？

二

《孝經》云：「身體髮膚，受之父母，不敢毀傷，孝至始也。立身行道，揚名於後世，以顯父母，孝之終也。」中國人自古以來以無子、自殘、自殺為不孝，上到皇帝大臣，下到文人百姓，是反對兒媳割肉給婆婆做藥引，更反對寡婦不改嫁，尤反對為守節而自殘、殉夫。漢代陳平的老婆嫁過五次，比伊莉莎白·泰勒少三次。名士家中不鮮有改嫁的事。蘇武牧羊十九年回來，得知夫人早已改嫁。後世算起，蔡文姬、卓文君、韓愈的女兒、范仲淹的母親、王安石的兒媳婦……都是改嫁過的。

貞節理論的始作俑者，有一部分要算到劉向和班固、班昭兄妹身上。劉向是理論家，班氏兄妹列出了具體要求。班昭守了大半輩子的寡，她在《女誡》裏地說「夫有再娶之義，婦無二適之文，故曰夫者天也。」若將古代比喻成一座大修道院，班昭得被比喻成修道院永遠不死的老嬤嬤。其實班昭的訓誡對象是後宮女眷，她是漢和帝的皇后鄧綏的老師，但後人理解用狹義來解釋她的原話，進而成為女性不改嫁而守節的理論基礎，並歷代補充，源源不絕。

歸有光在《貞節論》中說：「貞者，不二也；節者，自制也。」貞潔一事，摧殘女性無數；至於貞節問題，翻開歷史更是血淚斑斑。

比起婚前，古人更看重喪夫以後的貞節，並作為主旋律來弘揚。不獨女性受此挾制，男性也跑不掉，譬如清代的額駙，在公主死了以後若要再娶，封號和福利立馬取消，連內務府派的儀仗、保安和公車都不給，額駙們為了名號，這個鰥夫也是要當下去的。

守節是反人性的。古代有位寡婦，為了度過漫漫長夜，每天先把一百個銅錢撒到地上，逐一撿起來，累得喘氣，倒在牀上睡了。如此守節了六十多年，把磨得光光的銅錢當作傳家寶傳下去。還有寡婦為了忍耐寂寞，不停地用手掌拍桌子，不慎拍到蠟燭籤子上，把手掌扎穿，也不敢讓人知道。這些都收錄在馮夢龍的《情史類略》中，足見當時的世風。

《明史·列女傳》中也有大宗的守節故事。有一個比較另類的是：在

一戶家人裏,當婆婆的不守婦道有個相好,而喪偶的兒媳婦貞節守身。婆婆的相好來到房中飲酒嬉笑,把兒媳婦的手臂摸了一把,兒媳婦感覺受到了侮辱,為了表明貞節,一下子把手臂用刀砍了。可她的身份是兒媳,要顧及家中長輩和名聲,實屬兩難,就沒有報官,幾天後就死了。

貞節故事所強調的,是不貞節會給父母、祖先丟人,有辱門庭。人們所在乎的是令翁婿姑婆,七大姑八大姨都痛心疾首的「名聲」。守節的理由很多,最主要還是為了名利。

如果古代女子在丈夫死後守節,會面臨以下不同情況:

一、已訂婚而未結;

二、已婚沒孩子;

三、已婚有孩子;

四、已婚,有丈夫和他人的孩子(比如已死的小妾)。

在上文一、二的情況下,如果女性不改嫁,便意味着她終生無法生育,那麼對娘家而言,會少一房的外孫子嗣;對婆家而言,不僅少了一房子孫的可能,還多一個居家的兒媳婦。在古代,兒媳婦負責管家並支配家業,如果這位寡婦兒媳熬成婆,即可支配家產,更會影響到夫家財產的繼承。她可以將夫家的物品變賣,把錢給自己娘家的人。她有可能會影響到婆家、娘家的利益,那麼婆家、娘家都會反對守節,也會逼她改嫁。而女性在貞節思想的「鼓舞」下,守節反而不是被逼的,倒是自願的,甚至會用毀容、斷指、自殘等極端行為,以表明自己不事二夫。在《後漢書·列女傳》中,有個女兒出嫁後 19 歲時還未生育丈夫就死了,父母讓她再嫁,女兒堅決不從。父母把她騙回家裏,強行抱上車送到新丈夫家。女兒當晚自縊身亡,還寫遺書要求屍體葬回前夫家,由此被寫進《列女傳》。

洪武年間有這樣的政策,若某家女子在三十歲以前開始守節,到五十歲就可上報地方政府。地方政府再上報朝廷,朝廷會撥給 30 兩銀子來建造貞節牌坊。娘家人可以免除差役,並記入史書,由當地名流集資建造祠堂,文人組織起來寫節婦的傳記、詩文並刊刻。如此,地方政府有了政

績，文人揚名並有了外快。這漸漸成為官場的一部分，一直延續到清末。

貞節牌坊一般是死後才立，但是如果娘家人等不到這麼久，即可要求女兒以死殉夫，朝廷批了就可立刻給銀子造牌坊。

林紓的《畏廬瑣記》載，說家鄉福建有位少婦死了丈夫，不想活了，就告訴所有的親戚，要在某一天自殺。親戚們都引以為榮，湊份子辦事。等到了臨自殺的前三天，像迎接神仙一樣敲鑼打鼓用彩車迎接少婦。少婦穿着禮服，正襟危坐，看熱鬧的人塞滿了街道，兩邊都排開了筵席。少婦手裏還拿着一束鮮花，凡是沒孩子的，找她要了花就能求子。等到三天熱鬧過後，「主辦方」當街張燈結綵，搭好棚子，少婦跟親戚們一一告別，末了登台上吊身亡、大家拍手稱快，馬上去立貞節牌坊。

世風扭曲，守節已成了殺人的屠刀。幾與印度寡婦火焚殉夫的陋俗無二。

俞正燮在《妒非夫人惡德論》中引用了一首福建流行的詩，批判了這種惡劣的風氣：

> 閩風生女半不舉，長大期之作烈女。
> 婿死無端女亦亡，鴆酒在尊繩在樑。
> 女兒貪生奈逼死，斷腸幽怨填胸臆。
> 族人歡笑女兒死，請旌籍以傳姓氏。
> 三尺華表朝樹門，夜聞新鬼求還魂。

像俞正燮這樣批評節婦的有人多，而力挺、宣揚節婦的人也很多，可以列個學術陣營做比較。

力挺節婦的者：

徐一夔、陶宗儀、孫奇逢、焦循、羅欽順、朱彝尊、汪琬等；

提出質疑、反思和批判者：

宋濂、呂坤、趙時春、歸莊、歸有光、李贄、毛奇齡、汪中、俞樾等；

左右搖擺不定者：

吳定、劉大櫆、錢大昕、劉台拱等。

在小說陣營，幾乎是清一色地反對宣揚節婦，陣容有：馮夢龍、凌濛初、袁枚、吳敬梓、紀曉嵐、蒲松齡、曹雪芹、李汝珍⋯⋯對比之下，可謂學者保守，作家維新。寫小說、編劇本一定要造反，凡力挺節婦的小說沒人看。

清初康熙尤其反對殉夫、纏足，非但不給表彰，還要撤地方官的職，雍正也是如此，不曾想效果相反：殉夫、纏足之風愈演愈烈。南方等地骨子裏不認清朝，凡是朝廷擁護的都要反對，凡是朝廷反對的都要擁護。大量文人跑出來，瘋狂宣揚貞女節婦。

清廷在與民意的鬥爭中完敗，一些地方的滿族婦女也開始纏足、殉夫，朝廷給滿族婦女的牌坊也越立越多。從意識形態鬥爭的角度來看，這都是為了爭民心。鼓勵守節是為了對比錢謙益之流的貳臣，以抵制明末日下的世風。

三

女子守節守在夫家或自己家都是筆挑費，能夠贏得名聲，留芳青史，並在地方上顯赫一時，也與身份和家境有關。底層人活命都難，就不講貞節了。

不講貞節也有眾多的故事和案例，多是因為貧困加男女比例失調。中國歷代重男輕女，在古代福建、廣西等偏遠地區都有溺殺女嬰的現象，積累下來會有嚴重的惡果。清末、民國以來，有些偏遠之地出現了租妻、典妻、一妻多夫等現象。

租妻是指男人窮得不行了，先把妻子租出去一段，藉以收錢來活命。方法長租、短租、日租都有，短的可按月計算，長的也可為人家生下孩子後再回來。租妻者在期限未到之前還可以轉租，當二房東。

典妻是把妻子賣了或當了，能否贖回來就不得而知了。

一妻多夫，就像老舍先生的《茶館》演的那樣，倆大兵娶一個媳婦，上半月歸我，下半月歸你。這種現象真實存在：兄弟倆共娶一妻，妻子先跟老大過三年，爭取生一到兩個孩子，好給老大養老送終、繼承香火。然

後再跟老二過一輩子，繼續生育，等於老大晚年是沒媳婦的，仿佛是古代的兄終弟及。

這歷來遭到士大夫口誅筆伐，相形之下，寡婦改嫁已實屬平常了。

等到了太平天國年間，戰爭使得大量流動人口死亡，男女比例更加失衡了。很多地方無妻可娶，專門組成了娶寡婦大軍。寡婦人家也成立了「清節堂」，官辦民辦兼有，用來集資「救助」貧窮寡婦人家，以保證其繼續守節。大凡富商權貴無不慷慨解囊，一次捐上幾百銀子，宛如今天的慈善家。娶寡婦和不讓娶寡婦，成為民間兩股勢力持續並存的紛爭。

貞節事件並非無緣無故就能產生，它與政治、經濟、意識形態等密切相關。每個貞節烈女故事的背後，都有一雙雙看不見的手在推動着。

纏足：一場長達千年的拉鋸戰

> 三寸弓鞋自古無，觀音大士赤雙趺。
>
> 不知裹足從何起？起自人間賤丈夫。
>
> ——清代杭州一李姓女子《弓鞋》

賤丈夫！

小腳為中國野蠻落後之象徵，若說京劇是國粹，那裏小腳是「國渣」。

相聲界有「六大本」之說：《中國傳統相聲大全第一卷》《第二卷》《第三卷》《第四卷》《補遺》和《小段彙集》，郭德綱親手抄過一遍，遂為相聲名家；性社會學方面，有《採菲錄》「六大本」：《採菲錄初編》《續編》《第三編》《第四編》《新編》和《採菲菁華錄》，親手抄一遍，必能成為性學大師。《採菲錄》是民國時的史料筆記，由絕世大才姚靈犀主編，副題是「中國婦女纏足史料」，值得從學術的角度來研讀。

中國人始終以女性腳小、腳白為美，並始終帶着一種玩賞的心態，這種審美已流傳千年。漢代趙飛燕能做掌上舞，由纖纖玉足配上「羅襪」。辜鴻銘寫作時思如湧泉的祕訣，是他左手捏着女人的小腳，右手奮筆疾書，稍有靈感枯竭就聞一聞捏一捏，高潮一下。在汪曾祺的《受戒》中，小和尚明海一看到小英子的足印，就神魂蕩漾了半天，最後一起鑽蘆花蕩去了。在古人心中，小腳不是臭的，而是香的，三寸金蓮，步步生蓮花。

戀足始於纏足之前。正是古人對於足部的審美與迷戀，才使得千百年來有了纏足的風俗，和那麼多扭曲的故事。

「瘦小尖彎香正軟」，是對古代女子裹腳後的品評。

李漁在《肉蒲團》中有個比喻：「三寸金蓮，畢竟要一雙淩波小襪罩

在上面,才覺得有趣。不然,就是一朵無葉之花,不耐看了。」赤裸並不裹腳的女人身體,像一朵「無葉之花」。這是古人的閨房之樂。對於異性身體(同性也行)的玩賞與迷戀是私人的、不加干涉的,但為了玩賞而故意製造扭曲,猶如龔自珍《病梅館記》中所載,則是下流的。可知我一生兒愛好是天然。純天然的是最美的,腳是美的,纏足就不美了。

一

為防描述女子纏足令人感到不適,引用一段《鏡花緣》中林之洋在女兒國纏足的片段來做個情景代入:

> ……接着有個黑鬚宮人,手拿一足白綾,也向牀前跪下道:「稟娘娘:奉命纏足。」又上來兩個宮娥,都跪在地下,扶住「金蓮」,把綾襪脫去。那黑鬚宮娥取了一個矮凳,坐在下面,將白綾從中撕開,先把林之洋右足放在自己膝蓋上,用些白礬灑在腳縫內,將五個腳趾緊緊靠在一處,又將腳面用力曲作彎弓一般,即用白綾纏裹,才纏了兩層,就有宮娥拿着針線來密密縫口:一面狠纏,一面密縫。林之洋身旁既有四個宮娥緊緊靠定,又被兩個宮娥把腳扶住,絲毫不能轉動。及至纏完,只覺腳上如炭火燒的一般,陣陣疼痛。不覺一陣心酸,放聲大哭道:「坑死俺了!」

裹出的腳有各種尺寸,《採菲錄》中統計過,不可能真是三寸。三寸金蓮是「飛流直下三千尺」般的誇張。因為方法不當和女子反抗。不少女子的腳沒有裹成,多是半大腳,成了女子羞愧自卑的緣由。朱元璋的馬皇后因出身農家,裹腳晚了,外號就叫「馬大腳」。

同樣,小腳是不能給人看的。身體是要被遮羞的,古代女性的遮羞級別,小腳是位於壓軸的位置。春宮中即便有三點全露,小腳也要纏着,畫得比三點還要小上很多。裹腳布也成了衣飾的一種。

儒家著作中,尚無關於纏足的記載和論述。纏足只停留在風俗和審美的層面,沒有上升到道德的層面。用作家眉睫的話說:纏足的問題,是古

人注重修身，但也會有修錯了地方的時候，但修身總體上是好的。而今人不修身，卻是大大的不該。

二

　　中國人從何時開始纏足？什麼人纏足，什麼人不纏足？能否在地域、身份上有個劃分？這些問題尚無定論，但可以略說一二。

　　依據宋人周密的記載，纏足起源於五代十國。明代偏偏有狀元楊慎（就是寫「滾滾長江東逝水」的楊慎）寫了部《漢雜事祕辛》，把纏足的歷史推到漢代。《洛神賦》中有「凌波微步，羅襪生塵」，是描寫女性足部之美；韓偓的《屐子》:「六寸膚圓光緻緻」；李白的《浣紗石上女》「一雙金齒履，兩足白如霜」……無法明確他們在小腳，也無法推斷當時纏足。五代關於纏足的零星描繪多出自詩中的隻言片語，據說在李煜手中得到了大大地發展和推動。明代已有充裕的考證小腳源流的著作，蒲松齡在《聊齋》中更是津津有味地在〈高生〉〈聶小倩〉〈績女〉多個故事中對小腳展開描繪，同樣署他名字的《聊齋俚曲集》中，唱詞也都是多有描繪。

　　首先，少數民族和有宗教信仰的地區不纏足：

　　翻《雲南回族社會歷史調查（二）》一書，記載雲南地區的清真寺有《勸勿纏足說帖》:「凡纏足之女，歸順後必用火烙平方得脫離」。當時雲南回族中有纏足的案例，並有歸教的婦女不得纏足的規定，以前纏了，現在也要放。

　　其次，種地的、放牧的、使船的、做工的、賣藝的、練武術的、走江湖的等的女人不纏足：

　　聽過一個版本的評書《呼延慶打擂》，說到《力劈兇僧》的片段時，先是小腳姑娘盧鳳英上台和兇僧開打，因腳小而在台上滑了了。看來不大合理，小腳不用開打，直接就能倒下。不過電影《一代宗師》中，葉問到妓院裏打的第一關，是位纏足的女武師。

　　再次，大城市比農村要少得多，北京、天津基本上不纏足：

清代史學家趙翼在《陔餘叢考》的《弓足》條目說：「今俗裹足已遍天下，而兩廣之民惟省會效之，鄉村則不裹。滇黔之猓苗、夷亦然。蘇州城中女子以足小為貴，而城外鄉婦皆赤腳種田，尚不纏裹。蓋各隨其風土，不可以一律論也。」河北、山西、江南、晉商等以女人纏足知名，南方以書香門第多小腳女人。但廣東、廣西纏足少。小時候讀劉胡蘭的故事中，有她抗拒纏足的情節。查《身體、符號權力與秩序》一書，據 1929 年的普查，湖北省女性纏足率為 59.06%，而武漢市是 30.84%；河北省是 49.68%，北平和天津分別為 11.64% 和 28.01%。

人們常以為纏足是沒法勞動的，並認為小姐纏足，丫鬟不纏。但實際上，纏足從農村纏到縣城，再從縣城纏到農村。纏了足的女人也是要下地幹活的。過去北京妙峰山中的寺廟燒香，小腳老太太也能走上八十里山路。江南的纏足女子，要學刺繡、紡紗，清末已有大量的纏足女工進入紡織工廠。

因此，纏足與地域無關，不能按南方北方、城裏農村、某某省份的方式劃分，傳統的、保守的、有此種變態觀念的家庭纏足，沒有的不纏。

清代纏足變得嚴重，清兵入關，旗人不裹腳。錢泳在《履園叢話》中說：「試看南唐裹足，宋不裹足得之；宋金間人裹足，元不裹足得之；元後復裹足，明太祖江北人不裹足得之；明季后妃宮人皆裹足，本朝不裹足得之，從此永垂萬世，由是觀之，裹足為不祥之兆，明矣。」明末社會富裕而糜爛，纏足風大盛，小腳成了男人的狂歡，和女人的自卑與自傲。有清以來，華夷之辨觀念尤為強烈，不少地方本是不裹，但為了和旗人區別，裹腳的越來越多。康熙年間，朝廷越是要求放足，民間越是纏足。朝廷能強迫漢人剃髮，卻不能強迫漢人不纏足，快馬彎刀能砍下男人的頭顱，卻不能如張獻忠般砍下女人的小腳。漢人在纏足對抗中勝利，為剃髮挽回了一點尊嚴。若單純為了和旗人區別，憑服飾和髮型就行了，何必纏足呢？大約是纏上了太多的情緒吧。

三

古人纏足，號稱是為了走路姿勢美。

古代年輕女子纏足走路的姿勢，是小腳重要的一美。民國時留存了眾多小腳的照片，沒有年輕的纏足女子走路的一段影像。有人說纏足的女人走路起來腰臀的扭動更大，像模特在走貓步，但還是耳聽為虛。能稍微補救一下的，是京劇裏的踩蹻。

踩蹻，行話叫 cǐ 蹻，又叫踩「寸子」。演員穿上模擬古代女人小腳的鞋子，在舞台上表演古代女子走路的腳步，即蹻步。表演踩蹻的功夫，叫蹻功。過去唱旦角都是要踩蹻的，開打的武旦也一樣。這種功夫是秦腔演員魏長生首創，後成為花旦表演中的特技。蹻分硬蹻、軟蹻，是木頭做的，樣子就像高跟鞋，只是沒有那個硬硬的跟。踩上蹻後，再綁上蹻套，放下褲腿，只露出一點尖尖的小腳尖，像極了古人的三寸金蓮。這時演員的腳後跟高高墊起來，整個人重心向後，走台步時步伐較小，腰部晃得並不嚴重，肩部扭動比較大，近距離觀賞，確實是「行一步，可人憐，解舞腰肢嬌又軟，千般嫋娜，萬般旖旎，似垂柳晚風前。」（《西廂記·楔子》）在《戰宛城》《翠屏山》等戲中，過去都有女主人公賞玩自己小腳的表演。正如女子更愛欣賞美人一樣，小腳的賞玩對象不只是男子，更可能是女子本身。看舞台上花旦的小腳一蹭一蹭地走着，想到古代年輕女子走路沒有這麼漂亮，但所受到的限制卻比這還要多。

另一方面，纏足是為了性。

纏足是分多個流派的，每個地方纏出的也不一樣。南方人以足弓越大，足越彎為美，就是性的含義，而北方人沒這個風俗。

在姚靈犀《採菲錄第四編》中，有作者署名為金陵愛特生（像網名），毫不隱諱地講了腳與性的關係。他的文章叫《蓮趣》，講小時候和纏足女僕偷食禁果，花了大筆墨來寫小腳的玩法，還清晰的分出穿鞋和不穿鞋的不同，不穿鞋時如下：

> 玩赤足手法，毋須始終長握腳尖。最先可撫其足盤向外之邊

沿，即與小指同位置之一方，此方甚平滑，撫之極爽快，而伊較不怕
癢；次撫足背及大拇指，次以他手指後跟及踵底，所以要用他手，係
順勢之故；再次揉按足踝，或足盤屈折凸起之處，至此伊已漸動；再
以指弄其指縫，把四個小趾尖順序捏揉——她們最喜人捏者為小趾，
因此處小得若有若無，捏之若痛若癢；再次撫與大拇指同位置之邊
沿，而進入腳溝輕挖，又以一手將全足輕籠重勒；最後仍如弄穿繡
鞋時之勢，把腳與腿推挽攀折。更握兩足而搖曳之，伊自有融融之
樂……

　　穿鞋時玩的方法要比此麻煩上兩倍。玩弄小腳的效果，女人是「小
溪泛濫，恐被人識破耳。」男人是「同時莖露噴射，緊緊摟抱之而不可收
拾矣。」當年西門慶是彎腰撿筷子時暗暗觸碰了潘金蓮的小腳並得到了回
應，但此篇中這等描寫異於常人，若不是這哥們真的早洩，便是愛蓮如癡
者的意淫。

　　小腳在性生活中的作用並沒有退休，它直接演化為戀足和足交。雙足
對在一起，中間恰恰是一個不大的圓洞。在異性眼中，對方的整個身體都
是性的工具，女性有的不是器官上的不同，更有一雙男人無法達到的小腳。

　　有了小腳就有了小鞋。小鞋很漂亮，一隻手掌可以完全托起來，不
超過手掌的邊界，有平跟，還有高跟（坡跟），還有能卸下來的高跟鞋，
有帶子把高跟在後面拴起來。走路已經困難，竟然還要穿高跟。而在文人
看來，由喜歡小腳上升到喜歡小鞋，至今仍有小鞋收藏家。男人寫豔情詩
文，多學陶淵明，寫「願在絲而為履，同素足以周旋」，我想做你的鞋子
永遠裹着你的腳。這是戀足的延續。潘金蓮在葡萄架下丟了一隻鞋，被陳
經濟撿到，由此有了故事。元末的楊鐵崖竟然以三寸金蓮的鞋子當作士大
夫的酒杯，被稱作「鐵崖癖」。倪瓚、胡雪巖等都是此事的擁躉（「躉」
的本意就是一萬隻腳）。初級的鐵崖癖是在小鞋內放上酒杯，即「鞋杯」。
酒令輸了作「鞋杯飲」，是酒桌上的一種遊戲；高級的鐵崖癖，如明末的
戲曲家屠隆，是直接用小鞋飲酒。

　　明代士大夫之放縱，可見一斑。

四

　　清末時在基督教的影響下，各地組織了天足會，開始了不纏足運動，收效甚微。清亡後南京國民政府嚴禁纏足，閻錫山也強行禁止，還安排風化檢查員四處檢查，但凡十五以下的必須放足。纏足婦女卻和「閻老西兒」打起了游擊戰，説媒時，頭一句話還是問腳小不小。不少渣男成家時專門選腳小的，放足的風氣一起，他們藉此機會，把原配夫人甩掉，再去娶個不纏足的摩登女學生。

　　在 20 世紀三十年代，天足運動開展多年，纏足卻還很普遍。年幼女孩被賣到妓院，頭一樣先裹上腳。裹腳太疼，就抽口大煙，煙癮染上了，腳也裹成了，讓跑都不跑了。

　　纏足直到五十年代才全部禁止，在小鞋成為文物的時代，纏足老人也漸漸成為了歷史。看 2008 年 10 月 13 日，天津《今晚報》的報導，天津市農村尚有 7800 多位纏足老人，這個數目還是驚人的。纏足老人大多在八十歲上下，她們對小腳不再諱莫如深，她們會當着攝影師坦然解開裹腳布。再過二十多年，她們大多會成為歷史。

　　如今纏足是沒有了，但還是為了追求外表而有違天道人倫的事，如整容與斷腿增高之類，其本質仍不離纏足。對女性足部的欣賞、把玩與迷戀，仍存在於男性視角的審美裏。我們離纏足的時代並沒遠去，甚至沒有過去。

　　生活中的纏足消失了，而心裏面的纏足還會長久地存在下去。

易裝：服飾與性別的往事

　　古代女子穿男裝被認為身穿「妖服」，牝雞司晨，違背人倫；小則亡家，大則亡國。男女生理條件不同，服飾上須嚴格區分，不得僭越。諸葛亮給司馬懿送一套婦人衣服意在侮辱，而司馬懿穿上，是以詭道破了禮法。只有到繁華的大唐五代時，禮法才有了鬆動，花蕊夫人的宮詞中云：「回鶻衣裝回鶻馬，就中偏稱小腰身。」穿男裝不是為了顯身段，而是胡化。西域胡人（如粟特人）女子為了勞動方便穿男裝，影響大唐不勞動的女子也穿男裝。

　　易裝的意思，是性別上的互換。《大明律》《大清律例》中都沒有禁止易裝，把易裝只框在了道德和習俗裏，民間也是官不舉民不究。而等法國女作家喬治・桑女扮男裝時，已過去一千年了。

　　拂開歷史的浮雲，來看看服飾與性別的往事吧。

女扮男裝史

　　從《三言》《二拍》到《聊齋志異》，到莎士比亞的《第十二夜》，再到《還珠格格》中的女扮男裝溜出去玩，到處都是女扮男裝的故事。《鏡花緣》那種傳奇小說的路數，更不新鮮。落入俗套的橋段有黃梅戲《女駙馬》那樣女子假扮男子參加科舉，也有男子假扮女子躲避追殺。在小說《鳳凰池》中，兩位女主人公通過易裝，在不同時間出現，一共變出三男三女六個人來，十分強大。

　　歷史上的女扮男裝，首先與戰爭有關。

　　古代女將作戰，除了少數民族將領和農民起義，商代的婦好、唐代

平陽公主到宋代佘太君、梁紅玉，再到《楊家將》中的穆桂英，《小八義》中林沖之女林素娘……女扮男裝都可認為女將軍騎馬打仗，自然是男裝。她們多是被帶在父兄身邊聽用，都照太平天國般組織女兵上前線，才算把天國弄亡了。從軍的軍服甲冑自然是男裝。元代末年，明玉珍禍亂四川，有位女子韓氏為了逃避戰亂，跑到明玉珍的軍隊裏從軍，作戰長達七年之久，直到遇見自己叔父才回成都，改回女兒身。人們稱之為「韓貞女」。民國時也有女子着男裝從軍的新聞，被捧為現代花木蘭。

有個性的女詩人女藝術家也喜歡身着男裝。陳寅恪在《柳如是別傳》中記載，柳如是從杭州去常熟向錢謙益請教學問，是「幅巾弓鞋，着男子服」，打扮成儒生的模樣。

女子扮成男子，瘦小的身材，纖細的手指，説話的聲音都難以處理，更何況像杜小月進考場時要被搜身，在電視劇裏可拍成給銀子，現實未必好使。若明代及以前，梳着男子的髮式，去掉頭面首飾，身着男裝，既不方便，又易穿幫。清代要打辮子，更為麻煩。裹腳的姑娘還要往鞋子裏塞上棉花，更不知裹腳布要纏上多長，越想越不靠譜。

靠譜的記載，出現於《浮生六記‧閨房之樂》中：

> 余曰：「冠我冠，衣我衣，亦化女為男之法也。」於是易髻為辮，添掃蛾眉；加余冠，微露兩鬢，尚可掩飾；服余衣，長一寸又半；於腰間折而縫之，外加馬褂。芸曰：「腳下將奈何？」余曰：「坊間有蝴蝶履，大小由之，購亦極易，且早晚可代撒鞋之用，不亦善乎？」芸欣然……余強挽之，悄然徑去，遍遊廟中，無識出為女子者。或問何人，以表弟對，拱手而已。最後至一處，有少婦幼女坐於所設寶座後，乃楊姓司事者之眷屬也。芸忽趨彼通款曲，身一側，而不覺一按少婦之肩，旁有婢嫗怒而起曰：「何物狂生，不法乃爾！」余試為措詞掩飾，芸見勢惡，即脫帽翹足示之曰：「我亦女子耳。」相與愕然，轉怒為歡，留茶點，喚肩輿送歸。

這是一段女扮男的易裝指南，更看出女人易裝多麼不易，甚至要把胸用布帶子一層層地纏成平胸的樣子。

近代以來的女子易裝

「勞動」確實促使了女子穿上男裝。1870年前後，上海等地的鴉片煙館出現了打扮成男人模樣的女堂倌。那時風氣淫靡，宴會場合的妓女熱衷奇裝異服，有穿男裝的，就有穿道姑裝的；有做西洋打扮的，還有穿北方服飾的、日本和服的。和電影《南茜的愛情》一樣，在一個禁止女性賣淫的時代，女性只能裝扮成男人去賺錢。不知客人發現了「祕密」，是大叫着退換還是暗地裏偷笑。時世風變革與女性風貌，可見一斑。

在晚清的一個中秋節，秋瑾穿了男裝到劇院看戲，回來後跟丈夫發生衝突，隨後離家出走搬到紗帽胡同好友吳芝瑛家，寫了篇《滿江紅‧小住京華》，寫道：「身不得，男兒列。心卻比，男兒烈。」

也有女子着男裝是為了嚐鮮。清末北京的八大胡同，已從相公堂子逐漸轉為妓院。曾有石頭胡同的一家茶室裏來了個漂亮少年，進門就挑姑娘，不亦樂乎。仔細一看，少年原來就是姑娘，跑這裏看新鮮來了。姑娘臉紅，給了錢溜走了。另有的說法，是慶親王奕劻家的一位女親戚，丈夫去世後閒得無聊，改為男裝處放蕩。不知者都以為是美少男，被關進了宗人府後還繼續和被關的宗室們一起放蕩。這事出自柴萼《焚天廬叢錄》。辛亥前夕在上海的報紙上連載過，那時沒人管了，說什麼都行。

時光到了民國，女扮男裝隨着女子可以登台般不再新鮮。京劇名家筱蘭芬在京劇《啼笑因緣》中扮演樊家樹，演戲絲毫沒有巾幗氣。她在生活中也時而長袍馬褂，時而西裝革履，被誤認為是美男子。至於孔二小姐孔令俊着男裝的故事已傳遍了八卦小報，大多捕風捉影，不可當真。

翻過來，男扮女裝

男扮女裝，更多是像魏晉時何晏那樣的清談家，為了彰顯個性和放浪形骸。在古代女人學男人說話是犯忌，而男人學女人說話則是高雅。聞一多先生評《楚辭》，即是「男人說女人話」。中國文學的一大傳統在於

「怨」，即以失落之人的口吻發「鄉怨」「哀怨」「幽怨」「閨怨」等，「閨怨」必用女性視角。歷朝歷代的閨怨詩詞都被視為文學手法，用於對現實的抗爭。如果模擬女性說話尚不過癮的話，也會幹出男扮女裝的事。

明時寫「滾滾長江東逝水」的楊慎被流放雲南，多次不赦，他常常臉上施滿紅粉，頭髮梳成丫鬟的樣子，頭上插滿鮮花，帶着大群的妓女招搖過市，高聲喧鬧，縱酒行樂，好不快活！宣統年間，《北京白話畫圖日報》上記載，山西太原府陸軍學堂裏有個學生不愛讀書，熱衷交際，忽然一天靈感大發，改為女裝上街，並自鳴得意。周瘦鵑也曾扮作女裝，自拍後放到《紫羅蘭》雜誌的封面上，可看作 cosplay 文化的先驅。

傳統戲曲中，男旦是為了舞台藝術，也自然要男扮女裝。旦角演員不能太矮，以一米七左右為最好。再有是體力上的優勢，演劇辛苦、行頭很重，尤其是武旦戲，扎着大靠和護背旗開打，從三張桌子上下高，唱上幾個小時，女性一般吃不消。最關鍵的是聲腔。男聲沒有那麼高和尖，男旦淳厚優美，唱跑調了還能湊合聽。

還存在一個戲中戲式的易裝。過去都是由男子來演女子，如果這位女子要女扮男裝該如何？京劇《鐵弓緣》中，男旦荀慧生扮演女子陳秀英，要躲避追殺而扮成男子，要演出女子扮成男子的身段來；還有程硯秋演的《英台抗婚》。在莎士比亞的《皆大歡喜》中更是複雜，一個男孩要扮演一個女孩，這個女孩再去扮演一個假扮成女孩的男孩……總之，戲劇應該超越性別，尚小雲演時裝戲都要刮腿毛穿絲襪，易裝更不算新鮮了。

他們都很美

想起八十年代一部電影：《小街》，由郭凱敏和張瑜主演，張瑜演的是「文革」中受家庭出身影響而女扮男裝的女孩子，她剪短頭髮，用白布條纏住胸部，身穿男裝與郭凱敏一起練側手翻，還用雙手提提褲子，都為了像個男孩。電影裏演得太乾淨，那時的男孩不會脖子和臉白得都像塊玉，都髒得像黑車軸。片中女扮男裝是為了適應時代，也是為了控

訴時代。在一個女子不得拋頭露面的男權社會，露面的方式卻是那麼掩耳盜鈴。

社會在變革，性別界限在模糊。如今流行男閨蜜，男女接觸越來越親密，進閨房等或不宜之事現已實屬平常；談本屬閨蜜間的私房話也少了避諱，順便還能參謀一下。將來，越來越多的人會選擇男不婚，女不嫁，男女不再授受不親。越來越多的國家會幾十年如一日地是女總統、女外長。「就中偏稱小腰身」也改成了「短髮男裝小西服」，衣着上是否分男女已不重要了。

不管是留短髮穿西裝和寬大襯衫的女孩子，還是梳小辮穿熱褲和像吊帶一樣背心的男孩子，他們都很美，很可愛。

側室：皆言賤妾紅顏好

女子有罪者為人妾。

——許慎《說文解字》

《邵氏見聞錄》中有個故事：

> 王荊公知制誥，吳夫人為買一妾，荊公見之，曰：「何物也？」女子曰：「夫人令執事左右。」安石曰：「汝誰氏？」曰：「妾之夫為軍大將，部米運失舟，家資盡沒猶不足，又賣妾以償。」公愀然曰：「夫人用錢幾何得汝？」曰：「九十萬。」公呼其夫，令為夫婦如初，盡以錢賜之。

這件事說明了王安石的正直，以及在古代的士大夫階層不納妾會受尊敬。無子嗣還不納妾更受尊敬，會像節婦一樣被奉為「義夫」。沒孩子的顧炎武一直不願納妾，五十九歲時禁不起好友傅山的勸說納妾，還是懷不上孩子。惱羞成怒的顧炎武寫了篇《規友人納妾書》，大罵傅山：「豈有勸六十老人娶妾，而可以為君子乎？」末了只得把姪子過繼為兒子，把小妾嫁出去了事。

妻與妾是兩個完全不同的概念

古人絕非一夫多妻制，而是一夫一妻多妾制。日本古代的妾都養在家外，對外一向閉口不談；中國表面上也不談，但在不正經時，以互相詢問有幾位小星（即小妾）為雅。

除了舜帝的娥皇、女英，商周以後，妻與妾完全概念不同。妻子是按照納采、問名、納吉、納徵、請期、親迎六禮，正式婚禮娶的，是兩個家族的姻親關係。妾可以買賣、贈予、私奔、掠奪，出租、典當。納妾不成禮，不說娶妾；說納妾，實質上就是買，賣方的父母必須同意，要有中間人和契約。古代有賤民制度，結婚最重名分。良民與賤民階層不能通婚，通婚也能做妾，出身低微的人家，靠做妾可一躍進入富貴人家，遠比做窰姐兒、丫鬟要好。有父母把女兒嫁給富人做妾以換錢的，更有女性通過做妾來提升階層。

上古時有陪嫁的制度，叫作媵。一般是妻子的妹妹甚至姪女一起嫁過來做妾，這在春秋時多有發生，相關的記載充滿了《左傳》。古代有妾的家庭很少。根據高羅佩統計，在清代也不足百分之十，極少數的家庭佔據了絕大多數的妾。這導致乾隆晚期爆發通貨膨脹時，男女比例不平衡的社會矛盾突顯出來，帶來的更是溺殺女嬰的惡風，並由此惡性循環。

妻住正房，妾只能住側室；吃飯時妻坐正席，妾只能坐側席；妻可以掌管家產、接待客人、來往應酬、侍奉長輩、按照級別由高到低受封為夫人、淑人、碩人、令人、恭人、宜人、安人、孺人（宋制），還繼承財產，為丈夫死後守節，死後與丈夫合葬。而妾什麼都沒有。妻死了，妾和妾的孩子都要守喪；妾死了，妻子、其他的妾甚至他們的子女，都可不必守喪。在一段時期，丈夫死後，妾和婢女大多還會被出嫁或賣掉，還是接着做妾。不論哪朝哪代，小妾的本質，都是上古時期被剃了頭髮、臉上刺了字，或被刺瞎一隻眼睛或砍掉一隻手的女奴，比丫鬟強點有限，沒得商量。

妾的地位低下與對妾的寵愛並不矛盾。古人並不認為寵愛小妾是花心，而是證明自己宅心仁厚。妾原本是女奴，愛妾換馬本是風雅之事，不

虐待或賣掉已很積德了。正妻不會嫉妒她，更不會爭風吃醋。歷史上稱頌白居易寵愛他的樊素、小蠻，是表現白居易衝破階層、平易近人，而不是什麼愛情故事。只有到了梁紅玉那一級別的妾，有了很大的功績，才封為梁國夫人。

在古代，離婚不是件容易的事。只要是訂了婚，哪怕是沒有舉行婚禮，一般也不能退。趕上不能生育的石女，就退返一部分彩禮用來納妾。妾的作用貌似是為了陪伴和侍奉，實則是為了生育，等於現代人找代孕。古人認為子嗣要有「五女二男」為最佳，多了不限。可即便是帝王之家，嬰兒出生的死亡率也是很高的。一個女人無法生十個八個的孩子，要分開多找幾個人生，這是古人納妾的根源。

女子自稱為妾，是謙稱的用詞，都稱為「妾」了，可見多麼謙虛。

名分與嫡庶之爭

比如有兩位美女，與其讓她們一個嫁個窮的，一個嫁給富的，在古人看來，倒不如都一起嫁給富的更幸福。中國人納妾的思想之頑固，堪比天地了。

俞樾主張，「妻則一而妾必二」，說最理想的家庭要一妻二妾。一個妻子的地位尊貴，如果再有一個妾，則地位容易混淆、爭奪，就像齊人有一妻一妾那樣，1:1 不和諧。有兩個妾可互相牽制，使她們不能與妻子抗衡，妻子也不敢欺負虐待她們。這是「齊家」的祕方。這等說法太可恨了，而生活中的俞樾與此相反，他和夫人是表親，一生摯愛，平生不納一妾，喪妻後也不再娶，以誦經禮佛的方式度過晚年。這種情感傳到了曾孫俞平伯那裏，俞平伯先生的夫人是他的表姐，一生摯愛，晚年邂遢，皆因夫人過世而傷心。

妻妾之間，名分最重要，要排出個長有有序來。魯迅不和朱安一起住，但在日記中仍稱她為妻。其間的地位不易改變，想改變，只能等正妻亡故被扶正，或兒子中舉得誥封。私自把小妾扶正，以妾為妻，或妻妾並列為「兩頭大」，一直是嚴禁的。早在齊桓公稱霸中原，在葵丘與諸侯相

會時規定了五不許，為：「毋雍泉，毋訖糴，毋易樹子，毋以妾為妻，毋使婦人於國事」。《鄭氏規範》中也規定：「主母之尊，欲使家眾悅服，不可使側室為之，以亂尊卑。」《朱子治家格言》中乾脆説：「童僕勿用俊美，妻妾切忌豔妝。」即便嫁給老頭的年輕小妾，也要與老頭穿一個年齡段的衣服，而不能賽着濃妝豔抹。

有的家族是把小妾扶正了，也會在族譜上注明一下。幾乎堵上了小妾逆襲之路，目的是怕埋下嫡庶之爭的隱患。嫡庶之爭是忌諱的話題，唐、宋、明、清，都被開國皇帝嚴加防範。爭得熱鬧的，是亂世的春秋、魏晉南北朝與五代十國。遼、金、元等沒有長幼的秩序，得來是親戚間的殘殺。

乾隆年間朝廷定了「兼祧之法」。兼祧是在同一個祖父的情況下，父輩人多，孫輩人少，叔叔或大爺家裏無嗣，就一個兒子頂着兩個門戶，給父親或叔伯分別娶一個兒媳，算兩房的兒子，延續兩家的香火。這不算重婚，在寫族譜時也不寫在一起，是把兼祧者分寫在兩房名下，一邊一個。這在民國以來才開始增多。納妾要遵循禮教，民國以來沒了禮教，人們四處亂來，妻仗着禮教虐妾，妾仗着得寵虐妻。妻妾開啟了互虐模式，分家爭奪財產的事也隨之氾濫起來。

古人忌諱男女年齡差距較大，因此老夫少妻並不是什麼好現象；再有，朋友是五倫之一，明末清初時，曾有人想納已逝朋友的女兒為妾，被判處重杖一百，拘押一年；撮合者是已逝朋友的弟弟，也被判處杖二百，徒三年。像孫大總統那樣娶朋友的女兒，在古代被視為亂倫。

納妾的隱患

早期革命者的品行不必去討論，反正越是名人，就越有着「納妾的隱患」。

康有為的夫人有六位，身份各異，越娶越小，連日本人和美國華僑都不放過，最終在六十時娶了位十八的而一命嗚呼。

梁啟超的側室王桂荃是正妻李惠仙的丫鬟，她生的六個孩子都成了知名學者。王桂荃老太太在梁家備受尊重，至今北京植物園裏的梁家墓前，特意為她種了一株媽媽樹。遺憾的是並沒有扶正，叫了一輩子「王姨」「王姑娘」，最後叫到了「娘」。那個年代要「一夫一妻」確實不易，因納了妾又要維新，反而無法扶正，只能做「如夫人」。任公先生中年時還被某女教師何慧珍女士所傾倒，卻無結果。維新人士確實有苦難言。做人要麼維新，要麼守舊，打着維新的旗號做舊人的事，渣！就像杏兒要麼說酸，要麼說甜的，最煩不酸不甜的一樣。

　　扶正的事還是有的。1941 年 5 月 4 日，齊白石在「五四」青年節的這一天把妾胡寶珠扶為正室，搞了個很大的儀式，在舊京有「八大春」之一的慶林春飯莊訂了包房，還請了胡佩衡、陳半丁、王雪濤社會名流。他把湖南的家產分給妻子生的三個孩子，把北平的家產分給胡寶珠生的三個歲數很小的孩子。一時間鸞鳳和鳴，那一年齊白石85歲，胡寶珠39歲。

　　至於「兩頭大」，則是梅蘭芳老闆。福芝芳和孟小冬名義上是兩頭大，可不讓孟小冬進梅家的門，名義不等於實質，還是被當作外室了，這是他們分手的原因。孟小冬見過大世面，聰明過人，自然明白妾的待遇不足妻的百分之一，若做妾只能做最大人物的妾，比梅蘭芳還大的人物，那只有嫁杜月笙了。

　　綜上所述，堅持納妾的康有為，側室想扶正而沒扶的梁啟超，側室扶正的齊白石，兼祧兩房的梅蘭芳，都選擇了各自不同的處理方式，福報各異。

　　要爭取女性解放的，要靠女性本身，男革命家以風流為高雅，他們不會真正地解放女性。到了 1950 年以來，《人民日報》也刊登文章反映，說目前幹部的離婚現象太嚴重了。

　　至於代孕，在瓊瑤小說《碧雲天》裏還出現過。《碧雲天》拍成的電影裏，林鳳嬌演女老師，張艾嘉演女學生，女老師不能生育，極品的婆婆找女學生做代孕，這樣連代孕的錢都省了。那時的代孕不是現在這樣取出細胞單獨培養，還要動真格的，很難不懷疑男人的動機。第一次見這麼帥

氣卻反胃的秦漢演表面不樂意卻暗暗偷着爽的虛偽男角，大煞風景。而到了電影《致青春》，並不帥氣照樣反胃的男角則是聽到女友懷孕而原形畢露，更加大煞風景。想不到幾十年以來，男角的外貌同人品一樣飛速下滑。

中國古典的三角戀，總是一男兩女，二女共守一夫，最高達到韋小寶那樣「夫妻八人」的境界。西方總是兩男一女，男男決鬥，如張愛玲的《半生緣》，電影《祖與占》和《縱橫四海》，看張國榮、周潤發、鍾楚紅眉來眼去。中國人是不會為了女人決鬥的，不體面。這和古代一男多女的模式有關。

興家者母，敗家者妾

古人為了生孩子而費盡苦心，現代人又何嘗不是？古人的孩子是哪個女人生的並不重要，即便是女神、女妖、女鬼、女狐、女蛇精所生也是照養不誤，許士林也沒有是白娘子的兒子而變成小公蛇。不論哪朝哪代，只要財產能夠世襲，有錢人會多生，窮人會少生，這樣下去有錢人越來越多，窮人越來越少，國家也就會越來越富，而不是有錢的不生，沒錢的拚命生，社會只能越來越窮。

西方基督教文明是始終禁止明着納妾，當年傳教士為了適應歐美人的國情，在寫中國歷史時，會把舜帝娶娥皇、女英的故事篡改為只娶了一個，可暗着有多少情人則是默許。清末傳教士來華傳教遭到抵制，也是他們要求教民必須遣散小妾，成為爆發教案的緣由。中國大陸是在 1950 年以後禁止蓄妾，而香港直至 1970 年才廢除。

置身於每個圈中的人，自然是不能理解另一個圈中的事。我們不能理解古人，古人也不能理解我們，根源即在於此。只能感歎一下，劉邦有位愛妃叫如夫人。末了，「如夫人」這個詞成了「小妾」的代稱。不論如何，如夫人最終不是夫人。

婢女：輕聲婉轉喚丫鬟

恭忠親王奕訢之孫溥儒（字叔明、官稱儒三先生）先生所作腰截（清代的一種曲藝形式）《乞巧圖》，講述了在農曆七月七日的女兒乞巧禮俗，描寫了女孩兒們一起乞巧拜天孫的場景，其中在【曲頭】中有一句：「嬌滴滴，鶯聲兒婉轉喚丫鬟。」每當學唱這「喚丫鬟」三字時，老師要求說要唱出輕聲細語喚小丫鬟的感覺來，別唱得高門大嗓如張飛罵陣打哇呀呀的樣子。可憐現代的年輕人活到三四十，連個小丫鬟還沒有過。都這年頭了，哪去找喚丫鬟的感覺啊？

丫鬟就是婢女，古代的小婢女們多是把髮髻梳成兩個環形，或者綁成兩個抓髻，即《倚天屠龍記之魔教教主》中小昭的髮型，便有了丫鬟的稱呼，簡化可寫作「丫環」。杜麗娘有春香，崔鶯鶯有紅娘，林黛玉有紫鵑，凡是大戶人家的小姐，必須有丫鬟伺候着，貼身的有一個人，粗使喚的多則三五個以上，還包括婆子。清代查繼佐家裏的丫鬟名字別緻，取名叫「些」，都是才情技藝超群的藝術丫鬟。有留些、葉些、澄些、珊些、梅些、紅些，柔些、雲些、月些等，一共「十些」，她們都精通音律，所組成的清曲班子就叫「十些班」，名震一時。

丫鬟的作用雖然多，最終還是得陪着小姐，小姐出嫁就陪着出嫁，出家就陪着出家，小姐家裏若是個反派被抄家或問罪，丫鬟也逃不掉。對於丫鬟的理解，還是以《牡丹亭·肅苑》中春香的【一江風】唱詞概括得最為精妙：

> 小春香，一種在人奴上。畫閣裏從嬌養，伺娘行，弄珠調粉，貼翠拈花，慣向妝台傍。陪他理繡牀，陪他燒夜香，小苗條吃的是夫人杖。

富家小姐的丫鬟最難當，雖也是梳妝打扮，嬌生慣養，但還是會吃夫人杖。最高位置不過是陪着小姐嫁個好人家，被老爺收房排位置，成為助情花。

無法選擇的出身

中國古代的蓄奴制度和種姓制度的殘餘。談及婢女，要先說清蓄奴制度。那是種無法選擇的出身。

中國人蓄奴史由來已久，清代在廣東一帶，還專門蓄養黑奴，和美國一樣，但人道得多，當時黑人都以被販到中國為幸運。我們批判中國人奴性十足，熱衷於做奴隸，有時古人並不以做奴隸為恥。古代時常賦稅很重，人們心甘情願自賣為奴幾年，投靠紳宦人家，也可以賣終身。就像清代中晚期農民為了逃避賦稅把土地賣給地主，自己到地主家做長工。

在清雍正年以前，人是階層明確的，不僅男人分階層，女人也是分階層，高階層的人受到禮教束縛，肩負社會責任，享有經濟地位；低階層的人不受禮教束縛，不肩負社會責任，同樣享有經濟地位。這與受不受禮教壓迫，與是男、是女、還是太監無關。儒家文明的首要特質是承認人的先天差異性，經學第一的《孝經》章節明確，第一是皇族宗室；第二是士大夫；第三是小官；第四是平民。而在這四個「種姓」之下還有一層「賤民」，即由奴婢、雜役、樂戶、墮民、丐戶、九姓漁戶、蛋戶（漁民或採珠人）、佃僕等組成的，他們衣着與平民有區別（職業習慣），不能受教育和考科舉（朝廷不許）、不能隨意搬家（別人不會接納）、不能從事其他行業（不會幹）、不能與其他階層通婚（沒人要），只能世世代代從事「下賤」的行業。他們不必拘泥於禮法，也不用上稅，女子也不纏足，也沒有什麼愛國忠君之說。《清史稿》云：

> 四民為良，奴僕及倡優為賤。凡衙署應役之皂隸、馬快、步快、小馬、禁卒、門子、弓兵、仵作、糧差及巡捕營番役，皆為賤役。長隨與奴僕等，其有冒籍、跨籍、跨邊、僑籍皆禁之。

後來，丐戶、樂戶、疍戶等在雍正朝為了人權平等而廢除了，奴婢制度自然逐漸遏制，但奴婢觀念民國以來仍有殘餘。在一個皇帝與士大夫共治天下的時代，奴婢階層與其他階層的關係，不是天子、士大夫一起剝削平民、奴婢，而是天子、士大夫、平民都使用奴婢。古人使用奴婢有很多方便之處，在禮教繁重的古代，主人之間再簡單地拜訪也十分麻煩，要提前更衣，列隊，問候行禮，準備酒筵，陪同款待，送禮回禮。用下人去傳個話或送個東西就省了大事，算是給底層人賞了口飯吃。

奴婢階層中男為奴僕，女為婢女。婢女沒有獨立戶口，都是跟着主人家，也不會有名字。杜麗娘的叫春香，崔鶯鶯的叫紅娘，唐伯虎追的叫秋香，再有就是春梅、臘梅之類，如《紅樓夢》中的賈府，更是丫鬟成群。據史料記載，古代蓄養奴婢並不嚴重，唐朝時規定，王公之家才不能超過20人，一品大員不超12人，二品10人，三品8人，四品6人，五品4人，六七品2人，八九品1人。按常理看並沒有多少奴婢，而蓄奴之風多因朝代更替興起。如元代就很興盛，元朝把人分為蒙古人、色目人、漢人、南人四個等級，喜歡蓄第四層級的南方人為奴婢。

古代既然需要那麼多的奴婢，則就會有那麼多的人口來源。

這並不是問題，古代兵變、政變、朝堂鬥爭，涉及的人口很多，兵變失敗的將官、軍隊的家屬，犯官的家屬都會淪為奴婢，一次能達數萬人。宋朝時稍微少一些。清代文字獄或其他案件中，只要是名士大案，被抄家註銷了戶口，家眷會在幾百到幾千口人。清代人幾乎無法流亡，如果流亡會被全民追緝。即便女眷流亡出去，也無法嫁人為妻。即便嫁了，被發現後也會被判決婚姻無效。士大夫也不是高枕無憂，從戴名世到年羹堯，都逃不過家眷淪為奴婢的下場。

如同古代的妓女是有營妓、官妓、私妓一樣，丫鬟也分為宮婢、官婢、私婢。宮婢是宮女類的人物，由官方專門豢養，多是一些作坊、衙門中當奴婢，來源多是罪犯家的女眷，有被拐賣、掠賣的女子或被領取的孤兒，也有在戰爭中搶來的敵國女眷。關老爺在曹營中時，曹操送給他十名美女，他沒要，讓十名美女去伺候嫂夫人，這十名美女即是官婢。私婢有

官方賞賜的，也有被無以謀生的父母賣的。《水滸傳》中，潘金蓮 15 歲時賣給張大戶為婢女，價格是三十兩銀子。

歷史上允許買賣奴婢，對拐賣良家人口一直嚴厲打擊，可之間很難鑑別。北京的奴婢市場位於宣武門（又稱順承門或順治門）外的騾馬市大街。談遷在《北遊錄》中《人市》篇寫道：「順承門內大街騾馬市、牛市、羊市，又有人市。旗下婦女欲售者叢焉。牙人或引至其家遞閱。噫！誠天之羢狗斯人也。」讀了令人感慨。

小丫鬟的私生活

司馬光在《書儀‧居家雜儀》中記載了宋代男女奴僕的生活：

> 凡內外僕妾，雞初鳴咸起，櫛總盥漱衣服。男僕灑掃廳事，及庭鈴下；蒼頭灑掃中庭；女僕灑掃堂屋，設椅桌，陳盥漱櫛之具、主父母既起，則拂牀襞衾，侍立左右，以備使令。退而具次食，得閒則浣濯紉縫，先公後私。及夜，則復拂牀展衾，當晝，內外僕妾，唯主人之命，各從其事，以供百役。

奴婢的生活不全像電視劇中演的那樣悲慘，主僕關係也曾在兩千多年中彼此和諧。正常人家不會把奴婢當牲口一樣使喚，起碼的人道還是有的。大宅門都以厚愛奴婢為榮，誰家傳出虐待奴婢就臭了，會遭到種種鄙視，是一種很不齒的行為。奴婢也以對主人家的忠為榮，世襲維繫數代之久。

這種觀念跨越民國，甚至延續到過去做保姆時的一些情景。以前的保姆不是月嫂，都是跟着一家人一輩子，親如一家。保姆的親戚從鄉下來也住到主人家。主人家完全信任保姆，家事甚至財物都交其打理，沒有誰剝削誰的觀念。近些年來，菲傭取代了保姆，教條也取代了親情。菲傭要簽訂詳細的合同。每周都有休息日，如有客人在家裏多住了日子，菲傭能告你肆意增加了她的勞動量。不要覺得指使外國人痛快而時尚，這是需要以

法律為前提的。

　　千金小姐一般心善，對待丫鬟會當個姐們，丫鬟的穿戴打扮得不必比小姐差多少，這是件十分體面的事，也給主人家臉上增光。有錢如賈府那樣的人家，丫鬟的房間裏也是打掃得一塵不染，窗明几淨。如果相處得好，主人與婢女之間的情意也是感人真摯，讀來令人斷腸。袁枚曾把唯美動人的情感獻給精於廚藝的婢女招兒；紀曉嵐最喜歡的婢女則是他嬸子家裏文鸞。每當婢女出嫁時，主人、婢女也會傷心灑淚。

　　一個遭難的男子或女子被營救了，作為報恩，會以身做僕人伺候主人，會在主人家蒙難時以身殉主。明代歷史中，記載了大量奴婢隨着主人家女眷一起自殺的忠烈故事，還會有《趙氏孤兒》的翻版，用自己的孩子來換主人家的孩子。古人把這叫「臣死忠，妻死節，婦死姑，孫死祖，婢僕死主。」李漁的《無聲戲》專門寫這類現代讀者難以接受的事，如第十二回《妻妾抱琵琶梅香守節》，妻妾都改嫁了，丫鬟還在守節。

平等與不平等之間

　　古代的主僕關係雖然表面上穩定，但提到婚姻上實不平等。婢女的人身所有權歸主人家，往往一生都跟着主人，她們的出路無外乎是：

　　1、收為小妾，這樣就不用去伺候人了。《西廂記》裏紅娘是為了自己嫁給張生做小妾，才寧可被拷打，也拚命把崔鶯鶯和張生一起牽線的。

　　2、許配給僕人，繼續做下人，而他們的孩子也是下人，沒準還不如當丫鬟時過得好。

　　3、出家或做一輩子老媽子，往往是有點心氣的婢女才這麼幹。不管怎樣，做丫鬟都沒有繼承家產的份兒。

　　過去的人對尊卑之分看得比天還大，認為男女婚配一定要符合階層，甚至交合的時間與時節是否相符，會影響損害孩子的「等級」。在《大明律》中有具體規定，男奴僕娶了女平民要被杖責八十，女方也要受罰，若是家長的主張就處罰家長；男平民娶了女奴婢，杖責九十後還要判離婚。

尤是以丫鬟為主的主奴相姦的問題上，古人站在男性的視角上敘述，對女性迫害很深。秦漢時默許男主人姦女奴僕，而男奴僕姦女主人則是要棄市。同樣，奴僕與平民的孩子仍然是平民，主人與奴僕就算真結婚也等同於通姦，所生孩子不論男女都永遠是奴僕。不由得想起了印度電影《流浪者》中的話：「法官的兒子永遠是法官，賊的兒子永遠是賊。」

有了丫鬟，就會有主人偷丫鬟。元代無名氏的散曲中，《中呂‧紅繡鞋》裏描述偷丫鬟的句子，多少有些鄙俗：

> 老夫人寬洪海量，去筵席留下梅香，不付能今朝恰停當。款款的分開羅帳，慢慢的脫了衣裳，卻原來紙條兒封了褲襠。

「臣」最早指男奴，「妾」指女奴，用「臣」「妾」都是自謙。男奴服侍男主，女奴則男女主人都服侍。男女主人性愛不避諱丫鬟女奴，還會要女奴跟旁邊推上一把幫幫忙。白居易詩云：「小奴捶我足，小婢捶我背」。還有人寫過《去婢怨為元彥斌二首》：「門巷春風柳掛絲，去時成恨見成悲。含情脈脈兩無語，回首斜陽雙淚垂。朱字箈篌暗網塵，傷心歧路是前因。朗心若念當時意，莫把金鈿與別人。」

宮廷裏皇帝洗澡更衣，也是用宮女，幹粗活時才用太監。連基督山伯爵都知道，娶太太麻煩，還容易暴露自己的身份，乾脆直接買來一位只會說現代希臘語，同時又如大理石雕像一般美麗的希臘女奴。

婢女之間也分等級，侍奉公婆的要比侍奉小姐的地位高。《紅樓夢》裏鴛鴦和傻大姐的地位到比晴雯、襲人要高，傻大姐的月錢能到一兩，晴雯才一吊。寶玉身邊的丫鬟論品性都不及晴雯，而襲人卻是多個心眼，「本來從小兒不言不語」「只說她是沒嘴的葫蘆」。「沒嘴的葫蘆」這個比喻很妙，葫蘆裏面都是籽兒，意思是都是主意。襲人不表面上部說話，但在第六回就把寶玉睡了。這一切都看在「丫鬟學」專家賈母眼裏。而她房中的鴛鴦說過，「別說大老爺要我做小老婆，就是太太這會子死了，他三媒六聘的娶我去作大老婆，我也不能去。」這裏更展現了鴛鴦的骨氣，這樣丫鬟古今少有。

《紅樓夢》把不少丫鬟寫得像宅門的大家閨秀，更是藝術上的神來之筆。

求來世吧

男主人真的寵倖了丫鬟，妻妾自然會嫉妒，不能對自己男人下手，就把邪氣發在婢女上，所以打罵婢女，虐待婢女，甚至做個貞操鎖的事情亦會有。唐代女詩人魚玄機，她最終因打死婢女綠俏而被處斬，時年 26 歲。到了乾隆四十二年，乾隆皇帝的惇妃還因為打死宮女而被貶為嬪，要不是她的閨女嫁給了和珅的兒子豐紳殷德，也不會如此便宜她。更有嘉靖時期的宮女楊金英等人因被虐甚重，才企圖合夥勒死皇上。她們慌亂中把繩扣打成了死結，案發後都在西四牌樓被凌遲處死外加梟首示眾。

真為古代丫鬟的命運擔心。如果女孩子一生是個「小姐的身子丫鬟的命」，這一輩子得多委屈？但古人是信命的，信了命就可以自化，也就不覺得痛苦了。戰國時期的縱橫家陳軫在《戰國策》中說過兩句神一樣的話：

> 故賣僕妾不出閭巷而售者，良僕妾也；出婦嫁於鄉曲者，良婦也。

這兩句給在古代做女人指明了出路，即被丈夫拋棄或做了丫鬟都不要緊，只要是個好女人，是丫鬟也有人買，被二婚也有人要。這話說得很欠，但確實是實話。若生在古代，命不好誰也幫不了，只好求來世吧。

懼內：忽聞河東獅子吼

人生在世，有一大槽點為男人怕老婆——懼內。

在男性視角中，女人有兩大原罪：磨嘰、話癆。這兩件必殺技一出，男人不得不怕。當女人教訓男人時，她的智商情商會猛漲十倍，小綿羊妙變紅太狼，你想不到她為什麼那麼聰明。沒辦法，「所有的男人都是已

婚女人的財產」（王爾德語）。現實中見過各種怕老婆的場景。與友人出遊，興致頗高，開車老兄接夫人電話。忽然晴天霹靂，滔滔江水，咆哮如雷，聲震車棚，飲食者不敢再嚼，呼吸者不敢喘氣。遂各回各家，各找各媽，以避血光之災。下次見其小女兒，抱起問之：「頭兩天你媽打你爸了麼？……用什麼打的？……劍鞘……」

不少男人因懼內而青史留名的。唐代的任瑰、楊弘武、裴談，宋代的陳季常、王旦，明代沈括、戚繼光，現代的胡適、周作人，外國的蘇格拉底、林肯，都怕老婆。沈括的遭遇最慘，被老婆打得連鬍子都一根根拔下，上面還帶着血和沈括的皮肉。名單還可繼續開列：王陽明、申時行、王錫爵、蕭如薰、汪道昆……直至讀者厭煩為止。

翻檢民國時的舊報刊，有很多想不到的人也懼內。如李鴻章、趙爾豐、錢玄同、姜妙香、蔣夢麟、謝六逸、黃侃、滕固……據說汪精衛、戴季陶、陳銘樞、韓復榘、龔心湛等也懼內，文人和政客都是報刊上娛樂的對象，到處是《小說家懼內記》一類的遊戲之作。懼內在公開的層面，已經是一種戲謔和談資。

更有好事者篡改古詩詞揶揄懼內，有人仿《滕王閣序》作一篇《嘲懼內文》：「纖手撻違逆之臉，弓鞋踢倔強之膝……膝行匍匐，求內子之開恩；稽首叩頭，望夫人之息怒……」有的地方由男子們組成懼內會，借用陳季常的典故，由其中的陳姓人員擔任會長，並有一種儀式，會長登台云：「天下無不怕老婆之男子，如我（拍其胸作聲）則老婆不怕我耳。」

藉此篡改一下《孝經》：

> 身體髮膚，屬之妻子，不敢毀傷，怕之始也。立身行道，揚名於後世，以顯妻子，怕之終也。

怕的原因，一因為自己愛，二因為老婆妒。

·

怕皆因愛

對於老婆，愛即是怕，怕即是愛，真動手動口，男人總幹得過女人，但皆因愛，所以忍了。列國時的專諸被稱為四大刺客之一，他手持魚腸劍，在漢代畫像磚上留影。但他卻怕老婆，老婆一叫，立刻回家。若是老婆提前知道，他就刺殺不成王鐐了。

最知名的「怕因為愛」，當為龍丘居士陳季常，說來陳季常有點委屈。蘇東坡的《寄吳德仁兼簡陳季常》詩：「龍丘居士亦可憐，談空說有夜不眠。忽聞河東師子吼，拄杖落手心茫然。」這本是詩的片段，詩的本意是引用佛家典故，說陳季常好佛，聽到講解教義，好似獅子吼聲的振聵發聾，手裏拄杖墮地，思想上茫然若失。結果被後世附會為一個怕老婆的故事了。

「河東獅吼」最早見於《容齋隨筆》，豐富於明代汪廷訥的傳奇《獅吼記》，後被北方崑曲劇院的藝術家白雲生先生整理後搬上舞台。最為出彩的是《跪池》一摺：陳季常因為與蘇東坡飲酒時有歌妓作陪，被妻子罰跪在池塘邊，時值青蛙在叫，陳季常怕妻子誤以為自己跟別人說話，只好苦哈哈地求：「蛙哥嚇蛙哥，你還是別叫了。」不一會兒，蘇東坡來串門，先是奚落陳季常一番，再與陳季常妻子爭辯一番。季常妻子急了，手持竹棍連東坡居士都打出去了。不少女性看後都大呼過癮，以至過去諷刺別人怕老婆，曰：「貴公有季常癖乎？」

而陳季常的故事以大團圓收場，夫婦二人再次舉案齊眉、琴瑟和鳴了。

過去人的怕老婆會上升到理論高度，首先是清初小說《反蘆花》，其中說對老婆有三怕，每怕又分為三樣：

勢怕：畏妻之貴、畏妻之富、畏妻之悍

理怕：敬妻之賢、服妻之才、量妻之苦

情怕：愛妻之美、憐妻之少、惜妻之嬌

具體案例，集中在《醒世姻緣傳》《姑妄言》《醋葫蘆》等書中。列個簡單的被老婆虐待表：

書名	男主	女主	女對男所做的事
《醒世姻緣傳》	狄希陳	薛素姐 續弦寄姐	用屁股坐在頭上，用鞭子從上往下狠狠地打。私設牢房，用遍各種刑法，把半邊臉打得跟猴屁股似的。將那話兒上做個記號以防止偷情，每天檢查一遍。
《聊齋志異·江城》	高生	江城	當着翁姑的面打上數十鞭子，用針把雙腿扎遍。
《聊齋志異·馬介甫》	楊萬鍾、楊萬石兄弟	尹氏	楊氏兄弟給了父親袍子，立刻被撕成條，把楊父的鬍子都拔了下來。楊萬石投井自殺。
《姑妄言》	童自大	鐵氏	擰着耳朵，用雞毛撣子的杆照着脖子上就打。
《醋葫蘆》	成珪	都氏	將那話兒上做個記號，還要根據磨損的情況來決定採用什麼處罰。 每次外出不能超過點完一枝蠟燭的時間，否則就打得鼻青臉腫沒法見人。

除了上述幾部，《聊齋》裏最可怕的是〈恒娘〉一篇，專門講女的如何虐待男的，恕不詳敍了。就以上現象，李漁在《閒情偶寄》做了總結：

> 古來妒婦制夫之條，自罰跪、戒眠、捧燈、戴水，以至撲臀而止矣。近日妒悍之流，竟有鎖門絕食，遷怒於人，使族黨避禍難前，坐視其死而莫之救者；又有鞭撲不加，囹圄不設，寬仁大度，若有刑措之風，而其夫攝於不怒之威，自遣其妾而歸化者。

怕皆因妒

妒忌是妻子兇悍的緣由之一。悍婦與妒婦往往一個人肩挑二者，因嫉妒而兇悍，因兇悍而嫉妒。妒忌還增添了一個神，廁所裏的神仙紫姑，她被正房夫人殺害在廁所裏而成神。

妒忌的故事很多。漢代文人馮衍娶了北方彪悍的任氏女子為妻後，家

中慘得一無是處，唯一有個婢女，破得不敢塗脂抹粉，動不動就被虐打得膿血橫流。馮衍說他既無婦道，又無母儀，並在信中賭咒發誓：「不去此婦，則家不寧；不去此婦，則家不清；不去此婦，則福不生；不去此婦，則事不成。」好好地展現了漢賦排比鋪陳的風格。馮衍雖然離婚成功，可第二任妻子還不如任氏，她想要害死馮衍和任氏生的孩子。梁代以注《文心雕龍》著稱的劉峻也怕老婆，他在文章中自比馮衍，列出三同四異，境遇也好不到哪去。

《酉陽雜俎》中記載，相傳劉伯玉的妻子段氏嫉妒易怒。丈夫在他面前朗誦《洛神賦》，說到洛神的美時，段氏氣得不行，並投水自盡。那個地方叫妒婦津，凡美女經過都會有大風大浪，而不漂亮不打扮的女人則平安無事。潘金蓮是所謂的淫婦兼妒婦的代表，她打罵、虐待侍女，還讓下人頂着石頭在院子裏罰跪。而在《西湖二集》第十一卷的《寄梅花鬼鬧西閣》，總結了古往今來的妒婦故事，女主人公柳氏都在想，男人那話兒若是隨時拆裝的該多好？出門時摘下來以防萬一，回家了再戴上。

《金鎖記》中的曹七巧與《斯巴達克斯》中的艾芙姬琵達，都是典型的妒婦，很難揣摩她們的心理。有的是見不得別人比自己好、比自己美，一定要以別人的倒霉為自己的快樂。問題是嫉妒者見識有限，如果閱人無數，發現人人都比自己好且美，那要麼想開了，要麼直接氣死了。

在男權社會中，女性妒忌被看作一種病症。「救治」女人的妒忌，一直是個重大的文學母題。劉宋時期的明帝命大臣虞通之面向當時的公主，寫了《妒婦記》一書來訓誡。清代的俞正燮寫了篇《妒非女子惡德論》，他認為妒是人之常情，並不是什麼惡德。俞樾則針鋒相對，在《妾媵說》裏寫道：「自古以來，以一妒婦而破國亡家者往往有之矣，誰謂妒非惡德哉！」此種觀點有所偏頗，產生壞作用的嫉妒的原因並非女性，另有其因。宋代有個名叫鄭綺的人，他品德高尚，學問淵博，立下不少家規，後世子孫不斷完善，形成了《鄭氏規範》，歷經數代而不分家，受到過朱元璋的表彰，至今還存有巨大的宅院和牌坊群。《鄭氏規範》云：「前子不孝，以致繼母之虐；丈夫不端，以致嫡妻之妒。」「丈夫不端」是女子嫉

妒而成為悍婦的原因，若丈夫端了，就不會發生這樣的事了。

男人飽受妒婦之苦時，還發明了一種濃湯，叫「療妒羹」，出現在明代吳炳的同名劇作中。做法是蒼庚的肉下藥，蒼庚是黃鳥，其肉能夠治療女性妒忌。在《紅樓夢》中有個叫「王一貼」的神醫，給薛蟠的妻子夏金桂開了一種「療妒湯」：秋梨一個、二錢冰糖、一錢陳皮、水三碗，煮到梨熟為止，每日清晨吃一次。冰糖梨水，當然沒用。

嫉妒發生的原因，是因為第一動作不是悍婦嫉妒，是預設男主生性風流、性好漁色，悍婦便把安全感換成了警惕心，要時刻防備。丈夫一方面表現上避嫌，另一方面要轉向地下活動。好似是一個願打一個願捱，形成了你追我跑，你防我暗的二人轉來，怕是旁人看了，以為是兩人之間的默契，也許是變相秀恩愛呢。

然而，男性為什麼被女性有一種即將出軌、即將拋棄的預想呢？因為雙方婚後很可能不如婚前對對方好：一來是婚前雙方在熱戀期，對對方有着超常的熱情，一但回歸生活降回原溫度了；二來婚前對對方的好不是「本色出演」，男女都在做本人能力以外的事，這種付出無法持續，也許這是產生「婚後不安全感」的原因吧。

越是缺乏安全感的人，其掌控慾望就越強，要翻對方手機，禁止對方正常的異性社交等，夠另一半受的。往往女性因此掌管家財及男性的一切，男性每月將工資上交，自己偷偷存個小金庫，再被太太威逼利誘地摳出來。男性歸家較晚或在外消費、飲酒，都會被控制（也有的男人靠佯裝懼內而不喝）。

可見，中國缺少航海家，是「老婆一叫就回家」的緣故。鄭和下西洋的成功，在於他是位公公。

無原則的懼內，並不幸福

直男就像沒進化完全的人，只能通過最表面、直接的話來理解女性，但分含蓄了就聽不懂，甚至只能靠女性的嗓門大小來判斷她是否真的生

氣，比如戀人之間，女人說：「你給我滾！」

男人想：「哎呀，我又把人家惹毛了，給人家添了那麼大的麻煩，她現在正在氣頭上，讓我滾，我趕緊滾吧。」

於是便真的滾了。

胡適之博士認為對老婆要「新三從四德」：太太出門要跟從，太太命令要服從，太太說錯要盲從；太太化妝要等得，太太生日要記得，太太打罵要忍得，太太花錢要捨得。他直至晚年，還四處搜集世界各國「怕老婆」的故事，並推斷出沒有怕老婆故事的國家是日本、德國和蘇聯，因此只有民主國家才怕老婆。從心理學上講，兩性情感之間的表面上是兩性關係，但實則是不同的關係模式。有的表面上是兩性關係，本質上是母子、父女、兄妹、姐弟……甚至領導與下屬、老闆與祕書、刑訊者與被吊打者之間的關係，甚至一方要像當媽一樣照顧男的、或當爹一樣照顧女的，那麼河東獅吼便可理解。世界上最亟須的發明，還是男女對話翻譯機。

如今，胡博士的「新三從四德」已被發揚光大。但「新三從四德」關係一旦形成，旁人可以看着取樂，當事人之間真是彼此怕了、怵頭了，成為心病負擔了，感情就越來越沒意思了。

好的情感需要平衡，無原則的妥協，總會有忍不了的那天。

懼內並不能解決問題，懼內者並不幸福。

身段：一百年來的社會聚焦

星眸顧指精神哨，羅袖迎風身段小。

而今長大懶婆娑，只要千金酬一笑。

——柳永《木蘭花》（四之四·林鐘商）

　　如今欣賞女性的美已從暗地上升為公開，人們放肆地議論着女人的身高儀態、絲襪大腿。這樣的人是一半的下流，完全下流者，是此時不出聲，偷偷在角落裏嚥口水舔嘴唇，晚上還寫到書稿中的人。

　　人類對身材的欣賞由來已久，三千年前石刻的維納斯，極度誇張了女人的身材的，自然包括含蓄而內斂的中國人。但古代不用身材，願意用身段一詞。從下一段開始，我們回到古代，回歸身段，遠離身材。

身段是美，身材是性

　　用身段來表現女體歷史悠久，猶如環肥燕瘦。漢代熱衷苗條，唐代崇尚豐盈。但古人對身段的欣賞始終帶着端莊，並不直接描寫。《詩經》中，《衛風·碩人》中寫道，「手如柔荑，膚如凝脂，領如蝤蠐，齒如瓠犀，螓首蛾眉，巧笑倩兮，美目盼兮。」說了手、皮膚、脖子、牙齒、額頭、眉毛、面容，沒說身段。宋玉的《神女賦》中寫道：「貌豐盈以莊姝兮，苞濕潤之玉顏。眸子炯其精郎兮，多美而可視。眉聯娟以蛾揚兮，朱脣的其若丹。素質幹之醲實兮，志解泰而體閒。」也沒說身段。到他的遊戲文字《登徒子好色賦》中，才有了「眉如翠羽，肌如白雪；腰如束素，齒如含貝。」這裏對眉毛、皮膚、牙齒的形容都差不多，唯獨多了腰身，

是腰如「束素」。「束素」是一束絹帛，形容腰身細而柔軟。

漢《孔雀東南飛》中，劉蘭芝是安徽廬江郡人，她那種南方女子細瘦的腰身，是「腰若流紈素」，仿佛潔白的絹。先秦時鮮有描寫身段，漢賦是繁複地描述衣飾，卻都以細瘦為美。唐以後漸漸有了點寫意的直白，那時所崇尚的並不是胖，而是「肥」。

肥的意思是肉體均勻地附着在骨骼上，沒有贅肉，不是西方的肌肉男，珠圓玉潤，潔白、豐滿得均勻。在《虢國夫人遊春圖》《搗練圖》中，多是一群圓臉的大胖姑娘，透着那麼健壯可愛。不過唐朝也是追求身段的，白居易寫宮人是「臉似芙蓉胸似玉」；他的歌妓是「櫻桃樊素口，楊柳小蠻腰。」元稹在《和樂天示楊瓊》中寫道：「腰身瘦小歌圓緊，依約年應十六七。」杜牧寫《遣懷》：「落魄江湖載酒行，楚腰纖細掌中輕。十年一覺揚州夢，贏得青樓薄倖名。」都是在寫身段。此類詩都是寫給妓女侍妾的，上不得枱面，現在都進入選本了。

從宋代至明清，文字中被欣賞的女性多是用寬大的衣服遮住身段，很少提及衣服下面，簡直是欲説還休。總體是追求瘦小，蘇東坡看到周昉的仕女圖，説：「書生老眼省見稀，畫圖但怪周昉肥。」他嫌唐朝姑娘太胖。那宋代姑娘怎樣？可到太原晉祠的聖母殿中，看那原裝的女性塑像，都是身段勻稱，相貌端莊，神態平和，表情凝重而嫻靜。皮膚白得如瓷似雪，有種傳説是原料裏加入了人乳。明代張岱有一篇《揚州瘦馬》，詳細講述挑選瘦馬的過程。「瘦馬」的名字，一方面即來源於女子出身貧苦瘦小。才女葉小鸞著有一篇《豔體連珠》，描述了理想中的女性身體，腰的部分如下：

　　蓋聞玉佩翩珊，恍若隨風欲折；舞裙綺旋，乍疑飄雪餘香。故江女來遊，逞羅衣之宜窄；明妃去國，嗟繡帶之偏長。是以楚殿爭纖，最憐巫峽；漢宮競細，獨讓昭陽。

當時以臉蛋圓潤，身段勻稱為美，如唐伯虎《四美圖》中的女子，和漢代劉蘭芝相去不遠。清廷對風化管理甚嚴，人們之間只可意會不可言

傳，只能去想像鳳姐和林黛玉的三圍了。讀書若只着眼於此，怕是作踐了
《紅樓》。

清代女性研究專家李漁在《閒情偶寄》中，只寫了女性美中的皮膚、
眉眼、手足、媚態、修飾，沒有腰身的事。

從先秦到前清捋了一遍，足見古人對身段之審美很是謹慎而含蓄，不
願多談。從先秦到漢代，跳過唐代到了宋，都是趨於勻稱，清代已經不重
要了。紀曉嵐在《明懿安皇后傳》中大段地描寫明熹宗的張皇后，裏面沒
有一句說她的腰身，不過倒是說了「頸白而長」，脖子好看已經比腰好看
重要了。

要對自己的身段有自信

朱自清先生最喜歡的，是《紅樓夢》裏面晴雯那樣女人的水蛇腰，說
跟蘇州的牛皮糖一樣。此比喻很是妙絕，蘇州的牛皮糖不僅甜、軟，還彈
性十足。看來佩弦先生沒少吃糖。或說見不到晴雯，只能拿牛皮糖來止渴
了。至於女人的肩，朱自清用雙生的小羊和玉峰來比擬，「秋山那般瘦，
秋水那般平」，一身名士氣，不亞郁達夫。

而比起晴雯，還是尤三姐更為風流：

> ……卸了妝飾，脫了大衣服，鬆鬆的挽個髻兒。身上穿着大紅
> 小襖，半掩半開的，故意露出蔥綠抹胸，一痕雪脯。底下綠褲紅鞋，
> 鮮豔奪目。忽起忽坐，忽喜忽嗔，沒半刻斯文，兩個墜子就和打鞦韆
> 一般，燈光之下越顯得柳眉籠翠，檀口含丹。本是一雙秋水眼，再吃
> 了幾杯酒，越發橫波入鬢，轉盼流光。

那令少年神魂顛倒的「一痕雪脯」和「兩個墜子」，還有那「忽起忽
坐，忽喜忽嗔，沒半刻斯文……」古典式的優雅和含蓄，人體內的流光
湧動其中。順便說，京劇《尤三姐》中的人物塑造遠沒有原著中的風流，
主演童芷苓當年是「劈紡專家」，最為擅演《大劈棺》《紡棉花》類的驚

鳳戲，可惜受制於外因，把個尤三姐演得像江姐。

作為亞洲的人種，古之女子一向沒有那種葫蘆形身材，沒有那種驢一樣的大長腿，都是一個鵝蛋形的臉龐，修長柔美的腰身，映襯着整個勻稱的，不胖不瘦、不突不顯的身子。女士們沒必要整成狐狸臉、錐子臉，餓出兩條麻稈一樣的腿來。從生理上講，男人腿長是便於征途，女人腰身長是便於生育，中國是農耕文明，祖先是農夫，氣候不是冰雪苦寒，長得不是深目高鼻，欣賞的是中庸之道，又是柔和之美；歐洲人是航海文明，祖先是海盜。他們説人腿與全身的比例應為二分之根號下五減一，即符合 0.618 的黃金分割，此乃古希臘人算的，中國人絕對不準。削足適履，沒有必要。那時希臘人不知世上有中國，對東方的認識是因為和波斯打了一架。

百年以來，我們以西洋的面孔身段為美，以本土為醜。性博士張競生認為，中國男女面部不美，尤其是鼻子小而不夠挺，另有奶部、陰部都不夠美。而「性慾強盛的人，則鼻部同時也發達起來」，因此增強美育的最終效果，會使得中國人鼻樑高聳，變得漂亮。張競生是好人，但學問做歪了。要對自己的模樣有自信。但願有一天，普天下的女士們，臉上都掛着大唐樣式的微笑。

身段的變遷

不論是孔孟老莊，他們都沒曰過環肥燕瘦的問題。「豐乳肥臀」這個詞本不雅，但被用作書名就上了枱面。以豐乳肥臀為美的風俗來源於生育。民間認為胸小沒有奶水，餵奶時容把孩子鼻孔塞住造成窒息，而臀部大能生兒子，更是村婦野老之語了。明代選妃子、清代選秀女，都只是籠統地説身材勻稱，沒有現在選美、選模特這般。如此追求尺寸，仿佛是待價而沽，有「貨色」之嫌，對女權不敬，不是個好兆頭。

古時女子所穿的肚兜是不分號的，最貼身的叫「抹胸」，沒有三圍數字化的概念。這與現在嚴格區分出 ABCDEFG 等型號胸罩大不一樣。胸

罩直至 1914 年才有，1935 年才分號，由美國華納公司推廣的，最初只有 ABCD 四號，用一個公司代表全世界的標準，並不合情合理。

第一個戴胸罩的國人是阮玲玉，當時叫「義乳」，形勢上的乳房，這個詞可謂精妙。那時的姑娘什麼都敢幹，若在北平、武漢、上海的大街上，能看到妓女請願，也能看到宣揚乳房解放運動的女子。演講到高潮處，女人們脫了上衣，一手托着碩大的胸，一手攢拳高喊：「打倒封建主義！剷除封建思想！國民革命勝利萬歲！」這逆天的景兒，如今是看不到了。

在女性戴起新式背心的同時，旗袍也慘遭改良。最早的旗袍是一口鐘似的大袍子，以保暖為主，沒有身段的概念。入關後沒那麼寒冷，蘇麻喇姑改進旗袍，也只是改了領口和袖口。這種旗袍一直到了清末。真正的解放還是民國。改進的方法，是袖子越來越短，領口越來越大，開衩越來越高。在影星胡蝶那個時候，袖子短到了肘部，下擺短到了膝蓋，還會垂下來三四寸長的蝴蝶褶，以諧音胡蝶的名字，在南方風行一時。到了顧蘭君的時代，旗袍開到了大腿根。姑娘們省布，小子們廢眼，尤以上海為最。正值十月革命以後，大量白俄流亡到上海，書寓姑娘幹不過俄羅斯大妞，才把旗袍改成包臀裙。時至今日，旗袍能開衩到胳肢窩，還在脖頸下面開個圓形的窟窿，行話叫「一滴水」，說為了方便「透氣」。這樣的人站出來，像穿着前後兩片門簾子，前面還露個窟窿。這才叫化雅為俗。

到了 20 世紀五十年代，布拉吉流行起來，一穿上顯得胸部高聳，但不大束腰，腰身是壯碩的，大姑娘看着像個女幹事。表面上是表明了性別，也是在模糊性別。電信局的接線員們，前幾年還是旗袍燙髮高跟鞋，沒幾年換成一色的土黃色列寧裝、紅軍頭和布鞋了，美麗不再。

革命時期宣傳畫中的女性要有健壯的身軀，卻不一定有健壯的胸部，那時女生在發育時多會覺得害羞，甚至用布把胸部纏起來，像電影《小街》裏張瑜女扮男裝一樣。身段的審美在公共生活中消失了，只能心底暗自潛流。不過不論什麼時代，人還是不傻的，電影《孔雀》中的大胖子腦袋雖有毛病，但同樣會選個廠花。

男人的身段

　　女人對男人身段的品評態度，很少寫在文稿裏，都消失在閨房私話中了。

　　古代對於男子的外貌，多用「玉」來形容，面如冠玉，瑤林瓊樹，若春日柳，爛爛如岩下電。魏晉的男人最迷人，嵇康身長七尺八寸，像松樹下的風，王羲之飄如遊雲，矯若驚龍。而低級的評價，還是那爍爍放光的五字真經：潘、驢、鄧、小、閒，這是王婆一生的心血結晶。

　　相信有一天，世人不再追求表面的白嫩、富裕、美麗，而去追求內涵的貴氣、雅氣、大氣。「白富美」回到了「貴雅大」，身材回到了身段。

　　身段的美是量不出來的，它更能歷盡滄桑，更符合中國人的心。

相公：此身雖異

早先一個藝和妓很難分清，人們選妓首選男人，直到庚子甚至辛亥年以後，北洋政府那些操着罵娘話的老粗們進城了，八大胡同才改為女妓。早在庚子年以前，在北京找妓女？難啊！

那找誰？相公！去哪？八大胡同的相公堂子。更早是在菜市口北面的新簾子胡同和舊簾子胡同。看官們若是有閒情雅致，就隨我到堂子裏去坐坐，打個茶圍吧。

何謂相公？

相公，本意為「像姑」，即像姑娘一樣的小男孩。早先多為敵國戰俘或罪臣之後，後有了成體系的經營，是要精挑細選，以蘇州為上，揚州次之。所謂揚州瘦馬，多是幾歲的孩童從小買來培養，十三四歲正式坐台，鬍子一長出來就退休。從小教以琴棋書畫，題筆正面能畫扇面，背面能題字，坐下能撫琴，站起能任小唱（即歌童），能唱散曲小曲，能用琵琶、弦索、檀板、月琴伴奏。還能唱崑腔，不限行當，但多是一些生旦戲，如《琴挑》《遊園驚夢》《小宴》等，後漸發展為京劇和地方戲。他們在酒局上能主持酒令，對聯、字謎、投壺、射覆、圍棋、雙陸、紙牌、麻將樣樣精通，雅俗共賞。古人的教育是速成的，十一二歲來買的小男孩，教個三四年，琴棋書畫都會了。教得慢意味着成本高。

相公堂子不似低等妓院那樣脫了就做，而是士大夫們的社交場所。以妓院做比較，高級的妓院，沒一周的功夫，沒花上大筆的銀錢，是見不

到人家小姐的。見到後從切磋藝術到說私房話，也要有上一段時間。據說最快紀錄是宋徽宗見李師師創下的，頭天晚上求見，第二天清晨見到。在堂子裏，和相公見面容易，陪睡卻是不易，單相思、柏拉圖之戀卻極易發生。士大夫們、文人們來此，為的是和相公切磋文藝，飲酒作樂，尋覓藝術的知音。相公是交際花，能互相引薦擴充人脈，謀求晉身之路；官老爺們來叫走相公，叫他們擔任身邊的門子和書童、琴童，陪去各地辦公尋訪，工作時能打打下手，晚上也不會寂寞，還得家裏夫人放心：一來不會生孩子爭奪家產；二來不會長久，過幾年相公要麼從良，要麼從藝。

餘桃斷袖的故事聽得多了，也不會覺得奇怪。書童琴童都要負擔少爺的起居生活，即便連《紅樓夢》中，都有寶玉、秦鍾、琪官（蔣玉菡）、薛蟠、香憐、玉愛、柳湘蓮……之間不得不說的事。寶玉捱打也是因忠順王府的管家來要琪官，害得林妹妹把眼睛哭成桃。還是金榮說得更透亮：「方才明明撞見他兩個在後院裏親嘴摸屁股，兩個商議定了，一對兒論長道短，撅草根兒抽長短，誰長誰先幹。」金榮看秦鍾與香憐看得眼熱，看在眼裏急在心上，恨不得立刻衝上去。這種遊戲方式並不新鮮。

再如《品花寶鑒》《龍陽佚史》等，都是專品評男色的書。《聊齋志異》也有〈男妾〉一篇，說是官員買小妾回家，竟然是個男的，而賣主已經走遠。這時有人一見大悅，連忙按原價買過去。雙方皆大歡喜。

古典的高雅

對於相公文化，可堂而皇之地稱為：古典的高雅。

這種高雅與西方的同性戀不是一回事的。倫敦古代男同性愛的地點，是在街頭巷尾或廁所裏，整個十八、十九世紀的倫敦髒得像一座巨大的廁所。那時的北京人口不多、山清水秀、富麗堂皇，同性愛發生在風雅如天堂般的相公堂子。現如今完全反了過來，英國乾淨得像天堂，北京倒是髒得成了廁所，還每天籠罩在霧霾之下的。風水輪流轉，令人唏噓。

中國同性之愛的歷史由來已久。從斷袖餘桃算起，同性性行為是一種

風俗，不是將人分為同性戀、異性戀和雙性戀。男人欣賞男人，與男人發生關係，與結婚生子不矛盾。此風俗從上古一直延續，在明清發揚光大。被寫進小説裏，畫在春宮上。若某人當眾説，祖上在清朝是多麼高品級的京官，那只能偷偷地笑：「您祖上豔福不淺。」這很正常，人是難以逆向世風的。

明代北京城曾經多次禁止官妓，尤以相聲《解學士》的主人公大學士解縉呼聲最大。這給相公很大的空間，興旺程度已遍佈大江南北，且多是男扮女裝。士大夫十分熱衷於與相公交往唱和，要給相公題詩、制定花譜（列相公表）、評定花榜，不遜於今天的海選。北京會試的時候，學子們都要評出菊榜，即男旦的排行榜，公開選出前十名或前二十名，與他們一起飲宴，贈送財物，進而求得自己金榜題名。很多人都是被世風所裹挾着，放棄妓女而改找相公的。有人寫詩曰：「自從誤食櫻桃後，懶看閶門路畔花。」借的是石虎男寵鄭櫻桃的典故，意思是自從喜歡上相公，再也沒興趣「尋花問柳」了。

清代為了保持八旗的勇武，不准官員狎妓和聽戲，納妾受到控制，還廢除了女樂和官妓，更嚴禁官員宿娼。全國女演員下降，男演員上升。雍正年間，清廷廢除了樂籍制度，不再將罪人家眷編入樂籍從事表演，可樂籍中人卻很難改行——他們不會幹別的。這時「國營劇團」解散了，戲劇演出不再受官方的直接管理，演員為了爭取票房，會在舞台上賣力地「少兒不宜」，各大聲腔在祖國各地交流融匯。在整個同光年間以前，北京前門以北的地方是沒有戲院，頂多是宅門裏的戲樓唱堂會；而妓女，不用説是城北，就是八大胡同也沒有，有也是些鄉村野雞的地下交易。這下難壞了滿漢大員，人的本能是不能抑制的。沒有女人只能找男人，沒有妓女只能找相公，那八大胡同中，鱗次櫛比的不是妓院，而是光芒四射的，以唱戲為主的相公堂子，一直持續到 20 世紀三十年代才漸漸凋零。齊如山在回憶錄中所説：「私寓又名相公堂子。在光緒年間，這種私寓前後總有一百多處。光緒二十六年以前四五年中，就有五、六十家之多。韓家潭一帶沒有妓館，可以説都是私寓。」這話千真萬確，因為他去過。他開始不

願意與旦角來往，怕遭人非議，多是因此。鄭振鐸在《清代燕都梨園史料正編》序中說寫道：「抑尚有感者，清禁官吏挾妓，彼輩乃轉其柔情，以向於伶人。」不少名旦的出身，都是相公堂子，不用避諱。

明清時熱衷相公的名士，其名聲之大，官階之高無以復加。有「江左三大家」的錢謙益、龔鼎孳、吳梅村，「北王南朱」的王士禎、朱彝尊，「南施北宋」的施潤章、宋琬、陳維崧、納蘭性德的老師徐乾學、查繼佐等等，很少找出誰不與相公交往。明公安派詩人袁中道在《心律》中說：「分桃斷袖，極難排割，自恨與沈約同病。皆由遠遊，偶染此習。」鄭板橋在《板橋自敘》中自爆：「余好色，尤喜餘桃口齒，椒風弄兒之戲。」張岱更是把「好精舍，好孌童，好美婢」寫入千古名篇《自為墓誌銘》中了。當世時，錢謙益、龔鼎孳、吳梅村與王紫稼，陳維崧與徐紫雲，畢沅與李桂官，他們之間的情感，感天動地。

大唐時期的「吳姬壓酒勸客嚐」，這時已被相公全盤代替了。

同性為雅，異性為俗

為什麼古人認為男性相戀為雅？異性相戀為俗？這多少說是審美了。

真的不美，假的才美；直接是女的不美，男的像女的才美。正如戲曲中的男旦，在男人眼中是女的，在女人眼中是男的，亦男亦女，亦真亦幻，則為最美。男人濃密的鬚眉和堅硬的肌肉中，是從不會缺少萬種柔情的。現在對男性的審美，是從民國時傳下來的，是一盤散沙，喜歡什麼都行，而一九四九年以後，男性審美一律成了郭建光和李鐵梅他爸，變成了高大全的形象。從 20 世紀 80 年代，審美獨立以來，高倉健、阿蘭·德龍和史泰龍那樣的肌肉男佔據了主流，連唐國強都被斥為奶油小生。小生的本意並不是奶油，小生是最好的。男人不要粗野，而要溫和、儒雅、典質、大方、有濃濃的書卷氣，即便武人也是如此。「謙謙君子，溫潤如玉」，此種美是雅的、緩慢的、平靜的、凝重的。古人心中的美男子，文的是張生、柳夢梅、許仙，武的是周瑜、呂布，而不

是我們小時候嚮往的張飛、武松和魯智深。膀大腰圓肌肉男？那白的是鄭屠，黑的是李逵。

古典小說不分男「他」、女「她」，若無此常識，會把很多小說中的男人理解為女人。《品花寶鑒》中對於男子的描述，多有「見他今日容貌，華裝豔服，更加妍麗了些。但見他那生生怯怯、畏畏縮縮的神情。教人憐惜之心，隨感而發」之語。這等描寫下的男子，比同等女子可愛得多。女子在他們心中，則是「紮着兩條褲腿，插着滿頭紙花，挺着胸脯，腸肥腦滿，粉面油頭；吃葱蒜，喝燒刀，熱炕暖似陽台，祕戲勞於校獵。」

男人以像女人為美是有理論基礎的。男生女相是富貴，如和珅和大人。每每進了恭王府，都有導遊添枝加葉地描述和大人與乾隆四爺的事，聽得反胃。而今對男子的審美趨於日韓範兒，男生在宿舍裏比腿比屁股，趨於「偽娘」和《小時代》中放大的「四娘」，這與古人無關，是另一種畸形。

有了如此的審美，就有如此之情。要明瞭古代男人之間的感情，不得不說《品花寶鑒》。這書寫男人之間的動作，頂多就是「嘴對着嘴餵酒」，更沒有什麼寬衣解帶、香羅袱第之事，恐怕令腐女們失望了。所寫的故事，恰恰是一富家少爺和相公之間純真的感情糾葛，會有打情罵俏、也會有爭風吃醋，但絕無半點動手動腳。書中的富家公子子雲對他的夫人說：

> 你們眼裏看着，自然是女孩子好。但我們在外面酒席上，斷不能帶着女孩子，便有傷雅道。這些相公的好處，好在面有女容，身無女體，可以娛目，又可以制心，使人有歡樂而無慾念，這不是兩全其美麼？

這話是代表所有找相公的人說的。而書中的相公琴言（原名琴官）更會說：

> 你既然愛我，你今日卻又遠我！若彼此相愛，自然有情，怎麼又是這樣的？若要口不交談，身不想戒，就算彼此有心，即想死了，也不能明白。我道你是聰明人，原來還是糊糊塗塗的！

這兩段話，都是原書作者寫給看官的，也一併轉送給老斗（逛相公堂

子的老手）們細細品味。這其中的情感，比寶玉的「看了女子便覺清爽，看了男子便覺濁臭逼人」要複雜很多。偷婦人有損陰德，分桃斷袖不傷天理，兩全其美，何樂不為？

總說唯有男人才懂女人，而更只有男人才懂男人之間的情感，就像燒磚、打鐵等專門是為男人準備的一樣，並不帶任何的歧視，客觀上即如此。一個情字，包含了愛情、友情、親情……這都是分不開的。如同對於你的女上司，敬畏之餘，混得熟了多少有些交情，這其中又有百分之幾屬於友情，百分之幾屬於兩性，無法用牙籤剔開。男人之間彼此欣賞與敬重，哪怕是冤家對頭之間，也會在惺惺相惜的情意中，夾雜幾分不清不白。夫婦是表面的，朋友才是實際相處的，男性文人之間互引為知己、知音，思想交流遠勝女性。更何況在古人的審美中，男人並不是帥氣、陽剛的專屬，漂亮屬於他們。許是隨時代發展，仍會還給男人「漂亮」之詞。即《品花寶鑒》，不是少兒不宜、女性不宜，而是漂亮的小男孩不宜了。

找相公是否高雅的一個判定標準，在於看以何為主，以何為輔。去堂子裏找相公，必然是以精神為主，身體為輔，方為高雅。見面就上牀有失體統。比如你與他相好，則會想到他喜歡什麼東西？送給他一幅山水還是花鳥？他喜歡梅花還是杏花？作詩善於用哪些韻腳？性情是清高還是剛烈？聊天時玩笑開到怎樣的程度？在扇子上給他題寫怎樣的詩句？如何暗吐私情又不顯得輕薄？他陪不陪別的客人？若是陪了身份地位不及自己的下客，該是多麼的委屈……最高等級的戀愛是柏拉圖之戀。男子從小被訓導飽讀詩書，而女子卻不是如此，多是學婦人之學的女紅，即便讀書，也不過是讀讀《女論語》《女誡》罷了，像李清照、朱淑真那樣的絕無僅有。因此上，男人總想尋找高山流水的知音，只能去尋找同性。

從前拿男女關係開玩笑，如今腐女大行其道，拿男男關係開玩笑。傳說「十男九痔，十女九腐」。我不是醫生，不知是不是十個男的九個都長痔瘡。但「十女九腐」確是平常。腐女們認為：一個優秀男人自己追不上，但落到別的女人手中也接受不了，就乾脆讓他們男男相交，自我消化

算了。她們會為男人之間的愛情落淚，也會為男人之間的性關係瘋狂。心中最盼望的，還是多才多藝、溫柔體貼的高富帥們紛紛納入自己轂中。而自己親自出馬去追，又是多麼有傷面子的事。看來減少男同比例的方式，即全社會培養出女追男的婚戀模式。這種腐女式的「意淫」，與相公文化不是一回事。女人嫉妒女人是本能，嫉妒男人不是本能，她們對於老爺找相公非但不會怨恨，高興還來不及。能有人為老爺解脫些憂愁，自己也能省些清閒。這活兒女人是盯不下來的。

一切都消失了

清代乾隆年間有部《燕蘭小譜》，是旅居京城的吳長元（署名安樂山樵）所寫的品評男優之書，他在序言中感慨，往昔的眾多名著如《南部煙花錄》《北里志》《青泥蓮花記》《板橋雜記》《海漚小譜》《青樓集》等，皆為品評女伎而非男優。而「《燕蘭譜》之作，可謂一時創見，然非京邑繁華，不能如此薈萃，太平風景，良可思矣。後之繼詠者當不乏人。余何憚投燕石而引夫宋玉也。」他希望憑自己的著作拋磚引玉以流芳千古，可上述那般風雅之作，絕跡中華已有上百年了。

時代發展總會以某些文化的消失為代價。庚子國難時，八國聯軍的洗劫外加上義和團放火，前門外百業凋零。西化之風漸起，人們見面問候都要隨口說上幾句英文，如果怕忘了的話，都是用毛筆寫在扇子上，一忘了就打開摺扇。在這種情況下，基督教的觀念也興盛一時。洋人們不懂相公的文化內涵，北洋軍閥多是老粗，從那時起，相公們唱崑曲沒人聽了，只能下海唱京劇了。

色易守，情難防；情為重，色為輕。娛目、娛心還是娛身，這都是個人的選擇。但願這男人之間的情意，不要被時下之流搞得低俗了，也不要被腐女們所想歪了。否則難免會有老輩人罵了。他們罵，是他們不懂，真懂的、能給別人講懂的人又不多。不懂就說人家不好，這才是我們悲哀的地方。

附記：

近日重讀《燕蘭小譜》題詞：「西風木葉，蕭然搖落之晨；烏帽黃塵，老矣羈孤之客。看堂堂之去日，白髮霜凝；聞略略之新聲，青樓夢斷。於無聊賴之中，作有情癡之語。嬉笑怒罵，著為文章；釗動花飛，通於梵乘。徵聲角伎，偶同竿木以逢場；舞榭歌台，都供水天之閒話。」

這是作者安樂山樵寫《燕蘭小譜》的緣故，也是筆者寫此篇小文之緣由。讀書卅年，唯好閒詞戲曲以消遣度日，春秋筆削以小寄遐思，願識者察之，吾當三生有幸矣。

聲色之城：市井江湖稗官野史

侯磊　著

責任編輯　周文博
裝幀設計　鄭喆儀
排　　版　黎　浪
印　　務　劉漢舉

出版　　中華書局（香港）有限公司
　　　　香港北角英皇道 499 號北角工業大廈一樓 B
　　　　電話：（852）2137 2338　　傳真：（852）2713 8202
　　　　電子郵件：info@chunghwabook.com.hk
　　　　網址：http://www.chunghwabook.com.hk

發行　　香港聯合書刊物流有限公司
　　　　香港新界荃灣德士古道 220-248 號
　　　　荃灣工業中心 16 樓
　　　　電話：（852）2150 2100　　傳真：（852）2407 3062
　　　　電子郵件：info@suplogistics.com.hk

印刷　　美雅印刷製本有限公司
　　　　香港觀塘榮業街 6 號 海濱工業大廈 4 樓 A 室

版次　　2022 年 11 月初版
　　　　© 2022 中華書局（香港）有限公司

規格　　16 開（220mm×150mm）

ISBN　　978-988-8809-01-1